Ditmar Doerner
Der größte Verrat

Über den Autor

Ditmar Doerner arbeitet als Autor für den WDR und hat bereits mehrere Kriminalromane veröffentlicht, unter anderem »Schneefeste« und »Bonn Underground«. Er hat an der Universität Bonn Germanistik und Soziologie studiert, bevor er bei RTL, dem Bundespresseamt und Radio Bonn/Rhein-Sieg erste journalistische Erfahrungen sammelte. Doerner lebt mit seiner Familie in Bornheim. Weitere Infos unter:
www.Ditmar-Doerner.de

Ditmar Doerner

Der größte Verrat

Bibliografische Information der Deutschen Nationalbibliothek:
Die Deutsche Nationalbibliothek verzeichnet diese Publikation
in der Deutschen Nationalbibliografie; detaillierte
bibliografische Daten sind im Internet über http://dnb.dnb.de
abrufbar.

© 2023 Ditmar Doerner
Lektorat: Beate Kohmann, Lektorat Wortgut
Covergestaltung: zwozwo8 – communication 4 a cause
Herstellung und Verlag: BoD – Books on Demand, Norderstedt
ISBN: 978-3-7578-8317-1

Die meisten Personen in »Der größte Verrat« gibt es wirklich. Vor allem für sie ist dieses Buch.

Heute

In jenen Tagen gab es nur wenige Augenblicke, in denen wir nicht grübelten oder hofften. Es waren die Momente kurz nach dem Aufwachen. Sekunden bloß, ehe uns die Wirklichkeit einholte und erneut in Unsicherheit und Angst versetzte. Trotzdem fühlten wir uns frei. Vielleicht weil wir jung waren und die Zukunft unendlich schien.

Das ist lange her. Nun ist es Zeit, das aufzuschreiben, was damals geschah. So wie wir es erlebt haben. Möglicherweise hilft es, mit den Dingen abzuschließen. Obwohl ich das mehr hoffe als glaube. Aber es ist trotzdem gut und wichtig, sich noch einmal alles in Erinnerung zu rufen. Es soll wohl so sein. Ich vermag es noch nicht zu beurteilen.

Erster Teil

Dezember 1991

Auftakt

Wir hatten uns an der Universität kennengelernt: Moritz, Jonas, Archie und ich. Genauer gesagt in einem jener kleinen, alten Studentenwohnheime, wie es sie heute wohl nicht mehr gibt. Kaum länger und größer als ein Dreifamilienhaus, aus grauen Steinen zusammengetragen, die Brocken gesprengt aus dem versteckt liegenden Steinbruch nur wenige Kilometer entfernt. Der alte Steinbruch war auch damals schon lange stillgelegt, er diente den Kindern nur noch zum Klettern und Verstecken spielen. Und den Jugendlichen als Treffpunkt für ihre ersten Rendezvous.

Das Wohnheim besaß auf drei Etagen jeweils acht kleine Zimmer, zugig kalt mit dünnen Wänden, schiefen Decken und weiß gepinselten Holzfensterchen. Dazu je eine Etagenküche, eine Dusche oder Badewanne und jeweils ein WC für Männer und Frauen. Im Keller des Hauses gab es neben den dunklen, feuchten Räumen, in denen die Waschmaschinen standen und die gespannten Wäscheleinen gezogen waren, auch einen Fernsehraum, vollgestellt mit ausrangierten Sofas, alle auf einen alten Loewe-Röhrenfernseher ausgerichtet. Dort hielten wir uns aber nur selten auf. Niemand hatte Lust, seine Zeit vor dem Bildschirm zu vertrödeln.

Das Studentenheim war unser erstes Zuhause, nachdem wir die Schule und das Elternhaus verlassen hatten. Spartanisch zwar, aber es genügte unseren Ansprüchen vollkommen. Eigentümer war der Herz-Jesu-Orden. Die Franziskaner hatten das Gelände am Fuße des Ennertwalds im 19. Jahrhundert sehr günstig von einem wohlhabenden und gläubigen Kaufmann erworben und darauf zuerst ein Schwesternheim, dann ein Altenheim und schließlich noch ein Studentenheim errichtet. Ursprünglich war dies nur den angehenden Theologen vorbehalten, aber diese Vorgabe weichten die Studenten ab den 1960er Jahren nach und nach auf: Zuerst wurde einem wohnungssuchenden Germanistikstudenten Aufenthalt gewährt, dann einem angehenden Physiker und schließlich einem Biologen. In den 1970ern besiedelten das Heim bereits Studenten aller Fakultäten, die Theologen waren rasch in der Minderzahl. Mit den 1980ern Jahren erhielten dann die ersten weiblichen Studenten die Erlaubnis, hier zur Miete zu wohnen. Natürlich auf einer separaten Etage – der obersten. Aber da die Kontrolle der Ordensschwestern und das Bestreben der Studenten und Studentinnen, sich zu vermischen, in einem klaren Missverhältnis zu Ungunsten des Ordens lagen, bestand auch diese Vorgabe bald nur noch auf dem Papier.

Unser Zuhause lag inmitten dieses dreigliedrigen Ordenskomplexes nahe dem Siebengebirge und dem Rhein; umgeben von einer gut zwei Meter hohen Steinmauer, die sich kraftvoll und schützend vor uns stellte.

Jonas, Moritz, Archie und ich waren alle zum selben Semester ins Herz-Jesu-Studentenheim gezogen. Damals kannten wir uns noch nicht, wir kamen aus unterschiedlichen Regionen des Landes. Auch in der Universität begegneten wir uns zuerst kaum, nur Moritz und ich hatten uns beide an der philosophischen Fakultät für Germanistik eingeschrieben. Archie dagegen studierte im Hauptfach Geschichte, Jonas Jura. Obwohl unsere Studienfächer unterschiedlich waren, fanden wir doch bald zueinander. Vielleicht, weil wir uns in unseren Ansichten und Plänen für die Zukunft ergänzten, vielleicht aber auch, weil wir bei dem anderen das fanden, was wir an uns selbst vermissten.

Zuerst begegneten wir uns meist zufällig in der Etagenküche unseres Studentenheimes. Nach und nach wurden diese Treffen dann zu mehr oder weniger festen Bestandteilen unseres Tages. Vor allem abends kamen wir dort zusammen. Jeder steuerte etwas zum gemeinsamen Abendessen bei: Brot, Käse, Wurst, Eier, Joghurt und – zu späterer Stunde: Bier, billigen Wein, Chips oder Salzstangen. Mit den anderen saßen wir manchmal zu zwölft in der kleinen, verqualmten Küche mit Blick auf den Park des Klostergeländes. Auf den wackligen, alten Holzstühlen und der Eckbank mit dem roten, fleckigen Kunstlederbezug fühlten wir uns heimisch. Die Luft war zum Schneiden, der Tisch vollgestellt mit Schüsseln, Tellern, Schalen und Gläsern, überquellenden Aschenbechern und Dutzenden Bier- und Weinflaschen. Die Lautstärke solcher Zusammenkünfte wurde mit zunehmender Dauer des Abends für all jene nervtötend, die es vorgezogen hatten, in ihren Zimmern zu bleiben.

Aber deren Zahl blieb stets gering. Wir waren jung – und neugierig.

Moritz, Jonas, Archie und ich saßen häufiger als alle anderen in unserer kleinen Küche. Es zog uns dorthin, sie war unser Wohnzimmer. Zumindest bis zu dem Tag, an dem Archie verschwand.

Kapitel 1

Das alte Küchenfenster, dick mit Kondenswasser beschlagen, gab nur andeutungsweise unsere Silhouetten wieder. Das Glas wirkte wie ein blass gewordener Spiegel, der kaum mehr imstande war, auch nur einen kleinen Teil seines Gegenübers zu erkennen und zurückzuwerfen. Der Rauch unserer Marlboros, Camels und John Player Specials zog in dicken Schwaden in Richtung der fleckigen Küchendecke, aber niemand von uns wäre jemals auf den Gedanken gekommen, sich zu beschweren – auch wenn es Sportler unter uns gab wie Elmar. Er studierte Chemie und absolvierte viermal die Woche Querfeldeinläufe oben im Wald von mindestens einer Stunde. Trotzdem hatte er noch nie über den vielen ungesunden Qualm gemeckert. Das Rauchen abends in der Küche gehörte einfach dazu.

 Ich saß am Kopfende des Tischs und stand nun doch auf, um das Fenster zu kippen. Die Öffnung zwischen Rahmen und Scheibe machte die tiefe Dunkelheit dieses Winterabends sichtbar. Kalte Luft waberte herein. Einzig die Laternen im Park warfen Kegel abnehmender Helligkeit in das Dunkel. Seit einer Stunde schneite es, und die herabfallenden Schneeflocken deckten den schmalen Weg zwischen dem Rasen und den Bäumen mehr und mehr zu.

Anfang Dezember fand traditionell unsere Weihnachtsfeier statt. Die Mädchen der Etage hatten den Küchentisch und die Holzkommode neben der Tür, in der wir unser Frühstücksgeschirr deponierten, mit goldenen Papiersternen, Tannenzweigen und Kerzen dekoriert. Die Deckenlampe war mit roten Servietten umhüllt. Wir mussten aufpassen, dass das Papier nicht Feuer fing, was wohl ein Jahr vorher passiert war, wie Archie uns vor ein paar Minuten – immer wieder unterbrochen von seinem hysterischen Lachen – erzählt hatte.

Archie! Er sah tatsächlich aus wie die Kopie des typischen Briten aus einer deutschen Fernsehkomödie: rötlich-braune Haare, ordentlich gescheitelt auf einem schmalen, etwas in die Länge gezogen wirkenden Kopf. Eine eckige, dunkle Hornbrille unterstrich sein akademisches Aussehen, dazu wählte er furchtbar bunte, meist grün-blaue oder rot-gelbe Pullover, die ihm seine Mutter oder Großmutter jeden Herbst strickten. Obwohl sie ihm an seinem schmalen, ja dürren Körper mit den knochigen Schultern bis zur Hüfte reichten, trug er jeden einzelnen von ihnen mit unübersehbarem Stolz. Archie sah aus wie eine Intelligenzbestie – und er war auch eine. In allen Seminaren, die er belegte, wurde er schnell zum Liebling der Professoren; einfach, weil er zum einen unglaublich klug und belesen war und zum anderen sehr bescheiden und wissbegierig.

In diesem Jahr konnte ich mich lange nicht entscheiden, ob ich überhaupt zu unserer Weihnachtsfeier kommen sollte: Seit Oktober hatte ich mit kaum jemandem im Haus – außer mit Jonas, Archie und

Moritz – gesprochen. Das lag vor allem an Patricia, meiner ehemaligen Freundin.

Gut zwei Monate vorher, Ende September, hatte sie unsere knapp zweijährige Beziehung beendet, wovon ich mich immer noch nicht vollends erholt hatte. Patricia saß etwas mehr als einen Meter entfernt und unterhielt sich angeregt mit ihrem neuen Freund. Richard hieß er. Immer wieder legte er liebevoll seinen Arm um ihre Schulter. Mich schmerzte es, wenn ich die beiden so sah, aber ich wusste auch, dass ich das Ende meiner Freundschaft zu Patricia selbst verschuldet hatte. Aus Leichtsinn. Und Übermut.

Die Vorstellung, Patricia und Richard so miteinander zu sehen, hätte mich fast daran gehindert, bei der heutigen Feier dabei zu sein. Am Vormittag hatte ich versucht, mich mit zwei Pro-Seminaren zu »Auswirkungen des Sturm und Drang auf die Weimarer Klassik« und den »Folgen der Dependenzgrammatik auf den Sprachgebrauch des ausgehenden 20. Jahrhunderts« abzulenken. Bis zur Abenddämmerung hatte ich die beiden Vorlesungen nachgearbeitet, aber irgendwann musste ich einsehen, dass es keinen Sinn hatte, mich in meiner Neun-Quadratmeter-Kemenate mit Dachschräge einzuigeln und Trübsal zu blasen. Auch brachte es nicht viel, Blacks »Sweetest Smile« zum hundertsten Mal anzuhören, während durch die dünnen Wände das Lachen der anderen drang.

Nun stand ich neben dem gekippten Fenster und betrachtete meine Mitbewohner: Carlos, den schnauzbärtigen Portugiesen, der Latein studierte, aber sich – soweit wir das registrierten – die ersten vier Semester hauptsächlich auf die Kommilitoninnen seines

Lehrfachs konzentriert hatte. Meist ohne großen Erfolg, wie wir beobachten mussten. Erst im Frühling hatten Moritz und ich ihm geholfen, einer seiner Angebeteten einen Maibaum zu setzen. Mit einer selbst geschlagenen Birke waren wir nachts über die Konrad-Adenauer-Brücke getrottet. Es war kalt gewesen und hatte geregnet, aber wir waren – jeder mit einer Büchse Bier in der Hand – immer weiter gezogen. Wir mussten den schweren Stamm fast vier Kilometer schleppen, weil Carlos Auserwahlte in Bad Godesberg wohnte. Meine Schulter hatte dermaßen geschmerzt, dass ich sie auch noch Tage später kaum bewegen konnte. Vor dem Fenster seines Schwarms platzierten wir dann die Birke. Bei dem Lärm, den wir dabei veranstalteten, weil wir erstens betrunken und zweitens handwerklich ungeschickt waren, hätte sie uns auf jeden Fall bemerken müssen, aber ihr Fenster blieb geschlossen. Ich denke, sie wollte uns nicht hören. So zogen wir müde und enttäuscht wieder ab und erreichten erst in der Morgendämmerung unser Wohnheim. Auf dem Rückweg fluchte Carlos auf Portugiesisch vor sich hin. Später verlor er nie wieder ein Wort über unsere Aktion, und seine Angebetete war auch nie bei ihm im Zimmer. Das hätte ich bemerkt: Carlos wohnte mir gegenüber im obersten Flur. Ich bekam so ziemlich alles mit, was bei ihm vorging. Ob ich wollte oder nicht.

Neben Carlos saß Ute, die gerade die letzten Tomatenstücke und Salatblättchen aus einer großen Schüssel kratzte. Sie sorgte im Haus für unsere Gesundheit. Ute studierte Ökotrophologie und bei jeder gemeinsamen Mahlzeit philosophierte sie über den Nährwert unseres Essens. Dafür hatte sie extra an einem der Hochschränke über dem Spülbecken eine

Lebensmitteltabelle aufgehängt, die von A wie Aal bis Z wie Zucchini reichte. So konnte jeder von uns genau ausrechnen, wie viele Kalorien er gerade zu sich nahm, wenn er ein Vollkornbrot mit Butter und einer Scheibe Schnittkäse aß. Oder eine große Portion Langnese-Eis. Ute war groß und schlank und brauchte sich keine Gedanken über Kalorien zu machen, trotzdem aß sie häufig nicht mehr als ein Kleinkind. Meist sah ich sie in der Küche nur mit einem Müsli am Tisch sitzen oder einer Salatgurke, die sie klein schnippelte und pfefferte.

Zwei Plätze weiter unterhielt sich Rosa mit Gaby, die Chemie studierte. Soweit ich mich erinnere, kam Gaby aus der Eifel, aus der Nähe von Gmünd. Optisch war sie das genaue Gegenteil von Ute, besaß einen kleinen und fülligen Körper, unter dem sie sehr litt. Im vergangenen Sommer waren Gaby und ich einmal ganz früh ins nur zwei Kilometer entfernte Ennert-Freibad geradelt. Sie machte das öfters, für mich blieb es an jenem Morgen das einzige Mal. Wir schwammen unsere Bahnen und kamen ins Gespräch. Sie erzählte mir, dass sie an einer Unterfunktion der Schilddrüse leide und dadurch, trotz aller Diäten, einfach nicht schlanker werde. Sie erwähnte das nebenher und scheinbar amüsiert, während wir uns am Beckenrand festhielten, in die gleißende Morgensonne blinzelten und den älteren Schwimmern auswichen, die mit weit gefächerten Armen auf dem Rücken liegend alles aus dem Weg räumten, was ihnen in die Quere kam. Bei den Bildern jenes Morgens, die heute noch in meinem Kopf sind, fehlt mir die Erinnerung, ob ich nur genickt oder versucht habe, ihr einen Rat zu geben. Aber welcher hätte das sein können? Wahrscheinlich habe ich gar nichts gesagt.

Gaby starb ungefähr zehn Jahre nach unserer Weihnachtsfeier. Sie war nach ihrer Promotion allein in die Schweiz gegangen, weil sie dort eine Stelle in einem großen Chemieunternehmen angeboten bekommen hatte. Sie wurde nicht einmal vierzig Jahre alt. Erfahren habe ich von ihrem Tod von einer anderen Freundin, die mich anrief, als ich gerade in Bonn mit dem Auto unterwegs zu einem beruflichen Termin fuhr. Sie weinte am Telefon und berichtete schluchzend, dass Gaby an Krebs gestorben sei. Dann fragte sie mich, ob ich zum Begräbnis in Gabys Heimatstadt, in Gmünd käme. Ich druckste herum und schob irgendetwas vor, das nicht stimmte, und wimmelte sie ab, was ich heute bereue. Manchmal frage ich mich, ob ich damals – während unserer gemeinsamen Zeit im Studentenheim – etwas für Gaby hätte tun können. Irgendetwas. Vielleicht an jenem Morgen, als wir zusammen mit dem Fahrrad ins Freibad gefahren waren und später am Beckenrand in die Morgensonne schauten. Vielleicht hätte ich ihr einfach Mut zusprechen sollen, ihr einen Arzt empfehlen, ihr sagen sollen, dass sie eine tolle Frau war. Und dass ihr Übergewicht daran absolut nichts änderte. Vielleicht hätte ich ihr helfen können. Nun war es zu spät.

Am Abend der Weihnachtsfeier verschwand Gaby gerade unter dem riesigen Arm von Rosa, die ebenfalls niemand als schlank bezeichnen würde. Und auch nicht als klein. Rosa war die größte Frau, die ich jemals gesehen habe: knapp einen Meter neunzig. Ihr Gewicht vermochte ich nicht zu schätzen, es war auch unwichtig. Rosa hatte keine Komplexe wegen ihrer Gestalt. Ebenso wie Archie war sie hochintelligent. Die beiden lieferten sich an den Wochenenden in der Küche legendäre »Trivial Pursuit«-

Schlachten. Keine noch so schwierige Frage stellte die beiden vor ernste Probleme:

Archie: »Wie müssten Gymnasiasten in die Schule gehen, wenn sie das Wort *Gymnasium* wörtlich nähmen?« Rosa: »Nackt, von griechisch gymnoi«

Rosa: »Wann gab es erstmals zwei deutsche Mannschaften bei Olympischen Spielen?« Archie: »1968«

Archie: »Wodurch wurde Valentina Tereschkowa bekannt?« Rosa: »Sie war die erste Frau im All.«

So ging das häufig minutenlang. Einzig in der Rubrik »Sport und Vergnügen« konnte man Rosa beikommen und Archie zeigt im Bereich »Unterhaltung« kleine Schwächen. Aber üblicherweise hatten die beiden die sechs unterschiedlich farbigen Plastik-Tortenstückchen eingesammelt, ehe jemand von uns anderen bestenfalls mehr als eines besaß.

Alle saßen wir an jenem Abend in unserer verqualmten Küche, lachend, trinkend und überboten uns gegenseitig mit Anekdoten und Lautstärke. Es herrschte eine Ausgelassenheit und Unschuld, wie ich sie heute, als Erwachsener, vermisse. Wenn ich es recht bedenke, endete diese Stimmung genau damals. In jenen Tagen. Abrupter, als wir es jemals vermutet hätten.

Auf dem Tisch und am Ablaufbecken der Spüle tropfte Wachs von mehreren roten Kerzen auf Wicküler-Bierdeckel, die irgendjemand aus dem »Zebulon« an der Uni hatte mitgehen lassen. Im Hintergrund lief das Album »Vun drinne noh drusse« von BAP rauf und runter. Ich glaube, Elmar war so unvorsichtig gewesen, seinen Plattenspieler auf der Kommode neben der Tür zu platzieren und auch noch LPs mitzubringen.

Der ganze Raum war nicht nur erfüllt vom Rauch unserer Zigaretten, sondern ebenso vom Glühweinduft, der aus zweier silbernen Kesseln aufstieg. Die Kessel hatten wir auf dem alten Herd neben dem Fenster erhitzt und dann auf Stövchen gesetzt, um den Alkohol warm zu halten. Unsere Gesichter glänzten voller Vorfreude auf Weihnachten und auf ein neues, spannendes Jahr, das wir wie kleine Kinder unschuldig und arglos erwarteten.

Ich spürte Patricias Blick. Erst vorgestern war sie mir entgegengekommen. Eine dieser kurzen, unvermeidlichen Begegnungen auf dem spärlich beleuchteten Etagenflur. Sie hatte ihre Schritte verlangsamt und mich gegrüßt, begleitet von einem verlegenen Lächeln. Sie sah hübsch aus. Ihre großen, braunen Augen, ihre langen, gewellten Haare, ihre Figur, vor allem aber ihr Lächeln, das mich schon angezogen hatte, als ich sie zum ersten Mal gesehen hatte, offen und warm. Damals war sie mir vor unserem Studentenheim begegnet. Sie hatte mich gefragt, ob das mein Motorrad sei, das vor dem Eingangstor stehe. Stolz hatte ich genickt, weil ich vermutete, sie sei beeindruckt. Aber ich holte mir nur die Ermahnung, dass »dieses Moped«, wie sie es nannte, den Zugang für die Altenheimbewohner erschwere.

Ich war doppelt getroffen: Zum einen imponierte ihr meine Suzuki GS 250 nicht, die selbstverständlich kein *Moped* war, sondern immerhin phantastische 19 PS besaß, zum anderen schien ich ihr keineswegs sympathisch zu sein. Erst als ich frech fragte, ob sie mir dabei helfen wolle, das *Mofa* wegzustellen, lächelte sie. Sie hatte das mit dem Moped also bewusst gesagt, um mich zu provozieren. Tja, so hatten wir uns kennengelernt.

Bei unserer gestrigen Begegnung auf dem Flur war es mir trotz eines riesigen Kloßes im Hals gelungen, ebenfalls zu grüßen. Dann war ich weitergeeilt.

Wenn ich Patricia nun neben Richard sitzen sah, blitzten ungewollt gemeinsame Erinnerungen auf. Ich dachte an unsere Kinobesuche: Julia-Roberts in »Pretty Woman«, an »Flatliners« und »Dying young« und Andie McDowell in »Cyrano von Bergerac.« Nach der Vorstellung hatten wir uns jedes Mal leidenschaftlich im Zuschauerraum geküsst, als wollten wir das fortsetzen, was gerade auf der Leinwand geendet hatte. Das war nun vorbei.

Archie hieß eigentlich Archibald Grant. Genau wie der amerikanische Filmschauspieler Cary Grant. Allerdings wollte er von Anfang an immer nur Archie genannt werden. »Archibald« höre sich zu vornehm an für einen wie ihn, hatte er gesagt, als wir einander vorstellten. Ich wusste nicht, was er damit meinte, aber so war es eben bei *Archie* geblieben.

Heute Abend saß er mit Klara an der anderen Tischseite auf der Eckbank, gegenüber von Rosa und Gaby.

Klara war eine Blondine mit nahezu hellblauen Augen, die mir manchmal unheimlich erschienen. Sie leuchteten intensiv und durchdringend, wenn sie einen direkt ansah. Ich fühlte mich häufig gehemmt, wenn ich mich mit ihr allein unterhielt, obwohl sie sehr nett war. Sie studierte zusammen mit Moritz und mir Germanistik. In den kommenden Tagen wollten Klara und ich gemeinsam für eine mündliche Zwischenprüfung lernen. Wir hatten beide das Seminar zur Literaturepoche des »Sturm und Drang« belegt. Da war es sinnvoll, sich mit jemandem auszutauschen, der sich mit der gleichen Primär- und Sekundärliteratur beschäftigte. Es gab immer Gedankengänge, auf die man selbst nicht kam. Oder es entstanden plötzlich Zusammenhänge, die man noch nicht bemerkt hatte. Trotzdem fürchtete ich mich bei der Vorstellung, mit Klara länger als eine Minute allein in meinem Zimmer zu sitzen. Ich fand sie nicht wirklich hübsch. Also im klassischen Sinne – so wie Jaqueline Bisset oder Kim Basinger. Aber sie war attraktiv und besaß eine gewaltige Ausstrahlung und man spürte ihre Kraft und ihren Willen. Anfangs hatte ich mich gefragt – und nicht nur ich –, wie Archie mit ihr zusammengekommen war. Vielleicht imponierte ihr Archies Intellekt, vielleicht sein Witz, vielleicht reizte sie auch einfach sein ungewöhnliches Aussehen. Denn ehrlich: Mit seinen dünnen Beinchen, dem Rotschopf und dazu noch den unmöglichen Pullovern fiel Archie natürlich überall auf.

Ich stieß mich vom Heizkörper ab und drängelte Archie, ein Stück zu rücken.

»Alles okay bei dir?«, fragte er. Mit einer silbernen Kelle schöpfte er Glühwein in einen Kaffeebecher mit einem Motiv von Uli Stein. Ein dicker Kater lag von Kopf bis Fuß eingegipst in einem Krankenhausbett, auf seinem Bein saß eine kleine Maus mit einem Blumenstrauß, die sagte: »Du siehst heute schon viel besser aus!«

»Denke schon.« Ich rieb mir über die Augen. Die Luft war zum Schneiden. »War die meiste Zeit in meinem Zimmer. Hatte zwei Seminare. Langweilig, aber okay.«

Archie hielt seinen Becher an meinen und wir prosteten uns zu.

»Ich kann mir nicht helfen, David, aber du siehst ganz und gar nicht so aus, als sei alles okay.« Er rückte ein Stück näher, so als müsse er mir etwas ganz Vertrauliches sagen. Unsere Schultern berührten sich. Heute trug er tatsächlich einen einfarbigen Pullover, dunkelgrün, beinahe moorfarben. Jedes Mal, wenn ich seine Kleidung betrachtete, fragte ich mich, ob seine Mutter oder Großmutter eigentlich farbenblind war.

»David«, raunte er. »Mal ehrlich: Wir sitzen hier seit einer Stunde und du siehst aus, als wären wir auf einer Bestattung.« Er lächelte auf seine zurückhaltende Art und zwinkerte mir gleichzeitig zu.

»Stimmt!« Vom Kopfende des Tisches hörte ich Patricias Lachen. »Ungefähr so komm ich mir auch vor.« Vorsichtig blies ich in den dampfenden Glühwein. Den aufsteigenden Duft von Zimt und Nelken verband ich mit Weihnachten, mit Geborgenheit und Frieden. Merkwürdig, welche Assoziationen Düfte auslösen. Die Temperatur des Glühweins war in Ordnung und so trank ich den ganzen Becher in einem Zug leer. Die Flüssigkeit strömte heiß meine Kehle hinunter und sammelte sich im Magen. Ich liebte dieses Gefühl. Wichtig war jetzt, erst mal ein bisschen lockerer zu werden. Auf Betriebstemperatur kommen. Dafür waren ein paar schnelle Gläser Glühwein genau das Richtige!

Wolfgang Niedecken sang von einem Mädchen und einer griechischen Insel. Ich schloss die Augen und versuchte, mich zu entspannen. In Griechenland war ich zuletzt vor sechs Jahren gewesen. Mit zwei Schulfreunden, die sich fast drei Wochen lang nur gestritten hatten. Übers Essen, übers Trinken, über den schönsten Strand, über die wirksamste Sonnencreme. Die beiden waren schlimmer gewesen als ein gereiztes Ehepaar. Einfach nervtötend, noch dazu, wenn man mit einem Drei-Mann-Zelt unterwegs war. Wir waren zuerst auf Ios gewesen, dann auf Naxos, zum Schluss wieder auf Ios. Am Ende war ich so entnervt, dass ich die beiden allein gelassen und auf einem Campingplatz nahe der »Kapelle der heiligen Irene« am Hafen von Ios übernachtet hatte. Trotzdem, jetzt in der Erinnerung, war der Urlaub doch schön gewesen.

Ich lehnte mich zurück, mein Kopf berührte die Küchenwand, ich schloss die Augen. Es gab nichts zu tun oder zu sagen. Ich musste nur locker und betrunken werden. Eigentlich ganz einfach. Vom Ende des Tisches vernahm ich wieder Patricias Stimme. Sie erzählte eine Geschichte. Ich verstand nicht alle Worte, so dass mir der Zusammenhang verwehrt blieb, aber ich merkte, dass sie absichtlich laut sprach, damit ich vielleicht doch einmal zu ihr schaute und sie beachtete. Obwohl das geheißen hätte, dass ich ihr immer noch nicht gleichgültig war, und das glaubte ich nicht. Ich goss mir einen zweiten Becher Glühwein ein und merkte gleichzeitig, wie sich der Alkohol in meinem Kopf breitmachte und mich entspannte.

»Schmeckt okay, oder?« Archie zwinkerte mir zu. »Wie Weihnachten.«

Archie besaß diesen typischen britischen Akzent, der jedem, der ihn spricht, automatisch eine intelligente Note verleiht. Auch wenn sich das bei dem einen oder anderen später als Trugschluss herausstellt.

»Schmeckt super.« Ich grinste. »Noch zwei Gläser und ich rutsche von der Bank.«

»Mach besser langsam.« Archie legte mir behutsam eine Hand auf den Arm. »Heute ist kein Tag zum ›von der Bank rutschen‹, David. Heute ist Feiertag. Wir begrüßen die Weihnachtszeit, oder wie ihr das sagt, okay?«

Soweit mir bekannt war, begrüßten wir nur den Frühling, aber das sagte ich ihm nicht. Er hätte dann doch nur nachgefragt, warum das so sei, und eine sprachwissenschaftliche Erklärung verlangt. Darauf hätte ich ihm dann keine Antwort mehr geben können.

Mein dritter Becher schwappte fast über, und ich legte die Schöpfkelle vorsichtig zurück auf den Topfrand. Eine der Kerzen zischte laut und sprühte Funken. Wir kauften sie immer im Zehnerpack bei Plus. Als besonders hochwertig konnte sie wohl niemand bezeichnen, aber sie kosteten fast nichts und reichten völlig für unsere Zwecke. Kurz verstummten die Gespräche. Man hörte nur BAPs »Wenn et Bedde sich lohne däät«. Die LP eierte über den Plattenteller. Elmars HiFi-Ausrüstung stammte wahrscheinlich aus den Siebzigern. Erst jetzt fiel mir auf, dass wir keine Weihnachtsmusik spielten, aber Kölsch Rock war allemal besser als irgendein Chor, der gemeinsam mit Rudolf Schock »Ihr Kinderlein kommet« zum Besten gab.

Zwischen Stövchen und einem Fichtenzweig entdeckte ich eine zerknüllte Packung Zigaretten. Ich schnappte mir eine Marlboro und zündete sie an einer der billigen Kerzen an. Der Lungenzug schmerzte, und mir wurde noch schwindeliger. Trotzdem: Allmählich fühlte ich mich wohler. Nichts war wirklich wichtig. Weder Patricia noch Richard noch sonst irgendetwas oder irgendwer. Die Gespräche begannen erneut, aber jetzt nahm ich sie zeitweise nur als wabernde Silbenfolge wahr, manchmal ohne jeglichen Zusammenhang.

Gegenüber von Archie saß Jonas. Er trug wie meistens ein kariertes Jackett, die Ärmel fast bis auf die Höhe der Ellenbogen hochgekrempelt. Darunter ein weißes T-Shirt. Jonas war zwei Jahre älter als Moritz, Archie und ich. Gerade versuchte er, eine neue Mitbewohnerin anzubaggern. Soweit ich das mitbekommen hatte, wohnte sie oben auf meinem Flur. Aber ich hatte noch kein Wort mit ihr gesprochen und sie auch noch nie vorher hier in der Küche bemerkt. Ein typisches Erstsemester eben: schüchtern, aber dann doch zu neugierig, um nicht trotzdem in der Küche vorbeizuschauen. Sie war ein echter Hingucker: schlank, lange, dunkle Haare, ein offenes, hübsches Gesicht mit einer schmalen Nase, hohen Wangenknochen und dunklen Augen.

Jonas erzählte Anekdoten und die dunkelhaarige Schönheit lächelte. Ein bisschen angestrengt, aber vielleicht täuschte ich mich auch. Ab und zu pustete sie in ihren Glühwein, was ich sympathisch fand. Sie schien tatsächlich Angst zu haben, sich den Mund zu verbrennen, oder die Zunge. Immer wieder versuchte sie, sich zu überwinden, setzte den Becher dann aber doch wieder ab. Das sah witzig aus. Vielleicht machte sie das aber auch aus Vorsicht, um nicht betrunken zu werden. Möglicherweise sah sie das Glitzern in Jonas' Augen und hatte Angst, morgen in seinem Bett aufzuwachen.

»Überleg mal! Ich hab der eine ganz normale Frage gestellt, und die schreit mich live über den Sender an!« Jonas' Stimme überschlug sich fast, während er mit den Armen irgendwo auf Schulterhöhe herumfuchtelte. Es war nur eine Frage der Zeit, bis er mit dem Jackett an eine Kerze geriet und Feuer fing. Das würde lustig.

»Ich bin ganz ruhig geblieben, und am Ende hat sie nichts mehr gesagt. Glaub's oder nicht: Die hat danach keine einzige Wahl mehr gewonnen!«

Aha, er erzählte mal wieder die Geschichte, als er eine Landesministerin interviewt und ihr wohl eine unverschämte Frage gestellt hatte. Ich hatte das Ganze schon x-mal gehört, meist auf irgendwelchen Feten, wenn er wieder mal einem Mädchen imponieren wollte. Jonas arbeitete neben seinem Jurastudium bei dem lokalen Radiosender der Stadt, der vergangenen Mai auf Sendung gegangen war. An manchen Tagen konnte man ihn sogar in den Nachrichten oder als Moderator hören. Zugegebenermaßen besaß er eine gute Stimme: tief und sympathisch, vertrauenserweckend. Klar, wusste er das!

Ich lehnte mich zurück, zog an meiner Zigarette und versuchte, mich daran zu erinnern, was mich Archie vorhin gefragt hatte. Oder hatte ich ihm schon eine Antwort gegeben? Himmel, der Glühwein haute mich stärker um als erwartet.

Ich guckte wieder rüber zu Archie. Offenbar war unser Gespräch bereits beendet, er redete gerade auf Moritz ein, der neben ihm saß. Moritz starrte während des Gesprächs mit Archie vor sich hin und hielt die Spitze eines Fichtenzweigs in eine der Kerzen. Die kleinen Nadeln fingen kein Feuer, sondern verglühten orangefarben. Dünne Rauchfäden stiegen empor und es roch nach Wald und Frieden und Winter. Ich lächelte beschwipst vor mich hin.

Die weihnachtliche Stimmung wäre perfekt gewesen, wenn nicht Patricia mit ihrem neuen Freund immer wieder versucht hätte, ein wenig Aufruhr oder zumindest Aufmerksamkeit zu erregen. Was sollte das? Ich wollte sie, wenn möglich, überhaupt nicht mehr sehen. Für eine normale Freundschaft zu ihr war es für mich definitiv noch zu früh. He, meine Wunden bluteten ja sogar noch!

Dabei war ich es gewesen, der unsere Trennung verschuldet hatte. Im Sommer hatte ich einer Freundin von Patricia bei ihrem Umzug geholfen. Alle möglichen Leute hatten Monika, so hieß die Freundin, im Stich gelassen. Am Ende war allein ich es gewesen, der zusammen mit ihr Dutzende Kisten und Möbel von einer Studentenbude in eine andere geschafft hatte. Am Abend lud sie mich ein, noch etwas trinken zu gehen, und ich hatte zugesagt.

Es gab etliche Studentenkneipen in der Nähe des Campus: »Zebulon«, »Stachel«, »Pinte«, »Balustrade«, »Blow Up« um nur ein paar zu nennen. Und alle waren von der Uni gut zu Fuß zu erreichen. Monikas neue Zimmer lagen nur zweihundert Meter von ihrer Fakultät entfernt. Das traf sich gut, weil sie einen Vertrag als studentische Hilfskraft bekommen hatte, das ist

die erste Sprosse auf der Leiter zur akademischen Karriere, wenn man die denn anstrebt.

Wir hatten dann am Abend müde und ausgelaugt in der »Balustrade« in der Altstadt gestanden, die auch wochentags brechend voll war. An jenem Abend tat mir alles weh, Arme und Beine, vor allem der Rücken, den ich mir beinahe gebrochen hatte, als wir gemeinsam ein Sofa durch das Treppenhaus geschleppt hatten. Monika hatte die Lehne aus ihren Händen gleiten lassen, und das Sofa hatte mich an der Wand fast zerquetscht.

Nach dem zweiten Bier war ich bereits ordentlich betrunken gewesen. Ich wollte eigentlich nur nach Hause, aber irgendwann begann der Alkohol zu schmecken und so blieb ich. Wir sprachen von unseren Eltern, unseren Plänen für die Ferien und lästerten über die eingebildeten Dozenten und Professoren. Ich erinnere mich, dass ich immer wieder mit den Schultern gezuckt hatte und versucht hatte, meinen Nacken zu entspannen, weil ich mir durch das Gewicht des Sofas vielleicht etwas gezerrt hatte. Oder irgendeinen Wirbel eingeklemmt oder Gott weiß was. Als sie dann von der Toilette zurück kam, stand sie plötzlich hinter mir und begann, meinen Rücken zu massieren. Ich spürte ihre Hände auf meiner Haut und es elektrisierte mich. Ich erschrak und wollte mich umdrehen, aber sie flüsterte nur: »Pst, entspann dich!«, und – ich entspannte mich.

Tatsächlich ging ich am Ende nicht mit zu ihr, aber wir hatten uns geküsst. Das genügte, denn es bedeutete den Anfang vom Ende mit Patricia. Denn natürlich beichtete Monika Patricia bei nächster Gelegenheit alles. Wegen ihres schlechten Gewissens, wie sie sagte. Und damit war dann auch meine Beziehung mit Patricia erledigt.

Elmar stand auf und wechselte die LP. Schon am Plattencover sah ich, dass er jetzt Supermax auflegen würde, natürlich mit »Love Machine«. Moritz stupste mich an und raunte mir etwas zu. Den Fichtenzweig hatte er weggelegt, vielleicht war er auch schon vollkommen verbrannt. Ich verstand nicht, was er sagte. Was zum Teil am Geräuschpegel lag, zum Teil aber auch daran, dass mir der Glühwein mittlerweile mehr zu schaffen machte, als ich beabsichtigt hatte.

»Was hast du gesagt?«, fragte ich an Archie vorbei Richtung Moritz. Der guckte fast über Archie hinweg. Moritz war gut eins neunzig groß und fast ebenso breit. Eine echte Dampfwalze. Archie wirkte dagegen wie ein Buchhalter, auch wenn er sportlicher war als er aussah. Er lief mir an den meisten Tagen im Wald davon, zumindest, wenn wir den letzten Kilometer im Sprint beendeten.

Moritz beugte sich über Archies Schulter zu mir. Sein Gesicht strahlte, als er verkündete: »David, ich habe tatsächlich noch jemanden ausfindig gemacht, der ebenfalls nach dem Schatz sucht!« Seine Augen leuchteten, als sei er nur noch einen Meter vom unermesslichen Reichtum entfernt. Moritz hatte es sich seit seinem ersten Studientag in den Kopf gesetzt, den Nibelungenschatz zu finden. Er war der festen Überzeugung, der Hort läge ganz in der Nähe, in einem kleinen Ort, gut zehn Kilometer von der Stadt entfernt – in Rheinbach. Deswegen studiere er überhaupt an unserer Universität, hatte er einmal ernsthaft behauptet! Dass seit Jahrhunderten vergebens nach dem Schatz gesucht und gegraben wurde, störte ihn nicht. Er war besessen von der Vorstellung, die unermesslich große Menge Gold zu entdecken. Seit wir uns kannten, erzählte er mir immer wieder davon, dass Hagen von Tronje mit einem Dutzend großer Wagen drei Tage lang gebraucht habe, um den Nibelungenschatz im Rhein zu versenken. Leider hatte er ihn zu gut versteckt, als dass ihn bisher jemand finden konnte.

»Herzlichen Glückwunsch!«, sagte ich. So gut wie nichts interessierte mich heute Abend weniger als der

Nibelungenschatz. Es sei denn, Moritz präsentierte mir eine Landkarte mit einem dicken Kreuz darauf. Dann würde ich direkt morgen früh drüben im Geräteschuppen Spitzhacke und Spaten zusammen suchen und mit ihm losgraben.

Moritz legte seine gewaltigen Arme in Archies Nacken, so dass dessen Nase beinahe auf die Tischplatte gedrückt wurde. Archie ließ es einfach geschehen, obwohl er gerade versucht hatte, in seinem zerfledderten Buch zu lesen, das er ab und zu bei sich trug. Es besaß das Format eines Notizbuchs, war nur wesentlich dicker. Es erinnerte an das, das Dr. Jones senior die ganze Zeit in »Indiana Jones und der letzte Kreuzzug« mit sich herumträgt. In seinem Buch trug Archie immer wieder Gedanken ein, die ihm durch den Kopf gingen. Das konnte etwas sein, was das Studium betraf, aber auch alles, was ihn privat beschäftigte. Vielleicht machen die Briten das ja so. Ein weiteres Charakteristikum unseres rothaarigen, englischen Freundes war das ausgefranste, rote Baumwollbändchen, das Archie um sein rechtes Handgelenk trug. Mit einem eingestickten Schriftzug des FC Liverpool. Es gab weit und breit keinen größeren Fußballfan als ihn. Kaum zu glauben, wenn man bedenkt, dass er gleichzeitig auch so belesen und klug war.

Vor zweieinhalb Jahren war Archie im Stadion von Hillsborough gewesen. An diesem furchtbaren Tag, an dem fast hundert Menschen ums Leben gekommen waren, erdrückt von anderen Fans. Archie hatte damals in einem anderen Block gestanden. Als er mir die Geschichte erzählte, meinte er leise, er habe die Situation zunächst als gar nicht so dramatisch realisiert. Erst als Dutzende Frauen, Kinder und Männer auf den Rasen getragen worden seien, war ihm bewusst geworden, dass etwas Schlimmes passiert sein musste. Dieses Bändchen habe er sich zwei oder drei Tage später gekauft, erklärte er mir. An einem kleinen Kiosk direkt neben dem Stadion, nur wenige Schritte von den Blumen, Kerzen und Kränzen entfernt, die andere Fans dort abgelegt hatten.

Ich glaube, er hatte sogar so etwas wie ein schlechtes Gewissen. Einfach weil er im Stadion gewesen und ihm nichts passiert war.

»Wir treffen uns mit dem Mann morgen früh.« Moritz strahlte mich an. »Vor dem Philosophischen Seminar.« Ich wusste gar nicht, warum er mich so zuversichtlich angrinste. Bislang war seine Suche genauso ergebnislos verlaufen wie die jedes anderen Hobbydetektivs, der hinter dem Nibelungenschatz her war.

»Wer ist *wir*?«, fragte ich verdutzt. Morgen Vormittag wollte ich mich nicht unbedingt auf dem Campus herumtreiben. Durch den Alkohol und die Zigaretten würde garantiert Kopfschmerzen haben. Jedes Mal nahm ich mir vor, vor dem Schlafengehen einen Liter Wasser zu trinken, weil das angeblich helfen sollte, aber vergaß das dann doch immer. Mein Kater würde immens sein. Deswegen plante ich eher, den Radiowecker auszustellen, das Rollo herunterzulassen und bis zum Mittag zu schlafen.

»Na, du und ich. Morgen, halb neun.« Moritz sagte das so, als sei alles längst abgesprochen, nur ich Dummkopf hätte das schon wieder vergessen. »Wir können im Uni-Café was frühstücken.«

Ich zog an meiner Zigarette und wieder wurde mir schwindelig. Himmel, was sollte ich darauf sagen? Moritz schien schon alles geplant zu haben. »Mit wem sind wir denn verabredet?«, fragte ich ergeben. »Ich hoffe, es ist nicht wieder einer von diesen Typen, die dich am Ende heiraten wollen.«

Vor nicht einmal zwei Monaten hatten sich Moritz und ich mit einem Mann aus Landau getroffen. Nach fünf Minuten stellte sich jedoch heraus, dass der Mann mehr an Moritz als am Nibelungenschatz interessiert war. Das Gespräch drehte sich fast ausschließlich um Moritz' Hobbys, seine Interessen, seine Herkunft, seinen Familienstand und so weiter. Bis Moritz das registriert hatte, verging aber eine halbe Stunde. Den ganzen Briefwechsel und die Telefonate mit dem Mann hätte er sich schenken können.

Nett war es vielleicht nicht, dass ich ihn jetzt wieder daran erinnere, aber im Augenblick mochte ich nicht an irgendeinen Goldschatz denken. Ich freute mich einfach, hier zu sitzen, weil ich mich endlich wieder aus meinem Zimmer getraut hatte. Außerdem war ich dankbar, Patricia und Richard nicht direkt neben mir sitzen zu haben, sondern in einiger Entfernung. So konnte ich die beiden beobachten und mich früh genug aus dem Staub machen, sollte Patricia versuchen, mich in ein Gespräch zu verwickeln. Außerdem amüsierte es mich im Augenblick, zu beobachten, wie Jonas versuchte, die dunkle Schönheit neben sich zu beeindrucken. Und sie war wirklich schön. Wahrscheinlich stierte ich sie gerade an und merkte es nicht einmal. Jonas redete unermüdlich auf sie ein. Dabei berührte er immer wieder am Arm. Das war seine Masche: intensiver Augenkontakt und kurze, scheinbar zufällige Berührungen. Wahrscheinlich erzählte er gerade die Geschichte mit den Stasi-Unterlagen. Das machte er immer nach der Story über die Ministerin, die er angeblich durch seine unbestechlichen Fragen zu Fall gebracht hatte.

Jonas' Großvater war Bundesinnenminister gewesen. Also irgendwann im Mittelalter. Jetzt ging er wohl schon auf die achtzig zu. Jonas' Eltern waren bei einem Autounfall gestorben, als er noch ein Kind gewesen war, und so kam er zu seinen Großeltern. Ich glaube, er konnte sich an seine Eltern nicht einmal erinnern. Im Sommer hatte ich Jonas zu Hause besucht, die Familie wohnte in einer richtigen Villa mit vielen Bäumen ringsum das Haus, und er erzählte mir, dass die Polizei immer noch in der Straße vorbeifuhr. Weil sein Großvater so ein hohes Tier gewesen war, hatte sogar die Stasi für jedes Mitglied der Familie eine Akte angelegt, auch für Jonas. Die hatte er Mitte dieses Jahres einsehen können. Soweit ich weiß, stand aber nichts Weltbewegendes darin, wahrscheinlich war sie nur halb so dick wie ein Asterix-Heft.

Aber Jonas gelang es immer, mächtig Eindruck mit seiner Anti-Stasi-Vergangenheit zu machen. Bei den Mädchen kam das gut an. Dazu seine Radiostimme, die ihm viele Türen öffnete. Manchmal wünschte ich mir, so zu sein wie er.

Archie schüttelte Moritz ab, setzte sich wieder gerade und schaute in seinen Becher. Dabei schob er seine Brille hoch. Er vertrug noch weniger als ich, deswegen war ich erstaunt, als er seinen Becher wieder auffüllte. Seine Augen sahen jetzt schon glasig aus. Aber ich war nicht seine Mutter, die ihn aufforderte, jetzt erst mal ein Glas Milch zu trinken.

»Du bist ein Penner, weißt du das!« Moritz ballte die Fäuste.

Als glühender Verehrer von Boxweltmeister Evander Holyfield neigte Moritz manchmal zu solchen Posen. An seiner Tür hing sogar ein Poster von Holyfield. Jonas und ich hatten Holyfields Kopf vor ein paar Wochen mit dem von David Hasselhoff überklebt. Das hatte uns mächtig Ärger eingebracht. Jonas und ich waren zwei Tage auf der Flucht gewesen. Allerdings konnte Moritz keiner Fliege etwas zuleide tun: Er erschreckte schon, wenn jemand neben ihm ein Buch laut zuklappte.

»He, mach mal langsam!«, ermahnte ich Archie jetzt doch. »Du verträgst doch nichts.« Ich wusste, wie ausgiebig Archie jammern konnte, wenn er einen Kater hatte. Meist lag er dann mit einem Waschlappen auf der Stirn in seinem Bett und stöhnte so laut, als würde er ein Kind bekommen.

Archie lächelte mich an, als hätte ich ihm gerade ein großes Kompliment gemacht. Ich glaube, er war schon jenseits von Gut und Böse. Von dem Glühwein leuchteten seine Zähne bläulich. Das machte sich gut mit seinen roten Haaren.

»Ich feiere, David, ich feiere!« Je mehr er trank, desto ausgeprägter hörten wir seinen britischen Akzent. Mittlerweile war sein Blick eindeutig verschwommen. Erst jetzt fiel mir auf, dass niemand etwas zu essen auf den Tisch gestellt hatte. Nicht mal Flips oder Chips oder Schokolade. Wenn wir so weiter tranken, lagen wir alle zusammen in einer halben Stunde auf dem Küchenboden. Oder tanzten draußen im Schnee.

»Ehrlich?«, fragte ich. »Was denn?«

Dass Archie so entspannt wirkte, verwunderte mich etwas. Die vergangenen Wochen und Monate hatte er sich fast ausschließlich in diversen Bibliotheken auf dem

Campus herumgetrieben. Oder sich mit Hunderten von Büchern in seinem Zimmer vergraben.

O nein! Patricia hatte sich von ihrem Stuhl erhoben und kam an den anderen vorbei direkt auf mich zu. Kurz hoffte ich, sie wollte sich nur am Spülbecken die Hände waschen oder vielleicht das Fenster wieder schließen, aber ich ahnte, dass sie zu mir herüberkommen wollte, um irgendwelchen Small Talk zu führen.

Archie nickte wild mit dem Kopf. »Ich bin mir sicher, sie haben alles gewusst!«

Ich hatte keine Ahnung, wovon er sprach.

»Wirklich, David, sie haben alles gewusst. Alles!« Er hob seinen rechten Zeigefinger, als dürfe ich das niemals vergessen.

»Was alles gewusst?«, fragte ich abwesend und erkannte mit Schrecken, dass Patricia nun hinter Jonas und der Schönen stehengeblieben war und mich anlächelte. Sogar in dem schummrigen Kerzenlicht sah ich, wie ihre Augen meine suchten.

Archie tätschelte meinen Arm, dann hob er, wie zu einem Toast, betrunken, rothaarig und blauzahnig seinen Becher: »Dass sie alles gewusst haben mit dem—«

»Hallo David!« Patricia lächelte mich an, unschuldig und nett, vielleicht sogar ein bisschen besorgt. Natürlich war ihr nicht entgangen, wie sehr ich mich die vergangenen Wochen und Monate zurückgezogen hatte. »Schön, dass du gekommen bist.«

Das hörte sich ein bisschen gönnerhaft an, aber das war sicherlich nicht so gemeint, dachte ich. Sie hatte mir wohl verziehen und wollte eine normale Freundschaft. Oder? Ich lächelte sie kurz an, dann schaute ich weg. Wie hatte ich diese Frau verlieren können? Diese wunderschöne Frau!

Sie beugte sich näher zu mir, zwängte sich praktisch zwischen Jonas und die hübsche Neue, um nicht so laut reden zu müssen. Jonas machte keine Anstalten, auch nur einen Zentimeter zur Seite zu rutschen. Er hoffte darauf, dass Patricia ihn mit ihren Brüsten berührte, ich kannte ihn genau.

»Du hast abgenommen!«, stellte sie erstaunt und ein wenig erschrocken fest.

Okay, das hörte sich jetzt wirklich etwas von oben herab an. So als hätte sie mir gerade in die Rippen gezwickt und festgestellt, nur Haut und Knochen zu berühren.

»Das liegt am weiten Pullover«, meinte ich lahm. Ich fing Jonas' Blick auf, der natürlich bemerkt hatte, wie unwohl ich mich fühlte. Gleichzeitig nahm ich Patricias Duft wahr, den ich so genau kannte, den ich mit wunderbaren Stunden verband. Und das schnürte mir die Kehle erst richtig zu.

»Hey, Patricia.« Jonas unterbrach seine Flirterei mit der Neuen und drehte sich halb zu Patricia um. »Schön, dass du den langen Weg zu uns bemitleidenswerten Verlierern gefunden hast. Ich wollte gerade einen Witz erzählen.« Er wandte sich an die ganze Runde: »Hört alle mal zu, der ist super!« Er räusperte sich übertrieben, damit auch jeder mitbekam, dass er etwas sagen wollte. »Also, ein kleiner Junge steht im Spielzeugladen vor einem hohen Regal und betrachtet sehnsüchtig einen kleinen, bunten Stoff-Pumuckl, der ihn von weit oben anlächelt.«

Ein kurzer Blick verriet mir, wie sich Patricias Miene verdüsterte. Sie und Jonas kamen nicht besonders gut miteinander aus. Auch als sie und ich noch zusammen waren, hatten wir uns manchmal wegen ihr gestritten. Jonas war der Ansicht, ich würde Patricia hinterherlaufen, mich zu abhängig machen und meine Freunde vernachlässigen. Das würde sich noch einmal rächen, hatte er prophezeit.

»Da kommt eine Verkäuferin, hockt sich neben ihn und fragt: ›Soll ich dir einen runter holen?‹ Sagt der kleine Junge: ›Ja okay, aber nur, wenn ich dafür einen Pumuckl kriege!‹« Patricias Mund verzog sich zu einem dünnen roten Strich. Jonas und Moritz dagegen wieherten wie Hyänen. Auch ich warf mich weg, obwohl ich den Witz schon ungefähr zweitausend Mal gehört hatte. Die anderen lachten auch, nur nicht ganz so laut und ausgiebig wie wir drei. Allein Archie schaute uns alle total betrunken und verständnislos an.

»He, was heißt das? Warum lacht ihr?« Er kratzte sich am Kopf.

Ich wischte mir die Tränen aus den Augen. »Erzähl ich dir später, okay? Hat was mit Zweideutigkeit zu tun«, nuschelte ich.

»Ah, interessant«, meinte Archie langsam und betonte jede Silbe. »Zweideutigkeit. Musst du, musst du mir erklären.«

Patricia stand hinter Jonas und schüttelte angewidert den Kopf. »Du weißt, dass ich solchen Zoten nichts abgewinnen kann, oder?«

Für Jonas war das ein Grund mehr, sie zu provozieren. »He Patricia, jeder Mann erzählt solche Witze, wirklich jeder. Ehrlich.« Dabei schaute er demonstrativ in Richards Richtung. Jonas mochte Patricias Neuen nicht besonders »Echte Kerle erzählen sich echte Witze. Stimmt's,

Männer?« Dabei strahlte er Archie und mich an. Er drehte sich triumphierend zu Patricia.

Die war auf dem Weg zurück zu ihrem Platz. Ich war ganz froh, denn ich hätte nicht gewusst, was ich mit ihr reden sollte. So souverän war ich noch lange nicht. Ich klaubte eine Marlboro aus dem Päckchen und hielt sie Jonas hin.

»Hier: Ein Geschenk des Hauses! Hast mich gerettet.«

»Das sind meine eigenen, du Penner!« Er zwinkerte mir zu. »Wenn sie nicht gegangen wär, hätte ich noch einen tollen auf Lager gehabt!« Dann widmete er sich wieder unserer neuen Mitbewohnerin.

Ich lehnte mich zurück, fischte mir aus Moritz' Tabakpackung eines dieser hauchdünnen Blättchen und begann vorsichtig, eine Zigarette zu drehen. Es war gar nicht so einfach, dass Papierchen nicht zu zerreißen. Meine Hände zitterten. Aber es gelang mir, etwas zustande zu bringen, das tatsächlich Ähnlichkeit mit einer Zigarette besaß. Moritz schob mir sein Zippo über den Tisch und ich begann wild zu rauchen. Die Luft war katastrophal, trotz des gekippten Fensters.

Archie hatte mittlerweile seinen Kopf auf den Tisch gelegt. Die roten Haare glänzten im Kerzenlicht. Der Glühwein war zu viel für ihn gewesen. Den zweiten Becher hatte er gerade mal zur Hälfte geleert.

Ute und Carlos hielten sich mittlerweile in den Armen und sangen »Last Christmas«. Irgendwann musste Elmar die LP gewechselt haben.

Vorsichtig legte ich meine Zigarette in einen der Aschenbecher und zupfte Moritz am Ärmel. Er schaute mich fragend an. Ich zeigte auf Archie. Unsere Intelligenzbestie in sein Zimmer zu transportieren und schlafen zu legen, gehörte für Moritz und mich zur Routine. Archie war es noch nie gelungen, bis zum Ende einer Fete durchzuhalten. Zumindest hatte ich das noch nicht erlebt.

Vor Archies Tür stolperte Moritz dann über dessen Turnschuhe. Unser Rothaariger wäre beinahe aufgewacht, weil wir ihn fast hatten fallen lassen. Genauer gesagt waren mir seine dünnen Beine durch die Hände gerutscht. Im Zimmer wäre er uns dann Sekunden später beinahe doch noch runter geplumpst. Der ganze Fußboden und überhaupt das ganze Zimmer waren bedeckt mit Büchern. Archie schien während der vergangenen Wochen die gesamte Uni-Bibliothek ausgeräumt zu haben. Wir verfrachteten ihn in sein Bett und er brabbelte irgendetwas vor sich hin, das weder Moritz noch ich verstanden. Kurz überlegten wir, ihm wenigstens die Schuhe auszuziehen, aber Moritz winkte ab, und ich war auch nicht scharf darauf.

Ungläubig schaute ich mich um. Klar kannte ich Archies Zimmer, aber so voller Bücher hatte ich es noch nie gesehen: Auch auf dem Schreibtisch, vor dem Fenster, in den Regalen, überall stapelten sich dicke Bände, Mappen, Hefte und sogar einzelne Papiere. Archie schien die letzten Wochen nur gelesen zu haben.

»Schlaf schön«, sagte Moritz und grinste. »Britischer Trunkenbold! Ihr Insulaner wisst wirklich, wie man feiert!«

Ich schloss das gekippte Fenster und spürte, dass mich Archie hinten an der Hose zog. Überrascht drehte ich mich um. Ich hätte drauf gewettet, dass er schon eingeschlafen war.

»He, David, nimmst du ... nimmst du das?« Er hatte sich halb aufgerichtet und hielt mir mit ernstem Gesicht ein Buch entgegen. »Nimm das!«, sagte er eindringlich und wackelte mit dem Arm hin und her.

»Hm, was?« Überrascht schaute ich auf das Buch, mit dem er herumfuchtelte. »Was ist das?« Mir war selbst ganz schön schwindelig. Durch den Alkohol und die Schlepperei – obwohl er ja eigentlich ein Leichtgewicht war.

Archie wedelte stärker mit dem Buch, einem dicken gebundenen. Der Schutzumschlag löste sich von der Rückseite und machte ein flatterndes Geräusch.

»Furchtbar ist das, das ... das ist furchtbar!« Er sprach so undeutlich, dass ich ihn kaum verstand. Ich hätte nicht gedacht, dass ein paar Gläser Glühwein einen Menschen derart ausknocken konnten. Archie versuchte, sich ganz aufzusetzen, ließ es aber gleich wieder sein und sackte stöhnend zurück auf sein Kopfkissen. Wahrscheinlich wirbelten tausend Sterne durch seinen Kopf. Oder er fühlte sich wie auf einem Kettenkarussell. So ging es mir auch immer, wenn ich zu viel getrunken hatte.

Vorsichtig setzte ich mich zu ihm auf den Bettrand und nahm das Buch entgegen. Moritz stand an der halboffenen Tür und wartete. Das Licht vom Flur fiel genau auf Archie und mich, so dass ich die Nachttischlampe nicht anknipsen musste.

»Was ist das?« Etwas ratlos betrachtete ich den dicken Schinken. Was sollte ich damit?

»Ein Buch!«, nuschelte Archie und ließ sich wieder in sein Kissen fallen. »Das ... ist ... ein ... Buch, du Idiot!«

»Ach was!«, meinte ich. »Ich dachte, das ist ein Zelt.« Ich klappte den Schutzumschlag wieder um das Buch und betrachtete das Cover: Rudolf Vrba »I Cannot Forgive«.

»Warum soll ich das lesen?« Meine Lust auf weitere Bücher hielt sich stark in Grenzen. Bis Ende Februar musste ich noch fünfzig Seiten für ein Hauptseminar zum Thema: »Adoleszenzprobleme in ausgewählten deutschen Romanen von 1902 bis 1937« abliefern. Da brauchte ich nicht unbedingt noch englischsprachige Zusatzlektüre. Außerdem war ich gedanklich bereits halb in den Weihnachtsferien. Ich wollte irgendwann in den kommenden Tagen nach Hause, zu meinen Schwestern und meinen Eltern. Und dort erst einmal gar nichts tun. Außer essen, trinken und schlafen. Und vielleicht ein bisschen fernsehen und laufen. Und mich dann nach Weihnachten mit Adoleszenzproblemen herumschlagen.

»Weil, weil … das … das schlimm ist.« Archie richtete sich wieder halb auf. Die alten Sprungfedern des Betts knarrten. »Schlimm!« Plötzlich spürte ich seine Finger, sie krallten sich fast in meinen Unterarm. Es tat richtig weh. »Und weil das … das bis hier geht. Bis hier, David!«

Belustigt schaute ich rüber zu Moritz. Seine Silhouette füllte fast den gesamten Türrahmen aus. Er zuckte mit den Schultern und lächelte. Himmel, war Archie betrunken. Er schien tatsächlich jenseits von Gut und Böse. Obwohl seine Augen geschlossen waren, hielt er meinen Arm weiter fest. Kurz blickte ich auf das Buch, das er mir in die Hand gedrückt hatte. Um ihm einen Gefallen zu tun, legte ich es nicht beiseite. Vielleicht würde ich ja in den Weihnachtsferien tatsächlich Zeit finden, es zu lesen. Zumindest die ersten Seiten. Obwohl – spannend sah es nicht gerade aus. Im Schein der Flurlampen erkannte ich auf dem Schutzumschlag nur so etwas wie eine Allee und im Hintergrund ein flaches Gebäude.

Wieder bewegte sich Archie. »Und … bis … bis heute, David. Bis heute!« Damit sank sein Kopf endgültig zurück aufs Kissen. »Ich muss da unbedingt … ich muss da unbedingt wieder hin! So schnell … so schnell wie möglich.« Er schloss die Augen und fing fast augenblicklich an zu schnarchen.

Ich tätschelte seine Wange. »Schlaf ein, mein lieber englischer Freund. Schlaf ein!« Bevor ich die Tür zuzog, schaute ich ein letztes Mal zurück. Auf der Seite liegend schien Archie schon ganz weit weg zu sein. Unser kleiner Schluckspecht. Leise schloss ich die Tür.

Moritz hatte auf einem der Kühlschränke Platz genommen, die an der Wand standen. Darin verwahrten wir unsere Lebensmittel auf. Die alten Dinger brummten wie altersschwache Turbinen und verbrauchten wahrscheinlich wahnsinnig viel Strom. Moritz sprang mit einem Satz hinunter und gemeinsam gingen wir zurück zu unserer Feier.

An jenem Abend verschwendeten wir keinen weiteren Gedanken mehr an Archie. Ich legte das Buch, das er mir gegeben hatte, auf die Kommode neben Elmars Plattenspieler. Erst am nächsten Morgen nahm ich es mit auf mein Zimmer. Dann dauerte es noch einmal ein paar Tage, bis ich mich wieder daran erinnerte und darin zu lesen begann.

Als Moritz und ich zu unserer Weihnachtsfeier zurückkamen, lief schon wieder »Last Christmas«. Dieses Mal sangen Ute und Carlos allerdings nicht mit. Die Küche war verqualmter denn je. Es roch nur noch nach

Glühwein und Zigaretten. Morgen würden unsere Klamotten höllisch stinken. Wir lachten viel, rauchten, tranken, hörten weiter Musik und gingen irgendwann gegen eins oder zwei schlafen. Jeder von uns hangelte sich vorsichtig in sein Zimmer. Jeder für sich – auch Jonas. Er hatte seine Bemühungen bei der schönen Neuen in dem Moment eingestellt, als sie ihm gestanden hatte, bereits verlobt zu sein. Mit einem Juristen, der schon am zweiten Staatsexamen büffelte. Das hatte ihn ziemlich schnell abgekühlt.

Archie war einer meiner besten Freunde. Trotzdem betrog ich ihn, auch wenn ich das an jenem Abend noch nicht ahnte. Am nächsten Morgen war er verschwunden.

Kapitel 2

Erster Tag

Rückblickend ist mir bewusst, dass wir viele Entscheidungen damals in kürzester Zeit treffen mussten. Zeit, uns eine Übersicht zu verschaffen, besaßen wir nicht. Keiner von uns. Genauso wie Moritz und Jonas wurde auch ich mitgerissen von dem, was geschehen war und noch geschehen sollte. Wir waren darauf nicht vorbereitet. Aber vielleicht ist man das ja nie. Vor allem nicht, wenn man jung ist.

Ich war angespannt wegen Klara. Für Archies Freundin blitzte mein Waschbecken, sogar die Wollmäuse unter meinem Schreibtisch hatte ich entsorgt. Die Sportklamotten lagen, anders als sonst, verstaut im Schrank und selbst dem zerfledderten, bunten Ikea-Teppich fehlten die Tabak- und Kekskrümel. Einzig auf dem Schreibtisch vor dem Fenster wollte ich die Unordnung nicht verschwinden lassen: Unzählige Papiere, Mappen und Bücher sollten meine ernsthaften akademischen Ambitionen unterstreichen. Als einzigen Wandschmuck besaß mein Zimmer ein Huey-Lewis-Poster von der »Small World«-Tour. Ich hatte es in

Dortmund in der Westfalenhalle gekauft. Mit meiner älteren Schwester und ihrem neuen Freund war ich dort gewesen. Ein Konzert auf Stühlen, richtige Stimmung war nicht aufgekommen.

Archie hatte ich heute Morgen noch nicht gesehen. Aber das war nicht ungewöhnlich. Wir vier verabredeten uns so gut wie nie für eine bestimmte Uhrzeit. Wenn es passte und man sich traf, war es in Ordnung, wenn nicht, war es auch gut. Bis wir uns irgendwo über den Weg liefen, war es nur eine Frage der Zeit.

Das Treffen mit dem Nibelungenschatz-Forscher am Vormittag war wie erwartet umsonst gewesen. Moritz hatte den Mann allein getroffen, ich hatte ihm gestern auf der Feier noch gesagt, dass ich nicht mitkommen würde. Vorhin war Moritz dann in mein Zimmer gekommen, wieder einmal desillusioniert, was den baldigen Fund des Schatzes anging. Der Forscher hatte ausschließlich Geld von ihm gewollt, damit er bei Worms an einem Ort namens Loch Ausgrabungen beginnen konnte. Auf der Suche nach potenziellen Geldgebern reiste er quer durch die Bundesrepublik und war sich auch nicht zu schade, sonntags bei einem Studenten für sein Projekt zu werben. Das gefiel mir irgendwie. Allerdings hätte er sich ausrechnen können, dass Studenten der Philosophischen Fakultät nur in sehr seltenen Fällen Geld besitzen, das sie in Projekte wie das Finden des Nibelungenschatzes investieren.

Klara hatte sich für sechzehn Uhr zum Lernen angekündigt. Ich saß an meinem alten Schreibtisch, den ich mir aus dem Fundus im Keller geholt hatte, und starrte in den bleigrauen Himmel. Schon ab halb vier wurde es allmählich dunkel, so dass meine Ballonlampe aus

Reispapier längst flimmerte. Die vergangenen Minuten hatte ich mir den Kopf zerbrochen – der Kater hielt sich erstaunlicherweise in Grenzen –, über was Klara und ich eigentlich genau sprechen wollten. Üblicherweise gab es in den Seminaren keine Gemeinschaftsarbeiten oder -referate, und Klausuren mussten selbstverständlich auch allein geschrieben werden. Wahrscheinlich wollte sich Klara nur einen Überblick verschaffen, welche Schwerpunkte Moritz und ich die vergangenen Monate gesetzt hatten. Dabei lernten Moritz und ich, wenn wir gemeinsam ein Thema beackerten, nicht systematisch. Meist lasen wir verschiedene Bücher und dann erzählten wir uns, was wir gelesen hatten. Und was wir davon hielten. Das endete häufig damit, dass wir uns biertrinkend über alle möglichen Dichter lustig machten. Das war nicht gerade schwierig. Vor allem bei den Empfindsamen. Dazu zählten Dichter, die das *Gefühl* als Hauptkriterium in ihre Lyrik integrierten wie Matthias Claudius mit seinem Schlaflied »Der Mond ist aufgegangen«. Diese Strömung trieb dann aber auch merkwürdige Blüten: Wenn sich zum Beispiel sensible Poeten in selbst ausgehobene Gräber legten, um die eigene Vergänglichkeit besser *erleben* zu können. Ich ertappte mich manchmal, wie ich glucksend in der germanistischen Bibliothek saß und nur noch den Kopf schüttelte. So viel Weltschmerz, so viel Melancholie und Selbstmitleid. Himmelherrgott!

Moritz hatte zur Empfindsamkeit sogar ein eigenes Scherz-Gedicht verfasst:

»Elegie auf Schillers Abschied«
Verhüll, o Mond, dein Antlitz ob meiner Tränen Flut.

Erlöscht, ihr Sternenvölker, ob meines Herzens grimmer Wut.
Und ihr, o Götter. Habt wohl Acht, Ich ward um einen Busenfreund gebracht!
(Chorus: O Yeahhhh – o my Lord!)

Erstarrt, ihr Seen, in stählernem Eis. O Flüsse, haltet inne.
Der Seele Kreischen ist Beweis, wie in Schmerzen ich zerrinne.
Gebt Klagelaute, ihr Zypressen, o ihr Weiden, Die Sonn' zerbierst, die grau'ge Nacht hebt an.
Freund Schiller muss wohl scheiden. Merkt auf: dass ich des Herzens Weh nicht bändigen kann
(Chorus: O Jammer – grässlich Not)

Versteinert ragt der Seele letzter Stumpf in eisesblauer Nacht empor.
Die Trauer ist ein modernd' Totensumpf, es brodelt Todesnöteklagen dumpf hervor.
Und ins Geräusch der lauen Linden, sich Uhurufe klagend winden:
Freund Schiller zieht von hinnen, die Stunden jäh und rasch verrinnen!
(Chorus. O Abschiedsstunde – grässlich Fluch!)

Halt inne, Herz, in deinem schröcklich Rasen, und blick zum Sternenfeld dort droben.
Hör auf zu beben wie das Herz des Hasen, stell ein dein Wüten und dein Toben.
Erblick die ew'ge Bahn der stolzen Lichte, denn Klagen ist die Art der Wichte!

Und merk wohl auf: Die Allmacht hat's verhangen, und nur der Narren töricht Seele hat's verhangen, mag ob des Schicksals Weisung bangen.
Freund Schiller wird einst wiederkehren, in Ehr und Ruhm und in der Massen tosend Ruf
wird er als Held einst dich beehren, weil der Allmächt'ge ihn zum Weltmann schuf!
(Chorus: So sei´s – wohl an – gepriesen sei der Herr!)

So etwas schrieb Moritz innerhalb von zehn Minuten. Ich konnte es nie fassen. Wenn er zur Zeit der Empfindsamen gelebt hätte, wäre er von ihnen sofort zum König gewählt worden!

Es klopfte. Mein Herz hüpfte. Ich stand auf, öffnete die Tür. Klara lächelte mich an. Ihre hellblauen Augen leuchteten. Als sie an mir vorbei ins Zimmer kam, streifte mich ihr Arm. Das Parfüm, das sie trug, war schwer und atemberaubend. Ich fragte mich, was Archie davon halten würde, wenn er vielleicht gleich vorbeikäme. Was würde er wohl denken, wenn er seine Freundin parfümiert und in einem engen, kurzen Rock und einem weiß-blau gestreiften T-Shirt auf meinem Bett sitzen sah.

Ich nahm züchtig ihr gegenüber an meinem Schreibtisch Platz und schlug die Beine übereinander. Klara bewegte sich vollkommen ungezwungen. Sie fragte mich als Erstes, wo Archie sei, denn in seinem Zimmer sei er nicht. Es beruhigte mich ein wenig, dass sie sich weiterhin für ihn zu interessieren schien. Mein Stuhl quietschte, weil ich vor Nervosität vor und zurück wippte. Klara sah einfach toll aus! Kerzengerade saß sie auf meinem Bett, lächelte mich an, als sei ihr gar nicht bewusst, wie sehr sie mich verwirrte. Ich fragte umständlich, welche Themen sie sich vorgestellt habe. So als sei ich ihr Nachhilfelehrer – mindestens dreißig Jahre älter, dick und glatzköpfig.

»Themen? Du meinst … welche Epochen?« Einen Augenblick lang war sie irritiert, lächelte dann aber wieder. »Du machst doch auch ›Sturm und Drang', oder? Als Epoche, meine ich? Bei Schmied?«

Das war keine wirkliche Frage. Sie wusste das, wir saßen schließlich bei Professor Schmied im selben Kurs. Schmied war eigentlich Karl-May-Experte, zumindest bot er seit mehreren Jahren Haupt- und Oberseminare zu May an, außerdem hatte er schon mehrere Biographien über den Schöpfer von Winnetou und Old Shatterhand geschrieben. Ich wartete noch auf den Tag, an dem er auf dem Pferd in den Hörsaal einreiten und mit einer Silberbüchse alle niederstreckte, die während seiner Ausführungen schwatzten.

Ehe ich ihr zustimmen konnte, fiel Klaras Blick auf mein Poster von Huey Lewis. »Small World!«, meinte sie, nichts weiter. Ich nickte nervös, blätterte gleichzeitig in der einzigen Literaturgeschichte, die ich mir zu Beginn des Studiums zugelegt hatte. »Geschichte der deutschen Literatur« von Lerke von Saalfeld, Dietrich Kreidt und Friedrich Rothe. Der dicke, rote Band war gerade erst vor zwei Jahren erschienen. Ich liebte dieses Buch. Als einzige Quelle, die mir bekannt war, erwähnten die Autoren zum Beispiel, dass Kafka neben aller Nachdenklichkeit und literarischem Genius auch ein passionierter Motorradfahrer und Tennisspieler gewesen war und nicht nur Tag und Nacht an seinen aberwitzigen Satz- und Sinnkonstruktionen getüftelt hatte. Diese

Literaturgeschichte bürstete die vorherrschende Meinung über manchen Dichter zumindest ein wenig gegen den Strich. Die meisten Büchern und Vorlesungen zur Literaturwissenschaft bewegten sich ausschließlich auf der Hauptstraße der Forschung. Immer wieder lag der Schwerpunkt auf Goethes Geisteskraft, Schillers Dramen-Impulsivität und Celans Lebensverzweiflung. All das war sicherlich richtig, aber auch langweilig und auf die Dauer öde. Warum schwenkten wir nicht ab und zu in die Nebenstraßen? Dorthin, wo es dunkler und vielleicht auch ein wenig schmutziger war? Forschten, was die Literaten in ihrer Freizeit getrieben hatten, ob sie krank gewesen waren oder kerngesund. Feinschmecker oder Vielfraße, Spanner oder Exhibitionisten. Denn nur so zeigte sich doch das vollständige Bild eines Menschen, der zum Dichter und Denker geworden war, oder?

Ich fand es beruhigend, dass sich Kafka möglicherweise mehr über eine schlechte Vorhand longline geärgert hatte als über eine kurze Erzählung, die ihm nicht vollkommen gelungen war. Wer weiß, vielleicht hatte ihm mehr an einem guten zweiten Aufschlag als an einem genialen Ende für den »Prozess« gelegen. So etwas zu wissen, brachte ihn mir näher als jede seiner Erzählungen: Franz Kafka wie ein Berserker fluchend auf dem Tennisplatz! Im Prag der 1910er Jahre! Er pöbelt durch die Gegend und schmeißt seinen Holzschläger ins Netz, weil seine Doppelpartnerin einen leichten Volley versemmelt hat. Ist das nicht ein phantastisches Bild!?

»Weißt du eigentlich, dass Kafka ein guter Tennisspieler war?« Mein Gott, hatte ich das jetzt wirklich laut gesagt? Klara musste mich für vollkommen verrückt halten. Was sollte sie darauf antworten? Ja, nein, vielleicht? Waren wir hier etwa beim »Großen Preis« oder bei »Am laufenden Band«?

»Tennis?« Klara zog die Augenbrauen zusammen und stemmte die Arme in meine Tagesdecke. Ihr kurzer Rock rutschte zwei Zentimeter nach oben. »Was du alles weißt.«

Kapitel 3

»Wo, zum Himmel, ist Archie?« Jonas klang aufgeregt. Dunkelbraune Tabakkrümel rieselten munter auf Saalfelds Literaturgeschichte und sammelten sich zwischen den Seiten. Klara war seit einer Viertelstunde fort. Nach »Küsschen links, Küsschen rechts« war sie gegangen und ich – wie eine Marionette ohne Fäden – auf meinem Bett zusammengesunken. Es war wirklich anstrengend gewesen, mich nur auf Literatur zu konzentrieren.

»Wo ist Archie, David? Ich such ihn schon die ganze Zeit!« Jonas' Silhouette spiegelte sich in der gekippten Fensterscheibe. Papiere wirbelten auf. Ich hatte ein paar Notizen gemacht, wahrscheinlich nichtssagender Unsinn, weil ich zu keinem klaren Gedanken fähig gewesen war, während Klara auf meinem Bett gesessen hatte.

»Mach die Tür zu, Jonas, es zieht. Ich krieg die Heizung eh kaum warm.« Ich drehte mich zu ihm. Dabei fiel die andere Hälfte des Tabaks, die nicht in der Literaturgeschichte gelandet war, in meinen Schoß.

Mitten in der Bewegung blieb Jonas stehen. »He, hier riecht's nach ...« Übertrieben deutlich fächerte er mit der Hand Luft in Richtung Nase.

»Nein! Ganz bestimmt nicht!« Ich hob eine Hand, als verböte ich einem Kind den zweiten Schokoriegel. Ich hatte definitiv keine Lust, jetzt mit irgendjemandem über Archies Freundin zu diskutieren. Und Jonas wollte bei Mädchen sowieso immer nur wissen, wie weit man es *geschafft* hatte. Also, ob man sie geküsst oder sogar mit ihnen geschlafen hatte. Ich wusste nicht, warum er immer nur an Sex dachte, vielleicht hatte er irgendeine verkorkste Kindergartenerfahrung gemacht oder so etwas.

Selbstverständlich behielt er sein unverschämtes Grinsen bei, legte den Kopf schräg, schnupperte noch einmal überdeutlich und wackelte dann mit den Hüften. »Olala! Unser David erwacht langsam wieder zum Leben!« Dabei schlug er mir auf die Schulter, so dass ich auch noch das Blättchen fallen ließ.

»Idiot!« Ich klaubte das dünne Papier vom Boden und konzentrierte mich wieder auf meine Zigarette. Sollte er doch denken, was er wollte, von mir würde er nichts erfahren. Mit Schwung warf sich Jonas aufs Bett. Die alten Holzpfosten knarrten.

Jonas fühlte sich überall zu Hause. Das war meist unkompliziert, manchmal aber auch einfach nur anstrengend. Vor allem dann, wenn man, so wie ich im Augenblick, allein sein wollte. Aber Jonas verschwendete keinen Gedanken daran, irgendwo einmal *nicht* willkommen zu sein. Vielleicht lag es daran, dass sein Großvater bis heute wie ein großer Staatsmann hofiert wurde. Und da die Familie, vor allem früher, sehr häufig bei Empfängen, Auslandsreisen und anderen repräsentativen Terminen anwesend sein musste, hatten sich vielleicht in seinem Unterbewusstsein der Glaube und das Vertrauen festgesetzt, seine Mitmenschen würden durch seine Gegenwart ausschließlich bereichert.

Jonas nervte weiter, gab den Bluthund und schnüffelte mit hochgereckter Nase in die Luft.

»Entweder du hattest Damenbesuch oder du probierst was Neues aus!« Er gackerte. Und weil ich nichts antwortete, meinte er: »Wenn du willst, kann ich dir demnächst ein paar Schuhe von meiner Großmutter mitbringen. Oder ihre Nylonstrümpfe.« Grinsend schob er sich eins der kleinen Kissen in den Nacken. »Also David, raus mit der Sprache. Du kannst sagen, was du willst: Hier riecht es eindeutig nach einer Dame.« Er vergrub sein Gesicht in den Stoff und schnupperte erneut.

Die bunten Kissen hatte ich extra für Klara aus dem hintersten Winkel meines Kleiderschranks gekramt. Sie waren ein Geschenk von Patricia gewesen, und nach dem Ende unserer Freundschaft hatte ich sie aus meinem Blickfeld verbannt.

»Sehr witzig!« Noch diese Tabakfaser bändigen, dann konnte ich allmählich damit beginnen, nach Zündhölzern suchen. Mit Nikotin im Blut würde ich gegen Jonas' Neugier besser gewappnet sein.

»Klara war hier!« Wahrscheinlich war es besser, einfach damit herauszurücken. Warum auch nicht? Es war schließlich nichts geschehen. Und wenn ich ihren Besuch weiterhin abstreiten würde, gab ich Jonas' Neugierde nur noch mehr Nahrung. Vielleicht bildete ich mir auch nur etwas ein, das einzig in meiner Vorstellung bestand. Vielleicht lief Klara im Dezember häufiger in kurzen Röcken herum. Warum nicht? Jeder konnte tragen, was er wollte. Ich versuchte, mich zu erinnern, ob Klara schon immer zu eher gewagten Outfits geneigt hatte, aber in der Vergangenheit war mir nichts dergleichen aufgefallen. Sie war immer die Lady an Archies Seite gewesen.

»Klara?« Jonas drückte sich das Dekokissen unter den Kopf. »Archies Klara?«

»Ja, Archies Klara!« Ich steckte mir die Zigarette zwischen die Lippen. Wo waren die Streichhölzer? Eine Tabakfaser hatte sich an meiner Unterlippe verklebt. Ich rollte sie zwischen Daumen und Zeigefinger zusammen und ließ sie auf den Teppich fallen.

Jonas drehte sich auf die Seite »Bisschen gefährlich, oder?« Wieder schnupperte er übertrieben deutlich in die Luft. »Also dem Parfüm nach zu urteilen, hat sie sich entweder in der Tür geirrt – oder sie ist scharf auf dich!«

Ich brummte irgendetwas Unverständliches und zog die unterste der altersschwachen Schubladen an meinem Schreibtisch auf. Da lagen zwar keine Streichhölzer, aber das silberne Zippo, das mir Moritz vergangenes Jahr zum Geburtstag geschenkt hatte. Etwas, das er sich eigentlich gar nicht hatte leisten können. Deswegen nahm ich es auch niemals in einen Pub oder in die Uni mit.

»Ach komm schon, David, was von beidem?« Jonas ließ nicht locker. Hart an der Grenze zur Unverschämtheit.

»Du siehst mal wieder eine Schlagzeile, was? Die gibt's aber nicht. Jonas, hör auf! Klara ist Archies Freundin! Wir haben zusammen gelernt, Punkt!«

Zugegeben: Wenn Klara nicht Archies Freundin gewesen wäre, hätte ich die vergangenen beiden Stunden bunt ausgeschmückt, nur um Jonas eifersüchtig zu machen. Aber da Klara zu Archie gehörte, wollte ich jeden Verdacht, dass ich sie ihm auszuspannen versuchte, gar nicht erst aufkommen lassen.

»Gelernt! Genau: gelernt! Sehr witzig. Das kannst du deiner Großmutter erzählen? Richard-Gere-mäßig gelernt, oder was?«

»Richard-Gere-mäßig lernen? Was stellst du dir denn darunter vor?« Ich suchte meinen Aschenbecher. Im Augenblick hätte ich Jonas am liebsten vor die Tür gesetzt. Ich hatte keine Lust, mich von ihm aushorchen zu lassen!

Zudem hatte Klara es in den vergangenen beiden Stunden wirklich darauf angelegt, mich zu verunsichern. Unsere Dialoge hatten sich kaum auf unser gemeinsames Studienfach bezogen, hauptsächlich war ihr daran gelegen gewesen, mich über Patricia auszufragen: Wie ich mich nach der Trennung fühlte, was ich von Patricias neuem Freund hielte, ob ich jetzt generell von den Frauen enttäuscht sei, wollte sie wissen. Und vieles andere, das nichts mit Sturm und Drang und Empfindsamkeit zu tun hatte. Dann hatte sie mir von ihrem ehemaligen Freund erzählt, der sie wegen ihrer Schwester verlassen hatte. Das lag zwar schon Jahre zurück, aber sie würde sich immer noch verletzt fühlen, hatte sie gesagt, und das Verhältnis zu ihrer Schwester, die sie ohnehin kaum sah, sei seitdem auch nicht besser geworden. Beide würden sich kaum noch in die Augen schauen, auch wenn die Freundschaft ihres Ex zu ihrer Schwester bereits lange wieder beendet sei. Zum Schluss unseres Treffens hatte sie mich gefragt, was ich von Sex ohne Liebe hielt, und da war mir richtig der Schweiß ausgebrochen. Jetzt konnte ich mich nicht mal mehr an meine Antwort erinnern.

Ich schnippte das Zippo auf und zündete endlich meine Selbstgedrehte an. Der Rauch stieg mir in die Augen und ich blinzelte den Schmerz fort. Als Aschenbecher nahm ich den gefühlt zentnerschweren Untersetzer, den Moritz vor drei Wochen aus einer Cocktail-Bar in der Innenstadt hatte mitgehen lassen. Silbern mit eingebranntem

Marlboro-Schriftzug. Wir vier hatten an einem Tisch im »Mayer-Lansky« in der Nähe des Stadthauses gesessen und Cocktails getrunken. Ich hatte irgendwann gemeint, dass ich genau so ein Ding für mein Zimmer gebrauchen könne, weil das meiner Kemenate etwas Extravagantes verleihen würde. Minuten später hatte Moritz den Aschenbecher unter den Tisch gezogen und unter seiner Jacke versteckt.

»Also los, David, sag die Wahrheit!« Wenn es um Sex ging, gab Jonas keine Ruhe. Ich konnte mir gut vorstellen, wie er einem Mädchen, das er unbedingt ins Bett bekommen wollte, mit allen erdenklichen Komplimenten schmeichelte, um seinen Willen zu bekommen.

»Komm runter, Jonas, ja? Klara ist Archies Freundin. Genau wie du gesagt hast.« Ich blinzelte weiteren Zigarettenrauch weg, in der Hoffnung, meine Verlegenheit zu überspielen. »Schon vergessen?«

»Jaja, schon gut.« Jonas lachte, ließ das Thema dann aber endlich fallen. »Also wo ist Archie denn nun? Unser Engländer schuldet mir seit einer Woche fünfzig Mark.«

Ein paar Tauben zogen vor meinem Fenster vorbei. Manchmal saßen die Vögel direkt auf den Dachpfannen und starrten mich mit ihren schwarzen Knopfaugen an. Dabei gurrten sie so laut, dass man keinen klaren Gedanken fassen konnte.

»Hab Archie heute noch nicht gesehen.« Ich zuckte die Schultern. »In der Küche war er auch nicht. Du kennst ihn doch: Wahrscheinlich ist er früh los. Hat sich in irgendeine Bibliothek verkrochen oder was weiß ich. Klara hat ihn eben auch nicht gefunden.«

Jonas lächelte wieder vieldeutig und wieder ignorierte ich es. Wenn er meinte, ich würde ihm mehr von Klara erzählen, war er auf dem Holzweg. Statt der Tauben kurvten jetzt mehrere Krähen draußen durch die Luft. Über der Wiese vor dem Studentenheim veranstalteten sie einen Flugwettbewerb. In irrwitzigen Kurven stießen sie durch den grauen Himmel.

»Hat sie ihn wirklich gesucht?« Er grinste. »Ich hab den Verdacht, die hat jemand anderen im Kopf.« Jonas zwinkerte mir zu, erhob sich und klopfte mir im Vorbeigehen wieder auf die Schulter. »Bleib sauber, Kleiner!« Dann ging er hinaus und schloss die Tür hinter sich.

Von der anderen Seite des Flurs drang Musik aus Carlos' Zimmer. Madonna oder etwas anderes Poppiges. Carlos stand auf Madonna. Offiziell gab er sich gern als weltgrößter Pink-Floyd-Fan aus, aber das stimmte nicht. Viel häufiger als »The Dark Side of the Moon« oder »Wish You Were Here« war bei ihm »Holiday« oder »Like a Virgin« zu hören. Ich blieb auf meinem Stuhl sitzen und dachte weiter an Klara.

Aber nur ungefähr eine halbe Minute, dann kam Jonas wieder zurück und nervte weiter. »Keiner da. Die Tür ist nicht abgeschlossen. Ich bin rein, aber von Archie ist nix zu sehen.«

»Dann ist er halt noch an der Uni.« Ehrlich gesagt machte ich mir noch keine großen Gedanken darüber, dass wir Archie heute noch nicht angetroffen hatten. Es passierte häufiger, dass jemand von uns den ganzen Tag auf dem Campus verbrachte. Auch dann, wenn keine Vorlesungen oder Seminare stattfanden oder in den Semesterferien. Wir trafen uns mit Kommilitonen oder waren anderweitig unterwegs. Jonas und ich zum Beispiel besuchten einmal die Woche einen Karatekurs beim Uni-

Sport, und Archie trieb sich häufig in einem der beiden British Shops in der Innenstadt herum. Möglicherweise saß er in diesem Moment mit einer der Verkäuferinnen zusammen und probierte die neuesten englischen Marmeladen aus. Die mit Kartoffel- oder Radieschen-Aroma. In diesen Läden konnte einem wirklich übel werden, wenn man nicht auf den abgefahrenen Geschmack der Briten stand. Ich wusste allerdings nicht, ob die British Shops auch sonntags öffneten. Wohl eher nicht.

»Ich geh dann mal wieder.« Jonas tippte sich an die Stirn und verließ tatsächlich mein Zimmer.

»Endlich!«, sagte ich laut, bevor er die Tür ins Schloss zog.

»Bastard!«

Ein, zwei Minuten lang wippte ich weiter vor mich hin und versuchte, Rauchkringel Richtung Deckenlampe schweben zu lassen. Einen Stock tiefer klapperte jemand mit Geschirr in der Küche. Ich beschloss, nach unten zu gehen. Eine Tasse Kaffee oder Tee würden mich vielleicht auf andere Gedanken bringen. Gleichzeitig hoffte ich, dass mir Patricia nicht über den Weg lief. Oder ihr neuer Freund Richard. Er schien ganz nett zu sein, aber auf ein Gespräch mit ihm war ich im Augenblick nicht besonders scharf.

Kapitel 4

Außer Ute war niemand in der Küche. Vom Treppenabsatz aus hatte ich gerade noch Rosa in ihrem Zimmer schräg gegenüber verschwinden sehen. Die Luft war immer noch verraucht, obwohl das Fenster in der Küche gekippt stand. Wir hatten ja auch ordentlich gequalmt auf der Feier.

Heute kann man sich das kaum vorstellen, aber in den Neunzigern war Zigarettenrauch fast allgegenwärtig. Rauchverbote beschränkten sich mehr oder weniger darauf, seinem Gegenüber während des Essens nicht den Qualm frontal in die Augen zu pusten. Und selbst das war auch nur eine Art Gentlemen's Agreement.

Ich setzte mich auf die Eckbank und schob den vertrockneten Adventskranz zur Seite. Seit der Feier hatte er noch mehr Nadeln eingebüßt. Ich schnappte mir die Süddeutsche: »Auflösung der Sowjetunion« lautete eine Schlagzeile. Mein Interesse für Politik hielt sich in Grenzen, aber ab und zu hatte ich das Bedürfnis, zumindest etwas mehr über die großen Ereignisse der Gegenwart zu wissen. Allerdings bekam ich keine Chance, mich auf den Artikel zu konzentrieren. Ute stand am Waschbecken und wusch einen Kopfsalat.

»Wieder nüchtern?«, fragte sie und drehte sich zu mir.

Ich sah von der Zeitung auf. »Klar. Und du? Dein Duett mit Carlos fand ich einmalig. Da könnte was draus werden. Ich mein, bewerbt euch doch mal bei ›Formel Eins‹«.

»Ach David, du bist echt nicht auf dem Laufenden: Die Sendung gibt's doch schon lange nicht mehr.«

»Was ›Formel Eins‹? Wirklich?« Das war an mir vorbeigegangen. »Seit wann?«

»Schon seit vergangenem Jahr.« Sie zuckte die Schultern. »Ich glaube, unser lieber Carlos war ziemlich betrunken. Sonst hätte er sich das nicht getraut.« Sie lächelte, so dass ich ihr Grübchen sah.

»Ich fands aber gut. Ich mag ›Last Christmas‹.«

Mein Blick fiel auf das Buch, das Archie mir gestern Abend in die Hand gedrückt hatte. Es lag weiterhin neben Elmars Plattenspieler an der Tür. Ich stand auf und nahm es in die Hand. Ein richtig dicker Schinken: Rudolf Vrba »I Cannot Forgive«. Auch der Klappentext ließ nicht gerade auf leichte Lektüre schließen: »Irgendwie fanden wir es nicht richtig, dass sich die Welt weitergedreht hat, während es Auschwitz gab; dass die Leute gelacht und gescherzt, getrunken und sich geliebt haben, während Millionen starben und wir um unser Leben kämpften«, übersetzte ich leise. Vrba beschrieb sein Leben als ungarischer Jude während der Nazizeit. Erst in Freiheit, dann als Häftling im KZ Auschwitz, schließlich seine Flucht.

Ute hatte mein Gemurmel bemerkt.. Sie stellte zwei Schüsseln auf die Anrichte und holte verschiedene Gewürzdöschen aus dem Schränkchen über sich. »Was ist das?« Sie zeigte auf das Buch.

»Über Auschwitz. Hat mir Archie gegeben. Er will, dass ich es lese.«

»Puh! Da hätte ich ja jetzt überhaupt keine Lust zu«, sagte sie.

Ich wollte fragen, ob es denn überhaupt eine Zeit gebe, während der man Lust haben könne, etwas über Auschwitz zu lesen, schwieg dann aber doch. So richtig ernsthaft hatte ich mich mit Ute noch nie unterhalten. Sie drehte mir wieder den Rücken zu und würzte ihren Salat mit Pfeffer. Auf das Buch ging sie nicht mehr ein. »Wo ist er überhaupt, der Archie?« Sie griff nach einem weiteren Gewürz. »Oder schläft er noch?«

»Wer? Archie?«

»Ja, Archie.«

»Keine Ahnung. Hab ihn heute noch nicht gesehen.« Ich warf wieder einen Blick auf die Süddeutsche, dann legte ich sie endgültig beiseite. Der Artikel über die Auflösung der Sowjetunion war doch nicht so interessant. »Vielleicht ist er schon in der Uni.«

»Heute ist Sonntag, David!« Utes Tonfall erinnerte mich an den meiner Mutter, wenn ich mal wieder irgendetwas Wichtiges vergessen hatte.

»Ja, aber manche Seminare haben trotzdem auf. Und für die Bibliothek bei den Historikern hat er ja sogar einen Schlüssel.« Das wusste ich.

Ute drehte den Wasserhahn auf und wusch ein Messer ab. Sie gehörte zu den wenigen von uns, die ihren Kram nicht einfach stehen ließen in der Hoffnung, dass sich irgendjemand anderes erbarmte und ihn wegspülte. »Na, dann«, sagte sie, schnappte sich ihre Schüssel und winkte kurz beim Rausgehen. »Bis später!«

»Ja, bis später!«

Wieder betrachtete ich das Buch: »Ich kann nicht vergeben.« Das hörte sich schlimm an, unversöhnlich. Jetzt erkannte ich auch, was auf dem Umschlag abgebildet zu sein schien: der Blick auf ein Vernichtungslager. Eine Allee, Bäume, vielleicht Pappeln. Eine undeutliche Gestalt im Hintergrund, schemenhaft, als würde sie laufen. Alles schwarz-weiß. Ich blätterte durch das Buch, langsam, las die eine oder andere Passage. Um Himmelswillen, wirklich! Auschwitz!

Trotzdem nahm ich das Buch mit aufs Zimmer, schon allein, weil ich nicht wollte, dass Archie es hier unten fand und sofort wüsste, dass ich es vergessen hatte. Ich legte es auf meinen Schreibtisch. Für später. Lieber als lesen wollte ich jetzt laufen.

Unser Studentenheim lag am Rande eines großen Waldes. Buchen, Eichen und Fichten bildeten ein großes Naturschutzgebiet. Auf einer Art Bergplateau gab es sogar einen Sportplatz. Mit Fußballtoren, einer Weitsprunganlage und einer 400-Meter-Bahn. Ausgetreten und alt zwar und voller Pfützen und Unebenheiten, aber vollkommen in Ordnung, wenn man keine olympischen Ambitionen hegte. Dienstags trainierte dort einer der Fußballclubs aus dem Ort, an den anderen Tagen trafen wir selten jemanden dort oben.

Die Joggingwelle hatte erst später in den Neunzigern begonnen und üblicherweise herrschte auf den schmalen Waldwegen so viel Ruhe, dass einem manchmal sogar ein Reh begegnete.

Ich zog mich um. Vielleicht halfen mir ein paar 400-Meter-Sprints, um Klara, Patricia und Archies Buch zu vergessen.

Das stellte sich leider als Trugschluss heraus. Die Aschenbahn war rutschig, an anderen Stellen waren Pfützen aufgebrochen und ich tappte immer wieder in Eiswasser. Außerdem ging ein scharfer Wind und ich hatte nur eine leichte Trainingsjacke übergezogen. Nach kurzer Zeit machte ich mich bereits auf den Heimweg und lief zurück zum Studentenheim.

Später traf ich mich mit Moritz und Jonas in Moritz' Zimmer. Es gab noch jede Menge Bier und Glühwein von unserer Feier gestern.

Soweit ich mich erinnere, fragte an jenem Abend nur Jonas einmal nach Archie. Ansonsten alberten wir herum, freuten uns auf Weihnachten und das neue Jahr. Archie würde wieder auftauchen, das stand außer Frage. Wir nahmen an, dass er mittlerweile bei Klara war. Oder in einer Bibliothek über den Büchern hing oder englische Kommilitonen besuchte. Vielleicht würde er auch gleich hier hereinplatzen: mit seinen roten Haaren, einem viel zu großen, hässlichen Pullover und einer beschlagenen Brille von der Kälte draußen.

Aber Archie kam nicht mehr.

Kapitel 5

Zweiter Tag

»Vielleicht besteht die Kunst des Älterwerdens einzig und allein darin, die Bedeutung des Wortes *vorbei* zu akzeptieren.« Diesen Satz hatte ich mir neulich in einer Vorlesung bei Professor Sorg notiert. Ich dachte darüber nach, als Moritz kurz vor halb neun in meinem Zimmer stand. Eine Wolke Fahrenheit wehte mir entgegen. Wir zogen ihn manchmal damit auf und hatten vorgeschlagen, er solle in den Semesterferien doch in einer Parfümerie jobben. Bei seinem Konsum des Duftes aus dem Hause Dior würde sich der Mitarbeiterrabatt definitiv lohnen.

Moritz selbst fand unsere Witze darüber nur mäßig komisch. Heute hatte er allerdings gute Laune. Er rezitierte zur Begrüßung ein Goethe-Gedichtchen: »Willst du dir ein hübsch Leben zimmern—«

Ich machte mir nicht einmal die Mühe, mich umzudrehen. »Tu mir einen Gefallen, Moritz«, unterbrach ich ihn, »und halt die Klappe, ja!«

Ich suchte meine Unterlagen für das Seminar »Mittelhochdeutsch«. Auf meinem Schreibtisch lagen Dutzende Zettel zur 2. Lautverschiebung, mit Stichworten zu den Merkmalen der höfischen Epen. Ein einziges Chaos.

Den ersten Kurs heute Morgen gab eine junge Dozentin, Frau Dr. Zeitig. Sie brachte es tatsächlich fertig, die Welt von Erec, Iwein und Parsifal bunt und anschaulich vor uns aufzufächern. Was mir auch noch fehlte, war die Kladde für die »Sturm und Drang«-Vorlesung bei Pütz. Ich wusste genau, dass ich gestern, während Klara hier gewesen war, darin geblättert hatte. Ganz sicher hatte ich mir die Definition von »Empfindsamkeit« notiert, und sie Klara vorgelesen. Ich hatte nichts ausgelassen, um Eindruck zu schinden. Merkwürdig, jetzt war die Kladde verschwunden.

»… musst dich ums Vergangene nicht bekümmern. Das Wenigste muss dich verdrießen, musst stets die Gegenwart genießen.« Moritz breitete die Arme aus, als wolle er mich segnen. Warum war er nicht auf Schatzsuche?

»Ja, ja hör schon auf.« Ich suchte weiter nach der Kladde. »Sag mir lieber, wo Archie ist?« Er hatte sich auch heute Morgen nicht blicken lassen. »Ich war eben an seinem Zimmer. Er ist immer noch nicht da. Oder schon wieder weg.« Ich warf Moritz einen Blick zu. »Komisch, oder? Passt gar nicht zu ihm.«

»Besonders keinen Menschen hassen, und die Zukunft Gott überlassen.« Moritz ließ sich aufs Bett fallen. Das machte so gut wie jeder, wenn er in mein Zimmer kam. Das alte Holz knarrte wieder bedenklich. Jonas und er würden es schon noch zum Zusammenbrechen bringen, da war ich mir sicher.

»Archie?« Moritz betrachtete mich schräg von der Seite, unsicher, was ich mit der Frage meinte. Er lächelte.

»Ruf doch Klara an. Ich hörte, du pflegst da intensive Kontakte.«

Verdammt! Jonas hatte getratscht! Natürlich erst, als ich gestern Abend als erster auf mein Zimmer verschwunden war! Wenn man ein Gerücht in die Welt setzen wollte, musste man das nur – natürlich unter dem Siegel der Verschwiegenheit – Jonas erzählen! Ich fischte zwei Blechtassen aus meinem Regal. »Sehr witzig.«

Die Suche nach meinen Unterlagen hatte ich aufgegeben. Irgendwo würden sie sich schon finden. Und das gab mir die Möglichkeit, Klara danach zu fragen. Wenn ich ehrlich war, wollte ich sie bald wiedersehen. Auch wenn ich wusste, wie gefährlich das war. Oder werden konnte. Die beiden Blechtassen sahen reichlich verbeult aus. An manchen Stellen war die Emaille abgeplatzt.

Moritz wanderte zum Waschbecken. Kritisch überprüfte er im Spiegel seinen Haaransatz. Ich gab ihm eine der Tassen. Die Kaffeemaschine röchelte vor sich hin und stieß kleine Wasserdampfwölkchen aus.

»Jonas ist ein Schandmaul!«, meckerte ich. »'Ne richtige Tratschtante.«

Moritz betastete seine Geheimratsecken. Das machte er jedes Mal, wenn er bei mir vor dem Spiegel stand. Ich guckte kaum noch hin.

»Tu nicht so unschuldig, ich kenn dich«, sagte er und grinste.

»Träum weiter!«, murmelte ich gelangweilt

Nach der Vorlesung zu »Sturm und Drang« hörten wir montags üblicherweise noch eine Vorlesung über Friedrich Schiller. Ebenfalls von Professor Pütz im

Hörsaal 10 im Hauptgebäude. Moritz und ich hielten ihn für den besten Germanistik-Professor an unserer Uni. Er hatte mehrere Semester in Oxford gelehrt. Erst seit diesem Frühjahr war er wieder bei uns an der Bonner Universität. Nach einer Vorlesung über Lessings Dramen hatte ich ihn angesprochen. Aus Neugier, um zu erfahren, welche Gründe zu seiner Rückkehr geführt hatten. Schließlich konnte Bonns Hochschule nicht annähernd mit dem Ruf von Oxford mithalten. Im Vergleich dazu war unsere Uni damals klein und relativ unbedeutend. Auf meine Frage hin hatte der Professor nur gelächelt.

»Ach, wissen Sie«, hatte er fast geflüstert, »Bonn ist meine Heimatstadt. Ich gehöre hier einfach hin.«

Moritz hatte seine Haaranalyse beendet und saß mittlerweile wieder auf meinem Bett. Ich schnallte meine Tasche zu. »Bevor du dich allzu sehr einrichtest, Moritz, trink deinen Kaffee und lass uns rübergehen zu Archie. Wir können ihm zumindest einen Zettel schreiben, dass er sich mal wieder blicken lassen könnte.« Ich stand auf. »Oder meinst du, er ist schon nach Hause gefahren?«

»Auf die Insel? Ohne uns Bescheid zu sagen?« Moritz schüttelte den Kopf. »Glaub ich nicht.«

Einen Moment lang befürchtete ich tatsächlich, Archie tot auf seinem Bett zu finden. Erstickt an seinem Erbrochenen oder mit einer blutig verkrusteten Kopfwunde. Aber sein Bett war leer. Zerwühlt zwar, das Plumeau zusammengeknüllt, aber es lag niemand darin. Im Zimmer roch es nach abgestandener Heizungsluft, nach Staub und alten Büchern. Archie hatte das Fenster, das zur Straße ging, anscheinend vor seinem Weggehen nicht geöffnet.

Ein kleines Transistorradio stand auf dem Fenstersims. Ich schaltete es an. Der Nachrichtensprecher erzählte vom Dreisatz-Sieg David Wheatons gegen Michael Chang beim Grand-Slam-Cup in München. Die besten acht Tennisspieler des Jahres trafen dort in der Olympiahalle aufeinander. Aber weil Boris Becker und Stefan Edberg in diesem Jahr nicht dabei waren, machte das Turnier für fast niemanden einen Sinn. Keiner von uns hatte die Matches verfolgt. Und das, obwohl wir normalerweise sogar nachts vor dem Fernseher saßen, um Boris Becker anzufeuern.

Bis vor einem Jahr hatte ich in einem Tennisverein in der Nähe gespielt. Ab und zu fuhren wir zu den größeren Turnieren, nach Frankfurt, Stuttgart oder Hamburg. Damals konnten die Fans noch unglaublich nah an die Topspieler heran. Unser Trainer im Verein war jeden Mai Linienrichter bei der Mannschafts-WM in Düsseldorf. Über ihn kamen wir für wenig Geld an Karten. Auch die Spitzenleute spielten dort, als Vorbereitung auf die French Open. Die Anlage war terrassenförmig angelegt, voller Bäume, und jeder konnte sich vollkommen frei bewegen. Interessanter als die Matches war meist, was auf den Trainingsplätzen hundert Meter entfernt passierte, dort, wo sich die Profis einspielten:

Wir standen zum Beispiel 1988 ungefähr zwei Meter von Stefan Edberg entfernt, als ihm Anders Järryd am Netz die Bälle zuschlug und er die Volleys so unfassbar mühelos aussehend in die Ecken drückte. Oder als Becker und Steeb nebenan gegen Maurer und Jelen Doppel trainierten, begleitet vom Meckern und Nörgeln des Trainers Nicola Pilić.

Einmal beobachteten wir ein Trainingsmatch vom damals weltbesten Doppel Ken Flach und Robert Seguso aus den USA. Ich erinnere mich, wie wir staunend ungefähr zehn Meter entfernt neben dem Aschenplatz standen, in einer Gruppe von Fans, und plötzlich traf Seguso einen Ball nur mit dem Rahmen. Der Ball machte einen unglaublich hohen Bogen und senkte sich dann über der Zuschauertraube. Es kam mir vor, als brauchte er mindestens zehn Sekunden, ehe er oben im strahlend blauen Himmel seinen Scheitelpunkt erreichte und dann wieder herabfiel. Er flog genau in unsere Gruppe, und wie selbstverständlich streckte ich meinen Arm aus, fing den Ball mühelos auf und warf ihn lässig zurück zu Seguso, der mir zunickte.

Ich blickte aus Archies winzigem Fenster und sah drei kleine Kinder, die sich vor dem Studentenwohnheim mit Schneebällen bewarfen. Eingepackt in Schals, Mützen und dicke Anoraks wirbelten sie um vier geparkte Autos, kratzten Schnee von den Kühlerhauben und bewarfen sich. Plötzlich ertönte eine laute Männerstimme. Die Kinder verharrten, als seien sie eingefroren. Dann stoben sie auseinander und rannten aus meinem Blickfeld.

Wahllos hob ich zwei zerknitterte Karteikarten auf, die auf dem Boden neben Büchern und weiteren Zetteln lagen. *Robert Ley* stand in Druckschrift auf dem orangefarbenen Papier. Darunter ein Geburts- und ein Sterbedatum. Sonst nichts. Robert Ley, keine Ahnung, wer das war. Das zweite Papier war vollkommen unbeschrieben.

Die kreuz und quer herumliegenden Bücher machten mich unruhig: Archie behandelte sämtliche Dinge, die mit

Schrift und Literatur zu tun hatten, besser als alles andere, was er besaß. Inklusive seiner Kleidung, seiner Freunde – und vielleicht sogar Klara.

Ein einzelnes DIN-A4-Blatt lag neben meinem Fuß. Ich griff danach. Es war die Kopie eines alten Rechnungsbelegs. Von einem Restaurant oder einer Gaststätte. Mit dem Aufdruck: *Bergischer Hof, Besitzer: Wilhelm Saure, Bonn a. Rh., den ...*

Notiz/Gedicht Goebbels stand in der Kopfzeile. Tatsächlich hatte jemand in engen Zeilen und kaum leserlicher Schrift ein paar Verse aufgeschrieben. Ich versuchte, sie zu entziffern:

Wohl dem, der am heimischen Herde,
still sein Glück in Frieden findet,
dessen Leben, dessen Arbeit (?)
Auf Zufriedenheit sich gründet.
Morgens zieht er frisch und fröhlich,
zu der Arbeit, die ihn freut,
und am Abend (...)
Mit der Gattin sitzt er nieder,
Hand in Hand im grünen Raum ...

Keine Ahnung, wo Archie das herhatte! Ich legte das Blatt neben ein paar Bücher im Regal links von mir. Las sich wie Hedwig Courts-Mahler. Das war von Goebbels? Und warum hatte Archie das kopiert?

Ich klaubte Ian Kershaws »Hitler« vom Boden, außerdem Wolfgang Benz' »Geschichte des Dritten Reiches« und Martin Broszats »Der Staat Hitlers«. Die Bücher und sicherlich noch zwanzig weitere lagen zum Teil aufgeschlagen oder mit durchgedrücktem Rücken auf

Archies altem Teppich. Die Unordnung passte nicht zu ihm. Sogar bei mir sah es nur dann so aus, wenn ich kurz vor der Abgabe einer wichtigen Arbeit stand.

Ebenfalls auf dem Boden lag ein vergilbtes Dokument – ich stand beinahe darauf. Vorsichtig klappte ich das brüchige und gewellte Heftchen auf.

Die gesamte Bildungs- und Erziehungsarbeit des völkischen Staates muss ihre Krönung darin finden, dass sie den Rassesinn und das Rassegefühl instinkt- und verstandesmäßig in Herz und Gehirn der ihr anvertrauten Jugend hineinbrennt. Es soll kein Knabe und kein Mädchen die Schule verlassen, ohne zur letzten Erkenntnis über die Notwendigkeit und das Wesen der Blutreinheit geführt worden zu sein! Damit wird die Voraussetzung geschaffen für die Erhaltung der rassenmäßigen Grundlagen unseres Volkstums und durch sie wiederum die Sicherung der Vorbedingungen für die spätere kulturelle Weiterentwicklung.

Warum hatte Archie diesen ganzen Mist aufbewahrt? Wo hatte er den ausgegraben? Wollte er daraus in einer seiner Arbeiten zitieren? Möglicherweise sammelte Archie alles, von dem er hoffte, es eines Tages verwenden zu können. Neben dem umgestürzten Bücherturm auf seinem Schreibtisch lagen – ebenfalls wild durcheinander – eine Handvoll Schreibhefte. Archie besaß mindestens eins für jede Vorlesung. Auch da achtete er peinlich genau darauf, alles so akkurat zu ordnen wie in einer Fakultätsbibliothek.

Mein Blick fiel auf drei Kladden. Sie waren im Gegensatz zu den anderen Heften und Büchern exakt übereinandergestapelt. Ein ausgerissener Zettel aus einem DIN-A4-Block lag darauf. *Arch. Conradi!!!* stand dort in Archies krakeliger Handschrift. Mit drei Ausrufezeichen. Ich nahm das Blatt mit spitzen Fingern, so als sei es ein wichtiges Beweisstück. *Arch. Conradi!!!*

»Ach du grüne Neune, was hat er denn hier veranstaltet?«

Ich schreckte zusammen. Moritz stand in der Tür und betrachtete ungläubig das Durcheinander. Ich zuckte nur mit den Schultern und schaute wieder nach draußen.

Schwere Flocken torkelten herab. Es war fast windstill. Gegenüber hatte jemand drei Meisenknödel am Geländer eines Balkons befestigt. Ein Rotkehlchen und zwei Meisen balgten um die besten Körner. In ein paar Tagen war Weihnachten. Wahrscheinlich würde Patricia mit ihrem neuen Freund in unserer Küche noch eine kleinere, private Weihnachtsfeier veranstalten. Mit ausgewählten Gästen. Das hieß ohne mich.

»Guck mal!« Ich drehte mich um. Moritz hielt etwas in der Hand, das Ähnlichkeit mit einem Regenwurm besaß. Aber natürlich war es kein Regenwurm, sondern Archies Liverpool-Armbändchen. Das Stoffband war an beiden Enden zerfranst. Wie auseinandergerissen.

»He, das nimmt er«, wir starrten auf das zerfranste Armband, »nie ab.« Sogar vor Archies OP im Frühjahr hatten ihm die Ärzte versprechen müssen, das Band nicht abzuschneiden. Obwohl es nicht steril war und eigentlich hätte entsorgt werden müssen. Er war damals wegen eines Leistenbruches oben auf dem Venusberg operiert worden.

»Hmmh! Komisch!« Jetzt überfiel mich doch so etwas wie Unruhe. Ich betrachtete Archies Olympia-Schreibmaschine, die aufgeklappt in ihrem Koffer in einer

Ecke am Boden stand. Archie hatte ein Blatt Papier eingespannt. Ich bückte mich und schaute es mir genauer an, aber das Blatt war leer.

Archie hatte die kleine Reiseschreibmaschine seinem Zimmervorgänger abgekauft. Für ein paar Mark. Das E und G verhakten sich ständig, wenn man zu schnell auf die Tasten haute – ich hatte mir das Ding zwei Mal für eine Hausarbeit ausgeliehen –, aber Archie war so stolz auf seine Olympia, als sei sie wertvoller als einer dieser neuen IBM Personal Computer.

Vorsichtig legte Moritz das Armbändchen neben einen umgestürzten Bücherstapel. »Vielleicht hat er sich ja doch schon verkrümelt. Hat irgendeinen billigen Flug ergattert. Er kennt doch jemanden bei British Airways. Oder er hat spontan bei der Mitfahrzentrale ein Schnäppchen gefunden. Oder—«

»Oder was?«, meinte ich viel zu laut. All das passte ganz und gar nicht zu Archie. Er hätte sich auf jeden Fall von uns verabschiedet, hätte uns zumindest einen Zettel geschrieben. Und wenn ich mich so umguckte: In diesem Zustand hätte er sein Zimmer nie und nimmer verlassen. Archie hätte mindestens drei Schlaganfälle bekommen, wenn er das Durcheinander gesehen hätte. All seine geliebten Bücher …

»Ach nichts.« Moritz winkte ab. »Wahrscheinlich sehe ich nur Gespenster.«

Kapitel 6

Im Nachhinein frage ich mich, ob dies der Augenblick gewesen ist, an dem wir begannen, uns wirklich Sorgen um Archie zu machen: Als Moritz und ich in seinem Zimmer standen und um uns herum die ganzen umgestürzten Bücher betrachteten.

Am Morgen nach der Weihnachtsfeier war es noch keine Angst gewesen, aber jetzt? Wo war Archie? Was war ihm in die Quere gekommen, dass er es nicht mal für nötig gehalten hatte, Moritz, Jonas oder mir zumindest einen Zettel an die Tür zu pinnen?

    Auch am Nachmittag blieb Archie verschwunden. Erstmals dachten wir, ihm könnte tatsächlich etwas passiert sein. Ein Unfall vielleicht. Mit dem Rad gefallen, ein Bein gebrochen, eine Gehirnerschütterung. Auf die Idee, die Krankenhäuser in der Umgebung abzutelefonieren, kamen wir zu diesem Zeitpunkt noch nicht. Unglücke, Katastrophen, die gab es zwar, aber nicht in unserer heilen Studentenwelt. Zumindest Jonas und ich waren das, was man »wohlbehütet« nannte: jeder Teil einer Familie, die halbwegs funktionierte. Und auch Moritz hatte sich mit seiner familiären Situation insofern abgefunden, als dass er sich von ihr entbunden hatte.

Ein Schneeschauer, so dicht und weiß wie ein Bettlaken, hüllte das ockerfarbene Hauptgebäude der Universität ein. Die vier, beinahe quadratischen Ecktürme, massig und wehrhaft, waren erst zu erkennen, wenn man dicht vor ihnen stand. Vor mehr als zweihundert Jahren war das Barockschloss im Besitz des preußischen Königs Friedrich Wilhelm III. gewesen, der es 1818 als Standort der neu zu gründenden Universität wählte.

Sobald ich durch die dunklen, langen Gänge schlenderte, meist auf dem Weg zu einem Hörsaal oder einem Übungsraum, fühlte ich mich geborgen. Der Boden bestand aus alten, von Abertausenden Schuhen polierten Steinplatten, die Decken wölbten sich kuppelartig und waren im romanischen und zum Teil auch im germanistischen Seminar mit Bordüren und Putten verziert. Auf der nördlichen, der Hauptseite des rund dreihundert Meter langen Schlosses begann – nur getrennt durch eine Straße – die Fußgängerzone. Auf der südlichen Seite erstreckte sich der Hofgarten, eine rechts und links von mächtigen Kastanien und Eichen gesäumte riesige Wiese, auf der zu Beginn der achtziger Jahre die größten Friedensdemonstrationen des ganzen Landes stattgefunden hatten. Nobelpreisträger Heinrich Böll hatte hier gegen die Aufrüstung gesprochen, Joan Baez und Harry Belafonte hatten Friedenslieder gesungen. Richtung Regierungsviertel wurde die Hofgartenwiese durch das kunsthistorische Museum begrenzt, einem tempelartigen Bau, in dem die Kunsthistoriker Abgüsse von Skulpturen und Büsten sammelten.

Der Schnee dämpfte jedes Geräusch aus der Ferne und hob die Geräusche in der Nähe deutlicher hervor. Mit ein bisschen Phantasie hätte jeden Moment eine

Pferdekutsche vor das kurfürstliche Gebäude fahren können und das Motiv eines kalten Wintertages im 19. Jahrhundert komplettiert. Ein paar Meter entfernt, am Koblenzer Tor, machten die vom Winterdienst gesalzene, nasse Straße und die vielen Autos dieses Bild aber zunichte.

Die vergangene Stunde hatten Moritz und ich in einem Bücherantiquariat verbracht. In dem verwinkelten Laden direkt gegenüber dem Haupteingang zum Universitätsgebäude, der bei uns nur »Billig-Bouvier« hieß, stöberten wir häufig nach günstigen Klassikern wie »Robinson Crusoe«, »Lederstrumpf« oder »Moby Dick«. Das Geschäft bot außerdem Mängelexemplare und ausrangierte Reisekataloge, Werksammlungen, Lexika, Fotobände und anderes mehr.

Jonas hatte mir zu meinem letzten Geburtstag das riesige Buch eines Reporters geschenkt, der in den Sechzigern und Siebzigern in ganz Europa und den USA Filmstars begleitet und fotografiert hatte; außerhalb des Sets, halb privat sozusagen. Er zeigte darin Fotos von John Wayne auf der Jacht des Aga Khan, man sah Sophia Loren beim Tanzen mit Gregory Peck und Audrey Hepburn bei einem Spaziergang am Schiefen Turm von Pisa.

Moritz und ich wollten Dr. Brown sprechen, Archies Dozenten in seinem Hauptfach. Außerdem war Brown so etwas wie seine Kontaktperson, sein Mentor, wie es sie an unserer Uni für ausländische Studenten bereits seit Jahren gab. Wenn diese Studenten zum Beispiel Hilfe beim Lehrstoff, bei Prüfungen, bei wichtigen Gesprächen mit Dozenten oder auch bei der Wohnungssuche benötigten, konnten sie ihren Mentor um Unterstützung bitten. Diese

Betreuung beinhaltete jede Woche auch die Möglichkeit eines persönlichen Gesprächs. Egal, ob es dafür Bedarf gab oder nicht.

Ich hatte im Sekretariat des Historischen Seminars nachgefragt. Dr. Brown würde ab sechzehn Uhr in seinem Dozentenkämmerchen des Hauptgebäudes sitzen und auf seine ihm anvertrauten Schäfchen warten.

Wir waren zu früh, deswegen hatten wir noch nach günstigen Büchern gestöbert. Der Abend brach allmählich herein, es wurde schnell dunkler, als wir die Straße vom Antiquariat zum Schloss überquerten. Ein kalter Wind trieb uns vor sich her und in den Arkadenhof der alten Universität hinein. Rund fünfzig Meter im Quadrat vertiefte der freie Platz die Größe und Schönheit des alten Schlosses. Das dunkle Kopfsteinpflaster im Atrium glänzte rutschig. Ich trug meine neuen Camel-Schuhe, an Moritz' Füßen sah ich nur seine ausgetretenen Samba von Adidas. Wenig Profil, was gleichkam mit hervorragenden Möglichkeiten, auszurutschen und sich das Steißbein zu brechen. Aber Moritz meisterte den Innenhof, ohne sich auf die Nase zu legen, und wir atmeten auf, als wir in die Wärme der langen Flure gelangten. Die Räume der Dozenten lagen im Dachgeschoss des Schlosses. Wer alte Schlösser kennt, kann sich ungefähr vorstellen, wie eng es da oben zuging: Eine ausgetretene Steintreppe führte vom zweiten in den dritten Stock, um dort, immer enger und schiefer werdend, unter einem brüchigen Satteldach zu enden. Die Fensterchen der Dozentenzimmer glichen so schmal und winzig den Schießscharten mittelalterlicher Burgen.

Moritz und ich polterten über den engen, düsteren Flur, suchten auf den vergilbten Namensschildern neben den altersschwachen, schiefen Türen links und rechts nach Dr. Browns Namensschild. Die dick aufgetragene, beige Wandfarbe blätterte an beiden Seiten von den Wänden, die grau gestrichenen Holzbalken, die die niedrige Decke trugen, hielten nicht annähernd einem Test mit der Wasserwaage stand. Wer immer hier oben für die Statik verantwortlich gewesen war, hatte augenscheinlich geschludert. Am Ende des Gangs waren wir richtig. Browns Name und Titel klemmten auf einem Stück Papier hinter einem angeschraubten Schildchen aus Plexiglas.

Ich klopfte. Zuerst hörten Moritz und ich nur das Rascheln von Papier, dann kratzten Stuhlbeine über einen Holzboden. Schließlich räusperte sich jemand und krächzte: »Herein, bitte!«

Dr. Browns Pupillen wirkten hinter der grauen Hornbrille größer, als sie tatsächlich sein konnten. Mit ratlosem Blick starrte er uns an. Moritz und ich bemerkten amüsiert, wie er versuchte, uns wiederzuerkennen. Seine Verwunderung, uns nirgendwo einordnen zu können, war ihm deutlich anzusehen. Er trug einen schlichten, grauen Anzug, darunter ein weißes Hemd mit einer schwarzen, schmalen Krawatte, wie sie in den sechziger Jahren modern gewesen sein konnte. Der Doktor wirkte so feierlich – und gleichzeitig so bekümmert –, als müsste er sich jeden Augenblick zur Beerdigung eines nahestehenden Freundes aufmachen. Obwohl er offensichtlich ahnungslos war, was unsere Beziehung zu ihm anging, deutete er auf den einzigen Stuhl vor seinem mit Akten, Mappen und losen Papieren beladenen Schreibtisch.

»Bitte nehmen Sie doch Platz.« Er sprach leise, als müsste er seine Stimme schonen.

Moritz und ich schauten uns irritiert an, dann setzte ich mich, ehe wir eine akademische Diskussion darüber beginnen konnten, wem der Stuhl am ehesten zustand. Dr. Browns graues Haar war streng zur Seite gescheitelt, jede Strähne lag an ihrem vorbestimmten Platz. Allerdings besaß er auch nicht mehr allzu viele Haare, so dass die akkurate Bändigung nicht sehr schwer gewesen sein durfte. Die Gesichtshaut des Dozenten wirkte dagegen rosig und glatt, obwohl der Mann vermutlich weit über sechzig Jahre alt war. Das verrieten seine Falten am Hals. Sie drückten am Hemdkragen und über dem Knoten der Krawatte gegeneinander. Dr. Brown nahm wieder Platz.

»Was kann ich für Sie tun, meine Herren?« Beide Ellenbogen ruhten auf der Tischplatte, die Hände hatte der Doktor unter dem Kinn verschränkt. Aufmerksam wartete er auf unser Anliegen. Es war klar, dass er uns immer noch nicht einordnen konnte, deswegen berührte mich seine Freundlichkeit. Es gab auch Professoren, bei denen man bereits seit mehreren Semestern in Seminaren saß, mehrere Klausuren geschrieben und sogar mündliche Prüfungen abgelegt hatte, und die einen trotzdem anstarrten, als hätten sie einen noch nie gesehen.

»Herr Dr. Brown, Sie kennen uns nicht—«

»Leider kann ich in diesem Semester keine weiteren Prüflinge mehr annehmen«, unterbrach er mich. »Da kommen Sie zu spät.« Er schüttelte bedauernd den Kopf. »In diesem Semester habe ich bereits zwanzig—«

»Entschuldigen Sie, aber wir brauchen keine Betreuung. Ehrlich gesagt«, hilfesuchend schaute ich zu Moritz hoch. »So merkwürdig sich das für Sie anhören wird: Wir sind auf der Suche nach einem Freund – Archie Grant. Sie sind sein Mentor, und er wollte heute zu Ihnen kommen. Jedenfalls hat er uns das vor ein paar Tagen erzählt.« Ich zögerte kurz. »Wir ... es ist ... wir suchen Archie. Wir machen uns Sorgen. Und wir dachten, dass Sie vielleicht wissen, wo er sich aufhält. Beziehungsweise, falls Sie ihn heute Nachmittag gesehen haben, wüssten wir, dass wir, na ja, nicht beunruhigt sein müssen.« Ich lächelte Dr. Brown zu. Vielleicht in der vagen Hoffnung, er würde uns dann eher das sagen, was wir hören wollten. Nämlich, dass Archie vor nicht einmal zehn Minuten seine kleine Kammer verlassen hatte, um zu uns nach Hause ins Wohnheim zu fahren.

»Archie Grant, ja Archie Grant, natürlich.« Dr. Brown knetete seine Hände, als müsse er sie wärmen. »Ein interessanter junger Mann.« Abwechselnd schaute er zu Moritz und mir. »Aber ich kann Ihnen da leider nicht weiterhelfen, meine Herren, Ihr Archie ist heute nicht hier gewesen.«

»Aber hatte er denn keinen Termin bei Ihnen?«, hakte Moritz nach.

»Einen Termin?« Zerstreut betrachtete Dr. Brown die Papiere vor sich. »Bei mir? Heute? Das kann ich nicht – doch, warten Sie, hier stehen meine ...« Er wuselte in seinen Zetteln. »Also ja, er sollte um sechzehn Uhr hier gewesen sein. Ja, Archie Grant, hier, aber—« Dr. Brown betrachtete uns ratlos. »Ihr Freund ist nicht da gewesen.«

»Und er hat Sie auch nicht angerufen? Oder jemanden aus Ihrem Vorzimmer? Oder im Sekretariat?«

»Angerufen?« Dr. Browns Lachen klang überraschend hoch. »Sehen Sie hier ein Vorzimmer, junger Mann? Oder eine Sekretärin?« Er schüttelte amüsiert den Kopf. »Diese Universität zeichnet sich zurzeit nicht gerade durch außerordentliche Fürsorglichkeit gegenüber ihren

Professoren und Dozenten aus, müssen Sie wissen.« Er räusperte sich, als habe er uns etwas verraten, das nicht für unsere Ohren bestimmt gewesen war. »Nein, Ihr Freund hat mir keine irgendwie geartete Nachricht hinterlassen, ich habe nichts von ihm gehört.« Er seufzte kurz. »So leid mir das tut.«

Enttäuscht warf ich einen Blick durch die schmale Schießscharte hinter Dr. Brown. Der Abendhimmel war mittlerweile tiefschwarz. Ab und zu klatschte eine verirrte Schneeflocke gegen die Scheibe, schmolz und hinterließ ein winziges Rinnsal.

Archie hatte eine Verabredung mit seinem Mentor nicht eingehalten. Das war ungewöhnlich. Und beunruhigend.

Kapitel 7

Arch. Conradi!!! Moritz, Jonas und ich betrachteten angestrengt die Notiz, als führe sie uns durch intensives Starren geradewegs zu ihrem Verfasser. *Arch. Conradi!!!* Drei Ausrufezeichen! Aber das musste nicht unbedingt bedeuten, dass die Notiz für Archie wirklich wichtig gewesen war. Wenn ich mir Anmerkungen machte, schrieb ich auch manchmal drei oder sogar fünf Ausrufezeichen: *Kaffee besorgen!!!* oder *Zu Hause anrufen!!!!!* Eventuell hatte Archie auch nur etwas notiert, das mittlerweile längst erledigt war.

Ich klaubte Bücher vom Boden, ohne recht zu wissen warum. Vielleicht weil mich die Unordnung störte, die so gar nicht zu Archie passte, vielleicht weil ich nicht einfach nur tatenlos herumstehen wollte. Verschiedene Biographien über Himmler, Goebbels, Göring, Heidrich und andere »NS-Größen« sortierte ich auf das einzig freie Plätzchen von Archies Schreibtisch.

Die Schutzumschläge zeigten Männer in Uniform oder nur ein Gesicht. Ich hielt ein Buch über Goebbels in den Händen. Wirklich viel wusste ich nicht von dieser Zeit. In der Oberstufe war das »Dritte Reich« Teil des Geschichtsunterrichts gewesen, aber nur kurze Zeit, soweit ich mich erinnerte, wenige Wochen.

Einen Film hatten wir uns angeschaut, den würde ich nie vergessen: »Nacht und Nebel«. Eine französische Dokumentation über das Vernichtungslager Auschwitz. Als es im Klassenzimmer wieder hell wurde, waren alle still gewesen, niemand hatte auch nur einen Ton gesagt. Selbst die Spaßmacher der Klasse, die sonst über alles und jeden einen Scherz machten, waren stumm geblieben. Ich glaube, vielen von uns wurde durch den Film zum ersten Mal bewusst, wie organisiert, berechnend und mitleidlos der Massenmord an den Juden und anderen Minderheiten vonstattengegangen war.

Wie Archie hatte auch ich Geschichte studieren wollen, war dann aber zu Germanistik gewechselt. Trotzdem hatte ich im Frühsommer gemeinsam mit Archie mehrere Vorlesungen besucht: »Die Auswirkungen der Französischen Revolution auf das Europa des 19. Jahrhunderts«, »Die Bauernkriege« und »Die Kapitulationsbedingungen nach dem Ende des 1. Weltkriegs und ihre möglichen Folgen für die 1920er und 1930er Jahre in Deutschland«.

Archies Interesse an der Rolle Deutschlands im 20. Jahrhundert hatte sich schnell bei den Professoren herumgesprochen. Ich wusste, dass er bereits jetzt von verschiedenen Dozenten gefragt worden war, seine Doktorarbeit doch bei ihnen zu schreiben.

Als Engländer und Sohn eines Piloten, der im Zweiten Weltkrieg eine Hawker Hurricane geflogen war, wie Archie des Öfteren stolz erwähnte, interessierte er sich vor allem für die Zeit des deutschen Nationalsozialismus. Sein Vater hatte die Insel irgendwann im Herbst 1940 bei der Luftschlacht um England gegen die »Krauts« verteidigt. Dabei hatte er mehrere deutsche Junker Ju 88 abgeschossen, wie Archie eines Abends erzählte. Sein Vater war gestorben, als er noch ein Kind gewesen war. Archie hatte uns eines Abends ein Schwarz-Weiß-Foto gezeigt, auf dem sein Vater in dunkler Uniform und mit einer schief sitzenden Fliegermütze den Betrachter anlächelte. Archie hatte das Foto aus einer alten blechernen Zwiebackdose gekramt, in der er seine Familienbilder aufbewahrte.

Die musste hier auch irgendwo sein. Wahrscheinlich unter dem Bett.

»Und was sagt uns das jetzt?« Jonas kratzte sich betont nachdenklich am Kopf. »Archie wollte zu Conradi? Wer um Himmelswillen ist Conradi?«

»Ich glaube, ich weiß, was er damit gemeint hat«, sagte ich.

»Und?« Jonas beäugte mich zweifelnd. »Mach's nicht so spannend. Was bedeutet das?«

»Er wollte wahrscheinlich ins Archiv«.

»Ins Archiv? Welches Archiv?« Jonas ließ sich auf Archies Bett fallen. Er war eben erst von seiner Radioschicht zurückgekommen. Heute hatte er dort von mittags bis zum frühen Abend Regionalnachrichten geschrieben. Und gelesen. Damit verdiente er doppelt so viel wie ich mit meiner Arbeit an der Pforte der Uni-Hautklinik.

»Ins Uni-Archiv, denk ich mal!«, sagte ich und begann, einen Teil der anderen am Boden liegenden Karteikarten aufzusammeln. Auf den meisten standen Personennamen, dahinter knappe Lebensläufe: Geburts- und Todestag des Manns oder der Frau (Archie hatte aber nur sehr wenige Karteikarten mit Daten von Frauen angefertigt), Beruf, Zugehörigkeit zu einer Partei, Kirche und anderem. Ich erinnerte mich, dass Archie einmal erwähnt hatte, er würde sich die Karten abends vor dem Schlafengehen anschauen. So könne er sich deren Inhalt am besten einprägen.

»Warum ins Uni-Archiv? Was will er denn da? Reicht ihm das bei den Historikern nicht?«

»Keine Ahnung. Ich frag mich nur, nach was er da gesucht haben könnte. Das Uni-Archiv hat ja keine zusätzliche Literatur. Die steht ja in den Seminarbibliotheken.«

Soweit ich wusste, verwaltete das Archiv ausschließlich universitätsinterne Dokumente. Dieser Gedanke war gar nicht so schlecht gewesen, wie ich im Nachhinein feststellen sollte, er hätte uns vielleicht früher auf Archies Spur gebracht. Aber damals verfolgte ich ihn nicht weiter.

Stattdessen meinte ich: »Du kennst doch Archie. Je mehr Quellen, desto besser.« Ich schob die Karten in meinen Händen zusammen. »Wie dem auch sei. Der springende Punkt ist, dass der Direktor des Uni-Archivs Gustav Conradi heißt. Deswegen.« Vorsichtig legte ich die Kärtchen auf eines der Bücher auf dem Schreibtisch. »Und Archie wollte nicht vergessen, ihn anzurufen oder bei ihm vorbeizugehen. Deshalb die Notiz und die Ausrufezeichen. Denk ich mir zumindest.«

»Und warum?« Jonas streckte sich auf Archies Bett aus. »*Warum* wollte Archie das nicht vergessen? Ist er schon senil, oder was?«

Ich verdrehte die Augen. Es ärgerte mich, dass Jonas Archies Verschwinden immer noch nicht ernst nahm.

»Wie soll ich das wissen?«

Plötzlich klopfte es an der Tür. Wir fuhren zusammen. Jonas lachte. »Wenn man vom Teufel spricht. Das wird unser seniler, kleiner Archie sein!«

Ich glaubte das nicht. Warum sollte Archie an seiner eigenen Tür klopfen? Manchmal schien Jonas ein bisschen doof zu sein. Moritz öffnete.

Kapitel 8

Klara stemmte die Hände in die Hüften. Sie wirkte wie eine empörte Ehefrau, die ihren Mann beim Flirten mit einer anderen erwischt hatte. Die Schulterpolster ihres lilafarbenen Jacketts kratzen fast links und rechts am Türrahmen.

»Könnt ihr mir bitte mal verraten, was ihr in Archies Zimmer zu suchen habt?« Sie meinte wahrscheinlich uns alle drei, aber ich war derjenige, den sie anschaute.

»Wir ... wir suchen Archie.« Was für eine lahme Erklärung! Jonas streckte betont lässig seine Beine aus. »Er ist, na ja, Klara, dein Freund ist irgendwie – verschwunden. Wie du ja vielleicht bemerkt haben wirst. Oder auch nicht.«

Ich blitzte ihn an. Was sollte das jetzt? Klara zu provozieren, brachte gar nichts.

»Und da habt ihr gedacht, er versteckt sich hier?« Ihre Augen funkelten angriffslustig. »Zwischen den Büchern, oder was?« Sie schien wirklich wütend zu sein. Wie gesagt, Klara konnte zu einer ziemlichen Furie werden, der Einzige, der mit ihr klarkam, war Archie.

»Also wir—«, versuchte ich es erneut, aber sie hörte mir gar nicht zu.

»Sagt mal, was soll das denn hier? Habt ihr 'ne Meise?« Klara betrachtete das Durcheinander. »Habt *ihr* das Chaos hier angerichtet?« Sie schnappte nach Luft. »Wisst ihr eigentlich, dass Archie seine Bücher immer akribisch ordnet?«

»Das waren wir nicht.« Moritz überragte Klara um mehr als einen Kopf, aber im Augenblick wirkte er so verängstigt, als müsse er im Hauptseminar ein Referat halten.

Klaras Blick wanderte zu mir. Sie musterte mich streng, als sei es meine Aufgabe, die Situation zu ihrer Zufriedenheit zu klären. Dabei war ich mindestens so verwirrt wie sie. Allerdings aus anderen Gründen: Unter dem leuchtenden Jackett trug sie einen enganliegenden weißen Pullover, dazu einen kurzen, dunkelblauen Rock.

Einer meiner besten Freunde war verschwunden und ich hatte nichts Besseres zu tun als mich von seiner Freundin hypnotisieren zu lassen.

»Äh, Moritz und ich«, ich deutete auf Moritz, als würde Klara ihn nicht kennen, »also Moritz und ich haben Archie vorgestern Abend nach der Feier hier rübergebracht. Na ja, er war ziemlich betrunken. Und seitdem ist er— Er ist weg, verschwunden. Wir haben ihn in der Uni gesucht, aber da war er auch nicht. Den ganzen Tag nicht.« Ich bückte mich, hob weitere Karteikarten auf. »Und dieses Durcheinander hier, Klara, wirklich jetzt, das waren wir nicht.« Ich zeigte auf die unzähligen Bücher. »Meinst du, wir machen uns keine Sorgen? Das passt alles gar nicht zu Archie, und—« Ich holte tief Luft. »Um es kurz zu machen: Wir glauben, irgendetwas stimmt nicht. Er hat sich nicht gemeldet seit der Feier. Und keiner von uns hat ihn gesehen.«

Es war das erste Mal, dass ich deutlich formulierte, was wir alle dachten: Dass etwas passiert war. Nun war es raus, ausgesprochen, zur Diskussion gestellt. Archie war verschwunden. Und zwar schon zu lange, als dass wir noch eine harmlose Erklärung dafür gefunden hätten.

Klara schaute mich an, zweifelnd, als glaubte sie kein Wort von dem, was ich erzählte.

»Was soll ihm denn passiert sein?« Sie schaute kurz auf den Flur und grüßte jemanden. Eine Tür war aufgegangen. Ich hörte Carlos irgendetwas rufen. Klara drehte sich wieder zu uns. Sie schüttelte den Kopf. »Wahrscheinlich ist er bei einem Freund, einem von seinen englischen Kommilitonen oder er ist«, sie überlegte kurz, »in der Uni-Bibliothek oder so.«

Das war vollkommener Unsinn! Wie kam sie darauf?! Archie war zwar verrückt nach Büchern, aber warum sollte er mehrere Nächte hintereinander in Bibliotheken verbringen? Es stand meines Wissens im Augenblick keine größere Prüfung bei ihm an. Trotzdem sagte ich nichts. Auch Jonas und Moritz hielten ihre Klappe. Bei Jonas wunderte mich das. Aber wahrscheinlich hatte er keine Lust auf eine Diskussion mit Klara. Wahrscheinlich wartete sie nur darauf, dass wir etwas sagten, dass ihr nicht passte. Sie wirkte ziemlich streitlustig.

»Außerdem, ihr Intelligenzbestien, wenn ihr glaubt, Archie ist verschwunden, warum habt ihr dann noch nicht mit der Polizei gesprochen?« Sie machte eine Pause. »Oder die Krankenhäuser abtelefoniert?« Triumphierend schaute sie von einem zum anderen. »Habt ihr?«

Wir blickten zu Boden. Wie Achtjährige, die eine Fensterscheibe eingeschmissen hatten und ertappt worden waren. Obwohl: Die Polizei würde sich gar nicht für

Archie interessieren. Weil er für sie noch nicht lange genug verschwunden war.

Auf dem Flur lachte Carlos. Eine andere Stimme war auch zu hören, eine weibliche. Vielleicht hatte er doch eine neue Kommilitonin aufgetan.

»Und? Was wollt ihr jetzt tun?« Klara hörte sich nun doch ein bisschen unsicher an. »Habt ihr Jungs irgendeinen Plan?« Vielleicht merkte sie gerade, dass ihr Freund sich eventuell doch in Gefahr befand.

Kurz dachte ich daran, ihr von Archies abgerissenem Armbändchen zu erzählen. Andererseits: Was sollte das bringen? Warum sollte ich sie beunruhigen? Das waren wir drei schon zu Genüge, zumindest Moritz und ich. Das Problem war nämlich: Archie kannte außer uns so gut wie niemanden in der Stadt. Ja, Klara hatte seine englischen Kumpane aus den Seminaren erwähnt, aber ich hatte noch keinen von denen hier im Studentenwohnheim gesehen.

Sein Vater war wie gesagt lange tot und seine Mutter lebte gemeinsam mit Archies Schwester in England. Er war allein von der Insel gekommen. Seine sonstigen Bezugspersonen waren höchstens noch die Bedienungen in den British Shops und Dr. Brown, sein Mentor. Aber der war ja genauso ahnungslos wie wir, was Archies Verbleib anging. Zumindest hatte er am Nachmittag genau diesen Eindruck vermittelt.

Klara hockte sich hin und hob einige Bücher auf. »Ihr hättet zumindest mal ein bisschen Ordnung machen können«, sagte sie.

Ich griff mir »Vergangenheitsbewältigung in der DDR: zur Rezeption des Prozesses gegen den KZ-Arzt Dr. Horst Fischer« und legte das Buch zu den anderen auf dem Schreibtisch.

Überall Nazis! Ich fragte mich, wie Archie das alles lesen konnte, ohne nachts Albträume zu bekommen. Ich schaute auf die Uhr. »Ich mach mich dann mal auf den Weg!« Es klang wie eine Ausrede, aber ich musste tatsächlich gehen.

»Wohin?«, fragten Jonas und Moritz gleichzeitig, als hätten sie Angst, mit Klara allein zu bleiben.

»Ich hab Spätdienst in der Klinik. Den kann ich unmöglich sausen lassen. Würde Ärger geben. So schnell finden die keinen Ersatz.« Ich verließ Archies Zimmer, zog die Tür hinter mir zu und atmete erst einmal tief durch.

Nach meiner Rückkehr ins Studentenheim, spät am Abend, hörte ich Lachen aus unserer Küche. Rosa und Gaby saßen am Tisch, beide mit einem Becher vor sich. Es roch nach Zimt und anderen Gewürzen, Spekulatius lagen im Dutzend in einem großen, flachen Teller, dazwischen Dominosteine und Marzipankartoffeln. Drei dicke Kerzen brannten auf dem Tisch, der skelettierte Adventskranz war verschwunden. Ich setzte mich auf die warme Heizung am Fenster. Meine Lederjacke hielt zwar im Herbst gut warm, aber für den Winter musste ich mir bald etwas anderes überlegen. Sonst fror ich irgendwann auf der Sitzbank fest. Auf dem alten Herd dampfte es aus einem Topf.

»Nimm dir was!« Rosa pustete in ihren Becher.

Ich schöpfte mit einer Kelle eine Tasse voll mit Glühwein und setzte mich. »Habt Ihr Archie heute gesehen?« Es sollte ganz beiläufig klingen.

»Nein, wieso?« Gaby beäugte mich misstrauisch über ihre Tasse – ein Werbeding für ein Bayer-Medikament.

»Moritz hat auch schon nach ihm gefragt. Habt ihr Streit oder so was?«

»Ach wo.« Ich pustete in meine Tasse und nahm vorsichtig einen Schluck. Genau die richtige Temperatur. »Wie kommst du darauf?«

»Na, weil ihn anscheinend keiner gesehen hat. Und alle fragen nach ihm.« Gaby blinzelte mich misstrauisch an. »Als sei er abgehauen oder so was.«

Erst jetzt sah ich, dass die beiden Karten spielten. Rommé oder Canasta.

»Und Moritz wirkte irgendwie besorgt.« Rosa kramte aus dem Weihnachtsteller einen Dominostein hervor. »Kann ja sein, dass ihr Streit hattet. Kommt in den besten Familien vor.«

Ich überlegte kurz, wie sie darauf kam, aber das war wahrscheinlich nur so dahingesagt. Ich nahm mir einen Spekulatius. »Nee, zumindest nicht mit mir«, nuschelte ich. »Aber ich frag mal Moritz. Vielleicht weiß der mehr.« Ich stand, nahm meine Tasse und ging.

Warum ich ihnen nicht erzählte, dass Archie spurlos verschwunden war, weiß ich heute nicht mehr. Vielleicht fühlten wir uns für ihn verantwortlich und wollten nicht zugeben, dass wir nicht auf ihn aufgepasst hatten. Obwohl normalerweise niemand auf Archie aufpassen musste.

Moritz lag in seinem Bett, am Kopfende leuchtete eine Klemmlampe am Bettpfosten. Er las »Die Ochsentour«. Charles Bukowski schaute mit verschränkten Armen am Fotografen vorbei in die Ferne. Bukowski erzählte von seiner Reise nach Deutschland, nach Hamburg und Andernach, dort wo er geboren war. Moritz kam ebenfalls aus Andernach, und er schrieb auch Short Stories und Gedichte. Und es waren sogar ziemlich gute Sachen dabei. Aber er schickte sie nie ein und gab sie noch nicht einmal an eine Studentenzeitschrift.

»Was Neues von Archie?« Ich setzte mich in Moritz' einzigen Sessel. Das Ding sah aus, als sei darin schon eine ganze Armee verstorben, fleckig und muffig riechend. Überhaupt bestand sein ganzes Zimmer aus Möbelstücken der sechziger oder siebziger Jahre: verkratzt, wacklig und unansehnlich. Moritz hatte einfach alles, auch seinen Kleiderschrank, zwei Stühle und einen kleinen Tisch, aus dem Keller im Studentenheim geholt. Von zu Hause hatte er nichts mitgebracht. Er meinte, seine Möbel dort seien noch älter gewesen. Außerdem hätte er sie nicht mitnehmen können, weil er sie mit seinem jüngeren Bruder teilte. Zumindest den Kleiderschrank und den Schreibtisch. Poster oder Bilder hingen nicht an den Wänden, erinnere ich mich heute, nur über dem kleinen Waschbecken prangte ein noch kleinerer, zum Teil schon matter Spiegel.

»Nee«, Moritz ließ das Buch sinken, »nix gehört. Ich hab ein paar Krankenhäuser angerufen, aber da ist Archie nicht eingeliefert worden. Und es gibt auch keinen, der auf seine Beschreibung zutrifft.«

»Himmel, wo ist der Kerl?« Ich hatte oben von der Uni-Klinik aus auch die anderen Krankenhäuser abtelefonieren wollen, aber es war so viel losgewesen, dass ich nicht dazu gekommen war. Gut, dass Moritz Zeit gefunden hatte, auch wenn nichts dabei heraus gekommen war. Sein Gesicht lag im Dunkeln. Ich merkte, dass ihm irgendetwas auf der Seele brannte. Und so war's dann auch.

»Sag mal, David, ist es möglich, dass zwischen dir und Klara irgendeine, ich sag mal, Spannung herrscht?«

Ich musste lachen. Vergangene Woche hatten wir im Seminar »Linguistik – Basis und Erweiterung« über indirekte Sprechakte diskutiert. Und Moritz machte sich damit nun einen Spaß. Nahm ich zumindest an. Weil er mich nicht direkt fragte »Hast du was mit Klara?«, sondern es nur andeutete. Formulierte das so, wie es angeblich eher Frauen tun: diplomatisch, defensiv, geschickt.

Manche Linguisten sahen einen *der* Unterschiede zwischen weiblicher und männlicher Sprache darin, dass Frauen, so ihre Theorie, sich sehr viel indirekter ausdrückten. Beispiel: Eine Frau sitzt in einem zugigen, kalten Raum auf einem Sofa. Am offenen Fenster steht ein Mann. Ihr ist kalt. Sie schlingt die Arme um ihren Oberkörper und sagt: »Oh, ich friere ein wenig!« Was sie damit meint, ist nichts anderes, als dass der Mann das Fenster schließen soll. So weit der indirekte weibliche Sprechakt.

Sitzt statt der Frau ein Mann im Sessel und friert, so wird er schreien: »Mach das verdammte Fenster zu, es ist scheißkalt hier drin!« So weit der männliche, direkte Sprechakt. Beide wollen das Gleiche, drücken es aber auf vollkommen unterschiedliche Weise aus. »Spannung? Was meinst du?«

»Witzbold! Spannung eben, sexuell, was denn sonst? Mann, tu nicht so unschuldig.«

Ich rutschte tiefer in den muffigen, alten Sessel.

»Dass wir zusammen ›Sturm und Drang‹ lernen wollten, wusstest du. Klara hat dich sogar gefragt, ob du nicht mitmachen willst.« Das stimmte, aber Moritz hatte natürlich abgelehnt.

»Okay, das weiß ich, aber trotzdem.« Moritz klappte die »Ochsentour« zu und legte sie auf den wurmstichigen Nachttisch. Das Buch rutschte herunter und klatschte auf dem Boden.

»*Trotzdem* ist natürlich ein großartiges Argument!«, frotzelte ich, stand auf und verfrachtete den Bukowski zurück auf den Nachttisch. Moritz hatte keine Anstalten dazu gemacht. Ich gähnte. Obwohl ich die meiste Zeit oben in der Klinik nur am Schreibtisch saß und Formulare ausfüllte, Besucherfragen beantwortete und Patientenanliegen an die Ärzteschaft weitergab, fand ich den Dienst an der Pforte immer ziemlich ermüdend. Ich wollte schon aufstehen, mich ins Bett legen, da meinte Moritz leise: »Scheiße, oder? Sie ist einfach nicht gekommen.«

»Was meinst du?«, fragte ich, obwohl ich ahnte, worauf er anspielte. »Wer ist nicht gekommen?«

Vor einer Woche hatte er mir von einem Mädchen erzählt. Sie war ihm vor dem Romanischen Seminar aufgefallen. Als er ihr hinterher wollte, hatte sich ihm die Aufsicht in den Weg gestellt. Aber Moritz war draußen im Arkadenhof stehengeblieben und hatte eine Stunde auf das Mädchen gewartet. Er wusste nicht einmal, wie sie hieß. Und dann hatte er sie tatsächlich angesprochen und sich mit ihr verabredet. Auch das fiel mir jetzt wieder ein. Das hatte mich schon gewundert. Mist, jetzt hatte das Mädchen ihn anscheinend versetzt. Ich trank den letzten Rest von meinem Glühwein, mittlerweile war er so gut wie kalt.

»Ja, sie ist einfach nicht gekommen!« Er schüttelte den Kopf. »Ich meine, ich gehe auf die Leute zu, und sie wollen mich nicht.«

Dass Moritz aufgeschlossen auf die Menschen zuging, stimmte nun wirklich nicht, aber das konnte ich ihm jetzt nicht sagen.

»Mal ehrlich, die kannte mich doch gar nicht, hatte keine Ahnung von meinen Macken und trotzdem hat sie mich versetzt. Da stimmt doch irgendwas nicht, oder?«

»Ja, also …«

»Ich meine, das ist doch wie verhext! So, als sollte ich immer weiter diese miesen Erfahrungen machen, warum auch immer. Oder such ich mir immer nur die falschen Frauen aus?« Er wirkte wirklich verzweifelt.

Himmel, was sollte ich darauf antworten? Ich wusste bislang nicht einmal, dass Moritz wieder ernsthaft auf der Suche nach einem Mädchen war.

»Ich weiß wirklich nicht, was ich machen soll. Weiter Körbe sammeln oder mich an irgendeine blöde Küste niederlassen.« Er hieb auf sein Kissen, das einen erstickten Laut von sich gab.

»Hey, mach dich nicht verrückt, ja?« Das war das Einzige, was mir einfiel. Ich versuchte, die letzten Tropfen Glühwein aus meiner Tasse zu saugen, Moritz stierte vor sich hin. Auf der Etage war es jetzt still. Auch Rosa und Gaby schienen ihr Treffen in der Küche beendet zu haben.

»Ist ja auch egal!« Moritz knipste die Lampe aus, so dass wir im Stockdusteren saßen. Nach ein paar Sekunden hatten sich meine Augen an die Dunkelheit gewöhnt und ich konnte zumindest wieder Schemen erkennen. Ein bisschen Licht fiel außerdem von draußen ins Zimmer.

Moritz seufzte. »Ich hoffe echt, dass Archie nichts passiert ist. Langsam mache ich mir wirklich Sorgen.«

»Geht mir genauso!« Wahrscheinlich hätte ich noch bleiben müssen, ihn irgendwie aufmuntern wegen der Abfuhr, die er sich eingefangen hatte, aber ich war einfach zu müde. »Gute Nacht, Charlie Brown!«, sagte ich, als ich an der Tür stand. »Es liegt nicht an dir, du hast einfach Pech gehabt.«

»Jaja, du kannst mich mal!«

»Hättest du gern, du Muschelhirn« Ich grinste ihn an, aber das konnte er wegen der Dunkelheit wahrscheinlich nicht sehen. »Und lass die Hände über der Bettdecke, mein Freund!«

»Mach die Flatter, du Knalltüte«, kam es aus der Dunkelheit, dann krachte direkt neben mir sein Kopfkissen an die Wand.

»Hab dich auch lieb!«, sagte ich lachend, dann war ich draußen im Flur. Aus Patricias Zimmer schräg gegenüber hörte ich ein Lied von der letzten Kuschelrock-CD. Ich machte, dass ich schnell auf mein Zimmer kam.

Kapitel 9

Dritter Tag

Der Literaturkritiker Marcel Reich-Ranicki hielt die erste gesamtdeutsche Ausgabe des Duden und das neue Kursbuch der Deutschen Bundesbahn für die beiden wichtigsten Bücher des Jahres 1991. Damit wollte er ausdrücken, dass er von der Gegenwartsliteratur – zumindest in jenem Jahr – nicht besonders viel hielt.

Ich konnte das damals nicht beurteilen und kann es auch heute nicht. Während des Studiums blieb außer den Büchern, die wir für Seminare und Prüfungen lesen mussten (Primär- und Sekundärliteratur), nicht viel Zeit für andere. Wir kauften uns im bereits erwähnten Antiquariat gegenüber der Universität zwar günstige Mängelexemplare von Jack London, Mark Twain, Arthur Conan Doyle und Patricia Highsmith, einfach, weil wir Freude daran hatten, danach zu stöbern und etwas Interessantes zu finden, aber Zeit zu lesen besaßen wir kaum. So kämpften Moritz und ich uns beispielsweise durch Hunderte und Aberhunderte Seiten Theodor Fontane. Effi Briest, Grete Minde, Frau Jenny Treibel, Cécile – und wie seine Damen alle hießen. Oder wir stritten um die Qualität von Günter Grass' Romanen, dessen Freund ich nie geworden bin, weil er meiner Meinung nach zu gekünstelt und gewollt pointiert mit Sprache umging.

Bei dem Namen Grass kommt mir noch heute als Erstes eine vernichtende Kritik eines Feuilletonisten in den Sinn, der in der Frankfurter Allgemeinen Zeitung ein spätes Werk des Literaturnobelpreisträgers sinngemäß charakterisierte: »Viele Jahre ist Günter Grass den Weg zum Gipfel der Selbstgerechtigkeit emporgestiegen. Mit diesem Buch hat er ihn nun endgültig erreicht!«

»Die Blechtrommel« fiel von meinem Bett, ich schreckte auf. Alles, was ich zuletzt gelesen hatte, war wie weggeblasen. Die ständigen Vergleiche hatten nur leichte Kopfschmerzen hinterlassen. Ich starrte an die Decke. Sie war so uneben, dass sie im Morgenlicht winzige Schatten warf. Die Rippenheizung gluckerte leise, so wie jeden Morgen. Eigentlich musste ich längst aufgestanden sein, aber als ich vorhin ein Bein aus dem Bett gesetzt hatte, war mir einfach zu kalt gewesen. Ich hatte mich gleich wieder unter mein dickes Plumeau verzogen. Außerdem war jemand unter der Dusche. Draußen auf dem Flur lachte einer. War Archie etwa zurück? Aber wahrscheinlich hätten mir Moritz oder Jonas dann längst Bescheid gegeben. Oder Archie wäre selbst hereingeplatzt. Ich knuffte mein Kopfkissen zurecht. Leider befanden sich Kaffeemaschine, Filter und die zerbeulte Dose mit dem Kaffeepulver außerhalb meiner Reichweite. Ich seufzte. Irgendwann würde ich aufstehen müssen.

Vor dem Fenster balgten wieder Krähen. In unsinnigen Schleifen stießen sie im Tiefflug über die zugeschneite

Wiese. Eine ältere Nonne schlurfte mit einem Eimerchen Salz über den freigeschippten Weg. Ihre Bewegungen, wie sie das Salz auf dem Pflaster verstreute, erinnerten mich an die älteren Frauen, die im Park die Tauben füttern.

Was konnten wir tun, um Archie zu finden? Ganz in der Nähe des Campus gab es eine Polizeiwache. Jonas, Moritz oder ich mussten dorthin und Archie als vermisst melden. Allerdings erhoffte ich mir nicht sonderlich viel von einer Vermisstenanzeige: Wie bemüht würden die Beamten sein, einen Studenten zu suchen, der gerade einmal zwei Tage verschwunden war? Sie würden wahrscheinlich denken, er läge betrunken oder voller Drogen in irgendeinem Bett und tauchte spätestens am Abend mit einem Brummschädel wieder zu Hause auf. Wahrscheinlich würden sie gelangweilt ein Blatt Papier in die Schreibmaschine stecken und insgeheim denken, dass die jungen Männer zu *ihrer* Zeit doch entschieden mehr Mumm besessen hätten als die verweichlichten angehenden Akademiker heutzutage. Das einzige Kriterium, warum die Polizei eventuell etwas mehr Engagement in ihre Suche investieren würde, war Archies Nationalität. Als Ausländer genoss jeder Nicht-Deutsche auf dem Campus besondere Beachtung. Die Universität galt als internationale Hochschule der damaligen Bundeshauptstadt als Aushängeschild, weswegen ausländische Studenten gewisse Privilegien – sowohl finanzieller als auch immaterieller Art besaßen. Und es gab Mentoren wie Dr. Brown, die jederzeit Hilfestellung gaben.

Dr. Brown! Vielleicht sollte einer von uns noch einmal zu ihm gehen. Eventuell hatte Archie sich ja in der Zwischenzeit bei ihm gemeldet. Außerdem durften wir die

British Shops nicht vergessen. Möglicherweise hatte sich Archie mit einer der Verkäuferinnen angefreundet und mit ihr die Nacht verbracht. Allerdings glaubte ich das nicht wirklich. Nicht Archie! Eher hatte er sich beim Probieren einer dieser schrecklichen englischen Pfefferminzschokoladen oder Ingwerbonbons eine Magenverstimmung geholt und lag nun flach und ausgeknockt im Bett der Verkäuferin, die ihm diese unsäglichen Süßigkeiten angeboten hatte.

Himmel, meine Phantasie ging mit mir durch! Ich sprang aus dem Bett, füllte die kleine Kanne mit Wasser, den Papierfilter mit Kaffeepulver, stellte die Maschine an und stürzte zurück unter die Decke.

Eine halbe Stunde später stand ich – frisch geduscht, aber noch mit nassen Haaren – erneut in Archies Zimmer. Es herrschte etwas mehr Ordnung: Ein Teil seiner Bücher lag übereinandergestapelt auf seinem Schreibtisch. Die Karteikarten hatte jemand wie die Quadrate unseres Memory-Spiels zu einem riesigen Haufen neben seiner Schreibmaschine auf dem Boden zusammengeschoben.

Klara hatte Moritz und Jonas nach meinem Abgang gestern wohl angetrieben, Ordnung zu schaffen. Außer einem Mannschaftsbild des FC Liverpool hatte Archie kein einziges Bild oder Foto aufgehängt. Allerdings war das auch so gut wie unmöglich. Die Holzregale – vollgestopft mit Büchern, Katalogen, Mappen, Broschüren und losen Papieren – verdeckten jeden Blick auf die alte Tapete.

Wahllos griff ich ein Buch und betrachtete den Deckel. Ein mondgesichtiger Mann in einer Nazi-Uniform schrie mit weit aufgerissenem Mund jemanden an. Zu seinen Füßen wanderten in der Fotomontage Soldaten mit riesigen Hakenkreuzfahnen über das Buch. »Hitlers Mann an der Arbeitsfront: Robert Ley«, las ich. Ich griff mir das nächste: »Mein Vater Robert Ley«.

Bislang hatte ich mich nie mit Archies Studium beschäftigt. Im Gegenteil. Wenn wir bei Archie etwas tranken oder den Abend planten, schoben wir seine Bücher und Fotos auf dem Schreibtisch immer aus unserem Blickfeld. Portraits von Männern in steifen SS-Uniformen, die einem aus kalten, mitleidlosen Augen und schmalen, verkniffenen Mündern entgegenstarrten, wollte niemand sehen. Ebenso wenig wie die Fotos von Eisenbahnwaggons, vollgequetscht mit Menschen, deren hagere, ausgezehrte Gesichter hoffnungslos wirkten, und nicht zuletzt die Aufnahmen von Konzentrationslagern, während der Nazidiktatur und nach dem Sieg der Alliierten. Das alles gehörte zu *seinem* Studium; wir wollten davon nichts wissen.

Zuoberst auf einem der wackligen Büchertürme lag der zerknitterte Zettel: *Arch. Conradi!!!* Eindeutig Archies Schrift. Ich prüfte das Papier wie der Philatelist eine seltene Briefmarke. Vielleicht hatten wir etwas übersehen, eine versteckte Botschaft oder ein geheimnisvolles Wasserzeichen. Aber dort stand nichts außer *Arch. Conradi!!!*

Auch wenn mir Jonas und Moritz gestern nicht zugestimmt hatten: Für mich stand fest, dass Archie mit der Notiz ein Treffen im Uni-Archiv gemeint hatte. Zum einen studierte er Geschichte, deswegen verbrachte er ohnehin die halbe Zeit seines Studiums in staubgeschwängerten, unterirdischen, unbeleuchteten Räumen, zum anderen hieß der derzeitige Leiter des hiesigen Uni-Archivs Gustav Conradi. Dazu musste man wahrlich kein Sherlock Holmes sein, oder?! Möglicherweise war Archie auf der Suche nach einer Information gewesen, einem Buch, einem Katalog oder einfach nur einer Notiz, die in der öffentlichen Uni-Bibliothek nicht zugänglich gewesen, ihm aber wichtig erschienen war. In solchen Fällen arbeitete sich Archie beharrlich durch die Hierarchien, um am Ende mit denjenigen sprechen zu können, die berechtigt waren, ihm eine Vollmacht auszustellen, die es ihm wiederum ermöglichte, ungehindert mit dem Material arbeiten zu können, das er für seine Recherchen und Aufzeichnungen benötigte. Und das ihm dann wieder einmal zu einer Bestnote verhalf – ohne, dass er es darauf abgesehen hätte. Es war einfach das Resultat seiner Klugheit, Beharrlichkeit und Gründlichkeit.

Im Radio hörte ich, dass die westdeutsche Allianz-Versicherung 49 Prozent der ehemaligen staatlichen Versicherung der DDR kaufen durfte. Für 440 Millionen Deutsche Mark. Ich hatte nie besondere Gefühle für die DDR gehegt, aber wie die Westdeutschen jetzt vieles Ostdeutsche vereinnahmten, fand ich fragwürdig. Im vergangenen Jahr war Willy Brandt zu Gast an unserer Uni gewesen. Im Hörsaal 10 hatte er über seinen Wunsch nach einer wirklichen Einheit Deutschlands gesprochen. Der Saal war aus allen Nähten geplatzt, die Studenten hatten sich sogar bis zur Wand gedrängt. Während ich ihm zuhörte, hatte ich das Gefühl, dass Brandt damals schon befürchtete, eine wirkliche Einheit der beiden deutschen Staaten würde noch sehr lange dauern.

    Ohne Frühstück machte ich mich auf den Weg zum Campus. Weder Jonas noch Moritz hatte ich im

Wohnheim getroffen. Bei beiden hatte ich geklopft, aber keine Antwort bekommen. Als ich die Treppe runtergelaufen war, drang aus der Küche Patricias helles Lachen.

Kapitel 10

Der Wind pfiff mir um die Ohren. Ich schlug den Weg zum Uni-Archiv ein. Die Hofgartenwiese lag in frostigem Weiß vor mir, weit hinten vor dem Museum spielten ein paar Jungs mit einem roten Ball. Vereinzeltes Rufen drang durch die kalte Luft herüber.

Das Archiv lag im Ostflügel des Schlosses. Mit dem Hauptteil verbunden durch einen langen, engen Flur, der den Blick auf einen kleinen Innenhof mit einem Rosengarten freigab. Diese winzigen Innenhöfe gab es an mehreren Orten des ehemaligen Schlosses. Dort hatten sich vor Jahrhunderten Pärchen zum Stelldichein getroffen, vermutete ich.

Der Eingang zum Uni-Archiv führte über die große Flügeltür des Kunsthistorischen Instituts. Sobald ich den langen Flur mit der gewölbten Decke betrat, überkam mich jedes Mal ein Gefühl der Feierlichkeit. Jeder Schritt, jedes gesprochene Wort hallte von den Wänden und dem Marmorboden wider.

Ich hatte mein Motorrad wenige Meter vor dem Schloss abgestellt, zwischen Dutzenden Fahrrädern, in Sichtweise der Madonnenstatue Regina Pacis. Die Figur stand mittig über dem Portal des rückseitigen Universitätseingangs, geschützt in einer Nische, und bedachte jeden, der den

Weg in die Uni einschlug, mit einem sanften, nachsichtigen Lächeln.

Ich öffnete die schwere Eingangstür des Archivs. Rechts und links verschafften die riesigen Fenster dem Raum Helligkeit. Und das, obwohl sich der Himmel weiter zugezogen hatte. Marmorfliesen, schachbrettartig schwarz und weiß, verliehen dem großen Raum Kühle und Distanz. Drei nebeneinander aufgestellte Schreibtische in der Mitte des Saals wirkten barrikadenhaft. Der mittlere der drei Schreibtische stand etwas näher zur Eingangstür, so dass die drei Tische die Form eines Pfeils angenommen hatten. Vielleicht Sinnbild eines Hindernisses mit dem Ziel, all die Geschichte und all die Erkenntnisse zu schützen, die sich jenseits der hinter den Schreibtischen liegenden Tür verbargen.

An jedem der drei Pulte thronte eine Sekretärin. Die beiden Damen links und rechts hämmerten auf ihre elektrischen Schreibmaschinen, ohne aufzuschauen. Vom mittleren Schreibtisch aus fixierte mich eine dünne, hochgewachsene Person. Prüfend musterte sie mich über den Rand ihrer Brille.

»Ja bitte?« Die Stimme der hageren Frau klang schnippisch. Dutt und dunkelroter Lippenstift unterstrichen ihre Strenge. Der Stehkragen ihrer dunkelblauen Bluse war bis zum obersten Knopf geschlossen.

»Entschuldigen Sie, ich bin auf der Suche nach Herrn Dr. Conradi.« Himmel, ich war eindeutig unvorbereitet. Warum genau wollte ich Conradi sprechen? Ich versuchte es einfach mit der Wahrheit: »Es geht um einen seiner ausländischen Studenten«, stotterte ich.

Das Monstrum vor ihr brummte gefährlich. Die Sekretärin schaute von der Maschine auf und musterte mich, als würde sie mich am liebsten in den Karzer werfen lassen. Ich fragte mich, ob sie gegenüber jedem Besucher so unfreundlich war oder ob ich eine Sonderbehandlung bekam.

Apropos Karzer: Dort hatte man Karl Marx vor mehr als 160 Jahren eingesperrt. Während seiner Studienzeit in Bonn soll er 1836 nach der Feier einer Studentenverbindung ziemlich betrunken durch die Bonner Straßen gelaufen sein, so dass er die Nacht in der universitätseigenen Arrestzelle verbringen musste. Oder sogar ein paar Tage. Wegen nächtlicher Ruhestörung und Trunkenheit. Womöglich hatte er den Arrest aber auch provoziert, um bei seinen Kommilitonen angeben zu können. Eine Bestrafung im Karzer soll damals innerhalb der Studentenschaft als Auszeichnung gegolten haben.

»Um was geht es *genau*?« Das letzte Wort dehnte sie unnatürlich in die Länge.

»Student Archie Grant gehört in Oxford zum Exzellenz-Seminar«, sagte ich forsch. »Und in dieser Eigenschaft würde er gern während seiner Zeit an unserer Hochschule eine Arbeit über die historische Bedeutung des Uni-Archivs unter der jetzigen Leitung von Dr. Conradi verfassen.« Ich wusste nicht, ob es ein Exzellenz-Seminar in Oxford gab oder jemals gegeben hatte, außerdem hatte Archie mit der Elite-Uni so viel zu tun wie John Wayne mit der »Atomkraft? Nein danke!«-Bewegung. Aber ich musste versuchen, diese Frau so zu beeindrucken, dass sie nicht umhinkonnte, mir ein Gespräch mit Dr. Conradi zu ermöglichen.

»Und was haben *Sie* damit zu tun?« Ihre Stimme klang ungeduldiger denn je. »Warum kommt Ihr ... Ihr exzellenter, ausländischer Student nicht selbst?«

Am Schreibtisch links klingelte das Telefon. Die Sekretärin unterbrach ihr Tippen und hob ab. »Universitätsarchiv Bonn, Nalis am Apparat. Guten Tag, was kann ich für Sie tun?«

»Also, ich, ich betreue Archie Grant hier an der Uni.« Dabei versuchte ich es weiterhin mit einem Lächeln. »Und er besucht im Augenblick ein Seminar, das er nicht versäumen darf. Deswegen bin jetzt *ich* hier.«

Die Sekretärin starrte in die Unendlichkeit über mir und seufzte. Wahrscheinlich wurde sie Tag für Tag von Studenten belagert, die Fragen an Dr. Conradi stellen wollten und die sie abzuwimmeln hatte. Ich war mir sicher, dass sie dabei sehr erfolgreich war.

»Und das kann nicht warten?« Ihr Blick sprach Bände. Vielleicht hoffte sie, ich würde ihr den Gefallen tun und mich in Luft auflösen.

Ich schüttelte den Kopf. »Nein«, sagte ich bestimmt, »das kann nicht warten, wirklich nicht!«

Ein letzter, missbilligender Blick traf mich, dann klickten ihre langen Fingernägel auf die Tastatur des Telefons. »Ich werde schauen, ob er vor dem nächsten Termin ein paar Minuten für Sie erübrigen kann.« Sie rief Conradi an! Zumindest hoffte ich, dass sie seine Nummer wählte. Und nicht die des Hausmeisters verbunden mit der Bitte, mich hinauszuwerfen.

Der Raum war beeindruckend: mindestens zwanzig Meter lang, polierter, dunkler Parkettboden, die Wände bis auf die Fensterfront holzgetäfelt. Mein Blick ging hinaus auf die Hofgartenwiese und das Kunsthistorische Museum in der Ferne. Trotz seiner Größe strahlte der Raum, in dem ich nun stand, Wärme aus. An der gegenüberliegenden Kopfseite reichten die Bücherschränke bis zur Decke. Links lehnten gläserne Vitrinen mit wertvollen Büchern an der Holzwand. Mehrere Schreibtische standen wie bei einem Hindernisparcours angeordnet hintereinander im Raum. Darauf die übliche akademische Unordnung aus Büchern, Heften und Magazinen.

Ein älterer Mann mit schlohweißem Haar beugte sich über eine geöffnete Vitrine – Dr. Conradi. In den Händen balancierte er einen großen, vermutlich tausendseitigen, rot eingebundenen Almanach. Die gelbstichigen Seiten des alten Dokuments wellten sich und wiesen an den Rändern eine rostbraune Farbe auf, möglicherweise verursacht durch Feuchtigkeit. Die beiden nun aufgeschlagenen Seiten waren, soweit ich das sehen konnte, mit dicker, dunkler Tinte beschrieben, schwarzrote Initialen schmückten das erste Wort beider Seiten. Vielleicht die alte Kopie eines Heldenepos oder eines alten Dramas.

Vorsichtig ließ Dr. Conradi das Schriftstück auf den mit einem grünen Bezug ausgelegten Boden der Vitrine sinken. Die weißen Glacéhandschuhe, die er übergezogen hatte, unterstrichen die Erhabenheit seines Tuns. Er wirkte in diesem Moment eher wie ein Chirurg als ein Archivar. Obwohl die Arbeit sicherlich nicht allzu viel Kraft erforderte, standen dem Chefarchivar Schweißtropfen auf der Stirn.

Ich schätzte ihn auf etwa sechzig Jahre. Seinem kräftigen Körper, den er in einem Anzug mit weißem Hemd und Krawatte verbarg, entfuhr stoßweise Atem.

Vorsichtig ließ der Archivar das Sichtfenster der Vitrine in seine Fassung zurückgleiten. Begleitet von einem Seufzer schob er eine Art Buffetwagen, auf dem weitere aufgeschlagene Bände lagen, zur nächsten Vitrine.

Dort wartete ein hagerer Mann in einem grauen Hausmeisterkittel. Aus der Brusttasche des Manns ragten die roten und gelben Griffe mehrerer Schraubenzieher. Seine gesamte Erscheinung wirkte vernachlässigt. Ein wirrer, aufgetürmter Schopf brauner Haare stand im senkrecht vom Kopf – ähnlich wie bei Stan Laurel. Mit einem Staubtuch fuhr er über die Glasfläche des Schaukastens. Er beachtete mich ebenso wenig wie Dr. Conradi.

Die Parkettdielen knarrten unter meinen Füßen, Dr. Conradi schaute auf. Zögernd stellte ich mich vor, dann wiederholte ich die Frage, die Jonas, Moritz und mich die vergangenen Tage beschäftigt hatte: Wo war Archie Grant?

Dr. Conradi zwinkerte mit einem Auge, möglicherweise war ihm ein Schweißtropfen hinein gelaufen. »Wie, sagten Sie, heißt Ihr Kommilitone?« Aus seiner Hosentasche zog er ein großes, weißes Taschentuch. Behutsam tupfte er sich damit über Augen und Stirn.

»Grant, Archie Grant. Er ist Historiker und studiert hier seit vier Semestern. Und er hat des Öfteren von Ihnen gesprochen. Vielleicht erinnern Sie sich: Seine Haare sind wirklich fast rot.« Ich versuchte ein Lächeln, »Aber dafür spricht er besser Deutsch als ich.«

Der Mann im Hausmeisterkittel näherte sich uns langsam. Vorsichtig legte er eine Hand auf den Buffetwagen, der sich leicht bewegte. Die Räder knarzten über den Holzboden. Ich sah es zwar nicht direkt, trotzdem spürte ich, dass mich der dünne Mann neugierig musterte.

Dr. Conradi streckte sich vorsichtig. Wie ein Rückenkranker, der bei jeder Bewegung Schmerzen befürchtet. Mit einer Hand stützte er sich auf die geöffnete Vitrine.

»Archie Grant«, er nickte in meine Richtung, »ein Engländer, sagen Sie?« Erneut zupfte er sein Taschentuch hervor, obwohl seine Schläfen bereits trocken waren. »Grant ... Grant. Also junger Mann, das ist ein Name, den man üblicherweise nicht so rasch vergisst. Aber«, bedauernd schüttelte er den Kopf, »das tut mir leid, ich kenne Ihren Freund nicht. Und er hat auch nicht mit mir gesprochen. Leider. Es sei denn«, er schmunzelte und warf einen Blick in jene Richtung, aus der ich gekommen war, » mein Gedächtnis lässt mich im Stich. Aber das ist, Gott sei Dank, noch nicht der Fall.« Sein großes Taschentuch verschwand wieder in der Hosentasche, nur ein weißer Zipfel lugte noch hervor.

Einen Augenblick war mir, als wollte der Archivar etwas sagen, aber ich hatte mich wohl getäuscht. Dr. Conradi betrachtete mich abwartend und lächelte entschuldigend. »Tut mir leid.« Dabei zupfte er an seinen Handschuhen, als seien sie ihm plötzlich zu eng geworden.

Etwas irritiert erwiderte ich sein Lächeln, dann bedankte ich mich und verließ den Saal. Die Damen im Vorraum schauten nicht einmal auf, als ich ihnen einen guten Tag wünschte.

Kapitel 11

Legalize Erdbeereis! – Amis raus aus USA, Winnetou ist wieder da! – Wenn die Milch nach Krypton schmeckt, hat's im AKW geleckt. – Es genügt nicht, unfähig zu sein, man muss auch noch in die Politik gehen. – Freiheit für Grönland: Nieder mit dem Packeis!

Ich stand am Pinkelbecken in der Toilette gegenüber von Hörsaal 10 und studierte die Wandsprüche meiner Kommilitonen. Am besten gefiel mir: *Jeder Tag ist gleich lang, aber verschieden breit!* Daneben hatte jemand ein *Lieber 'n toter Punker sein, als ein blödes Popperschwein!* und *Kannst du einen Popper kriegen, blas ihn auf und lass ihn fliegen!* gekritzelt. Die Sprüche wirkten auf den dunkelgelben Kacheln schon alt und verwaschen. Die Popper/Punk-Feindschaft lag auch damals schon ein paar Jahre zurück.

Fünf Minuten später saß ich auf meinem Motorrad. Ich wollte nach Hause, bevor es anfing zu schneien. Gerade zog ich mir meine schwarz-roten Lederhandschuhe über, da legte mir jemand eine Hand auf die Schulter. Ich zuckte zusammen. Klara? Wenn ich ehrlich war, musste ich zugeben, dass sie mich mehr beschäftigte, als ich mir eingestand. Aber als ich mich umdrehte, war es Moritz, der meine Schulter dermaßen knetete, dass es wehtat.

»Hey, Schmock, was machst du denn hier?« Er tat grade so, als sei ich nur einmal im Monat auf dem Campus anzutreffen. »Hast du 'n Seminar gehabt?« In seiner anderen Hand klemmten zwei Bücher. Er trug nur einen dicken Islandpullover, eine Jeans und seine Turnschuhe. Moritz fror nie. Zumindest hatte ich den Eindruck.

Ich nahm die Hand vom Lenker. »War grade bei Conradi. Wollte wissen, ob Archie bei ihm war. Aber er hat ihn nicht gesehen, sagt er.« Ich schaute zum Kunsthistorischen Institut. Kurz war mir, als hätte ich hinter den Fensterscheiben eine Gestalt ausgemacht, aber wenn jemand dort gestanden hatte, so war er nun wieder verschwunden.

Moritz ließ endlich meine Schulter los und wechselte die Bücher in die andere Hand. »Mist. Das kann doch nicht wahr sein. Archie ist doch nicht so einfach vom Erdboden verschwunden, David, oder? Und jetzt?«

»Ehrlich gesagt, keine Ahnung. Jonas wollte zur Polizei gehen und nachfragen.« Ich zuckte die Schultern. »Im Augenblick weiß ich nicht, was wir noch machen können.« Ich seufzte und meine Atemwolke kondensierte in der Luft. Weit waren wir noch nicht gekommen.

Moritz schaute zwei Studentinnen hinterher, die an uns vorbeigingen. Beide trugen schwarze Lederhosen, monströse Winterstiefel mit Kunstpelzaufsatz und bunte Schals über ihren Mänteln – und beachteten uns nicht.

»Ich sag's dir: Morgen taucht er ohne Vorwarnung wieder auf und erzählt uns irgendeine gute Geschichte.«

Das glaubte ich nicht, sagte aber nur: »Ja, hoffentlich.«

Die beiden Mädchen bogen nach links Richtung Eingang Arkadenhof und waren dann verschwunden.

»Und warum bist *du* hier?« Ich warf einen Blick auf die beiden Bücher zwischen Moritz' Fingern. Wahrscheinlich Sekundärliteratur für Germanistik. Oder das neueste Werk über den Nibelungenschatz.

Moritz schaute in den Himmel. Kleine, harte Flocken rieselten auf uns herab. Ich wurde unruhig: Schneefall und Motorradfahren vertragen sich nicht allzu gut.

»Ich muss die Bücher hier abgeben.« Er hielt die beiden Bände hoch. Eins erkannte ich jetzt: Wolfram von Eschenbach: »Parzival«, aber nicht in der mittelhochdeutschen Fassung, sondern in Prosa. Ich hatte es vergangene Woche in Moritz' Zimmer durchgeblättert. Es war meiner Ansicht nach fast genauso schwer zu verstehen wie die Originalschrift. Der Übersetzer war ziemlich wörtlich vorgegangen:

»Als man den Tisch wieder davon getragen hatte, ward des Knaben wilder Mut sehr zahm; denn der Wirt sagte zu dem Gaste: Ihr redet wie ein kleines Kind [...] So heb' ich an: Achtet darauf, dass ihr nie von der Scham lasst. Ein Mensch, der sich nicht schämen kann, was taugt der noch? Er ist wie ein Falke, der in der Mauserung verfällt, wobei er alle edlen Federn verliert, und er geht den Weg zur Hölle.«

Die Hölle. Damals hatten die Menschen noch wirklich Angst vor der Hölle. Eigentlich intelligent. Zumindest intelligenter als die meisten Menschen heutzutage, die vielleicht an Gott und den Himmel glaubten, aber nicht an die Hölle. Wer den Teufel ernst nahm, wurde verlacht.

Dabei fand ich, dass dort, wo ein Gott war, auch ein Teufel sein musste. Part und Widerpart. Protagonist und Antagonist. Feuer und Wasser, Erde und—

Moritz klopfte mir an den Helm. »Hey, hörst du mir zu? Ich sagte, ich wollte die Bücher noch abgeben und dann wieder heim. Warum fragst du mich, wenn's dich nicht interessiert?«

Ich musste lächeln, weil er *heim* gesagt hatte. Ich dachte genauso: Das Studentenheim war unser Heim, unser Zuhause!

Moritz tippte sich an die Stirn. »Ach, du kannst mich mal. Und verfahr dich nicht! Keine Ahnung, wo du mit deinen Gedanken bist.« Er grinste zum Abschied, dann schlappte er zum Germanistischen Seminar davon.

Der Schneefall wurde dichter. Zeit, nach Hause zu kommen. Mein Motorrad sprang sofort an. In dem Augenblick, als ich die Kupplung kommen lassen wollte, tippte mir erneut jemand auf die Schulter. Wieder erschrak ich. War es diesmal Klara?

Aber es war der dünne Mann mit dem Hausmeisterkittel aus dem Archiv, der vor mir stand. Der mit Stan Laurels Wuschelkopf. Dr. Conradis Mitarbeiter.

Kapitel 12

Ich nippte an meinem heißen Kakao, süß und dunkel lief er mir heiß die Kehle hinunter. Zusammen mit Dr. Conradis Assistenten saß ich an einem Tisch der Cafeteria. Der große Raum wenige Schritte vom Hörsaal 1 entfernt mit gewölbten Decken und bodentiefen Fenstern mit Blick auf die Hofgartenwiese war Treffpunkt vieler Studenten nach einer Vorlesung oder einem Seminar. Auch hier schafften es die Fenster, selbst im trüben Winter, Helligkeit bis in den Abend hineinzutragen. Runde Säulen mit Mosaiken stützten alle fünf Meter die Decke und gaben dem Raum etwas Sakrales.

An einem Erfrischungsautomaten wurden Kaffee, Kakao, Fanta und Cola – und für die ganz Hartgesottenen Hühnerbrühe – angeboten. Am zweiten Automaten konnte man Süßigkeiten wie Mars, Raider, das seit neuestem Twix hieß, Snickers und Caramac ziehen.

Verstohlen betrachtete ich mein Gegenüber: Ich schätzte ihn auf Anfang vierzig, nicht älter, obwohl sich bereits tiefe Falten in sein Gesicht gegraben hatten, und die dünne Haut unter seinen Augen dunkel und krank schimmerte. Sein Hausmeisterkittel war durch den Schnee an den Schultern dunkel und feucht. Unter seiner Arbeitskleidung trug er ein Hemd, eher grau als weiß.

Seine Jeans besaß an den Oberschenkeln jenen Braunschimmer, den jede Hose annimmt, wenn immer wieder schmutzige Hände darüber wischen.

Von der Tür her erklang Gelächter, ungefähr zwanzig Jungen und Mädchen strömten herein. Hirten- und Ledertaschen flogen auf die grünen und roten Tische, alle lachten und redeten wild durcheinander. Im E-Raum, wie wir ihn nannten, war die Luft ständig erfüllt von Rauch und unzähligen Gesprächen. Aus den Lautsprechern oberhalb der Erfrischungsautomaten knisterte »Wind of Change.« Mittlerweile hing mir das Lied wirklich zum Hals heraus. SWF3, der Sender, den irgendjemand für die Cafeteria eingestellt hatte, dudelte den Song mindestens ein Dutzend Mal am Tag. Zumindest lief er gefühlt jedes zweite Mal, wenn ich hier saß und rauchte. Ich schaute mich um. Manche Jungs saßen mit Walkman auf den Ohren an den Tischen, andere hatten die Nase in ein Buch oder eine Kladde versenkt.

Mein Blick wanderte nach draußen. Es wurde Abend. Die Laternen verbreiteten vor den Fenstern bereits funzeliges Licht, das kunsthistorische Museum war nur noch als schwarze Silhouette zu erkennen. Ich würde nachher versuchen müssen, über Nebenstraßen nach Hause zu fahren. Dort bestand weniger die Gefahr, von einem Auto überrollt zu werden, wenn ich mit dem Motorrad auf dem glitschigen Schneematsch wegrutschen sollte. Aber vielleicht ließ ich mein Motorrad auch stehen und ging zu Fuß nach Hause. Oder fuhr mit der Bahn. Während ich darüber nachdachte, wie ich am besten zurückkommen könnte, hätte ich beinahe verpasst, was der nervöse Assistent von Dr. Conradi gesagt hatte.

»Sie haben Archie gesehen? Wirklich? Wann?« Ich war hellwach!

Ein Typ mit einem Angeber-Ziegenbärtchen schaute missmutig vom Nebentisch herüber, aber ich konzentrierte mich wieder auf den Mann, der mir nervös gegenüber saß. Vielleicht war ich etwas laut geworden, aber, Mann, er hatte Archie gesehen? Ich beugte mich näher zu Ben Springer, so hatte er sich vorgestellt und mir die Hand gereicht, als wir uns setzten.

Ein wenig leiser fragte ich: »Sind Sie sicher? Archie Grant? Rothaarig? Relativ klein, ziemlich dünn, trägt scheußliche Pullover, eine große Brille. Sie haben ihn gesehen? Im Archiv? Wirklich?« Ich konnte es nicht glauben. »Wann war das?«

Springers Augen wanderten unruhig hin und her. Links rechts, links, rechts. Warum war er so nervös? Ich versuchte, mich zu konzentrieren: Er hatte Archie gesehen? Das wäre phantastisch, das wäre großartig, das wäre—

»Ja, ich bin mir sicher!« Springer nickte eifrig.

»Wann?« Ich bemühte mich, nicht zu euphorisch zu sein. Wer weiß, vielleicht wollte der Kerl nur Aufmerksamkeit oder eine schnelle Mark, weil er gehört hatte, dass ich Archie suchte. »Wann haben Sie ihn gesehen?« Ich lehnte mich zurück und schob meinen Kakao zur Tischmitte. Archie! Herrje, vielleicht hatten wir eine Spur! Vielleicht würde doch alles gut werden! Der Tisch wackelte. Nicht viel, nur so, dass der Kakao kurz am Rand des Bechers leckte.

Wieder schaute sich Springer um, gehetzt und ängstlich. »Ja.« Seine Augen weiteten sich. »Jaaahaa, wenn ich es Ihnen doch sage! Mit eigenen Augen. Keine Frage.«

»Und wo?« Ich hörte selbst, wie meine Stimme einen misstrauischen Klang angenommen hatte. »Wo haben Sie Archie gesehen?«

Mein Gegenüber hatte mir zwar angeboten, ihn Ben zu nennen, aber dazu konnte ich mich beim besten Willen nicht durchringen. Der Typ blieb mir unheimlich, ich traute ihm nicht. Durch sein angespanntes Auftreten machte er auf mich mehr und mehr den Eindruck als stimme irgendetwas nicht mit ihm. Oder mit dem, was er mir erzählte.

»Na ja, also bei uns, also im … im Archiv. Im Uni-Archiv.« Springer hielt sich eine Hand vor den Mund, als habe er Angst, dass jemand im Raum Lippenlesen konnte. Ich verstand ihn kaum. »Dieser Junge … dieser Junge mit den roten Haaren und der Brille. Der kam hereingerannt, an den Frauen vorne vorbei, einfach so. Ich stand gerade an der Tür, weil Dr. Conradi mir aufgetragen hatte, aus der Werkstatt einen kleinen Keil für die wacklige Vitrine zu holen. Und ich hab gesehen, wie die eine noch hinter ihm her ist – hinter Ihrem Freund. Aber der lief an mir vorbei zu Dr. Conradi rein und meinte nur, er habe Wichtiges mit ihm zu besprechen.« Springer holte tief Atem. »Der ließ sich echt nicht aufhalten – Ihr Freund. Und dann stand er mitten im Raum, ganz dicht bei Conradi. Hat mich gar nicht bemerkt, denk ich, so aufgeregt wie der war. Hat den Doktor gar nicht zu Wort kommen lassen. Hat auf ihn eingeredet, als würde die Welt untergehen. Genau so war's, genau so! Ich schwöre es.« Springer nickte trotzig, als würde ich das, was er sagte, anzweifeln.

»Und dann?« Ich lehnte mich wieder nach vorne. Der kleine Tisch kippelte erneut. Der Becher rutschte zurück in meine Richtung. Ich nahm ihn, trank einen Schluck und verzog das Gesicht, das Zeug war mittlerweile kalt.

»Ja und dann, also, Dr Conradi hat mit Ihrem Freund gesprochen. Und der wurde immer lauter. Und man merkte auch, dass das Dr. Conradi irgendwie peinlich gewesen ist. Dass er nicht wollte, dass so laut gesprochen wird. Hat ein paar Mal kurz zu mir rüber geschaut. Vielleicht weil ich gehen sollte, das denk ich zumindest heute. Aber ich wollte bleiben. Weil … ich wusste ja nicht, ob Ihr … Ihr Freund plötzlich anfängt zu schreien. Oder den Doktor angreift oder so was in der Art. Ist ja alles schon vorgekommen. Aber dann hat mir Dr. Conradi zugenickt und den Jungen, also Ihren Freund, am Arm genommen, also fast gezogen, und die beiden sind langsam weiter hinten durch. Weg von den Vitrinen in Richtung Bücherwand. Da wo ich sie nicht mehr verstehen konnte. Vielleicht hat der Doktor das mit Absicht gemacht.« Springer klang beleidigt. »Denk ich mir zumindest heute.«

Seine Augen forderten mich auf nachzufragen. Ich tat ihm den Gefallen.

»Also konnten Sie nichts mehr hören?«

»Ja, also«, Springer lächelte, »als der Doktor Ihren Freund weiter nach hinten gezogen hat, bin ich ihnen langsam nach, ganz unauffällig, wissen Sie? Hab so getan, als hätte ich eine der Vitrinen vergessen zu putzen.«

»Und dann?« Wahrscheinlich musste ich ihm alle interessanten Sachen aus der Nase ziehen. »Was passierte dann?«

»Na, ich hab die Ohren gespitzt.« Springer lächelte verschlagen. »Hab so getan, als sei ich beschäftigt, wie gesagt mit der einen Vitrine, dabei hab ich nur zugehört. Und ich kann Ihnen sagen«, Springer nickte eifrig, »Ihr Freund war ganz schön auf Hundertachtzig!«

»Auf Hundertachtzig?« Was meinte er damit? Ich konnte mir Archie weder aggressiv noch aufgeregt vorstellen! Er zeigte fast immer britische Coolness – außer er hatte zu viel getrunken. Sogar als sich Jonas im Sommer, während einer Juristenfeier, auf Archies Schuhe übergeben hatte, war er ruhig geblieben und hatte nur gefragt, was Jonas gegessen habe. Das sei wichtig zu wissen, um die Flecken wieder aus dem Wildleder zu bekommen. Archie geriet so gut wie nie aus dem Häuschen!

»Ja, er schien ... er wirkte ganz ... entrüstet, sag ich jetzt mal. Also nicht aggressiv oder bedrohlich, sondern eher ... eher empört.« Springer beobachtete mich von der Seite. »Ja also, Ihr Freund, der sprach ein ganz komisches Deutsch. Da waren auch immer wieder englische Wörter drin, die ich aber leider nicht verstanden habe. Sonst hat er Deutsch gesprochen.«

»Und über was? Oder über wen?« Ich war verwirrt. Das, was Springer sagte, schien wahr zu sein, so etwas dachte man sich nicht aus. Aber welchen Sinn ergab dieses Gespräch? Was hatte Archie bei Dr. Conradi gewollt? Warum war er zu ihm gegangen? Warum war er so aufgeregt gewesen? Und vor allem: Warum hatte mir Dr. Conradi das nicht selbst erzählt?

Springer beugte sich näher zu mir, sein Kopf hing jetzt beinahe über meinem Kakaobecher. »Ihr Freund hat immer wieder von einer Menge gesprochen. Irgendeiner

Menge. Ich konnte das nicht gut verstehen. Er hat so schnell gesprochen und dazwischen war immer wieder Englisch. Und dass er noch zum Anatomischen Institut wolle. Noch am selben Abend. Und dann hat ihn Dr. Conradi noch weiter nach hinten gezogen.«

Was für eine Menge, um Gotteswillen? Wovon sprach dieser Springer? Mein Blick fiel auf einen Mann in einem grauen Anzug, der gerade den E-Raum betreten hatte. Einer, der hier nicht hinpasste. Vielleicht ein Dozent aus einer anderen Fakultät oder irgendein Vater, der seine Tochter oder seinen Sohn nach Hause holen wollte.

Der Mann war vor einem der Nebentische stehen geblieben, als wolle er prüfen, ob er sich beim Platz nehmen seinen hübschen Anzug dreckig machen würde. Er hängte den schwarzen Mantel, den er leger über den Arm getragen hatte, sorgfältig über die Stuhllehne, dann setzte er sich und kramte eine gefaltete Frankfurter Allgemeine Zeitung aus der Manteltasche.

»Haben Sie denn noch etwas anderes verstanden als nur diese *Menge*?« Die Frage erschien berechtigt, aber Springer warf beide Hände in die Luft, als hätte ich ihn beleidigt. Der Tisch wackelte wieder so stark, dass der Becher mit meinem kalten Kakao erneut ins Wanken geriet.

»Genau das ist es ja!« Seine Stimme war derart laut, dass die Mädchen am Nebentisch anfingen zu kichern. Alle drei hatten stapelweise Notizblöcke auf ihrem Tisch ausgebreitet und tauschten Fotokopien aus.

»Was ist *was*?«, fragte ich ungeduldig. Alles Interessante musste ich Springer aus der Nase ziehen.

»Der Doktor hat mich weggeschickt.« Springer setzte eine beleidigte Miene auf. »Hat gesagt, ich solle ihm aus dem Magazin die Listen der Immatrikulierten des vergangenen Jahres holen. Eben wollte er noch den kleinen Keil für die wacklige Vitrine, jetzt wollte er plötzlich die Listen.«

»Und?« fragte ich. »Haben Sie sie geholt?«

»Natürlich!« Springer schnaufte. »Wenn der Doktor etwas haben will, hole ich das natürlich. Aber das ist doch nicht der Punkt!«

Ich war genervt. »Okay, was ist denn Ihrer Meinung nach der Punkt?« Kurz blickte ich wieder Richtung Hofgarten. Jetzt war es wirklich dunkel. Kleine Gruppen von Studenten spazierten zur U-Bahn-Station, Radfahrer kurvten mehr oder weniger schnell Richtung Kaiserplatz oder Alten Zoll.

»Dass die Listen total unwichtig sind!«, sagte Springer triumphierend. »Wen interessieren die Listen der neuen Studenten, frage ich? Niemand! Ich sag Ihnen, der Doktor wollte mich einfach nur loswerden, verstehen Sie? Loswerden!«

»Okay, und darüber regen Sie sich jetzt so auf?«, fragte ich verwundert. Ich begriff immer noch nicht, warum Springer so zornig war.

Springer machte eine wegwerfende Handbewegung. »Nein, darüber nicht.« Wieder holte er tief Luft, sprach dann leiser weiter: »Aber als ich wiederkam, als ich wiederkam—«

Seine Theatralik ärgerte mich. Abermals erwartete er meine Nachfrage. »Und als Sie wiederkamen«, wiederholte ich betont gelangweilt, »was war dann?«

»Also, als ich wiederkam, da waren die beiden nicht mehr da. Einfach nicht mehr da!!« Er setzte mindestens zwei Ausrufezeichen hinter den Satz.

»Hm, ja, okay. Und? Was heißt das Ihrer Meinung nach?« Ich wollte, dass er endlich zum Punkt kam. »Dann sind die beiden wahrscheinlich vor die Tür gegangen, oder? Nach draußen. Oder zu den Hörsälen. Über den Flur.«

Springer nickte vor sich hin. »Ja, hab ich auch gedacht. Einfach über den Flur zum anderen Flügel. Zu den Hörsälen.« Er schnaufte. »Aber unsere drei Drach…, unsere Sekretärinnen vorne, die meinten nur, er müsse noch im Archiv sein.« Springers Augen verengten sich. Er beugte sich noch näher zu mir. »Verstehen Sie? Dort, wo ich sie zuletzt gesehen hatte. Die beiden sind gar nicht an den Sekretärinnen vorbei. Die mussten noch drin sein.«

Ich begann zu begreifen, was er meinte. »Aber als Sie zurückkamen, da war niemand mehr im Raum. Der Raum war leer! Richtig?«

Springer schaute mich an, als wäre ich ein Genie. »Genau! Der Raum war leer. Absolut leer. Da war keiner mehr! Keine Menschenseele! Niemand!«

»Ja okay, aber dann haben Conradis Vorzimmerdamen die beiden eben nicht bemerkt«, vermutete ich. »Die haben telefoniert oder sich unterhalten oder was weiß ich, Kaffee gekocht vielleicht.«

Ein ganzer Stoß Papiere flatterte vom Tisch der drei Mädchen. Sie sprangen auf und sammelten die Blätter kichernd ein. Der Mann im hellen Anzug war ebenfalls aufgesprungen und half ihnen. Dabei machte er wohl einen Scherz, denn die Mädchen kicherten noch lauter.

Besorgt warf ich erneut einen Blick aus dem Fenster, im schwachen Licht der Laternen tanzten Millionen Schneeflocken zu Boden. Ich musste so schnell wie möglich zurück ins Studentenheim, wenn ich mein

Motorrad nicht über Nacht hier stehenlassen wollte. Einen Augenblick blieb ich noch sitzen, dann griff ich meinen halbvollen Kakaobecher und stand auf. »Also, danke, Herr Springer. Danke für die Info.«

In dem Augenblick packte Springer meinen Arm, blitzschnell. Sein Griff war fest, der Rest des Kakaos schwappte über meinen Handrücken. Dunkelbraun tropfte er auf den Tisch, wie altes Blut. Es sah aus, als hätte ich mir das Handgelenk aufgeschlitzt.

»Aber so hören Sie doch: Die beiden waren verschwunden!« Springers Stimme hatte einen verschwörerischen Klang angenommen: leiser, eindringlicher, weniger hoch, weniger schrill, dafür geheimnisvoll, fast verzweifelt. »Verstehen Sie nicht? Sie waren verschwunden.«

»Wie meinen Sie das?«, fragte ich ratlos. »Wie *verschwunden*?«

Wütend starrte er mich an. »Ganz einfach, Mann, das ist doch ganz einfach!« Springer beugte sich wieder dichter zu mir. Für die anderen musste es wirken, als wollte er mir einen Abschiedskuss geben.

Ich wich zurück, sein Atem roch nach Eukalyptusbonbons und Zwiebeln.

»Sie müssen sich versteckt haben, Mann!« Er seufzte gequält. »Sie müssen sich versteckt haben – vor mir.« Er bemerkte meinen Blick und ließ meinen Arm los. Gleichzeitig wich er einen Schritt zurück. »Ihr englischer Freund und Dr. Conradi, die haben sich versteckt. Verstehen Sie, da war niemand mehr! Die haben sich versteckt.«

Ich schüttelte den Kopf. »Und wo, glauben Sie, haben sich die beiden versteckt? Und warum vor Ihnen?« Meine

Zweifel waren jetzt nicht mehr zu überhören. Mein Wunsch und meine Hoffnung, zu erfahren, wo Archie sich befand, würden unerfüllt bleiben. »Vielleicht sind die beiden ja aus dem Fenster geklettert«, sagte ich und konnte mir ein Grinsen nicht verkneifen. Zuerst wollte ich »geflogen« sagen, aber das wäre zu despektierlich gewesen. Der Mann schien wirklich beunruhigt. Aber eins war sicher: Dr. Conradi konnte unmöglich durch eins der Fenster geflohen sein. Archie vielleicht, aber Dr. Conradi nicht, dafür war er einfach zu schwer.

»Nein, das ist auch nicht möglich.« Springer schüttelte energisch den Kopf. »Die Fenster lassen sich nicht öffnen. Die sind alle dicht gemacht. Richtig verschlossen.« Er seufzte, sein Gesichtsausdruck wirkte so gequält, als hätte jemand eine glühend heiße Zigarette auf seinem Handrücken ausgedrückt. »Es gibt nur eine Erklärung!« Wieder machte er eine dieser unnötigen Pausen.

»Und die wäre?«

»Es muss eine Geheimtür geben. Also im Saal. Irgendwo muss es da eine Geheimtür geben.« Er zuckte die Schultern. »Ich bin ja noch nicht so lange dabei, fünf Monate erst, aber ich weiß mittlerweile, dass es unter dem Schloss viele Geheimgänge gibt. Und Geheimtüren. Vielleicht ja auch im Boden unter den Vitrinen. Oder irgendwo in den Wänden. Das haben die Könige in ihren Schlössern doch früher immer so gemacht.« Beifall heischend strahlte er mich an. »Habe ich gelesen. Wenn sie vor ihren Feinden fliehen mussten. Oder sich mit ihren Mätressen getroffen haben. Natürlich ohne dass die Königin davon Wind bekommen sollte. Erinnern Sie sich nicht?« Er sagte das so, als sei ich mindestens zweihundert Jahre alt und selbst König gewesen damals. Mit vielen Feinden. Und noch mehr Mätressen.

Kleine, zarte Flocken rieselten auf den Benzintank meines Motorrades herab, schmolzen und tropften in den Motorblock. Unschlüssig wischte ich über das Metall. Und nun? Nach Hause? Oder doch noch kurz zum Anatomischen Institut? Archie hatte die Einrichtung in der Nussallee in seinem Gespräch mit dem Uni-Archivar erwähnt. Das hatte zumindest Ben Springer behauptet. Machte es Sinn, dort vorbeizufahren? Auf gut Glück? Um dort – was zu tun? Nach Archie zu fragen? Oder selbst nach ihm zu suchen?

Studenten in kurzen Hosen und T-Shirts liefen johlend an mir vorbei. Die Fußballverrückten spielten an fast jedem Tag im Jahr auf der Hofgartenwiese. Ich schaute ihnen nach, wie sie sich gegenseitig mit Schnee bewarfen, sich mit den Armen warm klopften und einen schwarz-gelben Ball hin und her kickten. In dem abnehmenden Licht konnten sie unmöglich viel erkennen, aber das schien sie nicht zu stören.

Ich wischte über die Sitzbank und schwang mich auf mein Motorrad. Benzinhahn auf, E-Starter gedrückt, gleichmäßig tuckerte der kleine Motor. Die Sichtblende meines Helms beschlug sofort und ich schob sie einen Spalt nach oben. Das Motorrad schwang ungeduldig vom Ständer. Vorsichtig machte ich mich auf Richtung Kaiserplatz nach Poppelsdorf. Der Asphalt der Endenicher Allee glitzerte gefährlich, Millionen Kristalle funkelten im Scheinwerferlicht. Nur nicht abrupt bremsen oder Gas geben und den Lenker zu stark bewegen. Die Kälte zog mir durch die Lederjacke. Wie viele Motorradfahrer freute ich mich seit November auf einen hoffentlich warmen und trockenen Frühling. Die Reifen zischten auf der Straße. Ich bog in die Nussallee und stellte mein Motorrad direkt neben einer dicken Platane ab. In Augenhöhe hatte jemand ein Flugblatt für eine Friedensdemo nächste Woche auf dem Münsterplatz angeheftet.

Etwas zurückversetzt von der Straße erhoben sich die Umrisse des Anatomischen Instituts in der Dunkelheit, ein prunkvoll wirkender, zweigeschossiger Backsteinbau aus dem 19. Jahrhundert. Jetzt allerdings war die markante rot-gelbe Steinfassade kaum auszumachen. Ich stieg die wenigen Stufen zum Haupteingang hoch. Zwei eckige Säulen umrahmten eine dunkle Holztür. ANATOMISCHES INSTITUT stand darüber. Als ich eintreten wollte, öffnete sich quietschend und schwerfällig die Tür in meine Richtung.

»Josef und Maria, haben Sie mich erschreckt!« Eine ältere Dame mit Kopftuch und schwarzem Persianer griff sich ans Herz. Vanilleduft wehte mir um die Nase. Ich versuchte ein Lächeln und wartete, bis sie an mir vorbei war.

»'Tschuldigung!« In meiner dunklen Motorradkluft hatte sie mich vielleicht für einen Dieb, oder weiß der Himmel was, gehalten.

»Da ist aber jetzt keiner mehr.« Eine Windböe riss ihr beinahe das Tuch vom Kopf, sie hielt es fest. »Die letzte Vorlesung ist zu Ende, junger Mann, und auch die Professoren sind nicht mehr im Haus.« Sie überlegte kurz, immer noch mit einer Hand an ihrem Kopftuch. »Zu wem wollen Sie denn?«

»Äh, ich ... Dr. Conradi vom Archiv meinte, ich solle—«

»Versuchen Sie's einfach im Keller. Wahrscheinlich ist da noch jemand von den Assistenten.« Probeweise ließ sie ihr Kopftuch los, um es gleich wieder festzuhalten. Der Wind war zu kräftig.

»Danke schön«, murmelte ich.

Ein gelber VW-Käfer hielt am Straßenrand, und die Frau hob kurz die Hand, lief auf den tuckernden Wagen zu und stieg ein. Hochtourig entfernte sich das Auto Richtung Botanischer Garten.

Das Foyer des Anatomischen Instituts lag im Halbdunkel. Eine Art Notbeleuchtung sorgte für ein wenig Helligkeit in dem runden Foyer. Hier war es fast genauso kalt wie draußen. Es roch nach Reinigungsmittel, aber vielleicht bildete ich mir das auch nur ein. Kreisförmig angeordneten Säulen endeten in einer Art Sternengewölbe. Der Raum erinnerte eher an einen Saal für den römischen Senat als an die Eintrittshalle eines Lehrinstituts der Universität Bonn. Am Ende des Foyers führte ein Dutzend Stufen ins Obergeschoss. Von dort drang etwas Licht herab. Rechts davon deutete ein schwarzes Rechteck die Treppe ins Untergeschoss an. Das Gebäude flößte mir Respekt ein, so majestätisch und prachtvoll, wie es wirkte.

Hinter mir an der Wand schimmerte ein mehrere Meter großes Halbrelief. Ein Mann, vielleicht ein Arzt oder ein Feldherr, hielt etwas in der Hand. In der Dunkelheit konnte ich nicht erkennen, was es war. Ich hustete und das Geräusch hallte unnatürlich laut von den steinernen Wänden wider. Unbehaglich fragte ich mich erneut, was ich hier suchte. Um diese Zeit würde Archie sicherlich nicht mehr hier sein. Er war kein Mediziner, er hatte nichts im Anatomischen Institut verloren, also, was sollte er hier suchen? Oder was hatte er hier gesucht?

Langsam durchquerte ich die Halle, darauf bedacht, möglichst kein Geräusch zu verursachen, was fast unmöglich war, weil jeder Schritt meiner nassen Sohlen leise Quietschgeräusche auf dem Steinboden erzeugte. Was hatte die Frau am Eingang gesagt: Hier war niemand mehr! Sah ganz so aus. Trotzdem stieg ich vorsichtig die Treppe hinauf. Wenn ich schon einmal hier war, konnte ich mich auch ein wenig umschauen. Vielleicht hatte jemand Archie gesehen. Oder er stöberte doch noch irgendwo in der Institutsbibliothek herum. Wo immer die Bibliothek der Anatomie auch sein mochte. Die letzte Stufe endete auf einer Art schmalem Plateau. Ich stand in der obersten Reihe des antiken Hörsaals des Anatomischen Instituts.

Der Raum schien in den Himmel zu reichen. Fünf große Fenster warfen milchiges Laternenlicht in den Raum. Mein Gott, wie schön diese Fenster waren: Separiert in zwei Halbbögen, die wiederum in einzelne kleinere Fensterchen zergliedert waren. Vor mir senkte sich der Raum schwindelerregend hinab. Die steilen Sitzreihen für die angehenden Mediziner waren kreisförmig um die Mitte des Raums angeordnet. Davon ausgehend führte ein schmaler Gang zu einer geschlossenen Tür. Möglicherweise waren dort früher die anatomischen Objekte zum Sezieren hineingeschoben worden. Möglicherweise auch heute noch.

Ein lautes Schleifgeräusch tiefer im Gebäude ließ mich zusammenfahren. Mein Gott, das hatte geklungen, als wären zwei große Messer gegeneinander gewetzt worden. Ein ekelhaftes Geräusch. Ähnlich unangenehm, wie Kreide, die auf der Schiefertafel quietscht, oder eine Gabel, die über einen Teller kratzt. Mein erster Impuls war, die Treppe hinunterzulaufen, die Eingangstüre aufzureißen, mich auf mein Motorrad zu schwingen und so schnell wie möglich nach Hause zu fahren. Aber ich rührte mich nicht und versuchte, ruhig zu bleiben. Jetzt war es still, kein Laut mehr zu hören.

Vorsichtig tastete ich mich die Treppe zurück ins Foyer. Und nun? Was brachte es, wenn ich hier, wie ein Dieb von Ecke zu Ecke schlich? Ich musste mich bemerkbar machen. Da arbeitete wahrscheinlich jemand noch zu später Stunde in einem der Labore.

»Hallo, ist da jemand?« Meine Stimme hörte sich rau an. Ich lauschte erneut, aber niemand antwortete. »Hallo?«

Was nun? Ins Kellergeschoss gehen? Von dort war das Geräusch gekommen. Zumindest hatte sich das vom Hörsaal so angehört. Oder stammte es von draußen? Meine Finger tasteten nach einem Lichtschalter, der ja irgendwo sein musste, fanden aber keinen. Ich stieg weiter in die zunehmende Dunkelheit. Die Treppe machte einen Bogen. Das Geländer fühlte sich kalt und feucht an. Jetzt mit dem Fuß umzuknicken wäre kein guter Zeitpunkt gewesen. Sollte hier tatsächlich niemand mehr sein, hatte ich keine Lust, die Nacht auf der kalten Treppe zu verbringen. Meine Finger ertasteten endlich einen Schalter. Drei matte Lichter erhellten einen kargen, langen Flur. Vor langer Zeit blassgrün gestrichen blätterte nun an manchen Stellen die Farbe herab. Kein einziges Foto oder Gemälde von ehemaligen Professoren schmückte die Wände. Ich schaute an die Decke, in der Verschalung der Lampen hatten sich die toten Fliegen des Sommers gesammelt.

»Hallo? Ist da jemand?« Der Gang erstreckte sich über schätzungsweise fünfzehn Meter, auf jeder Seite konnte ich sechs Holztüren ausmachen. Jemand hatte die Funktion der dahinter liegenden Räume in Kopfhöhe auf Schildchen festgehalten, aber die Durchschläge der Schreibmaschine, die der- oder diejenige benutzt hatte, waren so schwach, dass ich kaum etwas erkennen konnte. Das konnte »Labor« heißen – ja. Ich klopfte laut und horchte. Stille. Nur von der Straße oben dröhnte der Sound eines altersschwachen Mopeds herunter. Die Türklinke ließ sich leicht, ohne ein Geräusch runter drücken, aber die Tür war verschlossen. Ebenso die gegenüberliegende. Wie konnte es sein, dass die Eingangstür zum Institut für jeden zugänglich und offen war, obwohl niemand mehr hier zu sein schien? Langsam prüfte ich die anderen Türen, aber keine ließ sich öffnen. Aus reinem Pflichtbewusstsein drückte ich die letzte Klinke hinten rechts – und: sie schwang auf. Ich sah Licht.

»Entschuldigung, ich wusste nicht, dass …« Stickige Luft schlug mir entgegen, unangenehm, fast faul. Der Raum war leer. Ein Strahler brannte über einer Art Operationstisch mitten im Zimmer, unter einem Tuch lag etwas Großes. An der Wand links leuchtete auf einem Schreibtisch im Schein einer alten Lessinglampe ein Mikroskop neben einer Vielzahl von Pipetten, Petrischalen und drei großen Glaskolben. Ein Schreibblock lag daneben, Kugelschreiber, mehrere bunte Marker. Rechts vom Tisch lehnte ein kleiner Aktenschrank an der Wand. Umrahmt von zwei medizinischen Schautafeln: »Die Leber« und »Das Herz«.

Mein Blick wanderte zurück zum Tisch. Ängstlich wie ich war, kam mir sofort in den Sinn, dass sich das Laken im nächsten Moment bewegen würde. Das Etwas darunter würde das Tuch sanft abstreifen, mich aus verwesenden, toten Augen anstarren, ohne Hast vom Tisch steigen und mir seine spitzen, braunen Zähne in den Hals bohren.

Ich wollte mich umdrehen und wieder nach oben laufen, als sich plötzlich ein Gedanke festsetzte, unsinnig zwar, doch nicht mehr zu vertreiben: Wenn du Gewissheit willst, schau unter das Laken!, spornte mich dieser Gedanke an. Sei nicht feige, schau einfach nach. Jetzt bist du schon so weit gekommen. Wenn du nicht nachschaust, wirst du es nie erfahren. Nie.

Nichts wollte ich lieber, als mich auf mein Motorrad setzen und ins Studentenheim fahren, aber irgendetwas hielt mich zurück. Möglicherweise war es nur der Wunsch, meiner Angst nicht nachzugeben, endlich einmal mutig zu sein, ich kann es nicht beurteilen.

Dort *musste* nichts liegen, was mich zu Tode erschrecken würde, keine Arme, keine Beine, kein Torso oder – Gott bewahre, auch kein Kopf. Das hier war nicht »Das Schweigen der Lämmer« und in der Mitte des Raums wartete auch nicht Hannibal Lecter auf mich. Vier Schritte bis zum Tisch, den Arm ausgestreckt, das Laken angehoben, und—

Ich prallte gegen den Aktenschrank hinter mir. Mit lautem Poltern landete eine der Kladden auf dem Boden. Ich würgte. Das konnte nicht sein, oder? In einem Raum ohne Kühlung, unbeaufsichtigt? Was ich unter dem Laken gesehen hatte, war … ein menschlicher Rumpf ohne Kopf? Blutleer, aufgetrennt unter den Rippen, so dass man die Organe sehen konnte. Das konnte nicht—

Alles drehte sich. Langsam streckte ich den Arm erneut aus, lupfte das Laken noch einmal – und atmete auf. Vor mir lag tatsächlich ein menschlicher Rumpf, allerdings kein echter. Sondern aus Kunststoff. Trotzdem rebellierte mein Magen. Bittere Säure sammelte sich in meinem Mund. Ohne weiter nachzudenken, rannte ich den Flur entlang, die Treppe hinauf, durch die Eingangstür nach draußen. In einem Gebüsch übergab ich mich. Vornübergebeugt, die Hände auf die Knie gestützt, so dass ich mir nicht auf die Schuhe kotzte, starrte ich mit brennenden, nassen Augen in den Schnee. Hinter mir hörte ich jemanden näher kommen. Meine Augen tränten. Als die Schritte auf meiner Höhe waren, hörte ich die empörte, hohe Stimme einer Frau: »Die Stadt wird auch immer gewöhnlicher!« Ich wischte mir über die Augen, hustete laut und versuchte, meinen Magen zu beruhigen. Wieder einmal gab ich ein ziemlich beschämendes Bild ab.

Kapitel 13

Helmut Kohl, Katrin Krabbe, Peter Alexander, »Dallas«, »Detektiv Rockford« und der deutsche Fußballmeister 1. FC Kaiserslautern – alle gehören zur analogen Welt 1991. Einer Welt, die uns heute verstaubt und rückständig erscheint. Wenn wir damals Geld von unserem Konto abheben wollten, gingen wir zur Sparkasse, füllten mit einem Kugelschreiber, der an einem silbernen Perlenkettchen befestigt war, ein Formular aus und bekamen das Bargeld von einer meist nett lächelnden Bankangestellten auf der anderen Seite des Tresens durch eine kleine Öffnung in der Panzerglasscheibe zugeschoben. Einfach nur gegen unsere Unterschrift. Auch Mobiltelefone gab es 1991 in Deutschland so gut wie keine. Die Zeit war noch nicht reif dafür. Von den Möglichkeiten, über die wir heute verfügen, waren wir 1991 Lichtjahre entfernt.

Hätte es sie bereits gegeben, wie leicht wäre es gewesen, Archies Aufenthaltsort herauszufinden. Wir hätten mit der Polizei und dem Mobilfunkanbieter seine letzten Anrufe ermitteln können, vielleicht sogar seinen letzten Standort. Aber damals? 1991? Keine Chance. Die Welt war langsamer, linearer, eingleisig.

Aber auch im Dezember 1991 dachte niemand von uns, dass Archie *freiwillig* verschwunden war. Dass er sich einen Rückzugsort gesucht hatte, um durchzuatmen oder neue Kraft zu tanken. Wir ahnten, dass er aus einem bestimmten Grund in der Klemme steckte, wir wussten es. Aber wir konnten nichts dagegen tun, außer ihn persönlich zu suchen, mit seinen Kommilitonen und Bekannten zu telefonieren und die Orte zu überprüfen, von denen wir wussten, dass sie ihm etwas bedeuteten.

Die Nacht war still, es schneite nicht mehr. Der Frost hatte sich wie ein starres Laken über alles gelegt. Die Autos am Straßenrand schimmerten matt unter einer dünnen Eisschicht, die silbernen Kristalle auf den kahlen Ästen der Bäume funkelten weiß. Die Welt schien kristallisiert.

Mit steif gewordenen Fingern hatte ich mein Motorrad in den kleinen Holzverschlag neben den Garagen geschoben. Meine Jeans schien mir an den Beinen festgefroren zu sein. Fünf Minuten länger auf dem Motorrad und ich wäre wahrscheinlich gestorben. Meine Finger fühlten sich so taub an, dass ich kaum den Schlüssel in die Haustür bekommen hatte.

Kurz nach meiner Rückkehr hatten wir uns in meinem Zimmer getroffen. Jonas und Moritz saßen auf meinem Bett, ich lag halb in meinem Stuhl, die Füße auf der Schreibtischplatte, ganz in der Nähe der wärmenden Heizung. Gerade hatte ich den beiden von Ben Springer erzählt. Meinen Besuch im Anatomischen Institut ließ ich unerwähnt. Ich konnte mir gut vorstellen, dass sie wie die Hyänen lachen würden, wenn ich ihnen erzählte, dass mir eine Versuchspuppe der Mediziner beinahe einen

Herzinfarkt beschert hatte. Auf dem Plattenteller drehte sich Supermax: »World of Today«.

»Und du glaubst diesem Springer?« Moritz kratzte sich nachdenklich am Kopf. Auf seinem Schoß lag ein Bildband über mögliche Originalschauplätze der Nibelungensage. So sehr sich Archie auf die Nazizeit zu konzentrieren schien, so sehr war Moritz davon besessen, eines Tages den Schatz der Nibelungen zu finden. Man wusste nicht, ob man lachen oder weinen sollte. Ich hatte eine Kerze auf der leeren Sangriaflasche angezündet, die seit dem Sommer auf meinem Fensterbrett stand. Wachs lief den grünen Flaschenhals hinab und erstarrte auf halber Höhe zu milchigen Tropfen. Die Sangria hatten wir vier am Rhein getrunken. Ohne Gläser, ohne Eis, einfach abwechselnd aus der Flasche. Dazu Würstchen an einer Feuerstelle gegrillt und Geschichten erzählt, an die ich mich jetzt nicht mehr erinnere. In der Dunkelheit waren Fracht- und Containerschiffe vorbeigezogen. Die blauen und grünen Positionslichter wirkten wie Girlanden eines riesigen Biergartens. Nach Mitternacht, bevor wir mit den Rädern zurück ins Studentenheim fuhren, hatte ich die leere Flasche in meinen Rucksack gepackt und noch in der Nacht auf den Fensterims gestellt.

»He, hörst du mir überhaupt zu?« Moritz wedelte mit seiner Zigarette Rauchwolken in die Luft. Wäre er zwei Zentimeter größer gewesen, hätte er mit dem Kopf mein Poster über dem Bett eingerissen: »Indiana Jones und der letzte Kreuzzug«, Harrison Fords ewiger Kampf gegen die Nazis.

Ich rieb mir die Augen. Trotzdem drehte ich mir noch eine weitere Zigarette. »Ja, ich hör dir zu! Und ja, ich glaub ihm, irgendwie schon! Warum nicht? Der ist mir ja sogar nachgelaufen. Und war total aufgeregt.« Mein Stuhl knarzte. »Zuerst hab ich gedacht, der will vielleicht Geld oder so was, aber darum ging's ihm nicht. Das Ganze hatte irgendwie etwas, ich weiß nicht: Bizarres. Der war wirklich niedergeschlagen, weil er nicht wusste, wohin sein lieber Conradi mit Archie verschwunden war.«

»Hauptsache ist doch erst mal, dass Archie überhaupt da war«, brummte Moritz. »Allerdings würde ich auch nur zu gern wissen, wo er dann abgeblieben ist.« Er schob den Nibelungen-Bildband beiseite. »Dieser Springer war ja dann doch nicht so wirklich die große Hilfe, oder?«

»Sagt mal«, Jonas wippte mit dem Fuß im Takt zu Supermax, »müsste der Kerl das Archiv nicht in- und auswendig kennen? Der ist doch angestellt bei der Uni. Wenn's da irgendwo einen Geheimgang gibt oder so was, dann müsste der den doch kennen.«

»Hab ich auch gedacht.« Ich ließ mich tiefer in meinen Stuhl sinken. »Aber der arbeitet erst seit Kurzem an der Uni.«

»Hm.« Jonas grunzte. Eine Minute lang sagten wir nichts, hörten einfach der Musik zu. Dann meinte er: »Und? Was denkt *ihr*? Wo sind die beiden abgeblieben?« Dabei spielte er mit dem Rubik-Zauberwürfel, der seit Monaten immer wieder im Wohnheim auftauchte. Soweit ich wusste, hatte noch keiner den Würfel geschafft. Und dass, obwohl es Lösungsanleitungen in einer Zeitung gegeben hatte. Jonas drehte das Gelenk des Würfels, dass ich dachte, er müsste jeden Moment auseinanderbrechen. Er brauchte immer irgendwas zum Spielen oder Anfassen. Egal ob Zauberwürfel oder Mädchen.

»Wer? Sie?« Ich wusste nicht, wen er meinte.

»Na, Archie und Conradi.«

»Ehrlich gesagt«, ich kämpfte wieder mit widerspenstigen Tabakfasern, »keine Ahnung. Vielleicht könnte jemand von euch morgen da hingehen. Und einfach noch mal nach Archie fragen.« Das erschien mir zwar relativ zwecklos, aber etwas anderes fiel mir im Augenblick nicht ein. Ich schnippte mein Zippo an und hielt meine Selbstgedrehte in die Flamme.

Es war tatsächlich merkwürdig: Archie hatte sich mit dem Leiter des Uni-Archivs getroffen und war danach wie vom Erdboden verschwunden. Aber eigentlich hatte er sich ja schon vorher aus dem Staub gemacht: an dem Morgen nach unserer Fete. Oder noch in der Nacht.

Wenn Moritz plötzlich von einem Tag auf den anderen verschwunden wäre, hätte ich gedacht, es gäbe vielleicht eine heiße Spur, wo der Nibelungenschatz vergraben war. Ich hätte mir einreden können, er wäre noch in der Nacht per Anhalter nach Worms aufgebrochen oder nach Rheinbach oder wohin auch immer. Auch bei Jonas hätte ich mir keine großen Sorgen gemacht. Ich wäre davon ausgegangen, er läge in irgendeinem fremden Bett oder wäre einem illegalen Atommülltransport auf der Spur. Aber bei Archie? Welchen Grund könnte der haben, so plötzlich und spurlos zu verschwinden. Mir fiel keiner ein.

»Warum sollte *uns* Conradi etwas anderes sagen als *dir*?« Jonas ließ den Zauberwürfel auf den Boden kullern. »Ist doch unsinnig. Dieser Hausmeistertyp hat sich einfach geirrt. Oder will sich wichtigmachen.«

»Glaub ich nicht. Archie ist noch nie so lange weg geblieben. Der ist auch in keiner Bibliothek. Da hätten sie ihn längst rausgeworfen. Wenn jetzt wirklich was passiert ist – wir können hier nicht blöd rumsitzen und gar nichts machen.« Ich hustete, weil ich zu tief inhaliert hatte.

Gleichzeitig spürte ich, wie meine Füße kribbelten. Langsam taute ich wieder auf.

»Tun wir ja auch nicht!« Jonas strahlte. »Ich weiß, was wir machen: Wir machen es wie Nixon.«

»Nixon?« Jonas versuchte mal wieder, sich besonders cool auszudrücken. Aber ich ahnte, was er meinte. »Du willst allen Ernstes irgendwo einbrechen?«

Jonas nickte. Zum ersten Mal hatte ich das Gefühl, er wäre richtig bei der Sache, würde sich tatsächlich Gedanken um Archie machen. »Genau, meine kleinen, einfältigen Freunde. Wir steigen da ein, wo Archie zuletzt gesehen wurde, und sehen selbst nach, wo er geblieben ist.«

»Du willst ins Uni-Archiv?«

»Nein, David, *wir* wollen ins Uni-Archiv.«

Moritz hob den Finger, als wären wir in der Schule. »Äh, soweit ich mich erinnere, war das bei Nixon nicht so wirklich eine Erfolgsgeschichte, oder?« Er betrachtete Jonas skeptisch.

Auch ich fand seine Idee, nun, sagen wir: ausgefallen. Und gewagt. Wir sollten in die Universität einbrechen? Jonas schaute eindeutig die falschen Kinofilme. Oder träumte die falschen Träume. Okay, er war derjenige von uns, der sich am meisten traute und sich nicht abschrecken ließ, aber ins Uni-Archiv einzusteigen war eine andere Hausnummer als einem Politiker während eines Interviews freche Fragen zu stellen. Wenn uns jemand erwischte, würden wir mit Sicherheit von der Uni fliegen. Zwangsexmatrikulation! Genau das würde gestempelt in unserem Studienbuch stehen. Da konnten wir noch eine so gute Ausrede haben. Und Jonas' Großvater würde uns dann auch nicht helfen können, Beziehungen hin oder her.

Draußen auf dem Flur klopfte jemand laut an eine der anderen Türen. Wir hörten es sogar über die Musik hinweg. Der alte Fensterrahmen klapperte. Jedes der Fenster im Wohnheim war alt und undicht. Bei meinem Fenster hatte ich sogar Angst, dass eines Tages die ganze Glasscheibe herausfallen würde, sollte jemand die Tür zu heftig zuschlagen. Der Lack blätterte ab, das Holz darunter schimmerte blassgrau und faserig.

»Wollt ihr das wirklich?« Ich stand auf und kramte im Kleiderschrank nach den Bierbüchsen, die ich gestern dort verstaut hatte. Tuborg schmeckte zwar nicht sonderlich gut, aber die Halbliterdosen waren an der Tanke günstig zu kaufen. Als ich aus der Hocke kam, klopfte es an der Tür. Wir sahen uns an. Ich warf Moritz mit einem »Halt mal!« das Sixpack in den Schoß.

Klaras Stimme klang gleichzeitig beleidigt und erfreut. »He, da ist ja doch noch jemand.« Sie schaute an mir vorbei zu Jonas und Moritz. »Ich dachte schon, hier ist alles, na ja, ausgestorben.«

Ich trat beiseite und stieß mir den Arm an der offenen Schranktür. »Komm doch rein!« Ich zeigte auf meinen Schreibtischstuhl, Moritz und Jonas machten Platz für mich auf dem Bett. Wir saßen nebeneinander wie die drei Affen. Moritz drückte Jonas und mir jeweils zwei Dosen Tuborg in die Hand. Er selbst behielt auch zwei, Klara bekam keine.

»Möchtest du etwas trinken?«, fragte ich, ohne nachzudenken. Denn ich hatte nichts, was ich ihr hätte anbieten können. Außer einem Tee, den ich aber eine Etage tiefer in der Küche aufgießen müsste. Glücklicherweise schüttelte Klara den Kopf.

»Sagt mal, warum geht keiner von euch ans Telefon?« Wie Fräulein Rottenmeier betrachtete sie uns der Reihe nach. »Ich versuche hier den lieben, langen Tag, jemanden zu erreichen, aber entweder habt ihr das Ding abgeschaltet oder kein Interesse mehr an Anrufen.«

Auf meiner Etage befand sich ein Telefon in einer kleinen Kabine, die früher einmal als Aufzug gedient hatte. Wenn man telefonieren wollte, konnte man sich gerade so hineinquetschen. Allerdings war man nie ungestört, weil sich die Kabinentür nur anlehnen ließ und die Wartenden draußen jedes Wort mithören konnten, wenn sie wollten. Ich hatte mir schon im Sommer vorgenommen, einen eigenen Anschluss ins Zimmer legen zu lassen, aber die Telefongesellschaft brauchte immer Monate, bis sie jemanden vorbeischickte.

»Wir sind uns selbst genug.« Jonas grinste. Er und Klara verstanden sich nicht wirklich gut. Jonas hielt Klara für eingebildet, und Klara sah in Jonas einen blasierten Schnösel, dem einzig und allein durch die Ministertätigkeit seines Großvaters viele Türen geöffnet worden waren. Das hatte sie mir mal gesagt. Allerdings stimmte das nicht. Jonas war von Natur aus ziemlich unerschrocken. Sein Großvater hätte auch Abteilungsleiter oder Maurer sein können, Jonas würde den Mund immer aufmachen, wenn er meinte, er müsste etwas sagen.

»*Dir* glaub ich das aufs Wort!« Klaras Augenbrauen hüpften kurz nach oben. Sie lächelte säuerlich.

Ich fand Klara sexy und klug, aber mit ihr zusammen sein wollte ich nicht. Auch Archie gegenüber benahm sie sich häufig schroff. Manchmal vermutete ich, er war nur mit ihr zusammen, weil sie so typisch deutsch aussah. Zumindest so, wie manche Ausländer sich die deutsche

Frau vorstellten: blond, blaue Augen, große Oberweite – ein bisschen Kriemhild.

Archie machte generell den Eindruck, dass er von vielem fasziniert war, nur weil es als deutsch galt. Allerdings was Klara an Archie fand, das wusste nur sie allein. Archie war ein klasse Typ, keine Frage, ein toller Freund und ein wirklich schlauer Kopf, aber er sah jetzt nicht aus wie Siegfried oder Hagen von Tronje, wenn wir schon bei den Nibelungenvergleichen sind. Aber manchmal ergeben Gegensätze ja die besten Beziehungen – oder zumindest die interessantesten.

»Klara, wolltest du zu Archie?« An Streit hatte ich kein Interesse, wirklich nicht, noch dazu in meinem Zimmer. Bei dem Temperament der beiden bestand die Gefahr, dass die Glasscheibe bald aus meinem Fenster fliegen würde, ohne dass irgendwo im Haus eine Tür hämmernd zuflog. Moritz sagte gar nichts, öffnete nur die erste Dose. Bierblasen sprudelten über seine Finger. Schnell trank er den Schaum ab, schaute entschuldigend zu Klara, die ihn aber gar nicht beachtete.

»Er ist immer noch nicht da.« Klara klang verärgert. Nicht ängstlich besorgt, sondern sauer. Und beleidigt. Sie erinnerte mich an eine dieser eingebildeten Ladies in den VIP-Logen bei berühmten Pferderennen, die man in der Sportschau sonntags sah. Royal Ascot, Prix de l'Arc de Triomphe. Solche Ladies, die sich bei Mist an der Sohle neue Schuhe kauften.

»Habt ihr irgendeine Ahnung, wo er sein könnte? Mir hat er keinen Ton gesagt!« Jetzt klang sie richtig zickig. »Mir nicht.«

Jonas, Moritz und ich schauten uns an, sagten aber nichts. Wahrscheinlich wartete jeder darauf, dass einer der anderen von Ben Springer zu erzählen begann, aber ich wollte nicht der erste sein. Moritz und Jonas allem Anschein nach auch nicht. Also schwiegen wir. Ich rauchte mich fast um meinen Atem, Moritz schlürfte an seinem Bier und Jonas grinste provokant Klara an. Supermax war mittlerweile bei »Reality« angekommen.

»Uns hat er ja auch nichts gesagt.« Ich merkte, dass ich mich entschuldigend anhörte. »Keiner weiß, wo er steckt, niemand. Auch keiner seiner Profs, seine anderen Kommilitonen nicht, im British Shop waren wir auch. Wir dachten, du—«

»Na, ihr seid echt keine große Hilfe!« Klaras Schnaufen war eine einzige Anklage. »Wirklich nicht. Ich geh lieber wieder und lass die großen Denker allein.« Sie stellte sich vor uns hin, als wollte sie uns noch eine geharnischte Predigt halten. »Oder soll ich lieber sagen: die großen Trinker?«

Ich denke, am meisten ärgerten Klara Jonas' freche Blicke. Er hatte die ganze Zeit reichlich ungeniert versucht, unter ihren Rock zu gucken. Denn einen kurzen Rock trug Klara auch heute wieder. Aber das war ihre Sache, und Jonas musste sie wirklich nicht bei jeder Gelegenheit provozieren. Sie war eine Furie, das wussten wir alle, wahrscheinlich war das einer der Gründe, der sie attraktiv für uns machte.

Ich lehnte mich zurück, atmete tief durch, und öffnete mein Tuborg, nachdem sie gegangen war. Obwohl sich mein Durst in Grenzen hielt, trank ich die Büchse in einem Zug bis zur Hälfte leer. Die Kohlensäure stieg mir die Kehle hoch.

»Also Jungs, wann sehen wir uns dieses geheimnisvolle Archiv an?« Ich war selbst überrascht, dass ich das sagte.

Moritz starrte mich erschrocken an und Jonas deutete mit dem Zeigefinger in meine Richtung: »He, ich glaube, langsam wirst du zu einem richtigen Mann!«

Wir tranken unsere Dosen leer, rauchten und machten noch ein paar Witze, wen und was wir im Uni-Archiv alles finden würden. Tatsächlich rechnete niemand von uns ernsthaft mit der Möglichkeit, dort auf Archie zu treffen. Vielmehr waren wir durch das Bier alle beschwipst und hatten noch keine Lust, ins Bett zu gehen. Wir zogen Mantel und Schal über, bevor wir bemüht leise durch den dunklen Flur nach draußen gingen. Alles war still, aus keinem der Zimmer drang Musik oder ein Gespräch.

Wir machten uns auf den Weg zur U-Bahn-Station. Vielleicht lag es an der eisigen Luft, die uns wieder nüchtern und klar machte. Keiner von uns sagte etwas. Plötzlich herrschte eine merkwürdige, angespannte Stimmung, so als ständen wir kurz vor einer entscheidenden Schlacht in einem dieser beschissenen Kriege.

Kapitel 14

Obwohl uns Archies Verschwinden Angst machte, erlebte ich an diesem Abend einen dieser seltenen Momente, an dem alles stimmig schien: der Ort, die Zeit, die Situation, man selbst. Vergleichbar möglicherweise mit jenem Gefühl, das man als Kind besaß, bevor man das 1000er Puzzle des Opel GT mit dem letzten Teilchen zu einem großen Ganzen vervollständigt hatte. Oder das erwähnter Kafka erlebte, wenn er eine Rückhand longline perfekt getroffen hatte. Man war eins mit seiner Umwelt, empfand eine sättigende Zufriedenheit, die sich auf nichts gründete, aber alles möglich erscheinen ließ.

Ich fühlte mich in der Dunkelheit des Campus geborgen, zwischen den dunklen, mächtigen Schatten der Kastanienbäume, dem Treiben der Schneeflocken, dem Wind, der an meiner Jacke zerrte und der Kälte, die meine Wangen prickeln ließ. Die Nacht umschloss uns fast gänzlich, die Laternen vermochten nur etwas Helligkeit auf den schneebedeckten, kopfsteingepflasterten Vorplatz des Schlosses zu werfen.

Den Oberkörper leicht nach vorne gebeugt, dem Wind trotzig entgegengestemmt, marschierten Jonas, Moritz und ich zum Uni-Archiv. Das Schloss links von uns erschien als riesiger Schattenriss. Nur hinter wenigen der hohen

Fenster brannte noch Licht, das sich in ockerfarbenen Rechtecken auf den Vorplatz ergoss. Im Nachhinein bezweifle ich, dass jemand von uns zu diesem Zeitpunkt ernsthaft glaubte, unseren Einbruchsplan tatsächlich in die Tat umzusetzen. Zwar hatte Moritz ein paar Dietriche eingesteckt, aber keiner von uns dachte wohl wirklich daran, in das Uni-Archiv einzusteigen. Wahrscheinlich wartete nur jeder von uns darauf, dass einer stehenbleiben und sagen würde: »Jetzt ist genug, Jungs! Wir hatten unseren Spaß! Lasst uns ins ›Zebulon‹ gehen und ordentlich einen auf Archie trinken! Morgen ist er wieder da!«

Woher ich die Zuversicht nahm, dass Archie doch noch auftauchen würde? Vielleicht war sie meiner wenigen Lebenserfahrung geschuldet. Außer Moritz waren wir bislang von den Schattenseiten des Lebens verschont geblieben. Die wirklichen Unglücke warteten noch, sie lauerten bereits, waren sprungbereit, ließen sich aber noch nicht blicken. Wir ahnten nicht, wie nah sie waren. Meine Zuversicht, die ich damals trotz beginnender Zweifel besaß, resultierte unter anderem auch daher, dass Ben Springer Archie ja erst gestern noch im Uni-Archiv gesehen hatte! Das ließ mich hoffen. Und Moritz und Jonas wahrscheinlich auch. Merkwürdig fand ich nur, dass Dr. Conradi augenscheinlich gelogen hatte. Aber ich maß dieser Lüge nicht so viel Bedeutung bei, wie ich es hätte tun sollen.

Unter dem Schein einer Laterne blieben wir stehen. Die dreistöckige Fassade des Schlosses erstreckte sich majestätisch über mehr als dreihundert Meter. Die beiden Türme auf der zur Hofgartenwiese weisenden Seite ragten wie der Rest des Gebäudes als massige Schemen in den dunklen Himmel. Ich betrachtete eines der erleuchteten Fenster und fragte mich, wer dort mitten in der Nacht arbeitete. Ich empfand so etwas wie Frieden, wenn ich diese hellen Fenster in der Dunkelheit betrachtete.

»Mach schon!« Jonas stupste Moritz gegen die Schulter. Ein kurzer Blick zu mir, dann holte Moritz zögerlich sein Werkzeug aus der Tasche. Vorsichtig näherten wir uns der Türe zum Archiv. Jonas und ich beobachteten den dunklen Campus, während Moritz zwei Metallstifte in das Türschloss schob. Der Weg zwischen Hauptgebäude und Hofgartenwiese war so gut wie nie menschenleer. Radfahrer, verliebte Studenten, Herrchen oder Frauchen mit ihren Hunden, Büromenschen, die hastig auf die U-Bahn-Station zuliefen, betrunkene Kneipenbesucher, fast immer schlenderte, hastete, rannte oder torkelte jemand hier entlang.

Aber heute Abend war der Campus wie ausgestorben. Wer trieb sich auch schon bei dieser Kälte und dem Wind freiwillig hier draußen herum, wenn er nicht musste? Moritz arbeitete mit seinem Dietrich so vorsichtig am Türschloss, als operiere er am offenen Herzen. Ich wurde von Sekunde zu Sekunde nervöser. Hinter jedem der großen Bäume, die die Grasfläche links und rechts säumten, vermutete ich einen lauernden Polizisten. Kältewolken tanzten vor unseren Gesichtern. Nach kaum drei Minuten seufzte Moritz erleichtert auf, die schwere Eingangstür zum Uni-Archiv schwang begleitet von einem hohen Quietschen nach innen. Wärme umfing uns, wir huschten in den verlassenen, dunklen Raum.

Bei den Pfadfindern hatten weder Jonas, Moritz noch ich auch nur eine einzige Stunde verbracht. Deswegen überraschte es keinen von uns, dass niemand an eine

Taschenlampe gedacht hatte. Alibimäßig suchten wir unsere Jacken nach Streichhölzern ab, aber außer einem alten Einwegfeuerzeug in meiner linken Hosentasche besaßen wir nichts, das irgendwie Licht fabrizieren konnte. Jonas schloss leise die Tür hinter uns.

Der große Raum roch nach Heizungsstaub und alten Büchern. Erschöpft, als hätten wir den Großteil der Arbeit bereits erledigt, sanken wir auf die Marmorfliesen. In der Dunkelheit erkannten wir Konturen. Jeder von uns versuchte, ruhiger zu atmen. Bedrohlich wie Rammböcke wirkten die drei Schreibtische der Sekretärinnen. Unter dicken Schutzüberzügen versteckten sich die elektrischen Schreibmaschinen.

»Und was jetzt?«, flüsterte Moritz. »Was machen wir jetzt?« Obwohl er solch ein Koloss war, wirkte er am ängstlichsten von uns dreien. Wahrscheinlich malte er sich gerade aus, wie lange er für diesen Einbruch im Gefängnis sitzen würde.

»Na, ab in den hinteren Saal!« Jonas gab Moritz einen Klaps aufs Bein. »Oder willst du hier sitzen bleiben und warten, bis Archie vorbeikommt? Das kann möglicherweise dauern.«

Ich blickte nach draußen. Weiterhin war niemand zu sehen. Ab und zu fegte eine besonders heftige Windböe die Schneeflocken gegen die Fensterscheiben. Das feine Prasseln erinnerte an Sand, den ein kleines Kind gegen ein Auto wirft. War es vielleicht zu ruhig hier? Sogar der Treppeneingang zur U-Bahnhaltestelle fünfzig Meter entfernt lag vollkommen verwaist und leer im Schein der Laternen. Manchmal breiteten dort Obdachlose ihre schmutzigen Schlafsäcke und Tüten aus, aber heute war niemand zu sehen. Nur vor dem Kunsthistorischen

Museum am anderen Ende der Wiese tanzte ein schmaler Lichtkegel, ähnlich dem einer Taschenlampe. Vielleicht ein Liebespaar auf dem Weg nach Hause oder ein Museumsmitarbeiter. Ich sah zu Moritz, er hantierte mit dem Dietrich an der Eingangstür.

»Was soll das denn jetzt?« Mein Flüstern hörte sich in dem großen Raum hallig und unheimlich an. »Was machst du da?«

Moritz betrachtete mich, als sei ich schwer von Begriff. »Ich mach wieder zu, was glaubst du denn?« Er führte zwei Metallstäbe in das Schloss. »Wenn jetzt jemand hier rein will, weiß er sofort, das was nicht stimmt, wenn wir die Tür offen lassen.«

Jonas verdrehte die Augen. »Wer soll denn jetzt noch hier rein wollen? Conradi oder eine seiner Sekretärinnen? Oder beide zusammen?« Jonas hörte sich gelangweilt an. So als würde er mindestens einmal im Monat in ein Archiv einbrechen.

»Keine Ahnung.« Moritz' Stimme klang trotzig. »Aber man weiß doch nie!« Wahrscheinlich hatte er wie immer recht. »Vielleicht der Nachtwächter? Hast du eine Ahnung? Oder vielleicht haben die hier einen Wachdienst.«

»Um was zu bewachen?«, fragte Jonas. »Die Exmatrikulationsunterlagen von Peter Müller aus dem Jahr 1897?«

Ich warf Jonas einen missbilligenden Blick zu. Wenn Moritz abschließen wollte, war das in Ordnung. »Okay Moritz, mach schnell!«, flüsterte ich.

Jonas musste immer alles in Frage stellen, schon aus Prinzip. Geduckt liefen wir auf die Mitteltür zu. Ich fühlte mich vollgepumpt mit Adrenalin. Vielleicht weil ich hoffte, Archie zu finden? Vielleicht sogar hier? Eingesperrt in einer Geheimzelle oder so etwas in der Art.

»Ihr braucht euch nicht zu ducken.« Jonas streckte die Arme aus. Breitbeinig stellte er sich vor eines der Fenster. »Hier drin sieht uns doch kein Mensch. Keine Panik auf der Titanic, Leute.«

Moritz zog Jonas an der Jacke. »Du musst es ja nicht drauf anlegen, oder?« Er schüttelte den Kopf. »Idiot!«

Zehn Sekunden später kniete Moritz vor der Mitteltüre. Aber er brauchte diesmal kein Werkzeug. Die Tür war nicht abgeschlossen. Als wir den Saal betraten, knarzte der Parkettboden so laut, dass ich glaubte, man würde es im gesamten Schloss hören und sämtliche Gespenster wecken.

Kurz ließ ich mein Feuerzeug aufflammen. In dem flackernden Schein erkannte ich die Vitrinen, an denen Dr. Conradi und Ben Springer am Nachmittag gearbeitet hatten. Eine stand immer noch offen. Auch der Tablettwagen mit den gewaltigen Büchern darauf war noch dort, wo ich ihn zuletzt gesehen hatte. Erst jetzt bemerkte ich die schmucklosen Schreibtische, die mir bei meinem ersten Besuch gar nicht aufgefallen waren. Ähnlich wie vorne im Raum thronten darauf Schreibmaschine, Karteikästen und Telefone.

Sobald ich das Feuerzeug aufflammen ließ, warf alles im Raum lange, unheimliche Schatten. Am Ende des Raums erhob sich das deckenhohe Bücherregal in der Dunkelheit. Die Bücher darin wirkten aneinander gelehnt und zerknittert wie die uralten Bände in der Küche eines Hexenmeisters im Märchen. Welche Art Literatur mochte das sein? Lexika, Atlanten? Dann fiel mir ein, dass wir in einem Archiv standen. Deswegen waren das hier wahrscheinlich eher Jahreskataloge, Kompendien und Handbücher.

Ich schwenkte das kleine Feuerzeug langsam von rechts nach links: Das Uni-Archiv strahlte die gleiche Erhabenheit aus wie alle Bibliotheken, die ich kannte: eine wunderbare Mischung aus Würde und Wissen, mit der gnädigen Bereitschaft, jedem Besucher ein wenig davon zu überlassen. Ich blinzelte in die funzelige Helligkeit, doch es schien, genau wie Springer beteuert hatte, tatsächlich keine weitere Tür in diesem Raum zu geben.

Was hatte Springer außerdem erzählt? Archie und Conradi seien in diesen Raum gegangen und Archie sei nicht mehr herausgekommen? Und auch Conradi sei verschwunden geblieben? Das war unmöglich. Wohin hätten die beiden verschwinden sollen? Ich inspizierte die Scharniere und Schlösser der Fenster. Etwas anderes, das Springer erwähnt hatte, stimmte ebenfalls: Keines der Fenster ließ sich öffnen. Alle waren mit Plomben und Riegeln gesichert. Ratlos wanderte ich von einem Fenster zum nächsten, alle wirkten unversehrt. Mitten auf der Hofgartenwiese bemerkte ich den Lichtkegel, den ich vorhin noch am Kunsthistorischen Museum gesehen hatte. Ich kniff die Augen zusammen. Wer kam dort auf uns zu?

»He, kommt mal hierher!« Jonas winkte uns zum Ende des Raums. Breitbeinig stand er vor dem riesigen Bücherregal. »Ich wette, hier ist so was wie 'ne Geheimtür hinter. Möcht ich drauf wetten.« Prüfend fuhr er mit dem Finger über die Holzleisten zwischen den Regalen. Wahrscheinlich fühlte er sich wie William von Baskerville. Im Sommer hatte Moritz »Der Name der Rose« in der Videothek ausgeliehen und wir hatten abends mit Chips, Zigaretten und Bier bei ihm im Zimmer gesessen und den Film auf seinem neuen Sony-Recorder geschaut.

»Wohl eher nicht.« Moritz schaute kurz hoch. Ohne ein weiteres Wort begann er den Boden abzusuchen. »David, leuchte mal hierhin, ja?« Er lupfte einen der Teppiche, die vor den Schreibtischen lagen.

Jonas drehte sich zu uns um. »Ach, eher nicht?« Das ging in Moritz Richtung. »Und warum nicht, du Klugscheißer? Ich wette, da ist was hinter.«

Ich schnippte das Feuerzeug wieder an und leuchtete vor einen der Schreibtische. Moritz schüttelte den Kopf. Nein, da war nichts. Er ließ die Ecke des Teppichs zurück auf das Holzparkett fallen.

»Ja stimmt. Da ist was hinter, Jonas. Das nennt man *draußen*!« Moritz und ich robbten uns zum nächsten Schreibtisch. Ich ließ das Feuerzeug wieder aufflackern. Jonas am Ende des Saals war kaum auszumachen.

»Wie?« Jonas hatte immer noch nicht kapiert. »Wie *draußen*?«

Wieder nichts unter dem Teppich, Moritz stand auf und prüfte den nächsten Teppich, ich mit meinem brennenden Feuerzeug wieder hinter ihm her.

»Dahinter kommt nichts mehr, Jonas«, flüsterte Moritz. »Zumindest keine Geheimtür oder so was. Das ist die Außenwand, Du Muschelhirn!« Moritz und ich glucksten.

»Äh, tja, dann—« Jonas kratzte sich am Kopf. »dann war das wohl Blödsinn!«

»Genau!«, sagte ich, »aber gut recherchiert, du Superjournalist!« Wir gackerten weiter vor uns hin, so wie früher in der Schule. Zumindest so lange, bis wir an der Eingangstüre zum Uni-Archiv jemanden hörten, der einen Schlüssel im Schloss drehte.

Kapitel 15

Wir schauten uns an, keiner rührte sich. Das Feuerzeug hatte ich noch schnell gelöscht. Dunkelheit. Stille. Es war, als seien wir plötzlich eingefroren. Dann Jonas' Stimme: »Verstecken! Los, los!« So schnell wir konnten, hasteten wir jeder hinter einen Schreibtisch. Ein wenig Licht kam von den Laternen draußen, trotzdem rannte ich mit dem Bein irgendwo gegen. Das Fluchen zu unterdrücken war fast schwerer, als lautlos den Schmerz zu ertragen. Vorsichtig zwängte ich mich zwischen Stuhl und Tisch und bemühte mich, unsichtbar zu werden. Hinter mir klackte ein Stuhl dumpf gegen Holz. Jonas! Dann Stimmen im Nebenraum. Zwei Männer. Stiefel knarzten über das Parkett, kamen näher, die Tür öffnete sich. Ein Lichtstrahl wurde größer, glitt durch den Raum, tastete sich durch die Dunkelheit. Von meinem Versteck aus konnte ich zwei Hosenbeine erkennen, dahinter eine zweite Person. Der Lichtstrahl verharrte kurz vor mir, dann drehte er nach links und suchte weitere Quadratmeter des Raums ab.

»Mensch, hier ist nix!«, tönte eine tiefe Stimme. »Hab ich dir doch gesagt. Mein Gott, du siehst wieder mal Gespenster!«

Eine zweite Stimme, nörglerisch, heller als die erste, meinte: »Nein! Ich weiß genau, dass hier Licht gebrannt hat, Karl! Hab's doch gesehen! Wie von 'ner Kerze oder so.« Einer der beiden Männer machte einen Schritt nach vorne. »Wo soll das denn sonst hergekommen sein? Da lernt doch jetzt keiner mehr. Denkst du, ich phantasiere?«

Als Antwort war ein Grunzen zu hören. Wieder die erste Stimme: »Ja genau, das denk ich, wenn du mich fragst. Meine Güte, du phantasierst. Ne Kerze, ja klar. Fröhliche Weihnachten!« Kurzes Lachen, dann hustete jemand trocken. »Mist, verdammter. Hab mich erkältet. Trotz des Schals. Dieser elendige Wind aber auch!«

»Wo ist denn hier der Lichtschalter, Karl?«, quengelte die hellere Stimme wieder. »Hier muss doch irgendwo—«

Ich duckte mich tiefer. Wenn die beiden Licht machten, waren wir aufgeschmissen. Da konnten wir uns so klein machen wie Kaninchen.

»Wo der Lichtschalter ist? Mensch, so viele Möglichkeiten gibt's da wohl nicht, oder?« Karl drehte sich halb um. Seine Stiefel schabten über das Parkett. »Versuch's mal rechts oder links an der Tür.«

Tausend Gedanken schossen mir durch den Kopf: Wir würden tatsächlich achtkantig von der Uni fliegen! Zwangsexmatrikulation! Meine Eltern, Polizei, der Rektor, Patricia. Was würden sie sagen? Im Geiste sah ich sie alle stumm und kopfschüttelnd vor mir sitzen. Ich davor stehend mit gesenktem Haupt. Dass unsere Uni-Laufbahn so schmachvoll enden musste. Kläglich versteckt hinter einem Möbelstück, als hätten wir Angst vor dem schwarzen Mann.

Neonröhren klackten. Helligkeit. Ich kniff die Augen zusammen. Und sah vor mir, was gleich passieren würde:

Die beiden Sicherheitsleute würden uns entdecken, an den Ohren hinter den Schreibtischen hervorziehen und uns dann lachend der Polizei übergeben. Wir Hampelmänner!

Als ich mich schon ergeben und hinter dem Schreibtisch vorkommen wollte, explodierte etwas. Es krachte, blitzte, ein Knall, dann erneut Dunkelheit. Etwas prasselte auf das Parkett.

»Scheiße, Mann. Was war das denn?« Die Wachleute waren vor Schreck ein paar Meter zurückgehüpft.

»Jesses Maria, da ist 'ne Röhre durchgebrannt. Herrschaftszeiten, hab ich mich erschreckt! Ich krieg einen Herzkasper, ehrlich.« Schnaufen. Dann wieder die andere Stimme: »Guck dir den alten Schuppen doch mal an. Marode, wohin du guckst. Frag mich sowieso, wann die hier die alten Leitungen austauschen. Mich wundert, dass die ganze Hütte nicht schon längst in Brand geraten ist.«

»Jaja, hör auf zu meckern, das hilft jetzt auch nicht weiter.« Karls Stimme wurde wieder leiser. Dann tastete der Strahl der Taschenlampe über den Boden. »Verflucht, da liegen verdammt viele Scherben.« Karl kam zwei Schritte näher, seine Sohlen zermalmten die heruntergefallenen Glassplitter. »Hol mich doch der— Das Ding ist tatsächlich explodiert. Verdammter Mist!«

Ich lugte ein wenig über die Tischplatte. Beide Männer starrten an die Saaldecke.

»Komm, lass uns die Flatter machen! Eh wir die Schweinerei hier zusammenkehren müssen, hauen wir lieber ab!« Karls Schritte entfernten sich Richtung Tür. »Wär ja noch schöner, wenn wir deren Dreck wegmachen müssten!«

»Aber—«, ertönte wieder die nörgelige Stimme.

»Kein aber! Hier ist doch niemand. Wo denn auch? Sieh doch mal hin: Deine Taschenlampe hat sich in den Fensterscheiben gespiegelt. Das war alles. Du siehst echt Gespenster. Wie lange bist du jetzt dabei, Walter? Drei Jahre? Vier? Wird Zeit, dass du ruhiger wirst, Junge. Das is hier nich ›Miami Vice‹, hörst du? Und auch nich ›Aktenzeichen‹. Das hier ist der triste Alltag. Und jetzt komm endlich. Und beruhig dich, sonst kippste mir noch aus den Latschen, wenn mal tatsächlich was ist.« Karls Stimme wurde leiser. Die Tür schloss sich hinter den beiden. Stille, nicht einmal unser Atmen war zu hören. Wir warteten noch ein, zwei Minuten, ohne uns zu rühren.

»Alles easy!«, hörte ich Jonas' Stimme hinter mir, als draußen die Taschenlampe der beiden nicht mehr zu erkennen war. »Ich dachte schon, ich müsste die beiden erschießen.« Er klatschte in die Hände. Am liebsten hätte ich ihm etwas an den Kopf geworfen. Irgendein Buch. Oder einen Felsbrocken. Aber in der Dunkelheit hätte ich ihn wahrscheinlich nicht einmal damit getroffen.

Auf den Schreck mit den Sicherheitsleuten hatten wir uns an der Tankstelle in der Nähe von unserem Studentenheim noch ein Sixpack Tuborg gekauft. Es war eine kleine Tankstelle von einer unabhängigen Marke, mit nur vier Zapfsäulen, wie es sie heute kaum mehr gibt. Alles ein bisschen schmierig und fettig, die Benzinhähne klebrig, der Betonboden voller Ölflecken und die Beleuchtung unter dem alten geschwungenen Vordach altersschwach und matt. Es roch nach Diesel und Ruß. Kein Vergleich zu den Tankstellensupermärkten von heute.

Der Pächter war ein circa vierzigjähriger Pole, der zusammen mit seiner Frau fast vierundzwanzig Stunden hinter der Theke stand. Hinter ihm Regale voll Tabak, Süßwaren und Chipstüten. Ein paar Getränke warteten in einem alten Kühlschrank mit Sichtfenster neben der Tür. Das Ding brummte seit Monaten so laut, als würde es jeden Moment den Geist aufgeben. Oder ebenfalls explodieren. Obwohl das polnische Ehepaar so viel arbeitete, schafften sie es nicht, ihre Tankstelle zu halten: Noch bevor mein Studium zu Ende ging, baute Aral hundert Meter entfernt eine eigene Tanke. Größer, mit acht Zapfsäulen, sauberer und vor allem immer einen oder zwei Pfennig billiger als nebenan. Das polnische Paar mit seiner kleinen Tanke hielt sich noch ein halbes Jahr, dann gaben sie auf und zogen fort.

Vorhin hatten an den Zapfsäulen hintereinander drei dunkle Regierungslimousinen gestanden. Mercedes, soweit ich mich erinnere: S-Klasse. Gepanzert und massig. Wir waren näher ran gegangen, um zu schauen, ob vielleicht ein Minister – Blüm oder sogar die Birne selbst – gerade bei uns Halt machten, aber die Scheiben der Wagen waren abgedunkelt und spiegelten nur unsere eigenen, vorwitzigen Gesichter. Einer der Fahrer mit Uniform und Mütze war ausgestiegen und hatte uns verscheucht und wir waren kichernd wie kleine Mädchen durch die Kälte Richtung Studentenheim weggelaufen. Anscheinend musste das aufgestaute Adrenalin irgendwohin.

Der Schnee auf der Straße knirschte, unser Atem dampfte und wir versuchten auf dem wenigen Eis, das der Schnee freigab, zu rutschen. Die Laternen leuchteten und jeder Gegenstand in ihrer Nähe warf lange Schatten. Wir tollten aufgedreht herum und bewarfen uns mit Schnee, den wir von den Kühlerhauben der abgestellten Autos am Straßenrand kratzten.

In meinem Zimmer tranken wir das eiskalte Bier. Die Hälfte der ersten Dose hatte Jonas auf den Teppich gespritzt. Durch unser Laufen und Rutschen auf der Straße waren sie ordentlich durchgeschüttelt worden. Jetzt, müde und durchgefroren, saßen Moritz und ich auf dem Boden, Jonas auf meinem Bett. Die Heizung bollerte wieder und tat so, als hätte sie ernsthaft vor, das Zimmerchen zu wärmen. An diesem Abend redeten wir nicht mehr viel. Die Spannung war von uns abgefallen, die überstandene Gefahr verarbeitet. Wenig später verabschiedeten sich Jonas und Moritz auf ihre Zimmer.

Archie blieb verschwunden.

Kapitel 16

Vierter Tag

Ich betrachtete meinen alten Radiowecker. Jeden Morgen um acht Uhr weckten mich die Nachrichten. Im Augenblick zählte gerade ein Experte mit sonorer Stimme mögliche Folgen für das westliche Europa auf, wenn die Sowjetunion Ende des Jahres Vergangenheit sein würde. Ich hörte kaum hin. Politisch waren weder Moritz noch ich besonders interessiert. Jonas dagegen schon, allein wegen seines Jobs beim Radio.

Dicke Schneeflocken torkelten gegen die Fensterscheibe. Ich merkte, dass die Leichtigkeit, die ich zeitweise gestern Abend verspürt hatte, verschwunden war. Bis gestern Abend hatte ich nicht gewusst, ob ich die Feiertage hier oder bei meiner Familie verbringen sollte. Meine Pläne für dieses Weihnachten hatten sich im Laufe der vergangenen Monate mehrfach geändert; Bis September war klar gewesen, dass ich die Weihnachtsferien mit Patricia hier verbringen würde. Dann, nachdem sie mit mir Schluss gemacht hatte, wollte ich nur noch nach Hause. So schnell es ging. Ab in mein altes Kinderzimmer, Türe zu und Decke über den Kopf. Aber jetzt? Nach Archies Verschwinden? Sollte er wirklich die kommenden Tage nicht auftauchen, konnte ich unmöglich daheim sitzen, Gänsebraten essen, oder was auch immer meine Mutter sich ausgedacht hatte, Spekulatius knabbern und mich mit meinen Schwestern streiten. Ich wusste nicht einmal, ob Archie vorgehabt hatte, für die Weihnachtszeit nach England zu fahren. Konnte ich einfach nach Hause fahren, ohne zu wissen, wo sich Archie aufhielt? Als würde sich alles fügen und Archie die kommenden Tage wieder auftauchen? Nein, natürlich nicht!

Ich verschränkte die Arme hinter dem Kopf, starrte an die bucklige Decke. Uns blieb gar nichts anderes übrig, als Archie zu finden, Weihnachten hin oder her. Wir *mussten* ihn finden! So schnell wie möglich! Der Sportreporter verkündete, wenn die deutsche Fußball-Nationalmannschaft heute Abend in Luxemburg gewinnen würde, hätte sie das Ticket zur EM im nächsten Jahr in Schweden sicher. Danach versprach der Wetterbericht weiteren Schneefall für die kommenden Tage. Es werde zu neunzig Prozent weiße Weihnachten geben. In einem anderen Jahr hätte ich mich darüber gefreut. Kurz schloss ich die Augen und versuchte, mich zu erinnern, was Ben Springer genau über das angebliche Gespräch zwischen Conradi und Archie erzählt hatte.

Aber hatte es diese Unterhaltung überhaupt gegeben? Oder hatte sich Springer das am Ende doch nur ausgedacht? Aber warum hätte er das tun sollen? Er hatte so aufgeregt gewirkt, so *ehrlich* aufgeregt. Und so beunruhigt. Ich erinnerte mich außerdem an seine unangenehme Unterwürfigkeit. Ich mochte das nicht. Wie ein Schuhputzer aus einem Dickens-Roman. Oder ein Butler aus dem »Haus am Eaton Place.« Jetzt fiel mir vielleicht doch noch etwas Wichtiges ein: Springer hatte davon gesprochen, Archie habe Dr. Conradi gegenüber mehrmals von einer bestimmten Menge gesprochen. Einer Menge. Von der Springer aber nicht gewusst hatte, um was es sich genau handelte. Eine Menge, eine Menge. Eine Menge wovon?

Ich setzte mich auf und beschloss, vor dem Dusche und dem Kaffee noch einmal Archies Zimmer zu durchsuchen.

Als wir Archies Verschwinden bemerkt hatten, war seine Bude vollkommen durcheinander gewesen: Bücher und Karteikarten hatten im ganzen Raum verstreut gelegen, fast so, als habe er damit um sich geworfen. Vielleicht hatten wir irgendeinen Hinweis übersehen. Vielleicht lag in seinem Zimmer ein Zettel mit einer wichtigen Notiz, die er geschrieben hatte, irgendeine Anmerkung, die uns helfen würde, Archie zu finden. Und vielleicht hatten wir dieses Papier einfach gedankenlos zwischen zwei Karteikarten oder die vielen Bücher gesteckt, ohne zu bemerken, dass wir uns die folgende Suche nach Archie hätten sparen können, wenn wir die Notiz gelesen hätten, die er hinterlassen hatte.

Hastig streifte ich Jeans und Kapuzenpullover über. Im Schrank fand ich ein paar dicke Wintersocken. Damit konnte ich sogar im größten Schneetreiben meine Marathonschuhe tragen, ohne kalte Füße zu bekommen.

Auf dem Flur herrschte morgendliche Ruhe. Nicht einmal gedämpftes Gemurmel aus den unteren Etagen war zu hören. In der kleinen Kabine telefonierte niemand, so früh am Morgen gab es generell wenig Bedarf für lange Telefonate, es sei denn, jemand hatte gerade Beziehungsprobleme, die ausdiskutiert werden mussten.

An der Wand gegenüber brummten die alten Kühlschränke. Kalte Luft zog durch das gekippte Fenster am Ende des Flurs. Die vom Zigarettenqualm gelblich gefärbten Gardinen bewegten sich leicht.

Ich drückte das Fenster zu und beobachtete einen alten VW-Käfer, der sich durch den Schneematsch schlängelte. Schwester Aurelia machte, wie fast jeden Morgen, ihre Runde durch die Gemeinde. Sie war mittlerweile über achtzig, aber ihre Fahrt durch die engen Straßen des Viertels und die Besuche bei ihren Schäfchen ließ sie sich nicht nehmen. Eine Zeitung hatte deswegen sogar schon einmal einen längeren Artikel über sie geschrieben.

In Archies Zimmer rumpelte die Heizung genauso wie in meinem. Das kleine Fenster war im unteren Drittel beschlagen, die Luft stickig. Ich schloss die Tür hinter mir, atmete tief ein und betrachtete den Raum. Machte man das nicht so? Versuchte man nicht, alles auf sich wirken zu lassen. Das las man doch häufig: Dass man etwas auf sich wirken lassen sollte, um so der Lösung eines Problems näher zu kommen. Oder es dadurch sogar zu lösen. Zumindest wenn man Sherlock Holmes hieß.

Auf dem Boden lagen die geordneten Karteikarten und Bücher. Das Bett war ungemacht, der Schreibtisch mit dem umgestürzten Bücherturm ebenfalls kein Bild größerer Ordnung. Wo sollte ich anfangen? Gab es hier etwas, das fehl am Platz war? Aber mir fiel nichts auf. Wie auch, wir hatten ja schon aufgeräumt. Auch in den Regalen und am Schrank bemerkte ich nichts, was mich zum Stutzen brachte. Ich hatte keinen Schimmer, wie man systematisch etwas suchte, von dem man nicht einmal wusste, wie es aussah. Unter dem Bett fand ich nichts bis auf zwei T-Shirts von Archie (eines seiner roten

Liverpool-Trikots und ein weißes mit dem Schriftzug »Café de Paris« von C&A). Dahinter lagen ein Sony-Walkman ohne Kassette und ein leerer Schnellhefter.

Unter dem Kopfkissen und unter der dicken Bettdecke gab es ebenso wenig zu entdecken: kein Zettel, kein Schlüssel – nichts. Eine weitere leere Kassettenhülle mit der Aufschrift »Duran Duran« und einem Riss im durchsichtigen Kunststoff quetschte sich zwischen Matratze und dem Holzrahmen des Betts. Mehr war nicht auszumachen.

Was, wenn Archie jetzt zur Tür reinkäme? Ohne Erlaubnis durchsuchte ich seine Sachen. Aber Unsinn, er war seit Tagen verschwunden, es war logisch, dass ich mir Sorgen machte, dass ich sein Zimmer nach einer Spur durchforschte!

Eine *Menge* hatte Springer gesagt. Jesus Christus, was für eine Menge? Das Einzige, von dem es hier eine Menge gab, waren Bücher. Bücher, Bücher! Und Staub. Und Karteikarten. Sollte ich die jetzt alle einzeln durchgehen? Hunderte kleine Kärtchen, auf denen Archie fein säuberlich mit seinem Füller den Titel eines Buchs, den Autor und das Erscheinungsjahr notiert hatte? Wenn ich das in Angriff nahm, wäre ich mindestens bis Weihnachten beschäftigt.

Lustlos griff ich mir zwei Bücher vom Schreibtisch: Helmut Heiber »Joseph Goebbels« las ich und: Ronald Smelser »Robert Ley. Hitlers Mann an der Arbeitsfront«. Ich verzog das Gesicht: Biographien über Nazis waren anscheinend Archies Lieblingslektüre. Das zweite Buch, fiel mir ein, hatte ich bereits in der Hand gehalten, als wir Archies Verschwinden bemerkt hatten. Bücher, überall Bücher. Mich würde nicht wundern, wenn es in zehn

Jahren ein weiteres zu diesem Thema geben würde. Und zwar geschrieben von Prof. Dr. Archibald Grant.

Ich untersuchte alles auf dem Schreibtisch. Manche der Bände behandelten Seeschlachten während des Zweiten Weltkriegs, andere wiederum waren Darstellungen von Konzentrationslagern: Augenzeugenberichte, Protokolle der US-Armee, der Briten oder der Sowjets, Erinnerungen von GIs, die bei der Befreiung der Lager dabei gewesen waren.

Ich merkte, wie mich diese Lektüre einerseits fesselte und andererseits abstieß. Wegen ihres unfassbaren Inhalts und vor allem, weil es sich um Tatsachenberichte handelte.

Zwischen den Seiten mancher Bücher steckten vereinzelt abgerissene Blätter, die Archie dazwischen geschoben haben musste. Wahrscheinlich, weil die Seiten ihm wichtig erschienen waren. Allerdings steckten in jedem Buch mindestens zehn solcher Papierchen, und mir graute bei dem Gedanken, jede dieser Seiten früher oder später durchlesen zu müssen. Nach einer halben Stunde hatte ich einen Teil der Bücher umgeschichtet. Auch die auf dem Fußboden. Die Karteikärtchen hatte ich geordnet und sie im Schnelldurchgang überflogen. Nichts war mir aufgefallen.

Ich durchstöberte Archies Schrank, sogar die Schubladen mit seinen Socken und Unterhosen, aber ich fand nichts. Zumindest nichts, das nach einer Menge aussah. Außer nach einer Menge Bücher, wie gesagt. In dem Moment, als ich das Zimmer verlassen wollte, fiel mein Blick auf Archies rechteckige Pinnwand aus Kork. Sie war leer bis auf ein kleines Schwarz-Weiß-Foto von Klara und ihm (Klara stand hinter Archie und hatte die

Arme um ihn geschlungen. Beide lachten den Fotografen glücklich an) und ein halb zerknülltes Werbeblättchen für irgendeine Uni-Nachhilfe.

So dachte ich zuerst. Dann stutzte ich: Nachhilfe? Wenn irgendjemand keine Nachhilfe benötigte, dann war das Archie! Ich betrachtete das kopierte Blatt genauer: ein Veranstaltungshinweis der Fachschaft Geschichte zu einem Vortrag von Dr. Gustav Conradi mit anschließender Diskussion. Ort: die Universitäts-Aula im Hauptgebäude. Thema »Die junge Bundesrepublik und ihre NS-Vergangenheit«. Ich schaute auf das Datum: morgen Abend.

Schnell steckte ich den Zettel ein. Denn eins war klar: Wenn es Archie einigermaßen gut ging und er nicht verletzt oder irgendwo festgebunden war, würde er morgen Abend auf jeden Fall in der Aula sein. Dr. Conradis Vortragsthema war genau das, was Archie seit seiner Ankunft in Deutschland beschäftigte: Der Zweite Weltkrieg und die Verbrechen der Nazis.

Kapitel 17

Damals wusste ich nicht, ob Archie jüdischen Glaubens war oder nicht. Die Frage hatte sich nie gestellt, das war immer unerheblich gewesen. Deswegen konnte ich nicht sagen, woher Archies Interesse an Nazideutschland kam. Vielleicht lag es auch daran, dass sein Vater im Zweiten Weltkrieg Kampfflieger gewesen war.

Der Schneefall hatte seit Mittag nachgelassen und nun vollständig aufgehört. Die schiefen Fachwerkhäuschen rund um unser Wohnheim wirkten mit ihren beleuchteten, kleinen Bäumchen in den eingeschneiten Vorgärten so idyllisch wie aus der Kulisse von »Ist das Leben nicht schön?«

Zweihundert Meter entfernt von unserem Studenten heim lag die Deutschordenskommende Ramersdorf, ein achthundert Jahre altes Schloss, das zurzeit einem reichen Antiquitätenhändler gehörte. In den 1970er Jahren hätte der verwunschen wirkende Bau zwei Autobahnen weichen sollen. Aber Bonner Bürger hatten das imposante Anwesen gerettet. Nun schnappte es inmitten mehrerer Autobahnauf- und -abfahrten wie im Würgegriff eines Python verzweifelt nach Luft. Hinter den letzten Wohnhäusern, schon oberhalb der Kommende, begann der

Ennertwald – ein Teil des Naturschutzgebiets Siebengebirge. Trotz der Autobahn, die sich auf Stelzen Richtung Königswinter und Köln zog. Über eine schmale, noch asphaltierte Straße ging es steil bergauf.

Der Schnee knirschte unter meinen Füßen, auf den kahlen Ästen der Bäume glänzte im matten Schein des Winternachmittags der Schnee. Ich trug meinen blauen Adidas-Anzug, Nike war zwar schon damals starke Konkurrenz, aber bei Shirts und Sporthosen besaß Adidas damals immer noch einen Vorsprung. Außerdem hatte ich Handschuhe und einen alten Schal angezogen. Den Schal hatte ich weit hinten in meinem Schrank entdeckt.

Manchmal drehte ich mich während des Laufens um und betrachtete die Spuren, die ich auf dem schmalen Weg zwischen den Bäumen hinterließ. Die Sonne kam hinter der diesigen Wolkenwand hervor und blinzelte kraftlos herab. Ein geteerter Weg führte zwischen mächtigen Buchen und Eichen zuerst steil bergauf, dann gabelte sich der Pfad und nach einhundert Metern stand ich am Rande des Sportplatzes. Außerhalb der Saison setzte der Platz auf seiner ganzen Länge Unkraut an. Auch die grünen Nylonnetze der alten, weiß gepinselten Holztore waren seit Jahren zerschlissen und löchrig. Ein wenig verfinsterte sich meine Laune. Unzählige Fußspuren hatten die Schneedecke auf und neben dem Platz zerstört. An einigen Stellen vermischte sich der Aschebelag mit Schnee. Die nächste halbe Stunde absolvierte ich Sprintübungen, unterbrochen von jeweils ein- bis zweiminütigen Pausen, in denen ich langsam vor mich hin trabte. Ich sah aus wie durch den Schlamm gezogen: Eiswasser und Dreck waren mir die Beine hoch gespritzt und hatten meine Hose durchtränkt.

Ich erinnere mich nicht mehr, wann ich die Gestalt am anderen Ende des Platzes bemerkte. Kurz nachdem ich sie entdeckt hatte, verschwand sie hinter einer dicken Fichte. Wahrscheinlich ein Spaziergänger, dachte ich, der mal pinkeln musste. Breitbeinig grub ich meine Schuhe in den Schneematsch und begann mit ein paar Dehnübungen. Wieder eine Bewegung. Erlaubte sich da jemand aus dem Studentenheim einen Scherz? Carlos vielleicht, der mich mit Schneebällen bewerfen würde, sobald ich an ihm vorbeilief? Moritz, den die Langeweile auf den Sportplatz getrieben hatte? Oder vielleicht – Archie? Ich versuchte, mich für den Gedanken zu erwärmen. Was, wenn das dort wirklich Archie war?

Ich wollte mich schon in Bewegung setzen, da überkam mich ein Gefühl, das ich seit meiner Kindheit kannte, genauer gesagt, seit einem Urlaub auf einem Bauernhof in Südtirol. An jenem Tag hatte ich damals auf eine Kuhherde aufpassen müssen. Alle Kinder der Gäste bekamen jeden Tag eine bestimmte Aufgabe von dem Bauern, einem spindeldünnen Mann in furchtbar schmutzigen Hosen und einer alten Jacke. Er roch immer nach Kuhstall. Entweder mussten wir Kinder die Schweine füttern, die Eier der Hühner einsammeln oder auf die Kühe aufpassen. Die Kühe waren schwarz-weiß gescheckte friedliche Wiederkäuer, die einen mit leerem Blick anglotzten, während sie auf einem mit Holzpflöcken abgesteckten Areal vor sich hin kauten und dann und wann große, dunkelgrüne Fladen ins Gras platschen ließen. Meine einzige Aufgabe bestand darin, sie mit einem großen Stock daran zu hindern, auf ein angrenzendes Kleestück zu wandern.

Natürlich gab ich damals kaum auf sie Acht, sondern drehte ihnen meist den Rücken zu. Der Grund dafür waren ältere Jungen, die ganz in der Nähe auf einer anderen Wiese Fußball spielten. Wie gern wäre ich dort gewesen! Stattdessen musste ich auf Kühe aufpassen! Schöner Urlaub! Plötzlich hatte ich mich beobachtet gefühlt, und von einem auf den anderen Moment war ich aus meiner Tagträumerei erwacht. Gleichzeitig hörte ich ein Stampfen hinter mir. Erstaunt drehte ich mich und sah eine schwarz-weiße Kuh direkt auf mich zu rennen. Mit gesenktem Kopf wie ein Bulle, schwer wie ein VW-Bus. Ich sprang beiseite und entging nur knapp ihren Hörnern. Die Kuh rannte weiter auf das verbotene Stück mit dem Klee. Zuerst war ich von Schrecken so gelähmt, dass ich mich nicht bewegen konnte, dann rannte ich zitternd zurück zum Bauernhof.

Mein Vater, der mir am Morgen gemeinsam mit dem Bauern stolz die Aufgabe übertragen hatte, die Kühe zu hüten, war verärgert. Auch der dicke Bauer schwieg mich danach nur noch vielsagend an. So lange, bis wir eine Woche später wieder abreisten. Als wir bereits am Auto standen und uns verabschiedeten, erzählte er meinen Eltern, dass die Kuh, die mich fast über den Haufen gerannt hatte, am Morgen im Stall die Bäuerin angegriffen hatte. Das Tier habe versucht, seine Frau gegen eine Wand zu drücken. Nun läge seine arme Edith mit zwei gebrochenen Rippen im Hospital in der großen Stadt.

Damals hatte ich fünf, sechs Sekunden, bevor mich die Kuh gerammt hätte, eine Art Kribbeln gespürt. Die Härchen auf den Armen hatten sich aufgestellt und irgendetwas in meinem Kopf hatte versucht, mich zu warnen.

So war es auch jetzt, während ich in Richtung der Gestalt blickte, spürte ich dieses unbestimmte Gefühl von Gefahr. Ohne noch einmal zu schauen, verließ ich den alten Fußballplatz. Ich rannte auf dem schmalen Pfad zurück zum Studentenheim.

Es war fast dunkel, es würde nur noch Minuten dauern, bis die Bäume eine einzige schwarze Masse bildeten. Der Boden knirschte unter meinen Füßen. Im Laufen drehte ich mich noch einmal um: Die Gestalt kam hinter mir her. Mit langen Schritten rannte sie quer über den Platz. Ich lief schneller. Nach hundert Metern machte der Feldweg eine Biegung. Ich sprang links über einen schmalen Graben und rutschte aus. Meine Hände gruben sich in kalte, feuchte Erde. Ich rappelte mich hoch und stolperte hinter mehrere schneebedeckte Brombeerbüsche. In der Hocke bekam ich kaum Luft, aber ich wagte nicht, mich zu bewegen. Klamm und nass klebte das Baumwollshirt an meiner Haut.

Was, wenn ich mir alles nur einbildete? Wenn die Gestalt nur ein anderer Läufer war? Oder ein Spaziergänger, der mich nach dem Weg fragen wollte und mich nun suchte. Eine Minute verging. Angestrengt lauschte ich, drückte mich enger an die dornigen Büsche. Ich versuchte, ruhig zu atmen, damit mich die kleinen Atemwölkchen nicht verrieten.

Schritte kamen näher, wurden langsamer, vorsichtiger, schleichender. Stille. Atmen.

Wieder Schritte.

Gleich würde die Gestalt in meine Sichtweite kommen.

Noch drei, vier Meter.

Erneut Stille.

Vorsichtig verlagerte ich mein Gewicht auf das linke Bein, nur keinen Zweig zum Knacken bringen.

Mit einem Satz sprang ich auf den verschneiten Waldweg.

Jonas hüpfte vor Schreck zwei Schritte zurück. Seine Arme hochgerissen, die Hände zu Fäusten geballt. »Verdammt noch mal, bist du verrückt geworden? Du hast mich zu Tode erschreckt!« Er schob sich eine schwarze Pudelmütze aus der Stirn. »Herrgott, ich hab fast einen Herzschlag bekommen!«

»Und was ist mit mir, du Blödmann? Ich hab mir fast in die Hose gemacht! Was machst du hier? Ich dachte, da sei jemand hinter mir her!« Ich war stocksauer. »Warum verfolgst du mich, Himmel noch mal?«

»*Verfolgen*? Du spinnst ja! Moritz hat gesagt, du seist hier oben und ich wollte 'ne kleine Runde mitlaufen.« Sein Lächeln wirkte schief.

Skeptisch warf ich einen Blick auf seine Schuhe. Eindeutig Straßentreter. Da würde sich die Sohle schon nach einem Kilometer lösen.

»In den Klamotten? Mit den Schuhen? Du bist ja bescheuert. Seit wann läufst du überhaupt? Bislang hast du dich nur drüber lustig gemacht.«

»Ja gut. Ich, also, ehrlich gesagt: Seit Archie weg ist. Ich mach mir halt Sorgen.« Jonas zuckte die Schultern. »Und ich hab gedacht, ich guck mal nach dir. Ich weiß doch, wie unselbstständig du …«

»Du machst dir Sorgen? Um mich? Bist du unter die Ammen gegangen?« Ich glaubte ihm kein Wort. Jonas dachte in erster Linie nur an sich. Und in zweiter Linie auch.

»Ach, ist ja auch egal. Ich lauf wieder runter. Komm auch. Ist arschkalt hier oben. Und wird auch dunkel.« Damit rannte er zurück zum Studentenheim, ohne auf mich zu warten. Er drehte sich nicht einmal um. Ich schaute ihm nach und schüttelte den Kopf.

Kapitel 18

Durch das gekippte Fenster waberte kalte Luft in den Duschraum. Ich konnte so viel sehen wie in einem Dampfbad. Seit einer Viertelstunde prasselte das heiße Wasser abwechselnd über meinen Rücken und mein Gesicht. Meine Finger wurden immer runzliger. Ich schloss die Augen. Was war das eben für ein Auftritt gewesen? Jonas hatte sich Sorgen um mich gemacht? Nie im Leben! Warum hatte er sich dann hinter dem Baum versteckt? Ich drehte den Hahn zu. Wassertropfen platschten in die Duschwanne. Vielleicht hatte er mir nur einen Streich spielen und mich erschrecken wollen. Und dann hatte er eingesehen, dass die Idee ziemlich blödsinnig gewesen war. Vielleicht war diese Erklärung so einfach wie richtig.

Ich griff mir mein Handtuch und rubbelte meine Haare ab. Am besten sollte ich gleich mit ihm sprechen. Ich wischte den Spiegel frei und cremte mein Gesicht ein. Eigentlich hatten Moritz, Jonas und ich heute Abend vorgehabt, im Keller das Fußball-Länderspiel zu schauen, aber im Augenblick konnte ich mir das beim besten Willen nicht vorstellen. Ich war immer noch sauer auf Jonas. Verwirrt schlang ich mir das Handtuch um die

Hüften, griff mir mein Duschgel und schlappte in Badelatschen zurück auf mein Zimmer.

Was nun geschah, kann ich weder mit meiner damaligen Naivität noch mit dem Chaos rechtfertigen, das an jenen Tagen in meinem Kopf herrschte. Dinge passieren. Sie passieren, weil sie passieren müssen. Oder wollen. Oder weil wir sie wollen. Wir geben dem Augenblick nach. Freiwillig, ohne Gegenwehr, ohne Gewissen. In solchen Augenblicken werden wir zu Dieben. Oder Mördern. Oder zu Verrätern.

Klara saß lächelnd auf meinem Bett, die Beine übereinandergeschlagen, ein Arm auf meine Tagesdecke gestützt.

Ich bewegte mich nicht, verharrte halb auf dem Flur, halb in meinem Zimmer. Ich hatte so gut wie nichts an. Im ersten Augenblick wollte ich die Tür wieder schließen. Von außen. Aber ich zögerte. Und wartete. Vielleicht eine Sekunde zu lange. Und möglicherweise war damit die Entscheidung bereits gefallen.

»Oh!« Klaras Stimme klang neckisch und kokett. »Da hat jemand geduscht. Habe ich *doch* richtig gehört.«

»Hey!« Meine Stimme kiekste brüchig. »Ich wusste gar nicht, dass du, dass wir, äh, verabredet—«

»Waren wir auch nicht.« Ihr Blick fiel auf mein Handtuch. Und ich spürte, dass sie wollte, dass ich es bemerkte. »Ich hab vorhin bei Archie vorbeigeschaut. Wollte wissen, ob er wieder zurück ist.« Sie strich sich eine Haarsträhne aus dem Gesicht. »Ist er aber nicht.« Sie lächelte, als sei er nur kurz zum Bäcker gegangen, um ein paar Rosinenbrötchen zu holen, und würde in ein paar Minuten zurück sein. Immer noch schien sie nicht besorgt.

Hinter mir öffnete sich eine der anderen Türen. Takte von »Another Day in Paradise« drangen hinüber. Ich stand immer noch so gut wie nackt halb auf dem Flur, halb in meinem Zimmer.

Klara schlug das andere Bein über und sagte: »Und da dachte ich, du weißt vielleicht, wo er ist.«

In meinem Kopf herrschte die absolute Leere, ich war unfähig, einen klaren Gedanken zu fassen. Verstand ich die Situation einfach nur falsch? Interpretierte ich in ihre Koketterie etwas, das sie nicht beabsichtigte? Verschwendete sie vielleicht gar keinen Gedanken daran, mich zu provozieren? Oder mich sogar zu verführen? Vielleicht geschah das Kopfkino allein bei mir. Aber dann bemerkte ich erneut ihren unverfrorenen Blick auf mein Handtuch, und ich wusste, sie hatte sich diese Begegnung genauso vorgestellt, wie sie nun eingetreten war: Sie hatte geahnt, dass ich aus der Dusche kommen und nichts weiter anhaben würde als ein Handtuch. Wenn überhaupt. Und dass es sie amüsierte, mich in Verlegenheit zu bringen und mit der Situation und meiner Verlegenheit zu spielen.

Schamhaft tapste ich in kleinen Schritten zum Schrank. Wenn jetzt nur das Handtuch hielt! So schnell ich irgendwie konnte, wollte ich mir Boxershorts und T-Shirt anziehen. Ich wagte kaum zu atmen, weil ich befürchtete, dass sich das kleine Stück Baumwolle von meinen Hüften lösen und ich plötzlich mit nacktem Hintern vor Klara stehen würde. Ich hielt das Handtuch ungeschickt mit einer Hand fest, während ich mit der anderen meinen altersschwachen Schrank nach einer Shorts durchstöberte.

Wo waren die verdammten Dinger, wenn man sie brauchte? In diesem Augenblick bereute ich es, meine Unterwäsche immer achtlos in den Schrank zu werfen.

Hinter mir nahm ich ein feines Knarzen wahr. Mein Bett. Das Geräusch entstand jedes Mal, wenn ich morgens aufstand und müde zur Dusche wankte. Oder wenn Jonas oder Moritz sich darauf warfen, als könnten die alten Sprungfedern jedes Gewicht wegstecken.

Hektisch fuhr ich mit den Händen durch Socken und Pullover. Wo hatte ich meine verdammten Shorts verstaut?

Plötzlich spürte ich Klaras weiche Hände auf meinem Rücken. Ich erstarrte. Stellte das Atmen ein. Langsam wanderten ihre Finger nach vorne, schlossen sich warm um meinen Bauch.

Ich hielt weiter still, immer noch außerstande, mich zu rühren. Obwohl mein Gewissen mich nachdrücklich aufforderte, tief durchzuatmen, mich umzudrehen und Klara zur Tür hinauszuschieben. Egal, ob sie danach noch mit mir redete oder nicht. Aber das machte ich nicht. Stattdessen blieb ich weiterhin reglos stehen, fast ohne zu atmen.

Ließ zu, wie Klara mit ihren Fingern über meinen Bauch und meine Brust strich, wie ihre Haare meinen Rücken kitzelten – und wie sie ganz behutsam den Knoten meines Handtuchs löste. Ich spürte ihren Atem auf meiner Haut, und die elektrisierende Wirkung ihrer Lippen auf meinen Schulterblättern. Diese Berührung wischte endgültig jeden vernünftigen Gedanken beiseite.

Der Augenblick, in dem ich noch die Kraft gehabt hätte, mich umzudrehen, ihr in die Augen zu schauen und zu sagen: »Das dürfen wir nicht!« war verstrichen. Ich hatte ihn verstreichen lassen. Und so lösten ihre Finger mein Handtuch – und ich schloss die Augen. Aus Scham. Und Verlangen. Ich drehte mich zu ihr und küsste sie.

Es war ein Verrat, den ich gerade beging. Ein großer Verrat. Ich wusste es damals schon.

Kapitel 19

Fünfter Tag

»Als Schiller zum ersten Male in Weimar eintraf, weilte Goethe gerade in Italien. Man schrieb das Jahr 1787, meine Damen und Herren. Statt also unseres geschäftigen, leuchtenden Goethes lernte Schiller nun in Weimar den lieben, aber doch eher, ich möchte einmal sagen, spröden Herder kennen. Sie erinnern sich an Herder, ja? Ich hoffe es, meine Damen und Herren. Sie werden ihm im Laufe Ihres Studiums weiterhin begegnen, ob Sie wollen oder nicht.«

Pflichtbewusst kicherten einige Studenten. Mit eifrigem Blick notierten viele jedes Wort, dass vorne doziert wurde, ich dagegen hielt mich gerade einmal mit Mühe aufrecht. Viertel nach neun, Hörsaal 1, der zweitgrößte im ehemaligen Schloss. Die Vorlesung hieß »Die beiden deutschen Klassikfürsten«.

Der Hörsaal besaß die Ausmaße eines Hangars. Die Reihen der alten Klappsitze mit ihren dunkelgrünen Kunstlederbezügen fielen zum Katheder hin leicht ab. Die Bühne, auf der Professor Peter Pütz heute Vormittag auf- und abschritt, erhob sich vorne wie ein Hindernis, so dass man während der Vorlesung zu den Dozenten aufschauen musste. Die holzgetäfelten Wände gaben dem Raum einen warmen Glanz.

Dabei hätte es die Holzwände beinahe gar nicht gegeben: Nach dem Zweiten Weltkrieg war eine Kommission für die Innengestaltung der zerbombten Universität verantwortlich gewesen. Fast alle Kommissionsmitglieder wollten den Saal schmucklos halten. Nur dem Leiter der Kommission, dem Kunsthistoriker Heinrich Lützeler schwebten holzgetäfelten Wände vor, die dem Raum trotz seiner Größe Gemütlichkeit und Ruhe verleihen sollten.

Die Sitzung mit der Abstimmung legte Lützeler listig auf einen Feiertag. Sein Plan ging auf: Niemand außer ihm selbst erschien zu der anberaumten Sitzung und so entschied Lützeler mit 1:0 Stimmen für die Holzvertäfelung.

Im Augenblick machte mich die Dunkelheit des Saals kraftlos. Mit beiden Armen lehnte ich mich auf meinen Teil des Pults und versuchte, wach zu bleiben. In Gedanken sah ich Klara vor mir.

Ohne ein Wort hatte sie mich auf mein Bett gezogen. Ich hatte sogar noch die Geistesgegenwart besessen, mein Zimmer abzuschließen, dann war ich bereitwillig zu ihr zurückgekehrt. Sie hatte meine Handgelenke umfasst und sie über meinem Kopf ins Kopfkissen gedrückt. In diesem Augenblick hatte ich nicht mehr an Archie gedacht. Mühelos war es mir gelungen, alles, was außerhalb meines Zimmers existierte, auszublenden.

Das allein mit Schwäche zu entschuldigen, reichte nicht. Ich hätte jederzeit das Zimmer verlassen können, hatte es aber nicht getan. Statt an Archie hatte ich nur an mich gedacht, ihren Duft eingesogen, meine Nase an ihrem Hals vergraben. Ich hatte versucht, das Stöhnen zu unterdrücken.

Klara hatte mich angelächelt. Ihre Augen strahlten auf mich herab, klar und hell. Ihr blondes Haar fiel ihr wild ins Gesicht, ihre Hände hatten sich in meine Brust gekrallt.

Ich versuchte, mich wieder auf Professor Pütz zu konzentrieren. Gemächlich schritt er auf der Holzbühne dort oben auf und ab. Ab und zu warf er einen kurzen Blick in die Studentenschaft.

Fühlte man sich so als Betrüger? Als Verräter? Was für ein Mensch war ich? Nur gedankenlos? Oder schon skrupellos? Oder einfach nur zu dumm, um an die Konsequenzen von Handlungen dieser Art zu denken? Hatte ich denn gar nichts gelernt? Hatte ich nicht gerade erst durch solch eine Dummheit, durch solch einen Verrat, meine Freundin verloren? Und diesmal würde ich durch mein Handeln wahrscheinlich einen meiner besten Freunde verlieren. Und bedeutete mein Handeln nicht auch, dass ich jeden meiner Freunde betrügen würde, wenn es mir nur genügend nützte?

Und nicht nur das: Ich hatte Archie betrogen, während er sich möglicherweise in großer Gefahr befand und im schlimmsten Fall meine oder unsere Hilfe benötigte, weil er vielleicht gefesselt und geknebelt in irgendeinem dunklen Kellerraum lag.

Ich war nicht stolz auf mich, trotzdem musste ich zugeben, dass es einen bösen Teil in mir gab, der sich über das freute, was geschehen war. Klara war attraktiv. Nachdem sie allerdings mit Archie zusammengekommen war, hatte ich sie als tabu betrachtet.

Klara hatte mein Zimmer gestern Abend verlassen, ohne dass wir uns länger in den Armen gelegen hätten. Ihr Augenzwinkern, als sie aus meinem Zimmer schlüpfte, bereitete mir Angst. »Das hat Spaß gemacht«, hatte sie gehaucht und anschließend den Zeigefinger vor ihrem Mund gehoben. »David, du weißt ja: Pssst!«

Dann hatte sie die Tür hinter sich zugezogen.

Aber wem hätte ich von unserem Abenteuer erzählen sollen? Moritz vielleicht, der sich manchmal korrekter verhielt als der Papst?

Jonas, der diese Episode am liebsten sofort im ganzen Wohnheim herumposaunt und vor allem Patricia damit geärgert hätte, dass ich endlich wieder zum Leben erweckt worden sei?

Oder Archie selbst? Mit der abgeschmackten Bitte, mir zu verzeihen?

»Und als Goethe dann aus dem Süden zurückkehrte, gestaltete sich die erste Begegnung beider als eher, sagen wir einmal: zurückhaltend. Wenn nicht von Seiten Goethes sogar als unterkühlt und frostig.«

Professor Pütz gelang es eigentlich immer, dass 18. Jahrhundert lebendig werden zu lassen, aber heute konnte ich seiner Zeitreise nicht folgen. Das einzig Gute an diesem Morgen war, dass Klara die Vorlesung schwänzte. Ich hatte mich vor Beginn der Vorlesung umgeschaut, sie aber nirgends entdeckt. Ich sehnte mich nicht gerade nach einer Begegnung. Hatte keine Ahnung, wie ich mich ihr gegenüber verhalten sollte. Mich entschuldigen? So tun, als sei ich empört, weil sie die Initiative ergriffen hatte? Und wenn schon: Machte mich das zu ihrem Opfer? Sicherlich nicht!

Müde rieb ich mir das Gesicht. Was war ich nur für ein Dummkopf! Moritz war etwas zu spät gekommen, er saß hinten rechts in der vorletzten Reihe. Neben einem Dicken mit Baseballkappe. Nach der Vorlesung wollten wir im E-Raum etwas trinken, dann weiter zur Mensa. Keine Silbe würde ich über Klara erzählen.

Nach der Vorlesung kämpfte ich mich zu Moritz durch. Eine Kommilitonin mit toupiertem Pony und riesigen pinken Ohrringen rempelte mich an. Sie steckte sich eine Zigarette in den Mund und klopfte mir auf die Schulter. »'Tschuldige, wollte dich nicht umhauen.« Ich war zu müde, um zu antworten.
Wenig später saßen Moritz und ich im Erfrischungsraum neben der Säulenhalle. Vor allem vormittags ähnelte die Cafeteria dort mehr einem Übungsraum für die Feuerwehr. Der dicke Qualm unzähliger Zigaretten zog bräsig Richtung Stuckdecke. Zu meiner allgemeinen Niedergeschlagenheit gesellten sich jetzt auch noch Kopfschmerzen. Mädchen schnatterten, Jungs grölten. Ich sehnte mich nach der Stille einer Kirche oder eines Waldes. Im Hintergrund drang »On the Loose« aus den Boxen.
»Und du bist dir ganz sicher?« Moritz drehte sich in Sekundenschnelle eine Drum.
Ich nahm ihm Tabak und Blättchen aus der Hand und baute mir ebenfalls eine Zigarette. Allerdings deutlich langsamer. Meine Augen brannten, mein Kopf pochte und der schlechte Geschmack im Mund brachte mich fast um.
»Sicher? Wie meinst du das?« Keine Ahnung, warum er nachhakte. Ich blinzelte und lauschte Saga: »So let the problems start ...«

»Was heißt sicher?« Kleine Tabakfasern versuchten immer wieder über den Rand des dünnen Papierchens zu rutschen. »Was meinst du? Dass Jonas mich verfolgt hat? Na klar, hat er das! Ich hab ihn ja darauf angesprochen. Er hat gesagt, er hätte Angst um mich gehabt oder so was. Dass ich nicht lache. Als wenn Jonas um irgendjemanden Angst hat außer um sich, seine Hosenträger und die Föhnfrisur.«

Moritz grinste.

Ich versuchte, mich zu konzentrieren, bemüht, mich genauer an die Szene gestern im Wald zu erinnern. »Irgendwie hatte ich das Gefühl, er spioniert mir nach. Ich weiß, das ist Blödsinn, aber trotzdem—« Meine Augen brannten. Dass ich gerade einen Freund verdächtigte, mich auszuspionieren, nachdem ich einen anderen Freund gestern Abend mit seiner Freundin betrogen hatte, machte alles nur noch schlimmer.

»Aber warum sollte er dir nachschnüffeln? Im Wald? Was ergibt das für einen Sinn?« Moritz konnte schlimmer sein als Derrick und der Fahnder zusammen. »Welchen Grund hätte er dafür? Mal ehrlich.«

»Herrgott, Moritz, was weiß denn ich? Das war nun mal Jonas, und er ist mir nachgelaufen. Das ist Fakt, ich hatte schließlich keine Fata Morgana.« Theatralisch hob ich beide Hände. »Keine Ahnung warum. Nicht gestern und heute auch noch nicht. Und er wird's mir bestimmt auch nicht sagen.« Die letzten Worte hatte ich fast gebrüllt. Was aber in dem hohen Lärmpegel um uns herum nicht weiter aufgefallen war.

»Ich mein ja nur.« Moritz klang wenig überzeugt – und, was noch schlimmer war, nicht sonderlich interessiert.

Ich klopfte meine Taschen nach einem Feuerzeug ab, aber da war nichts. Ich musste es im Wohnheim vergessen haben.

»Sag mal, machst du dir eigentlich auch keine Sorgen um Archie?« Natürlich wusste ich, dass er sich Sorgen machte, aber ich versuchte, auf ein anderes Thema zu kommen, als über Jonas oder mich zu sprechen.

»Na klar, was denkst du denn?« Er schaute mir in die Augen. »Was glaubst du denn?« Ein orangefarbenes Feuerzeug glänzte in seiner Hand, und er zündete zuerst meine, dann seine Zigarette an. »Sicher mach ich mir Sorgen. Aber im Augenblick wüsste ich nicht, was wir noch tun könnten. Wir haben die Krankenhäuser gecheckt, Jonas war gestern bei der Polizei und hat eine Vermisstenanzeige aufgegeben. Sie haben sie zwar angenommen, aber weißt du, was der Polizist zu Jonas meinte?«

»Keine Ahnung« Ich schaute mich um, weil mir Klara wieder einfiel. Hoffentlich lief sie uns jetzt nicht über den Weg. »Sag's einfach.«

»Der Typ wollte wissen, was sich denn bei den Studenten in den letzten Jahren verändert habe? Früher seien nur die Eltern gekommen, wenn einer vermisst worden wäre. Und das auch erst nach ein paar Wochen. Heute würden sogar schon die Kommilitonen kommen. Und das nach weniger als einer Woche. Und dann hat der Idiot einen Lachanfall gekriegt.«

»Ja, finde ich auch ziemlich witzig!« Meine Augen tränten noch immer, und die schlechte Luft im Raum machte es nicht gerade besser. Keins der Fenster war geöffnet. Draußen schaute ab und zu die Sonne zwischen den dunklen Wolken hervor, aber immer nur für wenige

Sekunden. Das Licht, das in die Cafeteria fiel, war kalt und stechend. Wir schwiegen eine Weile, rauchten und schauten den Mädchen zu. Ich rieb mir die Augen.

»Weißt du, Conradi ist heute Abend in der Aula. Hält einen Vortrag. Und das Thema passt genau zu Archies Nazi-Mist, den er in seinem Zimmer liegen hat. Möglicherweise taucht er da ja auf. Und vielleicht können wir Conradi später noch mal nach Archie fragen.«

In dem Moment sah ich Klara auf unseren Tisch zusteuern.

»Hallo, ihr beiden!« Klaras Wangen glänzten tiefrot, wahrscheinlich war sie mit dem Fahrrad gekommen. Sie schien bester Laune, keine Spur von Nachdenklichkeit, zumindest bemerkte ich sie nicht. Langsam zog sie ihre schwarzen Wollhandschuhe aus, zupfte einen Wollfinger nach dem anderen von der Hand, als legte sie einen Striptease hin.

Moritz' Blick verriet mir, dass er auf Klaras Gesellschaft gern verzichtet hätte. Nicht nur Jonas verstand sich nicht besonders mit ihr, auch das Verhältnis zwischen Moritz und Klara war ziemlich frostig.

Klara hatte Moritz während unseres letzten Sommerfestes auf der Wiese im Innenhof des Wohnheims vor allen anderen als *Sonnenscheinchen* bezeichnet, ironisch selbstverständlich. Das war ein großer Lacherfolg gewesen, auch bei mir, musste ich zugeben. Nur Moritz hatte keine Miene verzogen, sondern weiter stoisch die Steaks und Würstchen auf dem Grillrost gewendet. Dabei hatte ich das Gefühl gehabt, er hätte Klara die Grillgabel am liebsten in ihren kleinen Hintern gejagt.

»Hi, Klara.« Ich lächelte tapfer. »Wie geht's, wie steht's?« Wow, wie originell!

Klara zog ihre rote Mütze vom Kopf. »Wunderbar! Mir geht's wunderbar.« Sie streckte sich, als sei sie gerade erst aufgestanden. »Und dir?«

Das Glitzern in ihren Augen machte mich gegen meinen Willen zufrieden und – wie gruselig: stolz. Es war eindeutig, dass sie mit der Situation souveräner umging als ich. Bei mir hatte es bis kurz nach halb drei gebraucht, ehe ich eingeschlafen war. Stundenlang hatte ich mich im Bett hin und her gewälzt. Beinahe hätte ich sogar an meiner Arbeit über die »Adoleszenzprobleme in ausgewählten Romanen« weitergemacht, aber dann hatte ich mich doch nicht aufraffen können, mitten in der Nacht in dem kleinen ausgekühlten Zimmerchen zu arbeiten. Stattdessen war ich bis zum Morgen im Stundentakt aufgewacht, hatte die roten Ziffern auf meinem Radiowecker betrachtet und an den vorherigen Abend gedacht. Abwechselnd stolz, unschlüssig, beschämt.

»Super!«, sagte ich knapp. Das war natürlich zu hundert Prozent gelogen. Aber sollte ich als Zauderer dastehen? Als Schwächling, Feigling? Außerdem: Was hätte ich sagen sollen in Moritz' Gegenwart? Wenn möglich, würde ich sie gleich auf einem der Flure abfangen und ihr das Versprechen abnehmen, dass unsere Begegnung gestern Abend einmalig bleiben müsse. Ich hatte ohnehin jetzt schon das Gefühl, dass sie mich lediglich als Trophäe betrachtete und keinen weiteren Wert darauf legte, noch einmal an meine Tür zu klopfen. Oder sich in mein Zimmer zu schleichen, wenn ich gerade unter der Dusche stand.

»Gibt es irgendetwas Neues?« Sie blies sich eine Haarsträhne aus der Stirn. »Habt ihr etwas von meinem verschwundenen Freund gehört? Der vielleicht schon in

England ist. Oder bei irgendeiner – Schlampe.« Sie machte eine kurze Pause und fixierte mich: »Oder wisst ihr irgendwas und sagt es mir nicht?«

»Nee, wir haben auch nix gehört.« Moritz drehte sich halb zu ihr. »Oder habt ihr euch gestritten? Hattet ihr Ärger oder so? Ist er vielleicht deshalb weg?«

Ich staunte. Für Moritz' Verhältnisse war diese Frage erstaunlich offensiv. Augenblicklich verfinsterten sich Klaras Gesichtszüge.

»So ein Quatsch! Warum sollten wir uns gestritten haben?«

Stimmt, dachte ich. Streit habt ihr eigentlich nie. Archie gibt ja immer nach.

»Außerdem seid *ihr* doch Archies Freunde, *ihr* wohnt doch mit ihm zusammen, oder nicht? Wolltet *ihr* nicht auch nach ihm suchen?«

Ein paar Tische entfernt begann eine Gruppe Erstsemester zu lachen, weil ein Typ in einem roten Sweatshirt und Jeans Michael Jacksons »Moonwalk« imitierte. Allerdings schien er mit dem Üben gerade erst begonnen zu haben. Die Mädchen warfen sich weg vor Lachen.

Klara drehte sich halb zu ihnen, so dass ich das, was sie sagte, kaum verstehen konnte: »Na ja, ich denke, das ist im Grunde genommen auch egal.« Sie verstaute die Handschuhe in einer ihrer Manteltaschen. »Archie wird wieder auftauchen.« Amüsiert schaute sie dem extrovertierten Moonwalker zu.

»Meinst du das ernst?«

»Natürlich, Archie ist alt genug, auf sich selbst aufzupassen. Ich kenne ihn und ich weiß, dass er sich selbst helfen kann. Ich denke, er ist nicht auf eure Hilfe angewiesen. Seid mir nicht böse, aber wie es aussieht, habt ihr ja ohnehin keinen Schimmer, wo er ist. Oder wie ihr ihn finden könnt.«

Moritz und ich sagten nichts.

»Wir sehen uns!« Klara lächelte mich an und stolzierte aufreizend langsam zu den Hörsälen. Ich schaute ihr nach und fragte mich ernsthaft, wie alles weitergehen würde. Mit ihr, mit mir und mit Archie.

Ich spürte Moritz' Ellenbogen in meinen Rippen. »Hey, ist nicht dein Ernst, oder?«

»Was denn?« Vielleicht hatte ich Klara etwas zu lange hinterher geschaut.

»Du bist jetzt nicht wirklich in diese ... diese Schreckschraube verschossen, oder?«

Ich wich seinem Blick aus. »Spinnst du? Klara? Archies Freundin?« Betont übertrieben stieß ich Luft durch die Nase. »Da hab ich Besseres zu tun. Also echt.«

Moritz fixierte mich voller Misstrauen. Ich winkte ab. Wir drehten uns noch eine zweite Zigarette, ohne viel zu reden. Moritz erwähnte Klara nicht weiter. Wir betrachteten die anderen Studenten, vor allem die Mädchen, die dem Moonwalker hoffnungslos verfallen schienen.

Auf dem Boden lag eine Ausgabe der Express. Deutschland hatte 4:0 gegen Luxemburg gewonnen und durfte damit bei der EM nächstes Jahr in Schweden mitmachen. Thomas Häßler hatte zwei Tore geschossen, aber so wirklich interessierte mich das nicht. Ich erzählte Moritz noch einmal von Conradis Vortrag am Abend in der Aula. Wir wollten Jonas einen Zettel an seine Zimmertür heften, damit wir uns vorher an der Garderobe der Universität treffen konnten. Damit versuchte ich natürlich auch, die Episode gestern im Wald zu verdrängen. Oder zu bereinigen. Wahrscheinlich war alles nur ein blöder Zufall gewesen, so wie Moritz vermutet hatte. Am einfachsten wäre es gewesen, ihn noch einmal darauf anzusprechen, aber wie gesagt: Ich war ein ziemlicher Feigling.

Kapitel 20

Am Abend zog ein eisiger Wind über die Stadt. Die dunklen Wolken waren verschwunden, der Himmel zeigte sich schwarzblau und klar. Die Helligkeit des Mondes, der sich über dem Dachfirst des Unischlosses erhoben hatte, ließ die schweren Limousinen im Arkadenhof in einem schmeichelnden Licht glänzen. Das Dutzend teurer Fahrzeuge stand in Reihen auf dem vereisten Kopfsteinpflaster. Mehrere S-Klasse-Mercedes, verschiedene Audi, einen 7er BMW machte ich aus. Die Fahrer der Karossen unterhielten sich, saßen in ihrem Auto, rauchten oder hörten leise Musik.

Ministerpräsident Johannes Rau war mit einem Teil seines Kabinetts gekommen, diverse Staatssekretäre und Dezernatsleiter in ihrem Gefolge. Vorhin hatte ich Wolfgang Clement gesehen, der am Rande des Innenhofs hektisch eine Zigarette geraucht hatte. Clement war Chef der Staatskanzlei NRW. Der heutige Abend war so hochrangig besetzt, weil sich Dr. Conradi und Johannes Rau aus ihrer Jugendzeit kannten. Ich hatte die Geschichte vor Monaten in irgendeiner Zeitung gelesen: Conradi und Rau waren zur gleichen Zeit, kurz nach dem Zweiten Weltkrieg, bei einem Wuppertaler Buchhändler in die

Lehre gegangen. Seitdem hatte es in ihren Leben immer wieder Verbindungen gegeben.

Kurz nach halb sieben bemerkte ich Jonas. Lässig drückte er eine der Flügeltüren zur Garderobe auf, betont langsam bahnte er sich seinen Weg durch die Grüppchen und Pärchen in unsere Richtung. Jonas liebte Auftritte dieser Art. Moritz und ich saßen auf der Marmortheke vor der Uni-Garderobe. Hier zu sitzen, gefiel den Frauen, die die Jacken und Mäntel der Besucher gegen nummerierte Silberplaketten eintauschten, ganz und gar nicht. Aber außer mehreren bösen Blicken der »Garderobenhexen«, wie wir sie nannten, hatten sie uns bislang in Ruhe gelassen. Es konnte allerdings sein, dass sie gleich wie aus dem Nichts hinter uns standen und anfingen zu keifen: Dass wir hier nicht sitzen, dass wir hier nicht rauchen – dass wir hier überhaupt nicht sein durften. Letzteres war natürlich Unsinn, und wir nahmen sie nicht ernst, aber das machte sie jedes Mal nur noch wütender.

Die Aula ein Stockwerk drüber würde gleich brechend voll sein: Mehr als einhundert Menschen drängten sich jetzt schon in der Abendgarderobe. Das Geplapper war ohrenbetäubend. Männer wie Frauen reichten den Garderobenhexen ihre Mäntel, Stolas oder Schals über die Theke. Manche drückten ihnen fünfzig Pfennig oder auch schon einmal Markstücke in die Hand. Die Hexen taten dann immer furchtbar devot und steckten sie demonstrativ in das große rosafarbene Sparschwein, das auf einem Tischchen im Hintergrund der Garderobe stand.

Jonas hatte schon mal vorgeschlagen, das Schweinchen zu klauen, aber wenn uns die Hexen dabei erwischten, würden sie uns mindestens in einen glühenden Ofen stecken. Zwischen den Reihen der abgegebenen Jacken und Mänteln brühten sich die Hexen auch ihren Kaffee. Den tranken sie schwatzend, wenn nicht allzu viel zu tun war. Oder wenn jemand auf seinen Mantel wartete, den sie unsympathisch fanden. Dann taten sie so, als würden sie ihn nicht bemerken und ließen ihn schmoren.

Jonas tippte sich an die Stirn. »Hey Ladies, was steht an?!« Unter seinem rechten Arm klemmte eine braune Ledertasche. Die trug er seit Schulzeiten mit sich herum, wie er mal erzählt hatte.

»Wie, was steht an? Was meinst du, was soll anstehen?« Jonas konnte einem schon auf die Nerven gehen, obwohl er nur einen einzigen Satz von sich gegeben hatte. Gerade heute war ich nicht in der Stimmung für unsinnige Konversation.

»Was ist der Plan, was soll ich hier?« Theatralisch warf er die Arme nach hinten und enthauptete dabei fast eine Frau. Natürlich ohne es zu bemerken. »Was machen *wir* hier? Was mache *ich* hier?«

Er tat immer so, als brauche der Tag für ihn mindestens 36 Stunden, um all seine wichtigen Verabredungen unterzubringen. Ich wusste nicht, ob das eine Journalistenkrankheit war, auf jeden Fall hätte ich es besser gefunden, er hätte sich die Wichtigtuerei zumindest bei seinen Freunden gespart.

»Wir wollen mit Conradi sprechen«, raunzte ich ihn an, »wegen Archie.« Das musste genügen.

Moritz kramte sein Portemonnaie aus der Jackentasche und zählte seine Münzen. Wieso er gerade jetzt damit anfing, war mir ein Rätsel. Wahrscheinlich wollte er Jonas damit nur wissen lassen, dass er von seinem pseudolässigen Auftritt nicht sonderlich viel hielt. Jonas setzte sich neben mich. Immer mehr Gäste strömten von draußen herein. Geplapper und Lachen wurden lauter. Gleichzeitig stiegen die ersten Gäste die Treppe zur Aula hoch. Alle schienen sich zu kennen und sich auf den Abend zu freuen. Die Garderobenhexen hatten eine Menge zu tun, das Schweinchen klapperte fast im Sekundentakt.

»Haben wir sonst nichts?« Jonas schaute auf seine Uhr, als sei er noch anderweitig verabredet. Sein Verhalten nervte wirklich, er tat ständig so, als sei er auf der Durchreise.

»Was soll das heißen: *sonst nichts*?« Ich wusste nicht, was er meinte. »Was sollten wir sonst haben?«

»Ja, ich weiß nicht – irgendwas.« Er schaute zu der blonden Frau ein paar Meter entfernt.

Sie war zwar schon etwas älter, sah aber umwerfend aus. Ihr Mann, ein langer Kerl in einem braunen Kaschmirmantel, mit silbernen Haaren, hatte ihr gerade einen schwarzen Persianerpelz von den Schultern genommen. Nun stand sie in einem roten Abendkleid inmitten der anderen Besucher und sah einfach phantastisch aus. Kein Scheinwerfer war auf sie gerichtet, sie stand auf keinem Podest, trotzdem strahlte sie aus der Menge heraus.

»Mach den Mund wieder zu, David!« Jonas stupste mich an.

Ich ignorierte ihn, er hatte selbst gestarrt. »Hast du was von der Polizei gehört?«, fragte ich stattdessen. Moritz hatte ja erzählt, dass er auf der Wache gewesen sei.

»Ob einer von denen nach den Lachanfällen, die sie bekommen haben, an einem Herzinfarkt gestorben ist? Meinst du so was in der Art?«

»Nee, irgendwas anderes. Ernsthaft jetzt.«

Der Mann im Kaschmirmantel drückte einer der Garderobenhexen einen Schein in die Hand. Die alte Giftspritze fiel fast in Ohnmacht vor lauter Dankbarkeit. Uns gegenüber benahmen die sich, als wollten sie uns jeden Augenblick in siedendes Wasser tunken, aber kaum verteilte jemand Geld, wurden sie so friedfertig wie Mutter Theresa.

»Nein!« Jonas schüttelte den Kopf. Wir starrten beide weiter zu der Frau im roten Abendkleid. Sie sah wirklich umwerfend aus. Ich dachte an Gene Wilder und »Die Frau in Rot«. Obwohl die Schöne in dem Film dunkelhaarig gewesen war. Und jünger. Moritz hüpfte von der Marmortheke. Ich glaube nicht, dass er die umwerfende Frau überhaupt bemerkt hatte. Oder bemerken wollte.

»Ich schlage vor, wir gehen zu Conradi.« Moritz warf einen Blick auf die Wanduhr über den Garderobenstangen. »Ist nur noch eine halbe Stunde bis zu seinem Vortrag. Wir fangen ihn irgendwo ab, hinter der Bühne oder so. Und wenn wir Archie finden, gehen wir später zum Isländer.«

Der *Isländer* war der Wirt einer Kneipe unweit des Campus. Mitten in der Fußgängerzone, direkt gegenüber einem Waffengeschäft, wo unzählige Pistolen, Gewehre, Messer und Armbrüste in den Schaufenstern lagen. Der Isländer war keine der üblichen Studentenkneipen. Eher eine Kaschemme für alte Männer, die bereits vormittags an der Theke auf zerschlissen Hockern über ihre gescheiterten Ehen, ihre langweiligen Jobs und die erhofften Millionengewinne aus den nervtötend flötenden Spielautomaten hinter ihnen nachdachten. Moritz hatte die Kneipe im Frühjahr entdeckt. Der Wirt war ihm aufgefallen, weil er genauso aussah wie der Vater einer ehemaligen Freundin. Die war Isländerin gewesen und deswegen hieß die Kneipe seit diesem Abend: Der Isländer.

Die Geschichte dahinter war sehr deprimierend für Moritz gewesen. Erwähnte damalige Freundin, sie hieß Steena, hatte bei Nachbarn von Moritz' Familie als Au-pair-Mädchen gearbeitet. Beide hatten sich verliebt und waren ein paar Monate miteinander gegangen, aber dann musste Steena wieder zurück nach Island. Ihre Zeit als Au-pair war beendet gewesen. Über ein halbes Jahr lang hatten sich beide anschließend Brief geschrieben und für Hunderte D-Mark telefoniert. Schließlich hatte sich Moritz entschlossen, nach Island zu ziehen. Er hatte gerade seinen Wehrdienst beendet und stand vor der Frage, ob er den Dienst verlängerte oder etwas ganz anders begann. Etwas ganz anderes bedeutete in diesem Fall: Fische fangen vor Island. Er wollte tatsächlich nach Island ziehen, wegen Steena. Als er dort mit einem Kutter anlegte, wartete allerdings niemand mehr auf ihn. Steena hatte sich in der Zwischenzeit anderweitig verliebt. Bis auf ein Treffen in einem zugigen Hard-Rock-Café in Reykjavík sah er Steena nicht wieder. Wieder zu Hause arbeitete er monatelang fast pausenlos in einem Betonwerk bei Andernach, ehe er sich entschloss, zu studieren. So war er nach Bonn gekommen und zu uns ins Studentenheim.

»Seit wann bist du so spendabel?« Jonas schlug Moritz auf die Schulter. Eigentlich grinste Jonas heute Abend schon die ganze Zeit. Mir gefiel das nicht besonders: Wir suchten immer noch Archie, oder?

»Gar nicht spendabel. Ich brauch nur bald viel Alkohol, wenn ich noch länger mit euch rumhänge.«

Zur Feier des Abends trug ich meine neuen Edwin-Jeans und das dunkelgrüne Jackett, das ich gemeinsam mit Patricia im Frühjahr in einer teuren Boutique in der Innenstadt gekauft hatte. Zwischen all den piekfeinen Verkäuferinnen und den oberklassigen Kunden hatte ich mich extrem unwohl gefühlt. Mit gefiel das Jackett damals nicht besonders, aber Patricia zuliebe kaufte ich es. Für mehr als ein Wochengehalt meines Dienstes an der Pforte der Uni-Klinik. Bislang hatte ich das Teil erst zweimal getragen: einmal, als wir gemeinsam mit Patricias Eltern eines Sonntags einen Ausflug zu diversen Kirchen und Museen unternommen hatten – jener Tag, an dem mir ihre Eltern nachdrücklich deutlich gemacht hatten, dass sie sich für ihre Tochter etwas Gehaltvolleres als mich wünschten –, und das andere Mal an einem Abend, als nur wir beide das Spielcasino eine halbe Autostunde entfernt besuchten. Auch das war bereits über ein halbes Jahr her. Seitdem hing das samtartige, teure Stück versteckt in meinem Schrank hinter den zerschlissenen Hemden.

Erste Schwierigkeiten auf dem Weg zur Bühne gab es bereits in der Aula: Ein baumlanger Kerl – wohl aus der Sicherheitstruppe des Ministerpräsidenten – streckte uns in dem Augenblick wortlos seinen Arm entgegen, als wir die kleine Treppe links zur Bühne hinauf wollten. Irgendwo hinter dem Vorhang vermuteten wir Dr. Conradi. Der lange Kerl im schwarzen Anzug bewegte seinen Bürstenhaarschnitt samt zugehörigem kantigem Kopf in Zeitlupe von links nach rechts. Was wohl heißen sollte, wir wären so gut wie tot, wenn wir näher kämen.

Jonas hatte nichts Besseres zu tun, als noch zwei Schritte nach vorne zu machen. »Kaiser, Kaiser, wie viel

Schritte darf ich gehen?« Er lächelte provokant. Ich zog ihn zurück. Aber auch nur, weil ich keine Lust hatte, ihn morgen im Krankenhaus zu besuchen. Oder im Leichenschauhaus. Der Bürstenhaarschnitt nickte. Seine Augen ruhten ausdruckslos auf Jonas. Wahrscheinlich war er solche Typen wie ihn gewöhnt.

»Was? Sie machen uns eine Szene? Hier vor allen Leuten? Wie eine eifersüchtige Frau?« Jonas drehte sich mit ausgebreiteten Armen zum Auditorium. »Vor dem gesamten, hoch verehrten Publikum? Ernsthaft?«

Auf den meisten der rund fünfhundert Stühle unterhielten sich bereits die geladenen Gäste. Begrüßungen, Floskeln, Entschuldigungen, alles schwirrte im erwartungsvollen Plauderton durch die Aula. Es war genauso laut wie unten in der Garderobe. Jeder hatte noch etwas zu erzählen, bevor man nicht mehr reden durfte, fast wie im Kino.

Der Bürstenhaarschnitt nickte wieder, verzog keine Miene. Ehe Jonas Selbstmord begehen konnte, zog ich ihn einen weiteren halben Meter zurück.

»Dann warten wir eben« meinte ich und lächelte den Killer an. Er lächelte aber nicht zurück, sondern starrte stattdessen nun mich an.

»Was?« Empört drehte sich Jonas zu mir. »Du willst ernsthaft warten, bis Conradi fertig ist mit seinem langweiligen Vortrag? Wirklich, David? Ist nicht dein heiliger Ernst, oder?! Das kann Stunden dauern.«

In der ersten Reihe hatte eine ältere Dame unseren Disput mit dem Bodyguard verfolgt. Sie erinnerte mich an die Herzogin, die in Wimbledon nach den Endspielen die Pokale an die Sieger überreicht: figurbetontes Kostüm, schlank, silberblond mit hochgesteckten Haaren, von Kopf bis Fuß vornehm. Sie sah mir direkt in die Augen. Ich lächelte sie an, aber sie schaute weg.

»Mach jetzt keinen Ärger, Jonas!«, raunte ich. Wenn er so weiter machte, würden wir bald vor der Türe stehen. Egal, wie viele Schritte Jonas noch nach vorne machte oder nicht. Was brachte es, sich mit jemandem anzulegen, der zum einen mehr Kraft und zum anderen auch mehr Macht besaß. Das war Unsinn! Aber Jonas war ein Hitzkopf und peinliche Situationen machten ihm nichts aus. Vielleicht hoffte er, aus so etwas mal eine Wahnsinnsstory für sein Radio machen zu können.

»Ich mach keinen Aufstand, David, ich will nur kurz mit Conradi sprechen.« Er deutete auf die große Uhr am Bühnenaufgang. »Der Einzige, der hier einen Aufstand macht, ist das Bison hier!« Damit zeigte er auf den Bürstenhaarschnitt, der uns weiter fixierte. Ungefähr so friedlich wie eine Löwenmutter, die ein Hyänenrudel beobachtet, das sich ihren Jungen nähert.

Ich zog Jonas erneut an der Schulter, aber natürlich stellte er sich stur. »Wir haben das Recht zu—«

»Ihr macht jetzt besser, dass ihr Land gewinnt, Jungs, klar? Ich sag's nicht noch einmal.« Anscheinend neigte sich die Geduld des Riesen dem Ende entgegen. »Ich zähle bis zehn und dann seid ihr hier verschwunden, okay? Sonst klemm ich euch unter den Arm und trag euch weg. Verstanden?«

Himmel, langsam wurde es persönlich. Ich sah, wie Jonas im Begriff war, sich aufzupumpen. Aber selbst dann war er nur halb so breit wie der Sicherheitsschrank. Wer weiß, in welche Richtung die Situation eskaliert wäre.

Plötzlich hörten wir jedoch Conradis Stimme: »Was ist hier los?« Der Archivar stand oben an der Bühnentreppe.

Seine rundliche Figur steckte in einem fliederfarbenen Anzug. Darunter trug er ein grünes Hemd, um den Hals zwängte sich eine schwarze Fliege mit weißen Tupfen. Auf seiner Stirn perlten winzige Schweißtropfen.

»Herr Dr. Conradi«, stammelte ich erleichtert in seine Richtung, »können wir— Wir wollen nur kurz mit Ihnen sprechen.« Meine Stimme klang schrill, aber das war mir egal. Ich musste den Lärm in der Aula übertönen.

Missmutig drehte der Bürstenhaarschnitt seinen gewaltigen Oberkörper zu Conradi. Gleichzeitig hob er wieder seinen beeindruckenden Arm. Wenn Conradi uns jetzt fortschickte, konnte dieses Mammut endlich zur Tat schreiten und uns auslöschen.

Conradi kam näher. Seine Hand krampfte sich um das wacklige Geländer. »Um was geht es denn?« Wahrscheinlich sah er wegen seines Bauchs die Stufen nicht genau und musste den Abstieg mit den Füßen ertasten. Er stellte sich vor uns, musterte mich. Dann, Gott sei Dank, der Moment des Erkennens: »Ich erinnere mich an Sie, junger Mann«, sagte er und nickte in meine Richtung, »Sie waren doch bei mir in den Ausstellungsräumen.«

Ich nickte ebenfalls. »Herr Dr. Conradi, ja, also ich—« Kurz blickte ich auf den Sicherheitstypen. »Um es kurz zu machen: Wir suchen immer noch nach unserem Kommilitonen. Archie Grant. Und ein Kollege von Ihnen sagte uns, dass Sie mit ihm gesprochen haben. Vielleicht ist es Ihnen jetzt wieder eingefallen.« Ich ließ Ben Springers Namen unerwähnt. »Wissen Sie, der britische Kommilitone. Derjenige, der—« Jetzt riet ich, weil mir nichts Passenderes einfiel: »Der Sie um Erlaubnis gebeten hat, Ihr Archiv besuchen zu dürfen.«

Ich hatte nicht viel Hoffnung, dass Dr. Conradi uns etwas sagen konnte, das uns bei der Suche nach Archie helfen würde, aber wir mussten es versuchen. Conradi stieg weitere zwei Stufen hinab, wobei er seinen Körper vorsichtig am wackligen Metallgeländer abstützte. Er winkte mich zu sich, was dem Bürstenhaarschnitt sichtlich missfiel.

Der Archivar beugte sich zu mir. Sein Atem roch nach Pfefferminz: »Kommen Sie doch bitte nach meinem Vortrag wieder hierher, ja?«, flüsterte er. »Hier an die Bühne.« Er atmete tief durch, als müsse er sich zu einer Entscheidung durchringen. Dann schaute er mir direkt in die Augen. »Wissen Sie, Ihr Kommilitone, Mr. Grant, war tatsächlich bei mir.« Er seufzte. »Es tut mir leid, dass ich mich letztens ungenau ausgedrückt habe.« Wieder seufzte er, als sei ihm nicht recht, was er jetzt sagen müsse: »Ein erstaunlicher junger Mann, Ihr Freund. Hartnäckig und – ehrlich. Ich—«

Er kam noch ein paar Zentimeter näher, so dass der Pfefferminzgeruch stärker wurde und ich erkennen konnte, dass die weißen Punkte auf seiner Fliege gar keine Punkte, sondern weiße Marienkäfer mit winzigen schwarzen Punkten waren, »Ich muss Ihrem Freund dankbar sein.« Er betrachtete mich ernst. »Das muss ich wohl. Auch wenn es etwas Zeit gebraucht hat, das zu akzeptieren.«

Ehe ich nachfragen konnte, brandete Beifall auf. Dr. Conradi und ich blickten Richtung Bühne. Johannes Rau verbeugte sich. Er winkte lächelnd ins Publikum, dann schaute er zu uns. Ehe der Beifall abebbte, winkte er Dr. Conradi mit einer ungeduldigen Handbewegung zu sich nach oben.

Bevor er ging, berührte Conradis Hand kurz meine Schulter. »Sie tun das Richtige!« Mühsam und vorsichtig stieg er die Stufen hinauf und verschwand gemeinsam mit dem Ministerpräsidenten hinter der Bühne. Es waren die letzten Worte, die Dr. Conradi mit uns sprach.

»Was um Himmelswillen hat er gesagt? Ich hab nur die Hälfte verstanden.« Jonas saß lässig, den Rücken an das kalte Glas der Fensterfront gelehnt, auf dem niedrigen Heizkörper. Die Aula war bis auf den allerletzten Platz gefüllt. Vor allem in der Nähe des Eingangs drängten sich die Menschen. Wer zu spät gekommen war, suchte hektisch einen Sitzplatz oder begnügte sich resigniert damit, den Abend stehend zu verbringen.

Was hatte Conradi gesagt? Beziehungsweise: Was hatte er gemeint? Dass er uns nach seinem Vortrag sprechen wollte? Was bedeutete das?

Moritz und ich setzten uns zu Jonas. Ich fror in meinem dünnen Jackett und stellte den Kragen hoch. Außerdem zog es von irgendwo hinter der Bühne. Ich drehte mich um und schaute in die Dunkelheit. Hinter uns im Mondschein lag der Arkadenhof. Die Limousinen glänzten zu uns herauf.

»Na prima.« Jonas schnaufte. »Heißt das jetzt, wir müssen hier jetzt doch hocken bleiben und uns Conradis ganzen Vortrag anhören?«

»So ist das wohl!«, flüsterte Moritz zurück. »Und jetzt halt die Klappe, ja? Wir machen das hier nicht zum Spaß. Wir wollen schließlich Archie finden. Oder du nicht?«

Bevor Jonas etwas entgegnen konnte, wurde es still. Ich blickte auf die große Uhr, eine Minute vor acht.

»Schon gut«, zischte Jonas jetzt doch leise, »aber was soll die ganze Geheimnistuerei? Warum sagt er uns nicht direkt, was er weiß? Warum macht er so ein Spiel daraus? Aus was auch immer!«

Teils neugierig, teils missbilligend schauten ein paar Leute zu uns herüber. Ein Mann mit dicker, schwarzer Hornbrille verzog den Mund zu einem schmalen Strich, er sah aus wie eine Comicfigur bei Clever & Smart. Auch andere stierten und signalisierten uns, wie peinlich wir waren. Die Herzogin aus Wimbledon drehte sich nicht mehr zu uns um. Ich sah nur, wie sie den Kopf schüttelte.

Wir waren hier ganz schnell zu Publikumslieblingen geworden. So wie die Chipsesser im Kino, die Papierraschler im Theater und die Dauerhuster in der Oper. Sicherlich fragten sich manche, was die drei abgerissenen Studenten hier überhaupt zu suchen hatten.

»Jonas, woher soll ich das wissen?«, flüsterte ich ebenso böse zurück. »Halt jetzt die Klappe, um Himmelswillen, sonst fliegen wir hier wirklich noch raus!«

Erstaunlich, dass er tatsächlich nichts mehr sagte. Beifall brandete auf. Conradi betrat die Bühne.

Kapitel 21

»Meine Damen, meine Herren, recht herzlichen Dank für diese warmherzige Begrüßung. Ich freue mich, Sie heute Abend willkommen heißen zu dürfen.«

Dr. Conradi erinnerte im abgedunkelten Licht auf dem Podium an den holländischen Showmaster, der Werbung für Schlankheitspillen gemacht hatte. Mit seinem gewagten Outfit hätte er wahrscheinlich auch alle Blicke auf sich gezogen, wenn er nicht auf der Bühne gestanden hätte.

»Ich freue mich wirklich, heute Abend zu Ihnen sprechen zu dürfen!« Hinter dem Rednerpult, hinter dem er jetzt stand, war seine Kleidung allerdings nicht mehr so gut zu erkennen. »Meine Damen, meine Herren, ganz besonders möchte ich heute Abend unseren Ministerpräsidenten Johannes Rau sowie einige Mitglieder seines Kabinetts begrüßen.« Er machte eine Pause und schien zu warten, ob jemand Beifall klatschen wollte. Pflichtbewusst setzte der auch ein, aber nur in den vorderen Reihen.

»Und ich begrüße auch die vielen bekannten Gesichter früherer Jahrgänge, die ich, soweit das Licht und meine Sehkraft es zulassen, in den ersten Reihen erkennen kann. Ihnen allen wünsche ich einen guten Abend!« Dr. Conradi machte erneut eine kurze Pause, wieder setzte Applaus ein, diesmal mehr.

»Meine Damen, meine Herren, ursprünglich wollte ich Ihnen heute Abend eine Rede präsentieren, an der ich mehr als zwei Wochen gefeilt, auf die ich mich akribisch vorbereitet habe. Akribisch! Unsere Studenten kennen dieses Wort.« Kunstpause. »Nun ja, manche von ihnen zumindest.« Vereinzelte Lacher aus dem Publikum.

»Haha!«, kam es laut von Jonas. Er hatte recht: Warum mussten Professoren immer Scherze auf Kosten ihrer Studenten machen? Es war so naheliegend, dass es schon wieder billig war. Aber anscheinend gehörte es dazu. Immer noch. Das Publikum wusste genau, dass es nun angebracht war zu lachen.

»Ja, tatsächlich habe ich ein Dutzend Quellen, mehr als zwanzig Zitate auf ihre Authentizität überprüft. Nun«, Dr. Conradi hielt inne und betrachtete lächelnd sein Publikum, »diese Rede habe ich weggeworfen! Besser gesagt, ich habe sie in viele kleine Fetzen gerissen und dem Papierkorb meines Büros anvertraut.«

Raunen im Publikum. Ich sah offene Münder und große Augen, einige der Zuhörer flüsterten. Hier schien sich etwas Ungewöhnliches anzubahnen. Die Damen in ihren schicken Kleidern und die Herren in ihren Anzügen benahmen sich nicht besser als wir Studenten, wenn etwas Unvorhergesehenes passierte. Erstaunt schaute ich zu Moritz. War es das, was Dr. Conradi eben mit dem Dank an Archie gemeint hatte?

»Nun, meine Damen, meine Herren, es ist etwas geschehen, das mich nicht anders handeln lässt. Etwas, das mir zwar schon lange im Kopf herumwirbelt, ebenso im Herzen, das ich aber seit geraumer Zeit immer wieder von meinem Gewissen fortgedrängt habe.«

Dr. Conradi blickte einen Augenblick in unsere Richtung. Er lächelte, schweren Herzens, wie mir schien. Ich hielt den Atem an.

»Es hat allerdings des Anstoßes eines jungen Menschen bedurft, dass ich mir meiner Verantwortung bewusst geworden bin.« Er räusperte sich. »Am heutigen Abend werde ich Ihnen über etwas berichten, dass mein Gewissen erleichtern wird. Dafür musste ich nicht einmal den Titel meine Rede ändern, meine Damen, meine Herren, sondern nur deren Inhalt. Dazu hat mich, wie gesagt, der Besuch eines jungen Menschen, eines Studenten bewogen.«

Wieder blickte er zu uns, und ich erstarrte, weil mir bewusst war, dass dieser junge Mensch, dieser Student, von dem Dr. Conradi gerade sprach, Archie war!

Der Uni-Archivar räusperte sich. »Er kam zu mir, um über etwas zu sprechen, das ich, wie erwähnt, immer wieder an den Rand meines Bewusstseins geschoben hatte. Und das durch die Fragen dieses jungen Manns nun nicht mehr beiseitegeschoben werden kann. Und nicht mehr beiseitegeschoben werden darf!«

Es war mucksmäuschenstill im Saal. Conradis Arme umfassten links und rechts die Seiten des Rednerpults. Er wirkte entspannt. Und erleichtert. Oder bildete ich mir das nur ein? Unser Uni-Archivar besaß die absolute Aufmerksamkeit aller.

Und dann geschah etwas, das auch in meiner Erinnerung so merkwürdig bleibt, dass ich mich immer noch frage, ob es tatsächlich geschehen ist: Plötzlich war da eine Bewegung am linken Bühnenrand. Am linken

Rand des Vorhangs erschien ein Gesicht. Ein Gesicht, das ich kannte. Das von Ben Springer. Ich fuhr zusammen.

Springer? Was machte Springer dort oben? Der Gehilfe von Conradi stierte in den Saal, als habe er sich verirrt. In dem Augenblick, als ich Moritz anstoßen wollte, um ihn auf Springer aufmerksam zu machen, zog Conradis Assistent seinen Kopf zurück. Er verschwand wieder, als sei er nie da gewesen.

Zehn Sekunden vergingen, zwanzig. Nicht einmal der Vorhang bewegte sich noch.

Dann – wieder zehn Sekunden später – ein Knall. Als ob ein Luftballon geplatzt wäre. Vielleicht etwas lauter.

In Sekundenbruchteilen warfen sich die Leibwächter auf den Ministerpräsidenten. Tumult! Leute schrien, sprangen auf. Einige versuchten, ihre Plätze zu verlassen und sich an den anderen vorbei zum Ausgang zu drängen. Auch wir hatten uns erhoben, Moritz, Jonas und ich.

Nur Dr. Conradi stand weiter unberührt am Rednerpult, die Arme lässig auf die Kanten des Podiums gestützt. Er schien erstaunt von der Aufruhr im Publikum. Mit großen Augen blickte er auf uns herab, beobachtete überrascht das Durcheinander zu seinen Füßen.

Kurz dachte ich, Ben Springer würde jeden Moment hinter dem Vorhang hervorkommen und erklären, im Erdgeschoss seien soeben zwei der Garderobenhexen an Boshaftigkeit geplatzt. Aber die Realität war nicht lustig: Denn jetzt hob Conradi seinen rechten Arm, als bitte er um Ruhe, beugte sich näher ans Mikrophon und öffnete den Mund. Ein dunkler Schwall Blut ergoss sich in einem Strahl auf das Pult, als würde er sich übergeben, tropfte dann vom Kinn auf seine Kleidung und besudelte Hemd und Jackett.

Schreie in den ersten Reihen. Sechs Bodyguards zogen den Ministerpräsidenten an uns vorbei Richtung Ausgang. Stuhlbeine quietschten über den Parkettboden. Menschen stießen gegeneinander, drängten nach hinten. Rufe, Schreie, ein immer größeres Durcheinander.

Conradis Finger rutschten an den Kanten des Podiums entlang, als liebkosten sie das Holz. Blut tropfte vorne über das Rednerpult auf den Bühnenboden. Noch mehr Blut lief aus Conradis Mund. Und seiner Nase. Unfähig, mich zu bewegen, starrte ich ihn weiter an. Bis Dr. Conradi hinter dem Podium zusammenbrach.

Zweiter Teil

Kapitel 22

Die Zeiger der großen Wanduhr waren weitergewandert, obwohl die Zeit für uns stehen geblieben war. Dr. Conradi war tot. Vollkommen benommen starrte ich ins Leere. Immer noch liefen Menschen wild durcheinander, Frauen kreischten. Irgendjemand rempelte mich an, entschuldigte sich, lief weiter, ich bemerkte es kaum. Alles war egal jetzt, nichts mehr wichtig. Meine Schläfen pochten.

Wenige Meter entfernt lag eine dunkelhaarige Frau im Arm ihres Manns. Ihr Kopf schmiegte sich an seinen Hals wie der eines Kindes. Ihr Oberkörper zuckte. Beruhigend strich der Mann mit seiner Hand über ihren Rücken. Sein Blick war über den Kopf der Frau zur Bühne gerichtet. Wie winzige Inseln standen Pärchen und kleinere Grüppchen zwischen dem Meer aus umgestürzten Stühlen zusammen. Manche weinten, andere flüsterten, viele schauten zum Podium.

Natürlich hätten wir längst die Aula verlassen müssen, aber in dem Durcheinander hatte sich bislang noch niemand um uns gekümmert. Jonas stand zwei Meter neben mir, er sprach mit einem der Polizisten. Ich sah, wie sich sein Mund bewegte, hörte ihn aber nicht, so als säße ich in einem wattigen Kokon. Moritz starrte auf den Boden, so als könnte er dort die Ursache für das Chaos entdecken.

Zwei Pärchen begannen wortlos die umgestürzten Stühle wieder aufzustellen, als sei Ordnung jetzt das Wichtigste.

Ein Mann platzierte sich vor mich. Nicht einmal einen halben Meter entfernt. Zuerst hörte ich kaum, was er sagte. Er nannte seinen Namen: Schilton oder Schilten oder so ähnlich.

Es war ein großer Mann mit kurzen, grauen Haaren, dunklen Augen und einem Grübchen im Kinn. Wie bei Cary Grant. Er beäugte mich streng, als ob er befürchtete, dass ich jeden Augenblick versuchen würde, wegzulaufen. Zufällig hatte ich beobachtet, wie er von hinter der Bühne aus in den Saal gekommen war. Er hatte sich zunächst umgeschaut, dann neben Conradis Leiche gehockt und mit einem Mann gesprochen, der einen ähnlich dunklen Anzug trug wie er selbst. Der zweite Mann hatte zuerst auf Conradi, dann in unsere Richtung gezeigt.

»Entschuldigung, was haben Sie gesagt?« Das *musste* ein Traum sein, dachte ich. Aber hinter dem Rednerpult lag weiterhin Dr. Conradis Leiche. Seine Beine ragten immer noch dahinter hervor. Unter seiner rechten Schuhsohle klebte etwas Weißes, vielleicht ein Papierschnipsel oder ein Kaugummi. Zu Lebzeiten hatte Conradi den nicht bemerkt. Vielleicht wäre es ihm auch egal gewesen. Dumme Gedanken. Das Blut, das vom Rednerpult getropft war, war geronnen und trocknete nun in dünnen Fäden auf dem Holz. Dunkel, als habe Conradi auf dem Podium ein Glas Kirschsaft umgestoßen.

Uniformierte Polizisten drängten die Besucher nun in den Vorraum der Aula. Von dort führte eine geschwungene Flügeltreppe ins Erdgeschoss und in den Arkadenhof. Ich wusste nicht, ob jeder Besucher befragt wurde. Ich wusste nur, dass Schilten, oder wie der Polizist vor mir nun hieß, Moritz, Jonas und mich gebeten hatte, uns nicht von der Stelle zu rühren. »Auf keinen Fall!«, hatte er gesagt und uns seinen erhobenen Zeigefinger unter die Nase gehalten. Dabei hatte er gelächelt, aber wir spürten, wie ernst er es meinte. Jetzt stand er wieder vor mir. Oder war er nie weggegangen? Es war, als hätte ich kurze Aussetzer, als seien Sekunden vergangen, die ich nicht mitbekommen hatte.

»Ich habe dich gefragt, was Conradi von dir wollte, Junge.« Schiltens Augenbrauen schienen geschnitten oder gezupft zu sein, so ebenmäßig und glatt verlief die Linie. Der Mann hätte Modell in einem Katalog sein können. Ich versuchte, mich zu konzentrieren, aber meine Augen wanderten immer wieder zu den ausgestreckten Beinen hinter dem Pult. Das konnte nicht sein!

Zwei hagere Männer in schwarzen Anzügen stiegen die Stufen zur Bühne hinauf, zwischen ihnen: ein schwarzer Kunststoffsarg. Die Stufen knarzten. Die beiden warteten, bis einer der Polizisten, der neben der Leiche kniete, ihnen zunickte. Dann setzten sie den Sarg ab.

»Er ... er hat mir nur gesagt, dass—«

Die Bestatter, oder wie man sie nannte, legten das Oberteil des Sargs vorsichtig im hinteren Teil der Bühne ab. Beide bewegten sich so flink und grazil wie Tänzer in einem Ballett. So wird man also behandelt, wenn man tot ist, dachte ich abwesend.

»He Junge, guck mich an, verstanden?« Schilten schnippte mit zwei Fingern vor meinem Gesicht. »Hörst du mich? Guck mich an.«

Widerwillig blickte ich in sein glattes, hübsches Katalog-Gesicht. »Was soll ich sagen? Wir, also meine

Freunde und ich, suchen seit Tagen einen anderen Freund von uns – Archie Grant.« Mir war egal, ob er das verstand oder nicht. Was wollte der Kerl? Jeder hatte sehen können, wie wir hier unten saßen, während Conradi dort oben ermordet worden war. Warum belästigte der uns? Glaubte er wirklich, wir hätten etwas mit Conradis Tod zu tun? Wie hätten wir das bitte schön anstellen sollen?

»Und deswegen wart ihr heute Abend hier?« Schilten runzelte die Stirn, als sei absolut offensichtlich, dass wir zwischen den gut gekleideten Besuchern Störenfriede gewesen waren, dass wir nicht hierher gehörten, zumindest nicht heute Abend. Seine perfekten Augenbrauen rutschten nach unten. »Wen habt ihr gesucht? Was hast du gesagt? Euren *Freund*?« Sein Tonfall machte deutlich, dass er mir kein Wort glaubte. »Und was soll Dr. Conradi mit eurem verschwundenen Freund zu tun gehabt haben?« Er machte eine kurze Pause. »Wusste Dr. Conradi, wo euer Freund sich aufhält?«

»Ich weiß es nicht.« Woher sollte ich das wissen? Ich hatte ja nicht mehr mit Conradi sprechen können. »Er wollte uns irgendetwas erzählen, aber was, das wissen wir nicht.« Ich rieb mir erneut über meine brennenden Augen. »Dazu ist er ja nicht mehr gekommen.«

Eine pummelige Frau trippelte auf hohen Absätzen zwischen den umgestürzten Stühlen umher. Verschämt warf sie uns einen Blick zu, ehe sie einen Pelzmantel aufhob. Wieder ein kurzer Blick, dann lief sie mit kurzen Schrittchen zurück Richtung Flügeltür.

Schilten stellte sich etwas weiter nach rechts. Ob unbewusst oder bewusst, konnte ich nicht sagen. Auf jeden Fall verdeckte er mir damit den Blick auf Conradis

Leiche. »Okay, Junge, dazu kommen wir später. Erst einmal beantworte bitte meine Frage, ja? Und die lautet: Was hat Conradi zu dir gesagt, bevor er auf die Bühne ging. Was war so wichtig, dass er noch vor seinem Vortrag mit dir geredet hat?«

»Keine Ahnung. Ehrlich nicht.« Mich nervte, dass er mich mit *Junge* ansprach. Er tat grade so, als sei er mindestens so alt wie mein Großvater. Und dazu noch ungemein weise und klug. Dabei war er sicher nicht älter als Anfang vierzig.

Schilten nickte, wobei sein Nicken eher ein Unverständnis ausdrückte. Er war mit meinen kargen Antworten eindeutig nicht zufrieden. »Wie kam er dir vor? Dr. Conradi? Bedrückt, aufgeregt? Hatte er Angst vor irgendwas? Wirkte er ängstlich auf dich, welchen Eindruck hat er gemacht?«

Wieder schüttelte ich den Kopf. Dr. Conradi war mir absolut nicht ängstlich vorgekommen. »Ganz normal«, antwortete ich fast einsilbig. Conradi schien während unseres kurzen Gespräches sogar auf eine merkwürdige Art erleichtert gewesen zu sein, erinnerte ich mich.

Schilten verlagerte sein Gewicht weiter nach rechts, so dass ich die Bestatter oben auf der Bühne wieder sehen konnte. Der größere ging in die Hocke und umfasste Conradis Beine. Gemeinsam mit seinem Kollegen hob er die Leiche scheinbar mühelos in den dunklen Sarg. Ich dachte an Conradis runde Figur, er wog sicherlich zwei Zentner. Aber die Bestatter hatten ihn angehoben, als besäße er das Gewicht eines Jockeys.

»Ganz normal, sagst du? He Junge, sieh mich an!« Schiltens Stimme wurde wieder lauter.

Langsam drehte ich den Kopf und blickte ihn an. Der Mann wirkte immer noch lässig, aber ich bemerkte die zunehmende Härte in seiner Stimme.

»Ganz normal? Was heißt für dich *ganz normal*? Ganz normal ist mir ein bisschen zu wenig, hörst du? Ich habe den Mann nicht gekannt. Also: Erzähl's mir, wie hat er auf dich gewirkt?«

Einer der Bestatter legte Conradis Hände auf seinen Bauch. Kurz dachte ich an seine unmögliche Fliege, an die weißen Marienkäfer mit den schwarzen Punkten, und am liebsten hätte ich mich in eine Ecke verkrochen und losgeheult. Aber ich wusste, dass mich Schilten beobachtete, und deswegen holte ich tief Luft, schloss die Augen und drückte die Tränen weg. Als ich die Augen wieder öffnete, verschlossen die beiden Hageren gerade den Sarg. Mein Gott, diese Fliege! Weiße Marienkäfer! Wer hatte dieses abscheuliche Ding gekauft? Conradis Frau? Seine Kinder? Er selbst? Ich versuchte, mich zu konzentrieren.

»Er war gut gelaunt. Er war – nett. Wollte nach seiner Rede mit mir sprechen. Mit uns. Über unseren Freund.« Ich nickte. »Ja, ich glaube, er wollte uns helfen. Er wusste etwas. Und er wollte es uns sagen.«

»Er wollte euch *was* sagen? Was wollte er euch sagen, Junge?« Schiltens Ungeduld machte mich allmählich wütend. Ich verdrehte die Augen.

»Das weiß ich doch nicht, herrje! Er hat ja nicht mehr mit uns sprechen können.« Ich starrte ihn an. »Was wollen Sie eigentlich von mir? Was soll der ganze Mist und Ihr blödsinniges Geheimdienstgetue?«

»Wo ist euer Freund denn hin?« Schilten ging nicht auf meine Provokation ein, vielleicht hatte er sie nicht einmal bemerkt, selbstgerecht wie er zu sein schien. »Der Freund, den ihr sucht. Und warum ist das so wichtig, dass ihr ihn wiederfindet?«

Wo unser Freund hin war? Und warum es wichtig war, ihn wiederzufinden? Was waren denn das für Fragen! Wenn wir das wüssten, würden wir ja nicht nach ihm suchen. Ich versuchte, ruhig zu bleiben. Der Typ, egal wie unsympathisch er mir auch vorkam, machte ja auch nur seinen Job. »Archie Grant heißt er. Studiert Geschichte. Seit vier Tagen suchen wir ihn, und möglicherweise hat Dr. Conradi ihn vorgestern noch einmal gesehen. Haben wir erfahren. Und darüber wollten wir gern mit ihm sprechen. Also mit Conradi. Aber das«, ich schaute wieder zur Bühne, »geht ja jetzt nicht mehr.«

»Hm«, brummte Schilten. Er schien tatsächlich nachdenklich zu werden, zumindest schien er nun zu glauben, dass es diesen Freund tatsächlich gab und wir ihn nicht erfunden hatten. »Vier Tage. Wart ihr schon bei der Polizei?«

Ich taxierte Schilten. Sollte ich ihm von den Lachanfällen der Beamten dort erzählen? Besser nicht, würde nichts bringen, er war ja selbst von der Bande. »Bei der Polizei? Ja, waren wir schon.« Ich stutzte. Warum drückte er sich so distanziert aus? Warum sagte er »bei der Polizei« und nicht »bei den Kollegen«? »Warum sprechen Sie nicht von Ihren Kollegen? Sie sind doch auch bei der Polizei, oder nicht?«

Auf Schiltens Wangen erschienen zwei weitere Grübchen. »Ja, so etwas in der Art.«

Ha!«, entgegnete ich, »muss ich dann überhaupt mit Ihnen reden? Wenn Sie gar nicht bei der Polizei sind?« Woher kam der Typ überhaupt?

Als Antwort zog Schilten einen Ausweis aus der Brusttasche seines Jacketts. »Staatsschutz«, sagte er. »Ja, auch eine Art Polizei. Allerdings eine andere Abteilung. Sozusagen.«

Auf das Zeichen eines Mitarbeiters der Spurensicherung hin, der in den vergangenen Minuten sicherlich zwei Dutzend Fotos von Dr. Conradi und dem Tatort geschossen hatte, hoben die beiden Bestatter den Sarg mit Conradis Leiche an. Vorsichtig tasteten sie sich die Stufen ins Auditorium hinunter. Betroffen betrachteten alle den Sarg und die beiden Männer. Es war wieder still, nur die Bühnenstufen knarzten erneut.

»Ist mir auch egal«, sagte ich leise, während mich Schilten keine Sekunde aus den Augen ließ. Mir war übel und ich wollte weg.

»Ist dir denn sonst gar nichts aufgefallen, Junge? Irgendetwas? Irgendjemand?«

»Warum Staatsschutz?«, fragte ich, ohne seine Frage zu beantworten. »Was will denn der Staatsschutz hier? Denken Sie, das ist politisch motiviert? RAF oder so was?«

Die schlimmsten Attentate der Roten Armee Fraktion lagen zwar schon Jahre zurück, aber immer noch gab es auf den Polizeiwachen, Bahnhöfen und Flughäfen Phantombilder verschiedener Frauen und Männer, die angeblich zur zweiten oder dritten Generation der RAF zählten.

Die Bestatter hatten die Ausgangstür fast erreicht. Die Besucher, die noch in der Aula standen, wichen zurück, als befände sich im Sarg etwas hoch Ansteckendes. Schilten schaute an mir vorbei in die nächtliche Dunkelheit.

»Das wirst du dir selbst an einem Finger abzählen können. Der Ministerpräsident war heute schließlich hier.«

Ich nickte müde. Ja klar, hätte ich auch drauf kommen können.

»Na also.« Schilten klang so herablassend, als würde ich nächstes Jahr erst eingeschult.

Ein junger Typ mit einem rötlichen Schnauzbart und einer John-Lennon-Brille, trabte von der Bühne herab auf uns zu. Er trug durchsichtige Plastikhandschuhe. Seine Fingerspitzen hielten eine Pistole mit braunem Griff. »Entschuldigen Sie, aber würden Sie sich das bitte anschauen?« Blitzschnell schob sich Schilten zwischen mich und den Polizisten. »Sagen Sie, sind Sie total verrückt geworden? Sie können hier doch nicht mit der möglichen Tatwaffe durch die Gegend rennen«, herrschte er den Schnauzbart an. »Lassen Sie das Beweismaterial dort, wo Sie es gefunden haben!«

»Aber wir haben schon alles—«

»Das ist mir egal!«, bellte Schilten wütend. Der Polizist sackte schuldbewusst in sich zusammen. »Bringen Sie das Beweisstück sofort zu den Kollegen ins Labor.« Er schüttelte den Kopf und drehte sich wieder zu mir. Einige Sekunden vergingen, ohne dass er etwas sagte. Wahrscheinlich musste er sich erst wieder beruhigen.

»Also, Junge, ist dir irgendetwas aufgefallen? Irgendetwas? Ein kleines Detail, das nicht passt, etwas, das du vielleicht nur am Rande wahrgenommen hast.« Mit einem erneuten Fingerschnippen holte er mich zurück in die Gegenwart. Konnte er nicht verstehen, dass ich anderes zu tun hatte, als seine blöden Fragen zu beantworten? Am liebsten hätte ich mir seine blöden Finger geschnappt und nacheinander gebrochen.

Ich schaute zu Moritz. Er saß immer noch – jetzt mit einer Dose Pepsi im Schoß – auf der Heizung und starrte vor sich hin. Er schien sich in den vergangenen Minuten gar nicht bewegt zu haben. Oder hatte er meinem Gespräch mit Schilten zugehört?

Ich schüttelte den Kopf. »Nein, mir ist nichts aufgefallen. Rein gar nichts.«

Das war natürlich eine Lüge. Im Geiste sah ich Ben Springer vor mir, wie er kurz vor dem Schuss auf die Bühne geschaut hatte. Angstvoll, so als wisse er, dass etwas Schreckliches passieren würde. Aber das sagte ich Schilten nicht. Vielleicht meine kindische, kleine Rache, weil er mich die ganze Zeit Junge genannt und mit seinen blöden Fingern geschnippt hatte.

Kapitel 23

1991 starben bereits Max Frisch, Freddie Mercury, Michael Landon und gerade erst Klaus Kinski. Über ihre Tode hatten wir nur in der Zeitung gelesen oder in den Nachrichten gehört, deswegen waren sie abstrakt geblieben. Mit Dr. Conradi war es etwas vollkommen anderes. Sein Tod war in unserer Gegenwart passiert, nur wenige Meter von uns entfernt.

Moritz, Jonas und ich saßen in der dunklen Uni-Cafeteria an einem der runden Tische. Nur die funzeligen Lichter der Notbeleuchtung erhellten den Raum, es reichte gerade, um den Aschenbecher zu finden. Wir rauchten stumm. Die Kühlung der Erfrischungsautomaten brummte leise und gleichmäßig. In den Fluren, oben in der Aula und auch im Arkadenhof standen Menschen in Gruppen zusammen, murmelten, hielten sich umarmt, schwiegen gemeinsam.

»Und da stand wirklich nichts in seinen Notizen?« Das hatte mich Moritz schon oben vor der Aula gefragt, kurz nachdem mir Schilten zum Ende unseres Gesprächs auf die Schulter geklopft und mir seine Visitenkarte in die Brusttasche meines Jacketts gesteckt hatte.

Vorsichtig war ich die Stufen zur Bühne hinaufgestiegen. Möglichst unauffällig hatte ich mich vor

Conradis Pult gestellt, behutsam, um nicht in die Markierungen der Polizei zu treten und in Dr. Conradis Blut. Ungefähr ein Dutzend Seiten hatten auf dem Pult gelegen. Was sich Conradi notiert hatte, war schwer zu erkennen gewesen, die Seiten waren blutdurchtränkt. Ich hatte mich über das Pult gebeugt und versucht, etwas zu entziffern. Soweit ich das hatte erkennen können – und die Worte und Satzfetzen zwischen dem vielen Blut noch lesbar gewesen waren –, hatte Dr. Conradi seinen Vortrag mit Thomas Mann beginnen wollen.

Die Geschichte kannte so gut wie jeder, der in Bonn studierte: 1919 hatte unsere Universität dem Schriftsteller die Ehrendoktorwürde verliehen, 1936, also während der Nazi-Zeit, war ihm diese Auszeichnung aberkannt worden. Dieser Tage war wohl Jahrestag, deswegen hatte Conradi seinen Vortrag mit diesem Ereignis beginnen wollen. Zumindest vermutete ich das. Ich hatte das oberste Blatt beiseitegeschoben. Was schwer war, weil das Blut auf die darunterliegenden Blätter durchgesickert war und festklebte. Auch die Seiten zwei und drei hatten sich mit der Aberkennung von Manns Ehrendoktorwürde beschäftigt. In den nächsten Absätzen ging es vermutlich um den gescheiterten Versuch der Wiedergutmachung nach dem verlorenen Krieg. Mann hatte von unserer Uni nichts mehr wissen wollen.

Die folgenden Seiten hatten die Entführung Adolf Eichmanns im Mai 1960 aus Argentinien behandelt, seinen Prozess in Israel und seine Hinrichtung in Jerusalem. Eine Überleitung vom ersten zum zweiten Thema hatte ich nicht finden können. Vielleicht hatte der Archivar improvisieren wollen. Er hatte mehrere Zeilen dick unterstrichen. Meist die, in denen er eigene

Einschätzungen abgab. Als ich bei den letzten Seiten des Manuskripts angekommen war, hatte ich auf etwas gehofft, das mir vielleicht doch noch einen Hinweis geben würde: Conradi hatte die relativ lasche Haltung der jungen Bundesrepublik zu ehemaligen Kriegsverbrechern kritisiert.

Erst Mitte der 1950er Jahre hatte die BRD allmählich begonnen, ihre Nazi-Vergangenheit zu ordnen: Es wurden Prozesse eröffnet, die nicht von den alliierten Mächten initiiert waren, und Conradi hatte sich in seiner Rede – die er nie hatte halten können – über die geringe Zahl der Verurteilten empört. Unter anderem hatte er geschrieben:

Mehr als 100 000 Deutsche, überwiegend Männer, wurden beschuldigt, an den Nazi-Verbrechen beteiligt gewesen zu sein, rechtmäßig verurteilt wurden nur etwa 6 500. Das, meine Damen, meine Herren, ist ein Skandal. Denn wir sprechen bei diesen gut 100 000 Beschuldigten nicht von jenen Mitläufern, die zum Großteil weiter in der Familie lebten, mit am Frühstückstisch saßen. Brüder, Väter, Großväter. Diejenigen, die pflichtbewusst Hitler-Portraits nicht nur in ihren Wohnzimmern hängen hatten und jede Konversation mit dem Hitlergruß begannen. Wir sprechen von jenen Menschen, die entweder Mitglied der SS gewesen sind, den Massenmord der Juden zum Beispiel in Berlin mit verwaltet haben wie Eichmann, und wir sprechen von denen, die nicht zuletzt in jenen Lagern Dienst taten, in denen wir ein ganzes Volk fast vollständig ausgelöscht haben.

Vorsichtig hatte ich das letzte Blatt beiseitegelegt. Da stand nichts geschrieben, was ein Historiker nicht schon wusste. Alles, was Conradi notiert hatte und dem Publikum präsentieren wollte, war bekannt. Auch einer breiten Öffentlichkeit. Aber diese Rede, die hier vor mir gelegen hatte, hatte er ja auch gar nicht halten wollen. Obwohl: Hatte er nicht gesagt, er habe seine ursprüngliche Rede zerrissen und in den Papierkorb geworfen? Warum hatte sie dann trotzdem auf dem Pult gelegen? Oder war das bereits die neue Rede gewesen?

Plötzlich hatte ich eine Hand auf der Schulter gespürt. Einer der uniformierten Polizisten schnauzte mich an, was mir einfiele, in einem Tatort spazieren zu gehen. Und was ich mit den Papieren vorgehabt hätte. Damit war meine Inspektion beendet gewesen.

Jetzt bereute ich, Dr. Conradi nicht konkreter nach Archie gefragt zu haben, vielleicht hätte er uns doch noch etwas Wichtiges gesagt. Jetzt war es zu spät.

»Lass uns einen Augenblick vor die Tür gehen, ja?« Moritz wirkte, als habe er drei Nächte nicht geschlafen. »Mir ist wirklich übel.«

Ein knappes Dutzend Polizeiwagen stand kreuz und quer im Arkadenhof, dazu vier Notfallambulanzen. Die Limousinen, die wahrscheinlich zur Staatskanzlei und zum Staatsschutz gehört hatten, waren verschwunden. Wir standen erst einen Augenblick dort, als uns ein Streifenpolizist verscheuchte. Wir liefen über die Straße zum Buchladen und stellten uns mit dem Rücken zum Schaufenster, um den Eingang zum Arkadenhof zu beobachten. Immer wieder fuhren Fahrzeuge hinein oder hinaus. Polizeiwagen, Zivilfahrzeuge, Krankenwagen. Ein orangefarbenes Räumfahrzeug brummte aus Richtung Alten Rathaus auf uns zu. Die schräg gestellte Schaufel des Monstrums pflügte Schneereste an den Straßenrand. Aus dem Fahrerhäuschen glotzte uns ein Mann an. In seinem Mundwinkel wippte eine glühende Zigarette. Kaum war der Schneepflug vorbei, rollten drei Streifenwagen aus dem Arkadenhof. Einer von ihnen mit Blaulicht. Der Fahrer gab Gas und die Reifen schlitterten auf dem glatten Untergrund. Ein Rest von Schneematsch spritzte in unsere Richtung. Hinter den Scheiben dunkle Gesichter.

»Und jetzt?« Ich sah Conradi wieder hinter dem Pult zusammenbrechen. Und das Blut, das ihm aus dem Mund lief. »Was machen wir jetzt?«

»Wir gehen noch mal ins Archiv.« Jonas schien kein Stück zu frieren. Im Gegensatz zu mir, meine Füße fühlten sich an wie Eisklumpen.

»Ins Archiv? Jetzt? Wieso?«

»Wir wissen, dass es den Wachdienst gibt, oder? Und diesmal lassen wir uns nicht überraschen. Und wir finden diesen Zugang, von dem Springer erzählt hat. Ich sag euch, irgendwo da liegt Archie geknebelt und gefesselt und wartet auf uns.« Jonas fasste mich am Arm. »Conradi ist tot. Und jetzt stell dir vor, er hat Archie irgendwo versteckt. Aus welchen Gründen auch immer. Und jetzt kommt Archie da nicht mehr raus. Stell dir das doch mal vor!«

»Ach Quatsch!« Ich schüttelte den Kopf. »Wieso sollte Conradi Archie versteckt halten? Der war ihm doch dankbar – für was auch immer.«

»Nein, nicht versteckt, weil er ihn festhalten wollte, David, sondern versteckt, weil er ihn schützen wollte.«

Was Jonas sagte, traf mich wie ein Schlag. Auf diesen Gedanken war ich noch gar nicht gekommen. »Vor was *schützen*, meinst du?«

»Keine Ahnung.« Jonas zuckte die Schultern. »Aber irgendwas müssen wir doch tun, oder?«

Ich schloss die Augen. Vielleicht hatte Jonas recht! Irgendetwas mussten wir versuchen.

Er stupste Moritz an. »Hast du deine Dietriche?«

Moritz nickte. Ich konnte nicht erkennen, ob er die Idee von Jonas für unsinnig oder klug hielt. Ich glaube, in dieser Nacht war ihm fast alles egal.

»Vielleicht ist er wirklich dort, überlegt doch mal.« Jonas erwärmte sich immer mehr für seine Idee. »Im Archiv ist er zuletzt gesehen worden. Und vielleicht ist er immer noch da – irgendwo.«

Kapitel 24

Das Uni-Archiv war gut geheizt, aber ich fror trotzdem. Moritz öffnete das Schloss schneller als beim ersten Mal: Kein Wunder, er besaß ja nun schon Übung. Die Mitteltüre war wieder nicht verschlossen. Geduckt und erneut nur mit meinem Feuerzeug als Lichtquelle ausgestattet, betrachteten wir den großen Saal. Die Schreibtische warfen dieselben klobigen, schwarzen Schatten wie bei unserem letzten Besuch, nichts schien sich verändert zu haben. Das Parkett knarrte bei jedem unserer Schritte. Von den alten Teppichen ging ein muffiger Geruch aus, der mir bei unserem ersten Besuch gar nicht aufgefallen war. Sie stanken so penetrant, so als seien sie nie gereinigt worden. Vorsichtig schwenkte ich die kleine Flamme über meinem Kopf. Von hier aus sollte es einen Zugang zu einem Geheimgang oder etwas Ähnlichem geben? Eine in das Holz eingefasste Trennwand vielleicht oder eine Art Geheimtür?

»Also wenn ich mich nicht irre, waren wir schon mal hier, oder?« Jonas gackerte. »Zumindest wenn ich das richtig in Erinnerung habe.«

Moritz und ich verzogen keine Miene, mir war nicht nach Scherzen. Etwas entfernt ertönte ein Martinshorn. Wir zuckten zusammen. Die Kriminalpolizei würde wohl die ganze Nacht arbeiten. Vielleicht auch Staatsschutz, BKA, BND oder wer weiß was. Schilten hatte wohl recht: Weil der Ministerpräsident anwesend gewesen war, behandelte der Staatsapparat das Ganze erst einmal als potenzielles politisches Attentat.

Ich erinnerte mich, dass erst im vergangenen Sommer der Treuhandchef Detlev Rohwedder erschossen worden war, in seinem Haus in Düsseldorf. Wenn also der Verdacht bestand, Johannes Rau hätte Ziel des Anschlags in der Aula sein sollen, würde es in Bonn die kommenden Tage mehr BKA-Beamte geben als Studenten.

»Kommt her!« Das war Moritz' Stimme. Gerade hatte ich mich ans Fenster gestellt, um Ausschau nach den Wachleuten zu halten. Sie würden sicherlich auch in dieser Nacht Kontrolle gehen. Aber im Augenblick sah ich niemanden. Im Wirbel der Schneeflocken, die gerade erneut fielen, hätte ich allerdings nur schwer eine Gestalt ausmachen können.

Ich drehte mich zu Moritz. Sorge bereitete mir, dass wir auf dem Parkett wegen unserer nassen Schuhe kleine Wasserpfützen hinterließen. Jeder der Mitarbeiter würde morgen früh sehen, dass in der Nacht mehrere Personen im Raum gewesen waren. Ich hoffte jedoch, man würde das dem nachlässigen Putzdienst zuschreiben. Wobei ich nicht einmal wusste, ob es hier überhaupt einen Putzdienst gab. Moritz kniete vor dem mittleren Schreibtisch.

»Was ist?«, fragte ich.

Moritz zeigte wortlos auf den Boden vor sich. Ich hielt das Feuerzeug in seine Richtung. Er hatte einen der alten Teppiche zusammengerollt und zur Seite geschoben. Einen, unter dem wir bei unserem letzten Besuch nicht nachgeschaut hatten, weil uns Walter und sein Kollege vom Wachdienst bei unserer Suche unterbrochen hatten.

»Super!«, flüsterte Jonas und pfiff anerkennend durch die Zähne. Eingelassen in den Boden erkannten wir die Umrisse mehrerer andersfarbiger, dunkler Dielen, die in einer Art Einfassung steckten. Ungefähr einen Meter mal einen Meter groß. Auf der uns zugewandten Seite war in einer Vertiefung ein kleiner Metallriegel angeschraubt. Moritz schob ihn auf. Ich kniete mich hin, während Moritz versuchte, mit seinen Fingern unter den Rahmen zu gelangen. Mit einem Ächzen hob sich die Dielenplatte. Modrige, kalte Luft stieg uns in die Nase, ähnlich wie im Keller meiner Oma. Sie wohnte in einem winzigen Fachwerkhaus, und ihr Kohlenkeller besaß nur einen festgestampften Lehmboden. Dort unten lagerte sie neben einem fast mannshohen Berg Briketts Einweckgläser mit Bohnen, Kirschen, Pfirsichen und sogar gebratenem Fleisch in alten, verstaubten Holzregalen.

Ich kniff die Augen zusammen: Im flackernden Schein des Feuerzeugs machte ich die Umrisse einer schmalen Steintreppe aus. Hatte Springer also möglicherweise doch recht gehabt: Hatten Conradi und Archie sich vielleicht hierhin zurückgezogen? Aber warum? Ich spürte so etwas wie Zuversicht, gleichzeitig machte mir die Aussicht, die schmale Treppe hinabzusteigen Angst. Ich fragte mich, wie lange man sich in solch einem unterirdischen Gang oder wo immer diese Treppe endete, aufhalten konnte, ohne zu erfrieren.

»Okay, Jungs, auf geht's!« Jonas drängte sich an Moritz und mir vorbei. Dass er zuerst ging, war selbstverständlich. »Aber einer von euch muss hier oben bleiben und Schmiere stehen.«

Er hatte recht, einer blieb am besten hier im Archiv. Falls jemand kam, Walter und sein Kollege zum Beispiel, oder wenn wir uns da unten – Gott bewahre – verliefen, war es gut, jemanden hier oben zu haben, der Hilfe holen konnte. Ich hatte davon gehört, dass es unter dem Schloss dunkle Geheimgänge und schmale Schächte aus der Zeit der Kurfürsten geben sollte, und dass sich das Labyrinth über eine Länge von vielen Hundert Metern erstrecken sollte, was einem Nichtorientierten durchaus die Möglichkeit gab, sich zu verirren.

»Willst du mit runter?« Fragend schaute ich Moritz an, der die Dielenplatte weiterhin in die Höhe hielt, so dass sie nicht zufallen konnte.

»Geh ruhig, ich pass hier oben auf und stell mich ans Fenster. Wenn ich irgendwas höre, klopf ich laut auf die Stufen oder ruf runter.« Er packte meinen Arm. »Pass aber auf, ja? Ich hab keine Lust, euch beide hier rauszutragen. Okay? Das krieg ich nicht hin.« Er sah käsig aus um die Nase, fand ich, vielleicht lag das aber auch an dem flackernden Licht. »Und gib auf unseren Radiomann acht.« Lächelnd zwinkerte er mir zu.

»Kein Problem. Kennst mich ja.« Im nächsten Augenblick wäre ich beinahe die Treppe hinuntergefallen. Ich stolperte über eine der schmalen Stufen, konnte mich aber gerade noch am Holz festhalten.

»Genau, kein Problem! Seh ich, Mann. David, brich dir bloß nicht den Hals, ja?« Leise sank die Tür über mir in die Einfassung zurück. Es wurde noch dunkler.

»Wie im Kindergarten hier«, hörte ich Moritz maulen.

Jonas wartete unten am Fuß der schmalen Treppe. Mindestens zwanzig enge Stufen war ich zu ihm hinabgeklettert. Ich hielt das Feuerzeug hoch.

»Wow, riesig! Halleluja« Seine Stimme hallte durch die Dunkelheit. Wir standen auf einem Lehmboden, uneben und holprig. Plötzlich Helligkeit. Jonas hatte einen Lichtschalter gefunden. In Sekundenabständen tauchte eine Armee flackernder Neonröhren das Gewölbe in kaltes Licht. Wir standen in einem sicherlich zwanzig Meter langen Raum. Fast jede zweite der Röhren blieb dunkel oder klickte nur ab und zu einmal kurz hell auf.

Wir horchten. Stille. Nur irgendetwas tropfte. Vielleicht eine defekte Wasserleitung oder Kondenswasser, das durch poröse Steine oder Fugen sickerte. Die Wände waren zum Teil geweißt, die Farbe blätterte aber an vielen Stellen ab. Ich schaute nach oben: Die runde Decke wölbte sich mindestens vier Meter über uns. Mehrere ausrangierte Holzschränke und Kommoden standen kreuz und quer herum, einige mit offenen Türen, andere verschlossen. Darauf lagen ohne erkennbare Ordnung hunderte Magazine, Illustrierte und Mappen. Die meisten wellten sich durch die stetige Feuchte des Gewölbes.

An der Wand hinter mir klebten blass gewordene Drucke von Oldtimer-Zeichnungen. Ich erinnerte mich, solche als Kind gesammelt zu haben. Aral schenkte sie damals jedem Kunden nach dem Tanken. Mein Vater hatte sie immer für mich mit genommen. In meinem Zimmer hingen damals mehr als ein Dutzend über meinem Bett: Benz, Bentley, Bugatti. Später waren sie dann von Pop-Giganten wie den Bay City Rollers, The Sweet und David Cassidy abgelöst wurden.

Mir war weiterhin eiskalt, ich beneidete Jonas um seinen dicken Anorak. Die Idee, nur ein Jackett anzuziehen, war wirklich dumm gewesen. Vorsichtig schob ich mich an einem der Holzschränke vorbei. Im Vorbeigehen drückte ich eine der Flügeltüren zu. Das Scharnier quietschte so laut, dass Jonas mich böse ansah. Aber wer sollte uns hier hören – außer vielleicht Archie? Im hinteren Teil des Gewölbes, von den Neonröhren nur schummrig ausgeleuchtet, entdeckte ich an einer Wand mehrere Filmplakate. »Casablanca«, »Der Stadtneurotiker«, »Die Reisen des Mr. Leary.« Warum die Filmplakate hier hingen, verstand ich nicht. Vielleicht gehörten sie zum studentischen Filmclub. Der zeigte einmal im Monat einen Film in Hörsaal 1.

Schiefe, verstaubte Holzregale verdeckten die kalten Steinwände. Knittrige Bücher und Mappen unterschiedlichster Dicke und Größe stapelten sich auf den staubigen Ablagen. Ebenfalls unsortiert, wie mir schien, ohne jede Ordnung. Ich fragte mich, welche Art Arbeiten oder Bücher hier abgelegt worden waren. Sicherlich keine wichtigen Abschlussarbeiten. Die mussten dokumentiert und anders archiviert werden.

»Archie!« Jonas' Stimme wurde von den Wänden zurückgeworfen. »Archie, bist du hier?« Dunkel hallten die Worte durch den Keller. Das war unheimlich. Was würden wir machen, wenn eine andere Stimme, nicht Archies, »Nein!« rief oder »Ja!«? Und dann leise begann zu kichern. Oder zu knurren.

Ich machte ein paar Schritte auf Jonas zu. »Also wenn Archie sich hier unten befindet und nicht schwerhörig geworden ist, hat er wahrscheinlich mitbekommen, dass wir oben die Luke geöffnet haben, glaubst du nicht auch?«

Ich hatte wenig Lust auf Lärm, vor allem, weil ich nicht wusste, wohin dieser Keller führte. Und ob wir hier unten tatsächlich die Einzigen waren. Wenn es außer der Luke oben noch einen andern Zugang gab, und den musste es ja wahrscheinlich geben, konnte keiner wissen, ob wir hier unten tatsächlich allein waren.

»Hier ist was!«, hörte ich Jonas ungefähr zehn Meter entfernt. Er stand vor einer kleinen Nische, die fast unsichtbar hinter zwei Schränken versteckt lag. Das stetige Tropfen war hier stärker zu hören, aber immer noch sah ich nicht, woher das Geräusch kam.

»Himmel!« Ich hockte mich vor die Nische: Ein Schlafsack, halb aufgeschlagen, darunter eine billige Isomatte und mehrere kratzig aussehende Decken. »Aber, das kann auch schon Jahrzehnte hier liegen!«, räumte ich ein und erhob mich wieder. »Das sieht eher nach einem Landstreicher aus, oder ...« Jetzt fiel mir etwas ein: »Vielleicht gehört das hier ja Ben Springer.« Das passte tatsächlich: Dem Hausmeister hätte ich zugetraut, hier sein Mittagsschläfchen zu halten.

»Auf keinen Fall«, meinte Jonas nur und schüttelte den Kopf.

»Und warum nicht?« Erst jetzt bemerkte ich, wie ranzig es in der Ecke roch. Ich wich ein paar Schritte zurück und stieß mir das Bein an der offenen Lade eines ausrangierten Schranks.

»Weil du selbst gesagt hast, dass er ganz verwundert war, als er Conradi und Archie oben nicht mehr gefunden hat. Der weiß nichts von dem Keller hier.«

Jonas hatte recht. Springer fiel weg. Ich überlegte. Was hatte Conradi Archie hier unten zeigen wollen? Oder erklären? Oder brauchten die beiden nur einen Ort, wo sie sich ungestört – ohne Ben Springer – unterhalten konnten? Und wenn ja worüber? Oder gab es hier unten womöglich doch etwas Wichtiges zu sehen? Oder zu lesen? Etwas, das Archie unbedingt in Augenschein nehmen wollte und das Conradi ihm dann notgedrungen gezeigt hatte. Oder führte das Gewölbe zu etwas anderem, das Archie oder Conradi vielleicht wichtig gewesen war? Weil dort etwas Bestimmtes aufbewahrt wurde?

Ratlos betrachtete ich die schummrige Umgebung. Hier schienen sich keine großen Geheimnisse zu verbergen. Trotzdem durchsuchten wir die nächste halbe Stunde systematisch Schränke und Regale. Aber außer einer Tonne Staub, die wir einatmeten, entdeckten wir nichts. Wenn Archie tatsächlich hier gewesen sein sollte und etwas Wichtiges entdeckt hatte, so war es jetzt verschwunden. Oder nie hier gewesen.

Kapitel 25

»Sag mal, David«, Jonas' Frage kam aus dem Nichts, »was läuft da eigentlich zwischen dir und Klara?«

Verdammt, wie kam er jetzt darauf? Die vergangenen Minuten hatten wir über Dr. Conradi gesprochen. Mir war wieder schlecht geworden, als ich an das viele Blut gedacht hatte, das vom Rednerpult auf den Boden getropft war. Ich sah die beiden Bestatter, wie sie den schweren Körper so leicht in den dunklen Sarg gehoben hatten. Dann war Dr. Conradi weggewesen. Einfach weg.

Im Nachhinein bin ich verwundert, wie schnell wir an jenem Abend den Schock von Conradis Ermordung verarbeitet hatten, wie wenige Minuten es nur brauchte, bis wir uns gesammelt und auf die Idee gekommen waren, uns das Uni-Archiv erneut anzuschauen. Jonas hatte versucht, Witze über diesen Schilten vom Staatsschutz zu reißen. Den Wichtigtuer, der sich wahrscheinlich vorkam wie Barry Newman in »Petrocelli«, wie Jonas spottete. Doch immer wieder blitzte das Bild des sterbenden Conradi vor meinen Augen auf, die Sekunden, wie unser Uni-Archivar nach dem Schuss zuerst stehengeblieben war, bis ihm das Blut aus dem Mund gelaufen und er hinter dem Pult zusammengebrochen war.

Die Linie 66 ratterte über den Fluss. Im Regierungsviertel brannte auch zu dieser Nachtstunde in einigen der Abgeordnetenbüros noch Licht. Im Sommer war die Stadt gegen Berlin in der Abstimmung um den Standort als zukünftigen Regierungssitz unterlegen. Vielerorts herrschte immer noch Schockstarre. Bei Politikern, Geschäftsleuten, Hoteliers. In unserer Bäckerei am Studentenheim in der Lindenstraße gab es seitdem keine »Berliner« mehr zu kaufen, die hießen nun »Bonner«. Zudem zierte die Rückseite jedes dritten Autos mit Bonner Kennzeichen mindestens ein »Ja zu Bonn«-Aufkleber. Aber die hatte es natürlich auch vor dem Entscheidungstag schon gegeben.

Ich erinnerte mich, dass ich am Abend der Bonn/Berlin-Abstimmung mit Patricia spätabends aus dem Stern-Kino am Marktplatz gekommen war. Wir hatten »Das Schweigen der Lämmer« gesehen. Anthony Hopkins als Hannibal Lecter. Uns war gar nicht bewusst gewesen, warum so viele Menschen deprimiert, mit hängenden Köpfen und leeren Augen auf dem Kopfsteinpflaster vor dem Alten Rathaus gestanden hatten. In leise Gespräche vertieft oder einfach nur stumm vor sich hin starrend. In der Stadt hatte im Vorfeld kaum jemand damit gerechnet, dass Bonn die Wahl gegen Berlin verlieren konnte – und dann war es doch anders gekommen. Die Macht wollte wieder dorthin zurück, wo sie hergekommen war. Sollte sie doch gehen.

Jonas trat mir spielerisch gegen den Schuh. He, sag was!, sollte das wohl bedeuten. »Gib's zu.«

Jonas und Moritz saßen mir gegenüber. Ich hatte die Sitzbank entgegen der Fahrtrichtung gewählt, weil meinen

Freunden schlecht wurde, wenn sie rückwärtsfuhren. Der kleine Heizungsschacht zu meinen Füßen pustete siedend heiße Luft gegen meine Beine, trotzdem fühlten sich meine Zehen an, als hätten sie sich bereits vor Stunden von dieser Welt verabschiedet.

»Was meinst du – mit Klara?« Natürlich wusste ich, was er meinte. Ich war nur verblüfft, dass mir auch Jonas so schnell auf die Schliche gekommen war. Die Bahn verlangsamte ihre Fahrt, als wir in den Tunnel nach Ramersdorf eintauchten, dafür wurde es lauter. Durch die gekippten Fensterklappen dröhnte es ohrenbetäubend. Die Fassade der U-Bahnstation leuchtete sattgelb. Zwischen den großen Kunststoffplatten glitzerten Chrom und anderer siebziger Jahre Schnickschnack. Ein Landstreicher lag ausgestreckt auf drei der Sitzschalen, die sich selbst im Hochsommer kalt und schmutzig anfühlten. Der Mann hatte sich mehrere Plastiktüten unter den Kopf geschoben, unter einer schmutzig wirkenden dunkelgrünen Pudelmütze lugten mehrere Haarsträhnen hervor. Ein löchriger Schlafsack verbarg seinen Körper. Vor ihm auf dem Boden stand ein Sechser-Eierkarton, in dem ein paar Zehnpfennigstücke lagen. Moritz blieb stehen, kramte in seiner Hosentasche und legte ihm ein Markstück dazu.

»Also«, fragte Jonas, »was läuft da mit dir und Klara?« Er gab keine Ruhe, hartnäckiger Journalist, der er war.

»Was, also?« Bis gerade hatte ich gehofft, er werde das Thema auf sich beruhen lassen.

»Was mit dir und Klara ist?« Jonas fasste mich kurz am Nacken. »Tu nicht so unschuldig, das bist du nicht.«

»Da ist nichts, du Idiot. Klara ist Archies Freundin!« Die Rolltreppe funktionierte wieder nicht, ungelenk stiegen wir die geriffelten Metallstufen Richtung Ausgang hoch.

»Ach was. Das ist mir auch klar.« Er wartete einen Augenblick, ob ich darauf etwas sagen würde, aber den Gefallen tat ich ihm nicht. »Also sag schon.«

»Jonas! Ehrlich gesagt ist es im Augenblick Archie, der mir Sorgen macht. Weniger seine Freundin. Ich weiß echt nicht, was du willst.«

Eine glatte Lüge! Und vielleicht hatte ich damit schon zu viel gesagt. Aber Jonas ging glücklicherweise nicht weiter darauf ein. Stattdessen meinte er nur, er habe Klara am Mittag in der Uni gesehen und sie habe sich nach mir erkundigt. Nach mir, und nicht nach Archie, ihrem Freund, der seit fast einer Woche verschwunden war.

»Und was kann ich dafür? Ich glaub, sie ist sauer auf ihn. Sie denkt, er ist nach Hause, ohne ihr Bescheid zu sagen.«

»Ja, schon klar, aber ist doch trotzdem komisch, oder, dass sie nach dir fragt und nicht nach ihrem Freund?«

»Ach Gott, wenn das alles ist, was dir dazu einfällt!« Ich wusste wirklich nicht, ob ich den beiden von Klara erzählen sollte. Moritz schon eher als Jonas. Im Augenblick aber, dachte ich, würde ich damit nur weitere Unruhe stiften. Und Unfrieden. Am Treppenausgang der U-Bahn-Station blieben wir stehen, so wie immer, wenn wir zu dritt vom Campus zurückkehrten.

Wir stellten uns in eine windgeschützte Ecke und rauchten. Der gefallene Schnee hatte eine weiße Decke über Straße und Bürgersteig gelegt. Nur vereinzelt waren Fußspuren zu erkennen. Ich ignorierte Jonas' Blicke. Er hatte wohl eingesehen, dass ich zum Thema Klara nichts mehr sagen würde.

»O Mann, ich kann's echt noch nicht glauben!«, meinte Moritz plötzlich.

»Was?«

»Mit Conradi.« Er fuhr sich mit der Hand über die Stirn. »Überleg mal: Conradi ist tot, hörst du? Tot! Richtig ermordet, so wie im Film.« Er zog heftig an seiner Zigarette. »Nur, dass das hier verdammt kein Film ist. Der steht nicht wieder auf und irgendeiner sagt: ›Prima, gekauft, im Kasten!‹ Der ist liegengeblieben. Und vielleicht ist es ja auch wegen ... wegen Archie. Und wir – wir stecken mittendrin.«

Ich verstand Jonas' Frage nicht. Natürlich steckten wir mittendrin. Archie hatte mit Conradi gesprochen. Und wegen Archie hatte Conradi seine Rede geändert. Die er dann nicht mehr hatte halten können. Seine Rede! Wenn wir nur wüssten, zu was Archie Conradi bewegt hatte. In welchen Punkten Conradi seine Rede wegen Archie geändert hatte. Was hatte uns Conradi sagen wollen?

»Überleg doch mal. Er will mit uns reden und ein paar Minuten später ist er tot.«

»Vielleicht sollte ja gar nicht Conradi erschossen werden«, meinte Jonas lahm, »vielleicht ging das ja doch gegen Rau.«

»Du spinnst ja! So ein schlechten Schützen gibt's gar nicht.«

In der Nähe der Südbrücke ankerte ein Schiff, Kettenrasseln, dann wieder Stille. Ich versuchte, mich zu erinnern, was Ben Springer mir über das Gespräch zwischen Conradi und Archie erzählt hatte. Irgendetwas davon war wichtig gewesen. Vielleicht hatte ich es nur nicht richtig verstanden. Oder Springer hatte etwas gesagt, dessen Bedeutung mir nicht bewusst geworden war, weil

Springer das, was Conradi zu Archie gesagt hatte, nun, selbst nicht richtig verstanden hatte! Ja! Das konnte es sein! Das musste es sein! Die Menge! *Die Menge* hatte er immer wieder gesagt.

»Verflucht!« Wütend warf ich meine Zigarette in den Schnee. Warum war ich nicht schon vorher darauf gekommen?

»Was ist los?« Jonas starrte mich an, als sei ich verrückt geworden.

»Wir müssen in Archies Zimmer!« Jonas und Moritz schauten sich an, als hätte ich den Verstand verloren. Ich begann zu laufen. »Jetzt sofort. Vielleicht weiß ich, worum es geht!«

Einen Augenblick lang hatte ich die absurde Hoffnung, Archie läge auf seinem Bett und schliefe. Ich stellte mir vor, wie er sich schlaftrunken aufsetzen und uns anranzen würde, wir sollten in Gottes Namen und im Namen seiner geliebten Lady Diana das Licht ausknipsen und verschwinden, damit er in Ruhe weiter vom FC Liverpool träumen könne. Seine roten Haare würden ihm wirr vom Kopf abstehen und er würde uns auf Englisch verfluchen, bis wir seine Tür wieder zugezogen hätten.

Aber Archies Zimmer war natürlich verlassen, sein Bett leer. Hinter mir drängten Jonas und Moritz ins Zimmer. Jonas schob sich an mir vorbei, knipste das Licht an und legte sich wie bei unserem letzten Besuch auf Archies Bett. Im Moment hatte ich wieder das Gefühl, er betrachtete Archies Verschwinden als eine Art Spiel. »Scotland Yard« für Fortgeschrittene oder so etwas. Und die Tatsache, dass vor nicht einmal drei Stunden vor unseren Augen ein Mann erschossen worden war, schien er vollständig vergessen zu haben.

Ich knipste auch Archies Schreibtischlampe an. Ein altes, wackliges Ding, das sein Vorgänger stehen gelassen hatte. Wahrscheinlich, weil es so verbeult und hässlich war. Mehr Licht gab es nicht. Wieder betrachtete ich die unzähligen Bücher und begann, einen Stapel nach dem anderen umzuschichten. Hatte ich das nicht schon einmal getan? Oder auch schon zweimal?

Nur jetzt wusste ich, was ich suchte! Dutzende Abhandlungen über die Auschwitz-Prozesse hatte Archie kopiert, Abschriften der Protokolle der Nürnberger Prozesse, Fotokopien diverser Artikel aus dem Spiegel. Dazwischen immer wieder mit Büroklammern versehene, einzelne, handschriftlich beschriebene Seiten. So eine Seite griff ich mir jetzt.

KLEINE ANFRAGE
Drucksache 1972.
Deutscher Bundestag 3. Wahlperiode.
Anfrage der SPD, Bonn, 28. Juni 1960, Ollenhauer und Fraktion

Erich Ollenhauer, das wusste ich, war der damalige SPD-Chef und Fraktionsvorsitzende.

betr. Auslieferung des ehemaligen Arztes Dr. Josef Mengele durch Argentinien

Ich überflog die Zeilen: Die SPD fragte an, warum die Regierung unter Bundeskanzler Konrad Adenauer immer noch erfolglos in ihrem Bemühen war, den NS-Verbrecher Josef Mengele zurück nach Deutschland schaffen zu lassen. Obwohl er vom Amtsgericht Freiburg wegen Mordes gesucht wurde. Die »Kleine Anfrage« listete im Folgenden Verbrechen auf, die Mengele zwischen Mai 1943 und April/Mai 1945 im KZ Auschwitz begangen haben sollte.

Moritz und Jonas stellten sich neben mich und lasen mit. Mengele wurde unter anderem vorgeworfen, mehrere Häftlinge eigenhändig durch Injektion von Phenol, Benzin oder Luft vorsätzlich getötet zu haben. Außerdem soll er gemeinsam mit anderen SS-Männern Kannen mit HCF-Gas (ich wusste nicht, was das war) durch Gitterfenster in die Gaskammern geworfen haben, in denen Häftlinge eingesperrt waren. Dann kam etwas, dass das Schreckliche noch einmal potenzierte: Mengele soll das Neugeborene einer Frau vor deren Augen ins Feuer geworfen haben. Einer Vierzehnjährigen soll er mit seinem Degen oder Dolch den Kopf gespalten haben. Weitere Taten waren aufgelistet, aber ich war nicht mehr imstande weiterzulesen.

Auf einer weiteren Kopie fasste der Bundesminister für Justiz seine Antwort auf die Anfrage zusammen: Ja, die Bundesregierung habe die Deutsche Botschaft in Argentinien angewiesen, die argentinische Regierung um Auslieferung von Mengele zu ersuchen. Mehr nicht.

Unterschrieben war das Blatt mit Dr. Strauß. Ich stutzte. Das nächste Blatt schien identisch mit dem ersten, dann aber betrachtete ich das Datum: 1964. Vier Jahre später. Die Antwort der Regierung auf eine weitere Anfrage der SPD zur Auslieferung von Mengele.

Aus dem zweiseitigen Text ging eindeutig hervor, dass sich die Bundesregierung oder der Botschafter mit Ausreden und Ausflüchten zu Mengeles Verbleib in

Argentinien hatten abspeisen lassen. Nein, halt, dieses Mal ging es um Paraguay, nicht um Argentinien. Mengele hatte den Staat gewechselt.

Ich legte die Blätter beiseite. Ein seltsames Gefühl überkam mich: Für einen Moment war ich erleichtert. Ich war mir sicher, nun waren wir auf der richtigen Spur. Springer hatte Dr. Conradi von *Mengele* sprechen hören, Josef Mengele, dem »weißen Engel von Auschwitz«, wie er von manchen Überlebenden genannt wurde, nicht von einer *Menge*.

Archie hatte dem Uni-Archivar Fragen über Mengele gestellt. Josef Mengele. Damit hatte sich Archie die vergangenen Wochen und vielleicht Monate beschäftigt. Ich schaute mich um: Natürlich, plötzlich passte alles zusammen: Archies Zimmer quoll fast über mit Literatur zu den bekanntesten NS-Verbrechern. Und Mengele *war* einer der bekanntesten und vielleicht sogar der schlimmste von allen gewesen.

»Mengele? Um den geht's Archie, meinst du?« Jonas blätterte eine der Mappen durch.

Ich nickte. Gewissheit, dass wir auf der richtigen Spur waren, gab mir das Buch, das am Kopfende von Archies Bett lag und das ich bislang nicht weiter beachtet hatte.

Der Schutzumschlag zeigte das körnige Schwarz-Weiß-Foto eines Manns, vielleicht Mitte dreißig. Sein dunkles Haar war in der damals typischen Art nach hinten gekämmt und leicht gewellt. Sein geöffneter Mund gab den Blick auf weiße, etwas auseinanderstehende Zähne frei. Der Mann wirkte schüchtern. Fast so, als warte er am Bahnsteig auf die Ankunft seiner Geliebten oder Ehefrau. Nur der Kragen seiner Uniform, die nicht ganz auf dem Bildausschnitt zu sehen war, verriet die Organisation, der er angehörte: Zwei hart gezackte, wie Gewitterblitze gestaltete S, Zeichen der Schutzstaffel: der SS. Irgendwann in den 1920ern gegründet, so viel ich wusste, als persönliche Leibgarde von Adolf Hitler.

Ich legte das Buch beiseite, nahm das nächste, das übernächste und vier weitere. In allen spielte dieser Mann eine Rolle, er tauchte entweder im Titel auf oder auf einem der Fotos.

Ja: Conradi und Archie hatten nicht von einer *Menge* gesprochen, sondern von *Mengele*! Josef Mengele, KZ-Arzt von Auschwitz, verantwortlich für den Tod unzähliger Kinder und Erwachsener, mitleidlos und anscheinend unberührt vom Massenmord. Mengele! Der Teufel! Das war der Name gewesen, den Ben Springer gehört haben musste. Der Name, über den sich Conradi und Archie unterhalten hatten.

Ich ließ mich auf Archies Bett sinken. Mein kurzes Hochgefühl war verflogen. Höchstwahrscheinlich wussten wir nun, über wen sich Conradi und Archie unterhalten hatten, aber was bedeutete das? Wie wichtig war diese Erkenntnis? Und brachte uns das etwas auf der Suche nach Archie? Außerdem stellte sich jetzt die Frage: Warum war Mengele so interessant für Archie gewesen?

Der Mann war lange tot. Vor zwölf Jahren beim Baden ertrunken, 1979 in Brasilien. Zumindest hatten das die Zeitungen geschrieben. Sogar Simon Wiesenthal, einer der bekanntesten Holocaust-Überlebenden und Nazi-Jäger hatte das akzeptiert.

Moritz und Jonas blätterten weiter in Archies Notizen. Ich versuchte, mich in Archie hineinzuversetzen: Was hatte er gewollt? Womit genau hatte er sich befasst? Archie gehörte nicht zu den Studenten, die all das wiederkäuten, was andere längst in Haus- oder Doktorarbeiten aufgeschrieben hatten. Archie war ein echter Forscher, ein Wissenschaftler, kein Kopierer.

Deswegen lautete die Frage: Was gab es Neues, das Archie bemerkt hatte – oder kurz davor gewesen war zu entdecken? Hatte Conradi ihm möglicherweise versprochen, zu helfen? Aber wobei? Und war Conradi eventuell deswegen erschossen worden? Weil er Archie helfen wollte? Oder ihm schon geholfen hatte? Vielleicht etwas herauszufinden, das für irgendjemanden noch gefährlich werden konnte. Nach all den Jahren? Und der deswegen Archies Nachforschungen hatte verhindern wollen? War Archie deswegen verschwunden? Entführt worden vielleicht? Oder hielt er sich womöglich selbst versteckt? Weil er Angst bekommen hatte?

Ich versuchte, mich an unseren letzten Abend zu erinnern. Archie hatte ziemlich betrunken am Küchentisch gesessen und versucht, mir etwas zu sagen. Was hatte er immer wiederholt? Dass es schlimm sei und dass es bis heute Bestand habe, so etwas in der Art. Was konnte er damit gemeint haben? Warum hatte er mir dieses Buch in die Hand gedrückt? »I Cannot Forgive« – hatte das eine bestimmte Bedeutung oder wollte er einfach, dass ich wusste, was er vierundzwanzig Stunden am Tag studierte?

Wir rauchten gemeinsam noch eine letzte Zigarette in Archies Zimmer, dann gingen wir schlafen. Noch lange lauschte ich durch das Fenster den Geräuschen der Nacht. Den Autos auf der Südbrücke, den Schiffen auf dem Rhein und den stetig fahrenden Straßenbahnen. Irgendwann, kurz vor dem Einschlafen, nahm ich den scheppernden Klang der Glocke in der kleinen Kapelle wahr und fragte mich, warum ich die noch nie vorher in der Nacht gehört hatte.

Kapitel 26

Sechster Tag

Meine Kemenate war über Nacht vollkommen ausgekühlt. Kleine Eisblumen rahmten die alte Fensterscheibe ein. Noch während ich mir die Bettdecke bis ans Kinn zog, überlegte ich, warum Archies Verschwinden mit Dr. Conradis Tod zusammenhängen musste. Und ich versuchte, mich zu erinnern, wer sich gestern Abend in der Aula in unserer Nähe aufgehalten hatte. Wer hatte möglicherweise das kurze Gespräch mit Dr. Conradi belauschen können? So sehr ich mich auch anstrengte, ich konnte mich an niemanden erinnern, der auffällig gewesen wäre. Völlig gerädert, so als sei ich zwanzig Kilometer gelaufen, wälzte ich mich aus dem Bett und schlurfte unter die Dusche.

Eine weiße, kraftlose Wintersonne schien durch das Küchenfenster. Ich bekam die Augen kaum auf. Gewohnheitsmäßig hatte ich das Kofferradio auf dem Regal über der Spüle angestellt, und auch wenn die Musik nicht besonders laut war, dröhnte sie mir doch in den Ohren. Das Müsli, das ich mir mit Joghurt und Rosinen angerührt hatte, schmeckte fad. Allerdings hielt sich mein Hunger ohnehin in Grenzen. Immer wieder sah ich

Dr. Conradi vor mir, das viele Blut, Conradis ausgestreckte Beine oben auf der Bühne, die beiden Bestatter, die emotionslos und professionell ihre Arbeit machten—

Patricia und Richard kamen herein, ich quälte mich zu einem: »Guten Morgen.« Sie sahen beide so frisch aus, als hätten sie bereits mehrere Fallschirmsprünge hinter sich. Richard stellte als Erstes das kleine Kofferradio leiser, was allerdings ganz in meinem Sinne war. Bislang hatte der scheinbar kokainsüchtige Morgenmoderator außer der Uhrzeit nichts Substanzielles von sich gegeben. Nach jedem zweiten Song schrie er vergnügt die Uhrzeit in den Raum, als sei es ein Wunder, dass die Zeit nicht stehengeblieben war.

In den Radionachrichten war von einem tödlichen Zwischenfall in der Bonner Universität am gestrigen Abend die Rede. Einzelheiten würde die Bonner Polizei am Mittag in einer Pressekonferenz bekannt geben. Ich benötigte keine weiteren Einzelheiten. Neben mir auf der Eckbank lag die Süddeutsche Zeitung, aber außer einem Bericht über die Krise beim FC Bayern München interessierte mich keiner der Artikel wirklich. Ich zwang ein paar Löffel Haferflocken und Trockenfrüchte in mich hinein.

Die Tür öffnete sich erneut. Ute betrachtete mich säuerlich. Verschlafen und in einen riesigen, gelben Morgenrock gewickelt, blinzelte sie mich an. »Morgen zusammen. David, kannst du mal kommen, Telefon!« Wahrscheinlich hatte sie das Klingeln geweckt. Ute besaß das Pech, im Zimmer schräg gegenüber der Telefonkabine zu wohnen.

»Für mich?« Außer meinen Eltern kannte ich niemanden, der mich um diese Zeit anrufen würde. »Danke, ich komme.« Ich taperte hinter Utes wehendem Morgenmantel die Treppe hinauf. Dabei riss ich den großen Gummibaum von seinem kleinen Holzpodest. Blumenerde verstreute sich über die Stufen. Ich fluchte. Ute verschwand in ihrem Zimmer. Ich hatte damit gerechnet, Schilten am anderen Ende der Leitung zu hören, möglicherweise auch meine Mutter, aber was ich vernahm, war die atemlose Stimme von Ben Springer.

»Hören Sie, Sie erinnern sich vielleicht an mich. Springer hier. Ben Springer. Wir haben im Archiv und im E-Raum—«

»Ja natürlich«, unterbrach ich ihn. »Herr Springer, woher haben Sie diese Nummer?« Ich atmete ganz flach. In der Kabine stank es widerlich nach Knoblauch.

»Nicht so wichtig!« Springer klang wie immer gehetzt. »Sie müssen mir helfen. Ich habe ein Riesenproblem. Die Polizei sucht mich und ich muss—«

Ich schloss die Augen, alles drehte sich.

»Warum? Warum werden Sie von der Polizei gesucht?«, unterbrach ich ihn ein zweites Mal. Langsam ließ ich mich auf dem kleinen Hocker nieder, der in der engen Kabine stand. Vor allem bei längeren Telefongesprächen war das angenehm. Oder wenn man zu wenig Schlaf bekommen hatte.

»Ich ... ich war doch gestern Abend in der Aula. Bei diesem furchtbaren— Ich dachte, Sie hätten mich—«

»Habe ich auch. Sie standen auf der Bühne, als Dr. Conradi—«

»Ja genau, aber ich war das nicht.« Seine Stimme überschlug sich fast. »Ist das nicht furchtbar? Aber ich stand viel zu weit weg, um— Ich habe auch gar nichts gesehen. Da war alles total dunkel.«

»Und was wollen Sie jetzt von mir?« Ich bekam kaum Luft, der Gestank war kaum auszuhalten. »Wo waren Sie denn gestern Abend plötzlich? Und woher kennen Sie überhaupt meinen Namen?«

»Ich ... von Dr. Conradi, aber das ist jetzt nicht ... Sagen Sie, ich denke«, er atmete tief ein, als wolle er mit der Menge Luft auch eine Menge Mut einsaugen. »Ich weiß, dass Sie noch immer Ihren Freund suchen.« Er flüsterte jetzt. »Und möglicherweise kann ich Ihnen weiterhelfen.«

Vor der Kabine nahm ich eine Bewegung wahr, jemand stand auf dem Flur. Als ich mich nach vorne beugte, befand sich derjenige aber außerhalb meines Blickfelds. Üblicherweise machte es mir nichts aus, wenn jemand meine Gespräche mithörte, aber im Augenblick fühlte ich mich unbehaglich. Möglicherweise sah ich aber auch schon Gespenster und jemand holte sich nur etwas zu essen aus einem der Kühlschränke.

»Das ist richtig«, sagte ich leise. »Wir suchen unseren Freund noch immer. Und deswegen—« Langsam verlor ich die Geduld. »Herr Springer, sagen Sie mir doch einfach, wo er ist, okay? Das wäre doch wohl das Einfachste!«

»Nein, nein, das ist nicht so leicht wie Sie denken.« Er machte eine Pause, als ob er neuen Mut schöpfen müsste. Im Hintergrund hörte ich Motorengeräusche. Wahrscheinlich stand er in einer Telefonzelle in der Stadt. »Ich möchte nämlich, dass Sie auch etwas für mich tun.«

»Etwas für *Sie* tun?«, fragte ich verblüfft. Ich hatte nicht die leiseste Ahnung, wobei wir Springer helfen könnten. Oder wollte er Geld, dafür, dass er uns verriet, wo Archie steckte? »Und was soll das sein? Was sollen wir für Sie tun?«

»Das hört sich vielleicht komisch an.« Springers Stimme klang jetzt hoch, fast hysterisch. »Aber könnte ich eine Weile bei Ihnen unterkommen?«

Bei uns unterkommen? Hatte ich richtig verstanden? »Sie wollen bei uns – wohnen?« Ich wartete einen Moment, aber Springer sagte nichts. Ich hörte nur sein hektisches Atmen. »Sie wollen, dass wir Sie – verstecken?«

»Ja, nein, also, wenn Sie ein Zimmer haben oder etwas wissen, wo jemand ein Zimmer— Nur für die nächsten Tage.« Seine Stimme nahm einen verzweifelten Ton an. »Ich denke, es ist besser, wenn ich erst einmal nicht mehr« Wieder ließ er den Satz unvollendet.

Ich versuchte, nicht allzu verblüfft zu wirken. Trotzdem fragte ich mich natürlich, warum Springer sich verstecken wollte, denn nichts anderes hatte er ja im Sinn. War er vielleicht doch in den Mord an Conradi involviert? Wollte er sich deswegen vor der Polizei verstecken?

»Herr Springer, ich weiß nicht, wir sind hier in einem Studentenwohnheim und, also, ich kann gern einmal nachfragen, ob Sie für die nächsten Tage—«

»Können wir uns treffen?«, unterbrach er mich. »Heute Abend? Dann könnte ich vielleicht schon—«

»Sehen Sie denn keine Möglichkeit, das anders zu regeln.«

»Nein, sehe ich nicht!« Zum ersten Mal klang seine Stimme entschieden. Wieder nahm ich den Schatten vor der Telefonkabine wahr. Ich beugte mich weiter nach vorne, aber wieder konnte ich auf dem Flur niemanden erkennen.

»Glauben Sie denn nicht, es ist besser, zur Polizei zu gehen, wenn Sie etwas wissen?«

»Nein, das ist nicht besser. Besser ist, wenn ich erst einmal … abtauche.« Jetzt klang er fast wie einer dieser Ganoven in einem Lino-Ventura-Krimi. »Hören Sie: Ich bin um dreiundzwanzig Uhr auf dem Plateau am Stadtgarten. Alter Zoll. An den Kanonen. Kommen Sie allein, ohne Ihre Freunde!«

»Um dreiundzwanzig Uhr? Ist das nicht ein bisschen spät?« Ich hatte bis zweiundzwanzig Uhr Dienst an der Pforte der Uni-Klinik, und danach fiel ich meist wie tot ins Bett. Im Augenblick konnte ich mir nicht vorstellen, eine Stunde vor Mitternacht mit dem Motorrad durch die verschneite Stadt zu fahren.

»Der Alte Zoll ist nicht gerade der Ort, an dem ich abends so spät gern—«, versuchte ich es erneut.

»Kommen Sie! Bitte! Ich erwarte Sie!«

Ehe ich noch etwas antworten konnte, hatte Springer aufgelegt. Verblüfft und überrumpelt blieb ich mit dem Telefonhörer in der Hand noch einen Augenblick sitzen. Als ich aus der Kabine trat, war niemand auf dem Flur.

Die Marmorfliesen in den dunklen Gängen zwischen den einzelnen Hörsälen glänzten vom hereingetragenen Schnee nass und schlierig. Man musste aufpassen, nicht auszurutschen. Überall standen Studenten in Grüppchen und steckten die Köpfe zusammen, Getuschel hier, Entsetzen dort. Gesprächsthema war natürlich der Tod von Dr. Conradi. Der Geräuschpegel war konstant hoch, aber man konnte sich noch einigermaßen unterhalten, ohne schreien zu müssen.

Ich stand mit Moritz vor Hörsaal 8. Es war kalt. Durch ein paar offene Fenster links und rechts zog der Wind. Moritz und ich hatten nicht viel gesprochen. Jeder von uns hing seinen Gedanken nach. Wir waren müde und – zumindest ich – verwirrt und immer noch entsetzt. Von Ben Springers Anruf hatte ich Moritz noch nichts erzählt.

Außerdem befiel mich im Augenblick eine Sinnkrise: Aus welchem Grund hatte ich das Proseminar »Dependenzgrammatik« belegt? Möglicherweise aus dem unsinnigen Impuls heraus, eines Tages wissenschaftlich arbeiten zu wollen? Der Gedanke, gleich fünfundvierzig Minuten lang einem Professor zuhören zu müssen, der die Dominanz des Verbs gegenüber anderen Satzgliedern erklärte, verfinsterte meine Stimmung zunehmend.

In der Literaturwissenschaft überkam mich zuweilen das Gefühl, als würden Dozenten und Professoren aus einer Art Minderwertigkeitskomplex gegenüber den Naturwissenschaftlern eine Art Pseudowissenschaft für die Germanistik einzubauen versuchen. Wen interessierte wirklich, wie dominant ein Verb war? Warum war das wichtig? Und welche Folgen hatte das? Für wen? Darauf hatte mir bislang noch niemand eine Antwort geben können. Einen Dozenten nur danach zu fragen, kam bereits einer Gotteslästerung gleich.

Der Unibetrieb lief trotz des Mords an Dr. Conradi weiter. Zumindest hatte ich bislang nichts Gegenteiliges festgestellt. Der Tatort befand sich im gegenüberliegenden Gebäudetrakt, nur rund fünfzig Meter von uns entfernt, verbunden durch einen kahlen Gang mit Oberlichtern, den sogenannten Lichthof, der entlang des Hörsaals 10 führte,

»Willst du da jetzt wirklich rein?« Moritz betrachtete mich mit einem Gesicht, als habe er akute Bauchschmerzen. Anscheinend lagen ihm die starken Verben oder die Dependenzgrammatik im Allgemeinen genauso unangenehm im Magen wie mir.

»Nein«, meinte ich erleichtert, »lass uns rüber zur Aula gehen.« Ich warf einen Blick auf den heiligen Michael, der am Ende des Gangs seit Jahr und Tag im Begriff war, einen Drachen zu töten. Die Goldschicht des Bleigusses blätterte ab, trotzdem wirkte Michael entschlossen wie immer. »Quis ut deus« stand auf seinem Schild.

Moritz zog mich weiter und wenig später standen wir vor den verschlossenen Glastüren der Aula. Ein Blick in den Saal war unmöglich, jemand hatte von innen die Vorhänge zugezogen. Sonnenstrahlen brachen sich in den Oberlichtern des Treppenaufgangs, auf dem wir standen, und ließen den dunklen, schweren Stoff glänzen. Es herrschte eine drückende Stille. Die Studenten flüsterten im Vorbeigehen.

Mir war zum Heulen: Wir suchten Archie, und derjenige, der ihn möglicherweise zuletzt gesehen hatte, war tot. Wahrscheinlich bedrückte mich außerdem die Sache mit Klara, und zwar mehr, als ich mir eingestand. Was würde passieren, wenn Archie wieder auftauchte? Wenn wir ihn tatsächlich fanden? Müsste ich meinen Verrat dann nicht sofort beichten? Müsste ich nicht direkt zu ihm gehen und ihm alles erzählen? Und ihn bitten, mir – ja was? Zu verzeihen? Oder würde Klara es ihm ohnehin sagen? Und möglicherweise mit ihm Schluss machen? Unsinn, das würde sie sicherlich nicht tun. Wahrscheinlich würde sie hoffen, dass auch ich nichts verraten würde. Schließlich hatte sie beim Verlassen meines Zimmers den Finger auf den Mund gelegt und mit ihrem »Pssst!« klargemacht, dass unsere Begegnung ein Geheimnis bleiben sollte.

»Den Täter treibt es häufig zurück an den Tatort!«

Ich fuhr herum. Schilten lächelte uns an. In Jackett, Jeans und den dunkelbraunen Slipper mit Bömmeln wirkte er wieder wie aus dem Modekatalog.

»Was führt euch zu mir?« Schiltens Stimme klang freundlich. Seine weißen Zähne blitzten. Moritz antwortete wie üblich nicht, fühlte sich nicht einmal angesprochen. Schilten schien Luft für ihn zu sein.

»Eigentlich haben wir jetzt drüben eine Linguistikveranstaltung, aber wir können uns nicht so richtig konzentrieren.« Müde zeigte ich in die Richtung, aus der wir gekommen waren. Das hörte sich wie eine Entschuldigung an.

»Ist das bei Studenten nicht häufiger der Fall?«

Zum Brüllen komisch! Ich erinnerte mich, dass auch Conradi gestern Abend die angebliche Faulheit der Studenten aufs Korn genommen hatte, trotzdem lächelte ich pflichtbewusst über Schiltens lahmen Scherz. Moritz verzog keine Miene.

»Sagt mal, Jungs, wir sind auf der Suche nach einem gewissen Springer. Ben Springer. Er ist – war der Assistent im Archiv und auch so was wie ein Hausmeister von Conradi. Und Springer, da verrate ich nicht zu viel, war gestern Abend auch in der Aula. Aber keiner der Kollegen hat ihn nach dem Schuss finden können. Und der Mann hat sich bislang nicht bei uns gemeldet. Habt ihr ihn vielleicht gesehen?«

»Warum meinen Sie? Wann sollen wir ihn gesehen haben? Gestern Abend oder heute?«

»Zunächst einmal gestern Abend.« Schilten wartete, ob Moritz oder ich etwas sagen würden, aber wir schwiegen. »Oder auch heute, aber das glaube ich eher nicht, oder?« Schilten fixierte Moritz, aber der schaute demonstrativ an ihm vorbei.

Fünf junge Gören, wahrscheinlich Erstsemester, liefen an uns vorbei. Alle trugen unglaublich weite, bunte Pullover, die ihnen fast bis an die Knie reichten.

»Herr Springer ist Hausmeister und gleichzeitig der Assistent von Dr. Conradi?«, fragte ich erstaunt.

»Du kennst ihn also?« Schilten tat so, als habe er mich gerade bei einer großen Lüge ertappt.

»Ja, ich hab ihn gesehen. Im Archiv bei Dr. Conradi.« Das konnte Schilten ohnehin leicht über die Sekretärinnen herausbekommen. Als ich mit Conradi gesprochen hatte, war Springer ebenfalls im Archiv gewesen. »Aber ich habe nicht mit ihm gesprochen.« Ich schaute Schilten frech in die Augen, weil er mir nicht das Gegenteil beweisen konnte, es sei denn, jemand hätte uns draußen an meinem Motorrad beobachtet.

Schilten tippte Moritz auf die Brust. »Du denn?«

»Hm?« Moritz hatte der Mädchengruppe nachgeschaut, sei es, weil er sie attraktiv fand oder unausstehlich. Oder einfach nur, um Schilten gegenüber Desinteresse zu demonstrieren. Das konnte Moritz extrem gut: sich außerhalb von etwas stellen.

»Ob du gestern Abend während der Rede von Dr. Conradi Ben Springer gesehen hast, seinen Assistenten?«

Moritz schaute langsam an sich hinunter, so als ob Schiltens Finger einen Fleck auf seinem Pullover hinterlassen hätte. Dann schüttelte er den Kopf, murmelte ein »Nee« und drehte den Kopf wieder in Richtung der Mädchen. Die waren mittlerweile aber außer Sichtweise.

»Das ist«, Schilten kniff die Augen in Clint-Eastwood-Manier zusammen, »sagen wir mal: schade. Und ungewöhnlich. Mehrere Besucher in den ersten Reihen haben kurz vor dem Schuss eine Person auf der Bühne gesehen, und die Beschreibung dieser Person trifft auf Springer zu. Und ihr«, jetzt deutete er mit dem Finger auf mich, »saßt sozusagen in der ersten Reihe.« Übertrieben laut seufzte er. »Deswegen – schade. Schade, dass ihr nichts gesehen habt.«

Zum ersten Mal nahm ich so etwas wie unterdrückten Ärger in seiner Stimme wahr. Das gefiel mir. Sowohl Moritz als auch ich betrachteten ihn mit großen Hundeaugen.

»Also wenn sonst nichts ist«, sagte ich zögernd und setzte mich in Bewegung.

Schilten wedelte uns mit einer nachlässigen Handbewegung weg. »Schon gut, Jungs, dann macht euch mal auf die Suche nach eurer Konzentration. Ist ja nicht unwichtig, wenn man studieren will.«

Als wir ein paar Schritte weiter waren, lächelte mich Moritz an. »Töricht auf Bess'rung der Toren zu harren«, flüsterte er. »Kinder der Klugheit, haltet die Narren zu Narren auch, wie sich's gehört!«

»Ja, danke, Moritz«, sagte ich. »Goethe, ich weiß!«

Wir liefen die Treppe zur Garderobe hinunter. Vielleicht sollten wir über den Weihnachtsmarkt schlendern, einen Glühwein trinken, auch wenn es noch früh war. Einfach auf andere Gedanken kommen. Schilten würde uns weiter beobachten, das war sicher. Wir nahmen ihn nicht ernst, und das war für einen so eitlen Mann wie ihn vermutlich das Schlimmste, was passieren konnte. Wir hatten ihn provoziert. Aber auch wenn es dumm von uns gewesen war, machte es doch Spaß, jemanden wie ihn zum Narren zu halten. Auch wenn wir damit die weiteren Ereignisse zum Teil mit verschuldeten.

Kapitel 27

Heute wissen wir, dass es möglicherweise im Dezember 1991 gewesen sein könnte, als sich Prinzessin Diana entschloss, ihren Mann Charles zu verlassen. Das enge Korsett der Aufgaben in der Königsfamilie, die mangelnde Zuneigung der Queen und das weiter bestehende Verhältnis von Charles zu seiner Ex-Freundin Camilla Parker, all das muss ihr die Luft zum Atmen genommen haben. Umso erstaunlicher ist es im Nachhinein, dass diese junge Frau dennoch den Mut und die Kraft besessen hat, das Lügengebilde, in dem sie seit ihrer Heirat steckte, einzureißen. Dass ihr dann nur noch sechs weitere Jahre blieben, sehen fast alle von uns als tragisch an, und es ist auch kein Trost zu behaupten, diese letzten Jahre seien wahrscheinlich ihre schönsten gewesen. Ihren Autounfall im Pont de l'Alma-Tunnel in Paris habe ich am 31. August 1997 in London erlebt, unweit des Buckingham Palace.

Als ich am Morgen in der Wohnung meiner jüngeren Schwester (sie lebte damals mit ihrem Mann in London und ich besuchte sie gerade mit meinem Vater) das Radio anschaltete, spielte jeder Sender ausschließlich klassische Musik. Ich weiß noch genau, dass wir uns damals anschauten und fragten, warum an diesem Sonntag *alle* englischen Radiostationen Gottesdienstmusik spielten. Als dann der Nachrichtensprecher mit tonloser Stimme vom Unfall der vergangenen Nacht in Paris sprach, vom Tod der Prinzessin, versteinerten wir. Mir lief eine Gänsehaut über den Rücken, und das, obwohl ich kein Anhänger des Königshauses war oder Fan der Prinzessin. Über London hatte sich nach der Todesnachricht an diesem Sonntagmorgen eine unbeschreibliche Starre gelegt.

Ich erinnere mich, wie still mir diese Weltstadt vorgekommen war. Kein Auto schien zu fahren, kein Fußgänger säumte die Straßen, so dass ich dachte, es sei nicht nur ein einzelner Mensch gestorben, sondern jeder der damals knapp sieben Millionen Einwohner. Erst Stunden später erwachte die Stadt aus ihrer Schockstarre: Ab dem späten Vormittag strömten die Londoner zum Buckingham und zum Kensington Palace und legten dort Hunderttausende Blumensträuße nieder, zum Gedenken an die verunglückte Prinzessin.

Als ich nun, sechs Jahre vor Dianas Tod, die Tür zu der engen und muffigen Pförtnerloge der Universitäts-Hautklinik öffnete, schien das Leben der Prinzessin noch in bester Ordnung. Zumindest sah es so aus, wenn man wie ich, relativ desinteressiert, die Titelseiten der beiden Frauenzeitschriften betrachtete, die auf dem kleinen Tischchen unter dem Fenster lagen. Vielleicht hatte eine Patientin sie dort vergessen, vielleicht eine der Pförtnerinnen.

Ich sah Prinzessin Diana lächelnd an der Seite ihres ebenfalls lächelnden Ehemanns. Gähnend legte ich meine mitgebrachte Süddeutsche daneben und überflog die Schlagzeile: In Ägypten war ein Fährschiff auf ein

Korallenriff gelaufen und schnell gesunken. Knapp fünfhundert Menschen waren ertrunken. Obwohl die Zeitung griffbereit lag, bezweifelte ich, bald Zeit zu finden, sie ausführlich zu lesen.

Durch das Pförtnerfensterchen warfen mir die Besucher bis zwanzig Uhr im Minutentakt, je nach Laune, freundlich oder barsch den Namen des Patienten zu, zu dem sie wollten. Oder sie nannten einen anderen Grund, der sie hierher geführt hatte. Im schlimmsten Fall – das war zum Glück erst ein paar Mal passiert – zeigten mir Übereifrige durch das Fensterchen unaufgefordert direkt ihr Leiden: Sei es eine Entzündung im Genitalbereich oder blutende Leberflecke. Im vergangenen Sommer hatte mir eine ältere Frau ihren halbverfaulten Daumen entgegengestreckt. Sie könne die Schmerzen nicht mehr ertragen, hatte sie mir durch die kleine Luke entgegen gejammert. Der Daumen werde immer dunkler, hatte sie geschluchzt, und seit dem Morgen habe er außerdem unangenehm zu riechen begonnen. Ich hatte sie zu der kleinen Sitzgruppe dirigiert, die ein paar Meter entfernt im Foyer der Klinik stand. Auf den zerschlissenen Ledersesseln mussten alle Notfallpatienten Platz nehmen, sofern sie nicht mit einer Ambulanz in die Klinik gebracht wurden. In diesen Fällen erreichten sie die Klinik auf einer Trage durch die Zufahrt im Kellergeschoss.

Wie erwartet verebbte der Besucherandrang auch heute um kurz vor acht. Ich heftete noch einige Unterlagen ab und zerrte dann den kleinen Schwarz-Weiß-Fernseher aus dem Wandschrank hinter mir. Es war einfacher, Fernsehen zu gucken als eine Zeitung zu lesen. Der alte Kasten gehörte seit Jahren zum Inventar der Pforte. Das hatte mir zumindest Frau Scharf erzählt, die mich und zwei weitere Studenten im Frühjahr eingearbeitet hatte.

Die kleine, zierliche Dame hatte uns auch netterweise vor der Oberschwester gewarnt, die die Klinik wie eine Kaserne führte, und vor der selbst der Klinikdirektor strammstand. Glücklicherweise war ich ihr nur zweimal begegnet, und außer einem geschnarrten »Guten Tag« hatte sie noch kein Wort mit mir gewechselt.

Der winzige Fernseher besaß eine wacklige Antenne, die kaum ein Bild zustande brachte, das nicht unscharf und zittrig hin und her flackerte. Im zweiten Programm lief eine Folge »Derrick«. Der Kommissar mit den monströsen Tränensäcken und der belegten Stimme sortierte gerade die Fakten zu einem Mord in einem Münchener Nobelviertel. Ab und zu kam auch Harry, sein Assistent zu Wort. Ich hatte den Fernseher auf dem Kühlschrank platziert, der unter dem Fenster stand. So war mir zwar teilweise der Blick in den Innenhof der Klinik verwehrt, aber heute Abend erhoffte ich mir ohnehin nicht mehr viel Aufregung. Im Gegenteil, ich wollte einfach nur ein wenig in dem alten, quietschenden Stuhl sitzen und nachdenken. Genau wie Derrick. Ein Teil meines Verstands wehrte sich zwar immer noch dagegen, zu akzeptieren, dass alle Ereignisse der vergangenen Tage mit Archies Verschwinden zusammenhingen. Allerdings war mir im tiefen Inneren klar: Conradis Tod *hatte* mit Archie zu tun.

Ich überlegte, was wir als Nächstes unternehmen konnten, um ihn zu finden. Nachdenklich betrachtete ich den Abendhimmel. Bewölkt, ohne Aussicht auf Sterne. Vielleicht sollte ich mir mit der kleinen Kaffeemaschine einen Kaffee aufbrühen, Zeit besaß ich reichlich. Derrick und Harry fuhren auf dem Weg zu einem Verdächtigen durch den Münchener Stadtteil Schwabing.

Die Abendstunden an der Pforte der Uni-Klinik empfand ich meist als angenehm, noch dazu an einem Freitag. Viele der Ärzte waren bereits unterwegs nach Hause; die übrigen betreuten die Kranken auf den Stationen oder saßen weiterhin in ihren kleinen Arbeitsräumen und Laboren im Keller, um zum Beispiel Blutergebnisse zu analysieren. Auch die Patienten hatten ihre ruhelosen Gänge über das Uni-Klinik-Gelände eingestellt, und selbst die Schwestern (mit beständiger Ausnahme der Oberschwester) zeigten sich gut gelaunt, weil sich die meisten von ihnen auf zwei Tage ohne Jammern, Zetern und Klagen der Kranken freuen durften.

Ich ließ mich tiefer in meinen Stuhl sinken und lauschte dem adrett gekleideten Ermittler in seinem sauberen, weißen Trenchcoat und bestaunte seine riesige verdunkelte Brille. Mit salbungsvoller Stimme sprach er mittlerweile auf die verängstigte Tochter der ermordeten Villenbesitzerin ein und versicherte ihr, sie möge sich keine Sorgen machen, er werde den oder Täter mit Sicherheit fassen und seiner gerechten Strafe zuführen. Auch ich war zuversichtlich, Derrick hatte noch über eine halbe Stunde Zeit.

In einer Art Setzkasten links an der Wand besaß jeder Arzt und jede Station ein eigenes Fach. Ich fischte Formulare, Briefe sowie Zugangs- und Abgangsbögen heraus und sortierte sie in diverse Aktenordner, die in einem eingebauten Wandschrank in meinem Rücken standen. Das Einzige, was ich in der nächsten Dreiviertelstunde zu tun hatte, war, die Neuzugänge und die Entlassungen der sieben Stationen der Klinik zusammenzurechnen und in ein dickes Jahrbuch zu übertragen. Dazu wäre selbst ein Achtjähriger imstande gewesen. Ab und zu warf ich einen flüchtigen Blick auf Derrick, in den ich weiterhin all mein Vertrauen setzte. Bislang hatte er mich noch nie enttäuscht.

»Sagen Sie mal, was fällt Ihnen eigentlich ein?« Ich hatte nicht gehört, wie neben mir die Türe aufgegangen war. Ein kalter Windzug strich mir ins Gesicht. Das Gesicht von Oberschwester Edith glänzte rot unter einer DRK-Haube, ihre hellblaue Schwesterntracht knirschte vor Steifheit.

»Hallo Oberschwester!« Ich drehte mich in meinem alten Bürostuhl zu ihr. Gleichzeitig rutschte ich mit dem Hintern gegen die Lehne, so dass ich einen geraden und ordentlichen Eindruck hinterließ. Zum Glück war ich gerade in die Zu- und Abgänge des heutigen Tages vertieft gewesen und hatte mich nicht auf Derricks weitere Ermittlungsarbeit konzentriert.

»Warum ist die Treppe noch nicht gekehrt?« Schwester Ediths Mund verengte sich zu einem dünnen Strich. Kurz fixierte sie den kleinen Fernseher, sparte sich aber einen Kommentar.

»Die Treppe?« Was meinte sie damit? »Keine Ahn—«

»Hat Ihnen der Hausmeister nicht gesagt, dass die Treppe immer frei sein muss? Wenn einer der Besucher ausrutscht oder sich einer der Patienten, oder«, sie blickte nach oben, als wollte sie ein Stoßgebet Richtung Himmel schicken, »Gott bewahre, einer unserer unersetzlichen Professoren das Genick bricht, dann mache ich *Sie* einen Kopf kürzer. Ist das klar?« Ihr Zeigefinger, den sie mir vor die Nase hielt, roch nach Desinfektionsmittel. Wahrscheinlich konnte sie an keinem der unzähligen

Behälter auf den langen Fluren und in den Ambulanzen vorbeigehen, ohne sich die Hände zu desinfizieren.

Ich unterdrückte ein Grinsen. Wie gesagt: Sie war die Chefin der Klinik. Direktor Peissel übernahm weitgehend repräsentative Aufgaben, reiste mit den Forschungsergebnissen seiner Untergebenen zu Kongressen und Tagungen nach Asien und Afrika, ließ sich dort dafür feiern und kehrte nur alle paar Wochen braungebrannt zurück in die Klinikambulanz, um dem einen oder anderen Privatpatienten mitfühlend und zuversichtlich in die Augen zu schauen, gute Besserung zu wünschen und ihm lächelnd die Rechnung der Chefarzt-Behandlung in die Hand zu drücken. Die Organisation der gesamten Klinik oblag der Oberschwester. Vielleicht musste sie deswegen so streng sein.

Ich sah mich um, aber natürlich stand in keiner der Ecken irgendeine Schneeschaufel oder ein Besen. »Wie soll ich—?«

»Himmel, hilf mir! Neben dem Eingang steht eine Schaufel. Nicht zu übersehen! Wenn die Zähne hätte, wären Sie längst mit Bisswunden übersät, junger Mann.« Sie seufzte und schob sich eine Haarsträhne unter die Schwesternhaube. »Ich weiß ja nicht, was Sie auf der Uni lernen, aber fürs Leben ist das nichts. Da bin ich mir sicher.«

Plötzlich huschte ein dunkler Schatten an der Pforte vorbei. Schnell, so dass ich ihn nur aus den Augenwinkeln wahrnehmen konnte. Ein Besucher, der es eilig hatte. So spät?

»Also? Was machen Sie als nächstes?«, fragte die Oberschwester und sah mich auffordernd an.

Die Pfortentüre öffnete sich und eine der jungen Assistenzärztinnen kam herein. Schwungvoll segelte eine Kladde in ein Stationsfach. Die Ärztin grüßte, ohne uns anzuschauen, und verschwand wieder.

»Ich schippe Schnee!«, trompetete ich lauter als beabsichtigt und versuchte ein Lächeln. »Nicht dass noch einer der Privatpatienten ausrutscht.«

Einen Augenblick lang musterte mich die Oberschwester, als überlege sie, mich direkt zu feuern. »Gut. Und in der Ecke steht auch ein Eimer mit Salz. Da streuen Sie ordentlich was von über die Stufen, wenn sie mit dem Schippen fertig sind!« Schwungvoll riss sie die Tür auf. »Schönen Abend noch! Und nicht einschlafen!«

Ich verfolgte, wie Derrick und sein Assistent den Schwiegersohn der Ermordeten als Täter entlarvten, anhand des Kilometerstandes seines Autos oder etwas Ähnlichem. Eine Lösung, mit der sich heutzutage kein Zuschauer mehr zufriedengeben würde. Aber damals waren die Fernsehmörder noch unvorsichtiger und machten es den Kommissaren einfach.

Unmittelbar vor der Aufklärung des Falls brachte mir eine Küchengehilfin ein übriggebliebenes Abendessen von einer der Stationen. Zwei Schnitten Brot, zwei Scheiben Wurst, Käse, etwas Butter und eine dicke Gewürzgurke. Innerhalb von drei Minuten hatte ich alles hinuntergeschlungen. Danach wartete Günter Grass' »Die Blechtrommel« auf mich. Ich musste die Geschichte von Oskar Matzerath für ein Referat in der kommenden Woche auf Vergleichsstrukturen untersuchen. Eine leichte Aufgabe, hatte ich gedacht, ohne zu wissen, dass Günter Grass erhebliche Zeit darauf verwendet hatte, seine Sprache so bildhaft wie nur irgend möglich zu gestalten.

Obwohl ich fand, dass seine Vergleiche zum Teil arg hinkten und eigentlich nur den Sinn besaßen, die Virtuosität der Sprache des Verfassers zu dokumentieren, musste ich zugeben, dass dieser Mann wirklich mit Worten umgehen konnte, zumindest soweit ich das beurteilen konnte.

Kurz vor zweiundzwanzig Uhr holte ich aus einer der Schubladen rechts von mir die alte Kaffeedose, in der die Pförtner die mehr als zwei Dutzend Türschlüssel für die Labore im Erd- und Kellergeschoß sammelten. Damit bewaffnet zogen sie – oder wir Studenten – eine halbe Stunde vor Dienstschluss los, um jeden einzelnen Raum abzusperren. Im vergangenen Sommer waren zwei teure Mikroskope verschwunden, weil ein Raum nicht ordnungsgemäß abgeschlossen worden war. Das hatte großen Ärger gegeben. Außerdem mussten die Pförtner darauf achten, dass alle Fenster verschlossen waren. Vor allem im Winter geschah es ab und zu, dass sich ein Obdachloser dort nach einem trockenen, warmen Plätzchen umschaute. Ich wollte gerade zu der Absperrrunde aufbrechen, als Klara auftauchte.

»Noch bei der Arbeit?« So abweisend sie bei unserer letzten Begegnung in der Uni-Cafeteria mir gegenüber gewesen war, so strahlend und einladend lächelte sie mich nun an. In ihrem langen, schwarzen Mantel mit hochgeschlagenem Kragen wirkte sie wie eine Hollywood-Diva. Ihre Hände steckten in edlen, schwarzen Lederhandschuhen. Ihre dunkelrot geschminkten Lippen zogen kurz einen Schmollmund. Alle möglichen Gefühle stürzten auf mich ein: Freude, Lust und natürlich das schlechte Gewissen.

»Klara! Was machst du denn hier?« Meine Stimme kiekste wie die eines Fünfzehnjährigen. Ich stand auf, um ihr die Tür zu öffnen. Elegant ließ sie ihren Mantel auf den Besucherstuhl sinken, mit einer fließenden Bewegung, die selbst Audrey Hepburn beeindruckt hätte. Unter ihrem Mantel trug sie einen engen, roten Pullover, einen kurzen dunklen Rock und schwarze Strümpfe. Sogar die dicken Boots an ihren Füßen wirkten sexy. Sie hielt drei Finger hoch: »Ich hab in der Chirurgie Patienten, Besucher und auch noch Ärzte schikaniert.« Sie lächelte: »Abendschicht.«

Drüben in der Chirurgie war deutlich mehr zu tun als bei mir in der Kiefer- und Hautklinik. Allerdings bestand Klaras Aufgabe genauso wie meine darin, Auskünfte zu erteilen und verschiedene Hausmeistertätigkeiten abzuarbeiten. Aber Klara besaß die Gabe, ihrem Tun eine Wichtigkeit einzuhauchen, die mich verblüffte: Wenn sie jemandem ein Taxi rief, hatte man den Eindruck, als Nächstes würden für den Wartenden gleich vier Männer eine Sänfte ins Foyer tragen.

»Schatz, wie lange musst du denn noch hier sein?« Ihre Stimme klang unschuldig und zuckersüß. Seit wann nannte sie mich *Schatz*? Entweder machte sie sich einen Spaß daraus, mich bewusst zu verwirren, oder sie meinte es tatsächlich ernst. Was die Situation, wenn ich an Archie dachte, nicht verbesserte.

»Ich, äh—«

»Musst du noch die Türen unten abschließen?« Neugierig warf sie einen Blick in die Kaffeedose. »Ich begleite dich.« Das war keine Frage, sondern eine Feststellung.

Ich warf ebenfalls einen Blick in die alte Kaffeedose. So als könnten sich die Laborschlüssel in den vergangenen Minuten in Schoko-Nikoläuse oder Gummibärchen verwandelt haben. Aber da lagen weiter die alten Schlüssel mit den farbigen Anhängern drin.

»Toll!«, krächzte ich. Es war das Einzige, was ich herausbrachte. Mit Klara allein durch die fast leere Klinik zu wandern, danach verlangte es mich im Augenblick nicht wirklich.

Sie schob den Ärmel ihres Pullovers nach oben, so dass ich ihre gelb-blau-pinke Swatch erkennen konnte. »Komm, wir gehen.«

»Wart mal.« Ich glaube, zum allerersten Mal schaute ich ihr wirklich direkt in die Augen. »Klara, glaubst du, mit Archie ist alles in Ordnung? Was hast du für ein Gefühl? Geht's ihm gut? Was meinst du?« Ohne es zu bemerken, hielt ich sie an den Armen fest.

»Warum, was meinst du?«, fragte sie und schaute auf meine Hände.

»Archie ist jetzt fast eine Woche weg und keiner von uns weiß, wo er ist. Und eine Nachricht hat er auch nicht hinterlassen. Also zumindest bei uns nicht, Moritz, Jonas oder mir. Keinen Zettel, nichts. Oder hat er dir irgendwas geschrieben?«

»Mir? Wie kommst du jetzt da drauf. Das hätte ich dir doch gesagt.« Sie tat erstaunt, als sei es vollkommen abwegig, dass sich Archie bei ihr gemeldet hätte.

»Also, nein?« Ich konnte nicht fassen, wie ahnungslos und überrascht sie war oder tat.

»Nein, ich hab nichts von ihm gehört.« Ein erneuter Blick auf meine Hände: »Und kannst du mich jetzt bitte loslassen, du tust mir weh!«

»'Tschuldige!«

Klara schaute aus dem Fenster. Auf dem Innenhof zur Klinik kämpfte sich jemand mit seinem Fahrrad durch den Schnee, »Also David, ganz ehrlich? Zuerst hab ich mir auch Sorgen gemacht.« Sie schnaubte. »Aber mittlerweile glaub ich, er ist einfach zu seiner Familie gefahren.« Sie betrachtete mich prüfend. »Oder meinst du etwa nicht? Hat er dir wirklich nichts erzählt?«

»Was soll er mir erzählt haben?«

»Na ja, dass wir uns gestritten haben.« Zum ersten Mal hatte ich das Gefühl, Klara sagte mir etwas Ernstes, etwas Wichtiges.

»Über, ach, ist ja auch egal. Auf jeden Fall haben wir bei der Weihnachtsfeier später kaum ein Wort miteinander gesprochen. Wie du ja vielleicht bemerkt haben wirst.«

Hatte ich nicht, aber das war ja jetzt auch unwichtig.

»Und dann hat er angefangen, den Glühwein in sich hineinzuschütten.«

Nun erinnerte ich mich, dass Klara nicht einmal aufgestanden war, als Moritz und ich Archie in sein Zimmer gebracht hatten. Mir war das an dem Abend gar nicht aufgefallen, wahrscheinlich, weil ich selbst zu betrunken gewesen war.

»Und du meinst, er ist nach Hause gefahren? Mit der Fähre? Oder dem Flugzeug?«

»Klar. Er war sauer auf mich, und da ist er einfach abgedampft. Beleidigte englische Leberwurst! Und ehrlich gesagt bin ich deswegen auch immer noch etwas gekränkt. Nicht mal angerufen hat er.«

Ich schob die Stabantenne des Fernsehers ineinander und verstaute das Gerät im Schrank. »Und? Hast du denn bei seiner Familie mal angerufen? Um dich zu vergewissern, ob du mit deiner Vermutung richtig liegst?«

»So weit kommt's noch! Wenn sich einer melden muss, dann ist das Archie. Also *ich* sicher nicht!«

Ich bezweifelte, dass Archie drüben in England war. Auf keinen Fall wäre er ohne ein Lebenszeichen einfach in die Weihnachtsferien verschwunden. Nicht Archie!

Bevor ich die Schlüssel ergriff und die Pforte hinter uns abschloss, bemerkte ich Klaras schwarzen Mantel, der weiterhin auf dem Stuhl lag. Einen Moment lang wollte ich sie darauf hinweisen, machte es dann aber doch nicht.

Kapitel 28

Der Schmerz wiederholte sich sekündlich. Jeden Augenblick würde sich meine Haut vom Schädel lösen und mir das Blut in Strömen in die Augen fließen. *Dong, Dong, Dong!* Der Rhythmus blieb stetig, wurde jetzt vielleicht sogar noch etwas schneller. *Dong, Dong, Dong!* Ich stöhnte und reckte meinen Kopf weiter nach vorn.

Klara biss mir in den Hals. Gleichzeitig zerrte sie mit einer Hand an meinen Haaren und bewegte sich rhythmisch auf meinem Schoß. Ohne ein Wort hatte sie mich in eines der kleinen verlassenen Mykologielabore im Kellergeschoss geschoben. Die altersschwachen Rollen des Stuhls stießen immer wieder gegen das graue Metallregal hinter mir.

Bevor mich Klara in den Stuhl gedrückt hatte, war mein Blick auf endloses Reihen Fachliteratur zur mikrobiologischen Pilzkunde und Bakteriologie gefallen. Eins der Bücher im obersten Regal hatte mir vor einer Minute beinahe das Schlüsselbein zerschmettert, als es heruntergefallen war.

Das Licht der Laternen draußen schien durch zwei Oberlichter in den Raum. Unser Treiben wurde auch von einer alten, geschwungenen Stehlampe in der Ecke beleuchtet. Klara hatte die Lampe angeknipst und nach hinten gedreht, danach hatten wir uns geküsst. Alles Denken war vergessen. Alles vernünftige Denken! Wieder einmal. Der Stuhl bollerte rhythmisch nach hinten, flog alle zwei Sekunden gegen das Stahlregal. Wahrscheinlich konnte man das Geräusch in der ganzen Klinik hören.

So sehr ich die Situation auch genoss, war ich doch hauptsächlich damit beschäftigt, zu verhindern, dass Klara von meinem Schoß rutschte. Ich hatte das Gefühl, dass sie mich vollkommen ignorierte. Ich hatte beide Hände um sie gelegt. Mittlerweile waren wir trotz der Kühle im Raum nassgeschwitzt. Ich fühlte mich eher vergewaltigt als begehrt. Zwar genoss ich ihre Lust, gleichzeitig aber lief vor meinem geistigen Auge ein Szenario ab, auf das ich gern verzichtet hätte: Archie, der neben der Tür an der kahlen Wand lehnte und Klara und mir zusah. In meiner Vorstellung baumelten Archies viel zu langen Arme wie immer an seinem schlaksigen Körper herab, das rötliche Haar stand ihm wirr vom Kopf und seine Sommersprossen leuchteten wie eh und je in seinem blassen Gesicht. Er stand nur da und sah uns zu. Mit ausdruckslosem Gesicht. Verdammt!

Ich schloss die Augen und versuchte, mich wieder auf Klara zu konzentrieren. Ich hielt ihren wunderschönen Hintern in beiden Händen. Der Schmerz an meinem Hinterkopf ließ etwas nach. Klara umfasste meinen Nacken und drückte mein Gesicht gegen ihre Brüste. Irgendwie schaffte sie es, sich noch schneller zu bewegen. Wieder löste sich eines der dicken Bücher aus dem Regal und fiel klappernd neben uns zu Boden. Eine weitere Abhandlung zur Mykologie oder Bakteriologie. Es war mir wirklich egal.

Mein Kopf rumste im Takt gegen eines der Bücher hinter mir. In einem Anflug von humoriger Verzweiflung dachte ich kurz, welch Glück ich hatte, dass wir es nicht schon im zweiten Labor gemacht hatten: Dort standen in den Regalen mehrere Dutzend Petrischalen mit diversen Bakterienstämmen, Weithals- und Enghalsflaschen voller Flüssigkeiten, mit denen ich nicht unbedingt in Kontakt kommen wollte.

Plötzlich hörte ich ein leises Knarren. Ich sah über Klaras Schulter: Das konnte nicht sein, oder? Die Türklinke senkte sich! Ganz behutsam. So als wollte derjenige, der dahinter stand, uns zwar beobachten, aber nicht stören. Ich erstarrte und vergaß, Klaras Hintern gegen mich zu drücken. Mit einem empörten Schrei rutschte sie langsam Richtung Boden.

»Sag mal, spinnst du? Was soll das?« Mit zerzausten Haaren schaute sie zu mir hoch. Ihr kurzer Rock war ihr bis zur Hüfte gerutscht, ihre nackten Brüste glänzten perfekt. Trotzdem starrte ich wieder auf die Türklinke. Langsam bewegte sie sich erneut. Mühsam rappelte sich Klara hoch und suchte ihren Pullover, der neben mir auf dem Boden lag. »Sag mal, bist du verrückt geworden? Mich einfach fallenzulassen! He, was ist los?« Jetzt klang sie weniger aggressiv, eher irritiert. »Du kannst mich doch nicht einfach so—«

Ich zog meine Hose hoch, so gut es ging »Da ist einer an der Tür«, flüsterte ich.

Klara folgte meinem Blick, aber die Klinke zeigte sich wieder waagerecht. »Du spinnst ja. Also wirklich!«

»Nein, im Ernst, da ist jemand.«

»Das ist garantiert der Hausmeister. Oder irgendein Spanner.« Sie lächelte mich an. »Wir waren ja auch nicht gerade leise!«

Mittlerweile wusste ich selbst nicht mehr, was ich im Halbdunkel gesehen hatte. »Vielleicht hab ich mich auch getäuscht.«

In dem Augenblick senkte sich die Türklinke erneut, behutsam, als habe der- oder diejenige auf der anderen Seite alle Zeit der Welt.

»O Mist!« Die Vorstellung, vom Hausmeister oder wem auch immer, beim Sex erwischt zu werden, war extrem peinlich. Wenn die Oberschwester davon Wind bekam, oder wenn am Ende sogar die Oberschwester selbst vor der Tür stand—

»Hallo? Wer ist denn da?« Klara machte zwei Schritte in Richtung Tür. »Was soll denn das?«

»Warte!« Ich riss sie zurück.

»He, spinnst du? Jetzt reicht's aber wirklich, David! Hast du Angst vor so einem kleinen Wichser? Ich hasse diese Typen! Feige und—«

Bamm Bamm! Jemand hämmerte mit der Faust gegen die Tür.

»Scheiße!« Ich riss den Stuhl vom Regal weg und stieß ihn gegen die Wand unterhalb des Oberlichts. Hastig kletterte ich auf den Stuhl. Der Riegel des kleinen Fensters knirschte rostig. Ich öffnete das Fensterchen und streckte mich schräg nach oben: Mein Kopf ragte über den nassen Asphalt der Klinikstraße hinaus. Augenblicklich brannten meine Augen, der Nachtwind fühlte sich eisig an. Um alles noch dramatischer zu machen, jagte gerade ein Ambulanzwagen vorbei. Das Zischen der Reifen klang wie das einer Schlange vor dem Angriff. Ich steckte den

Kopf wieder ins Zimmer. Klara starrte mich an, als hätte ich den Verstand verloren.

»He, was hast du?«

Ich sprang vom Stuhl. »Komm, wir müssen raus hier!«

»David, was—«

»Komm, zieh dich hoch. Schnell! Bitte!«

»Du spinnst ja. Was soll das wer—«

Wumm wumm wumm!, ertönte es von der Tür. Und noch einmal: *Wumm! Wumm! Wumm!*

»Klara, bitte! Wir müssen raus hier.« Mit einer Hand drückte ich sie hoch. Klaras Beine verschwanden strampelnd durch die Fensteröffnung, zuletzt ihre Boots.

»Zieh mich hoch!« Ich kletterte auf den Stuhl, hangelte mich nach oben. Kleine Steine fielen neben mir runter. Irgendetwas riss mir die linke Hand auf. »Du musst ziehen! Zieh mich hoch! Bitte!«

»Das«, ihre Stimme klang gleichzeitig aggressiv und entschuldigend, »geht nicht! Ich hab nichts drunter, ich kann mich nicht so tief runterbeugen, was denkst du denn?«

»Klara!!! Das meinst du jetzt nicht ernst? Hilf mir gefälligst, Herrgott noch mal!«

Blut lief mir das Handgelenk hinab. Ich strampelte mit den Beinen wie ein Brustschwimmer am Beckenrand, dann robbte ich mich auf die Straße. Ungefähr drei Sekunden lag ich da, bäuchlings wie ein toter Fisch. Klara half mir hoch. Wir rannten über die Straße. Die Augenklinik war am nächsten, lag aber in vollkommener Dunkelheit. Wir rannten zur Chirurgie. Das Foyer war hell erleuchtet.

Fünfzig Notfälle pro Tag seien nichts Ungewöhnliches für eine Chirurgie dieser Größe, hatte Klara erzählt, allerdings fragte ich mich: Wo waren die gerade? Weit und breit war niemand zu sehen. Wir rannten, stoppten ab, die automatischen Türen glitten viel zu langsam auf. Der gläserne Infokasten mitten in der Eingangshalle lag unbesetzt im Dunkeln. Die verchromten Sitzgruppen, die niedrigen Tische mit den Aschenbechern, alles verwaist.

Geduckt, als befänden wir uns im Visier von Heckenschützen, rannten wir an dem Infokasten vorbei. Unsere Schritte trommelten auf die weißen Steinplatten. Klara zog mich durch eine Zwischentür. Wir hasteten durch ein schwach beleuchtetes Treppenhaus. Blassgelb gestrichene Wände, Stahlgeländer, dunkle Steinstufen. Gemeinsam stürmten wir ins Untergeschoss. Kurz fragte ich mich, ob es nicht besser wäre, nach oben zu laufen. Zu den Stationen, zu Schwestern, Patienten, Ärzten.

»Klara! Wo willst du hin?«

Das Treppenhaus lag dunkel vor uns. Ich stolperte, fing mich am Treppengeländer. Klara drückte im Vorbeilaufen einen Knopf. Weißes Licht, eine weitere Tür. Das rote Schild auf Kopfhöhe warnte ausdrücklich: Betreten strengstens verboten.

»Die OP-Säle. Weiter hinten können wir wieder raus. Da kommen die Krankenwagen an.« Klara drückte die Flügeltür auf, ein weiterer Gang. An der Decke rote Notleuchten. Patientenbetten, die jemand achtlos an die Wände geschoben hatte. Alle benutzt und ungemacht, Decken und Kopfkissen nachlässig zusammengeworfen auf dünnen Matratzen.

»Wohin?« Unsere nassen Sohlen schmatzten auf dem Linoleumboden. Rechts und links Schiebetüren zu den OPs. Zwei Türen standen offen, ich sah OP-Tische,

Sauerstoffflaschen, metallene Schränke und Wagen mit OP-Besteck.

Hier verstecken? In einem Schrank, unter einem Bett? Mit einem Skalpell in der Hand? Bis zum Ausgang noch zehn Meter. Beinahe wäre ich gegen eines der Betten gerannt.

Die Zufahrt für die Ambulanzen ist garantiert abgeschlossen, dachte ich. Es kann nicht anders sein, so viel Glück haben wir nicht.

Klara hatte die große Tür erreicht – und drückte sie auf. Ich warf einen Blick zurück. In meiner Phantasie hatte uns eine dunkle Gestalt bereits fast eingeholt. In der einen Hand eine Pistole, in der anderen eine Machete. Aber niemand war da.

Vor uns eisige Luft. Dicke Atemwolken. Wir tasteten uns am Rand der Auffahrt entlang. Das Kopfsteinpflaster glänzte rutschig. Vorsichtig lugte ich über den Rand der Begrenzungsmauer. Auch hier war keiner zu sehen.

»Komm, zu meinem Motorrad.« Geduckt liefen wir Richtung Hautklinik.

Klara schrie auf. Direkt vor uns huschte ein kleines Tier über den Weg. Vielleicht eine Katze oder eine Ratte. Die eisige Luft schmerzte. Hundert Meter liefen wir ungeschützt zwischen den Gebäuden entlang. Die Kliniken und Verwaltungsgebäude erhoben sich zum Teil so hoch wie Wolkenkratzer. Ein altmodischer Rundbogen führte zum Innenhof der Hautklinik. Wir drückten uns an den kalten Stein. Zwei Autos schimmerten im Schein einer Laterne auf dem kleinen Parkplatz vor der Klinik. Der weiße Mercedes S-Klasse gehörte dem Direktor, das wusste ich. Der stand häufig auch hier, wenn der Chef gar nicht da war. Den nur halb so großen Opel Corsa daneben fuhr einer der Assistenzärzte. Derjenige, der für die 24-Stunden-Bereitschaft eingetragen war. Zehn Meter entfernt stand mein Motorrad. Wo waren die Motorradschlüssel? Verdammt!

»Bleib hier«, flüsterte ich. »Und wenn ich winke, kommst du, okay?«

Klara zitterte am ganzen Leib. Im Schmelzwasser der Pfützen funkelten die Zimmerlichter der Klinik. Geduckt rannte ich über den Innenhof. Die Stufen zum Eingang glitzerten gefährlich glatt. Winzige Sternchen blitzten auf den Steinen. Ich griff nach dem Geländer und zog mich die Stufen hoch. Schnell in meinen Pförtnerverschlag. Ich schnappte mir Klaras Mantel, riss meine Jacke vom Haken, suchte sogar noch nach dem Schlüssel der Pforte, löschte das Licht, verschloss von außen

… und war nicht mehr allein.

»Gütiger Gott, was haben Sie denn!?« Die Augen des alten Manns schimmerten wässrig. Sein Morgenmantel rutschte ihm in Zeitlupe von den nackten Schultern. Er hielt einen Plastikbecher – gefüllt mit Kakao oder Kaffee – weit von sich. Von seinem Handgelenk tropfte Flüssigkeit auf den Boden.

»O bitte, das tut mir leid! Ich dachte, ich—« Mir kam eine Idee. Ohne den Satz zu vollenden oder seine Reaktion abzuwarten, drückte ich ihm den Pfortenschlüssel in die Hand »Tun Sie mir einen Gefallen? Geben Sie den bitte oben im Schwesternzimmer ab, ja? Station Schürmann.« Ich ignorierte seine Fassungslosigkeit. »Das ist der Schlüssel für die Pforte. Die brauchen den morgen Früh.«

Der alte Mann betrachtete abwechselnd mich, seine tropfende Tasse und den Schlüssel. »Aber wollen Sie denn nicht—?«

»Nein, ich muss leider weg. Notfall.« Hastig streifte ich meine Jacke über. Klaras Mantel hatte ich unter den Arm geklemmt. Mein Helm. Wo war mein …? Richtig: Er lag draußen auf der Sitzbank.

Die Suzuki sprang sofort an. Ich winkte Klara. Ihr langer Schatten ragte unter dem Torbogen hervor, kein gutes Versteck. Fünf Sekunden später streifte ich ihr den Mantel über, setzte ihr meinen Helm auf. Sie schwang sich auf die Sitzbank, klammerte sich an mich.

Das Hinterrad wollte ausbrechen. Weniger Gas. Eine Sekunde lang dachte ich, wir würden wegrutschen, aber dann grub sich das Profil der Reifen in den Schnee und wir fuhren davon.

Kapitel 29

Ich setzte Klara an ihrem Studentenheim in Auerberg ab, dann fuhr ich, so schnell es die verschneiten und vereisten Straßen zuließen, zum Stadtgarten.

Der Treffpunkt mit Ben Springer lag hundert Meter östlich vom Uni-Schloss. Getrennt durch die Bundesstraße 9, die sich parallel zum Rhein durch die Stadt zog. Mein Motorrad bockte ich neben zwei alten, klapprigen Fahrrädern auf, in Wurfweite zur Hofgartenwiese. Ich zitterte, zum Teil vor Kälte, zum Teil vor Aufregung. Den Helm ließ ich erneut auf der Sitzbank liegen. Ich rannte zwischen den alten Kastanienbäumen Richtung Bundesstraße. Am Stadtgarten ragten die zwei schwarz lackierten Salutkanonen bedrohlich in den Nachthimmel.

Die Waffen standen hier seit Ende des 19. Jahrhunderts. Das Geschenk eines Kaisers an die Hochschule. Der Aussichtspunkt selbst hieß »Alter Zoll«, Bastion der ehemaligen Stadtbefestigung, nach drei Seiten begrenzt von einer brusthohen Steinmauer, die zum Rhein steil abfiel. Flussabwärts erhob sich auf der anderen Rheinseite das Siebengebirge. Schwarze Schemen in der Nacht. Jetzt strahlten einzig die Lichter des Gästehauses der Bundesregierung vom Petersberg herüber. Mit einem ungutem Gefühl betrachtete ich die Szenerie.

Kein Laut war zu hören. Die Silhouetten der Eichen und Platanen vor der ausgetretenen Steintreppe Richtung Aussichtsplattform wirkten bedrohlich wie feindliche Krieger. Vorsichtig stieg ich die Stufen hinauf, meine Schuhe versanken im matschigen Schnee. Hier endete das Licht. Ich zwang mich zur Ruhe.

Wer hatte Klara und mich verfolgt? Und warum? Hingen diese ganzen Ereignisse überhaupt mit Archie zusammen oder gab es doch einen anderen Grund? Hinter mir fiel etwas zu Boden! Ich wirbelte herum und entspannte mich: Schnee war vom Ast einer Platane gerutscht.

Verdammt, wo war dieser Springer? Er hätte längst hier sein müssen! Als ich Klara abgesetzt hatte und von Auerberg in die Innenstadt gefahren war, zeigte die große Uhr der Stiftskirche bereits zwanzig nach elf.

Von Norden näherte sich langsam ein Auto. Ich drehte mich Richtung Straße. Ein VW-Käfer tuckerte durchs Koblenzer Tor. Was wäre, wenn der Wagen anhalten, ein Mann aussteigen, auf mich zukommen und mich ohne ein Wort erschießen würde? Oder war ich mittlerweile schon paranoid?

Ich versteckte mich hinter einer Eiche, beobachtete den Wagen. Der Käfer zockelte weiter Richtung Regierungsviertel. Die Fahrt auf dem Motorrad war eisig gewesen. Obwohl mich Klara fest umschlungen hatte. Nachdem sie abgestiegen war, hatte sie mich nicht einmal mehr angesehen und mir nur wortlos den Helm in die Hand gedrückt. Kurz hatte ich überlegt, ihr hinterherzurennen, ihr vielleicht sogar alles zu erzählen, dann aber hatte ich den Impuls unterdrückt.

In der Dunkelheit versuchte, ich jede Einzelheit auszumachen: Mehrere Fußspuren hatten sich in den Schnee gedrückt. Dunkle, zum Teil schon wieder zugeschneite Abdrücke. Drei Parkbänke, zwei davon zum Fluss. Daneben zwei Papierkörbe, der linke leer, der rechte übervoll und anscheinend seit Tagen nicht geleert.

Von Ben Springer keine Spur! Ein Rascheln hinter einer der Platanen. Angestrengt starrte ich in die Dunkelheit. Eine Ratte? Oder war da jemand? Zehn Sekunden, zwanzig. Nichts. Vorsichtig setzte ich einen Fuß vor den anderen. Stand jemand hinter der Platane? Wartete da jemand auf mich?

Auf der Mitte des Rheins pflügte sich ein Frachtschiff stromaufwärts. Das Brechen der Wellen klang so nah, als würde der Frachter nur einen Steinwurf entfernt vorüberziehen. Die Positionslichter zeigten seine Größe. Auf der Brücke erkannte ich sogar einen beleuchteten Weihnachtsbaum. Er blinkte im Wechsel rot und blau. Vielleicht stand ein älterer Mann hinter dem Steuerrad, eine Tasse dampfenden, starken Kaffees in der Hand, daneben ein kleiner Fernseher.

Wo war Springer? Hatte er es sich doch anders überlegt? Oder hatte ihn die Polizei inzwischen festgenommen? Schilten oder einer seiner Kollegen? Ich fühlte mich gleichzeitig erleichtert und enttäuscht. Warum war Springer nicht da? Oder war er schon wieder weg? Weil ich zu spät war.

Langsam wanderte ich zurück Richtung Schloss. Ein letztes Mal blieb ich stehen: Hier war niemand: nur die Bäume, die beiden Kanonen, die Parkbänke, die—

Die Mülleimer! Sie waren groß, fassten geschätzt zweihundert Liter. Alte, orangefarbene Metalleimer mit versenkbaren Eimern. Der eine leer, der andere voll. Übervoll. Der Müll türmte sich so hoch, dass er weit über den Rand hinausragte.

Wenn es sich um Müll handelte, Kartons, Flaschen und anderer Abfall, wäre er längst zu einer Seite gekippt und in den Schnee gefallen. Aber, dort lagen keine Dosen, Büchsen und Schälchen: Etwas anderes, etwas Größeres war dort in den Abfalleimer gestopft worden.

Meine Nackenhärchen stellten sich auf. Noch bevor mein Gehirn realisierte, was ich sah: Mein Magen wusste es bereits! Ohne Vorwarnung übergab ich mich, würgte, meine Augen tränten. Vornübergebeugt starrte ich auf die dampfende Wolke im Schnee. Mein Magen rebellierte weiter, krampfte sich erneut zusammen.

Springers Knie ragten über den Rand des Mülleimers, Oberschenkel, Bauch und Brustkorb steckten im Abfall, sein Kopf hing im rechten Winkel über den Rand des Mülleimers.

Seine aufgerissenen Augen starrten mich an.

Ich kippte einfach weg, so als besäße ich plötzlich keine Knochen mehr. Ich hätte Angst haben müssen in diesem Moment. Vielleicht war der Mörder noch in der Nähe, aber sogar das war mir in diesem Augenblick gleichgültig.

Kapitel 30

Dicke, dunkle Vorhänge verhinderten, dass Licht von der Straße in Moritz' Zimmer fiel. Leise schloss ich die Tür hinter mir.

Moritz fuhr erschreckt in die Höhe.

»He, verdammt. Was—?« Ich hörte, wie er sich zur Nachttischlampe streckte. Das Licht strahlte fast weiß auf den Boden.

»Himmel, David, bist du irre?« Er rieb sich die Augen, starrte mich an. »Bist du bekloppt geworden? Wir haben doch mindestens—« Er suchte nach seiner Uhr, fand sie aber nicht. »Was willst du, Himmelherrgott?«

Erschöpft und ausgelaugt ließ ich mich einfach in seinen alten Sessel fallen. Jesus, war ich froh, hier zu sein! Ich hatte das Gefühl, als konnte das alles nicht wahr sein, als befände ich mich in einem furchtbaren Traum.

»Ehrlich, Mann, wo kommst du um diese Zeit noch her?« Moritz suchte weiter seine Uhr, fand sie nicht und gähnte laut. »Ich hab verdammt noch mal geschlafen. Wie spät ist es überhaupt?« Die Wasserflasche neben seinem Bett fiel um, als er danach griff. »Menschenskind, hast du mich erschrocken!« Er streckte sich.

Meine Übelkeit war vorüber, mein Magen war nur noch ein dicker Klumpen Leere. »Springer ist tot«, murmelte ich. Nüchtern, emotionslos. So als sei es normal, dass zwei Menschen, die wir kannten, innerhalb weniger Stunden gestorben waren. Kurz kam mir der Gedanke, dass solch eine Todesnachricht zu überbringen vielleicht in einem Krieg normal war, in einer sinnlosen Schlacht um ein bedeutungsloses Denkmal oder einen Grenzfluss, aber hier? Winzige, weiße Sternchen tanzten vor meinen Augen.

»Was?« Moritz stierte mich an. Sein Bett quietschte. Er stellte die Wasserflasche zurück auf den Boden. »Was hast du gerade gesagt?«

Ich holte tief Luft, weil ich das Gefühl hatte, irgendwas läge auf meiner Brust. Irgendetwas Tonnenschweres. Ein Lkw. Oder ein ganzes Haus.

»Springer ist tot«, sagte ich noch einmal. »Am Alten Zoll. Hab ihn grade gefunden.«

Moritz stemmte die Hände in die Matratze. Er starrte mich an. »Tot? Springer ist tot? *Der* Springer? *Unser* Springer?«

Ich nickte. Alles schien plötzlich in Watte gehüllt. Gleichzeitig fühlte ich mich erleichtert, ihm das erzählen zu können. Fast wie bei einer Beichte. Nur noch entfernt nahm ich Moritz' Stimme wahr.

»Und du hast ihn gefunden? Scheiße, Mann. Das kann doch nicht wahr sein.« Er hörte sich eher verblüfft als erschüttert an.

Ich nickte wieder. »Ja. Ich hab ihn gefunden.« Mein Gott, das konnte wirklich alles nicht wahr sein!

»Wo? Wo hast du ihn gefunden? Am Alten Zoll? Warum am Alten Zoll?« Moritz fuhr sich durch die Haare. »Was ist denn passiert?«

»Er hatte mich ja heute Morgen angerufen. Und mich für heute Abend dort hinbestellt. Nach meinem Dienst.« Müde zuckte ich die Achseln. »Ich weiß nicht, was passiert ist, Moritz«, sagte ich zerschlagen. »Erschossen, erstochen, erwürgt, ich weiß es nicht. Ich hab gekotzt, als ich ihn gesehen habe, und dann bin ich weg, so schnell wie möglich.«

»O Jesus!«

Wir schwiegen. Ich sah Springer wieder vor mir, zusammengestopft in diesem schmutzigen Abfalleimer, zwischen Papier und Pommesresten. Mir war wirklich zum Heulen. Und ich hatte Angst. Richtige Angst. Zwei tote Menschen. Dabei hatte ich Moritz noch nicht einmal von Klaras und meiner Verfolgungsgeschichte oben in den Unikliniken erzählt. »Moritz, was soll diese ganze Scheiße?« Ich rieb mir die Augen. »Was soll das alles? Ist das alles wegen Archie?«

»Keine Ahnung, ob das alles wegen Archie ist.« Er nippte wieder an seinem Wasser. »Und jetzt? Was sollen wir jetzt machen? Doch noch mal zur Polizei gehen?« Er wirkte genauso rat- und hilflos wie ich.

»Ja, vielleicht.« Ich wusste es wirklich nicht. »Alles erzählen, und hoffen, die glauben uns.«

Wir schwiegen. Wieder sah ich Springer vor mir. Und Conradi. Das konnte alles nicht sein. Am liebsten hätte ich angefangen zu heulen. »Wie spät ist es?«

»Warum?« Moritz kramte wieder nach seiner Armbanduhr. Und fand sie dann doch unter einem Nibelungenbuch auf dem Boden. »Zehn vor eins.«

»Hast du Zeit?«, fragte ich und es klang ungewollt melodramatisch. Ich musste einfach mit jemandem sprechen.

»Wie Zeit? Jetzt? Warum fragst du?« Seine müden Augen sagten mir, dass er gern weitergeschlafen hätte. Trotzdem murmelte er: »Klar, hab ich Zeit.« Dann erzählte ich ihm das mit Klara und mir.

Kapitel 31

Macht das Freundschaft aus? Alles erzählen zu können, ohne befürchten zu müssen, ausgelacht, angeschrien oder verachtet zu werden? Einfach seine Gedanken ungefiltert mit seinem Gegenüber teilen können? Dabei kommt es nicht so sehr darauf an, einen wegweisenden Rat zu erhalten, sondern einfach nur nicht allein zu sein, mit dem, was einen belastet. Jemand zu haben, der sich für das interessiert, was dich beschäftigt, der schweigt, wenn du stockst und nach Worten ringst, weil dir manche dieser Worte im Hals stecken bleiben – aus Scham oder Verlegenheit.

Stephen King hat geschrieben, dass unsere wichtigsten Dinge unseren geheimsten Wünschen zu nahe seien. Dass die Enthüllungen, die uns am schwersten fallen, bei unserem Gegenüber nur Erstaunen hervorrufen, und der einzige Erfolg unserer Ehrlichkeit und unseres Vertrauens nur der sei, dass uns klar werde, dass uns niemand verstehe. Dass wir allein seien. Aber das stimmt nicht immer.

Als ich Moritz meinen Verrat an Archie, meine Affäre mit Klara gebeichtet hatte, schrie er mich nicht an oder warf mich aus seinem Zimmer. Er hörte nur zu, nickte, runzelte manchmal die Stirn, soweit ich das erkennen konnte, und schüttelte ab und zu den Kopf. Am Ende sah er mich an und sagte: »Sobald Archie wieder da ist, musst du mit ihm reden. Das musst du mir versprechen. Nur das.«

Ich nickte, erleichtert, erschöpft. Ja, das musste ich. Und konnte nur hoffen, dass Archie mir – ja was? Vergeben würde? Wahrscheinlich war es das richtige Wort, auch wenn es sich kirchlich und sakral anhörte.

Kapitel 32

Siebter Tag

Am Morgen saß ich erneut auf dem Boden vor Archies Bett. Kälte zog mir die Beine herauf. Die alten, schiefen Holztüren ließen jedem Windstoß von draußen die Chance, alle Zimmer zugig zu machen. Ich betrachtete die dunkelblaue Kunststoffkladde in meinen Händen, sie besaß nicht die kleinste Ecke oder Delle. Hinter dem durchsichtigen Deckblatt warteten Dutzende sorgfältig kopierter Blätter, alle akkurat eingeheftet.

Die Kladde hatte zuoberst auf einem der vielen Stapel gelegen, ich hatte sie mir wahllos gegriffen, mit irgendetwas musste ich beginnen. Oder weitermachen. Außerdem half es mir, nicht an Springer und Conradi zu denken. Ich hatte mir vorgenommen, jedes einzelne Buch in diesem Zimmer durchzublättern. Irgendwo musste es eine Spur geben, die zu Archie führte, und wo sollte ich anfangen, wenn nicht hier?

Im Wohnheim hatte der übliche Trubel am Vormittag eines Wochenendes begonnen. Außerdem verabschiedeten sich bereits viele in die Winterferien. Türen knallten, Weihnachtswünsche hallten durch die Flure, Aufbruchsstimmung.

Ute hatte sich bereits gestern verabschiedet, heute Morgen hatte ich noch Gaby in der Küche getroffen. Sie hatte diverse Müslidosen zusammengepackt, Spezialmischungen aus einem Bioladen in Bonn-Beuel. Wir hatten uns umarmt und uns fröhliche Weihnachten gewünscht. Nach einem Moment des Zögerns hatte sie mich nach Archie gefragt, aber ich war ausgewichen. Was hätte ich sagen sollen? Und von Ben Springer hatte ich schon gar nichts erzählt.

Unsere Verschwiegenheit den anderen gegenüber kommt mir heute merkwürdig vor, so als hätte uns damals ein schlechtes Gewissen geplagt, dabei war das absurd. Vielleicht hätten die anderen uns sogar helfen können.

Schwere Schuhe polterten über die Flure, aus offenen Zimmern drang Lachen und Rufen. »Last Christmas« dröhnte in Dauerschleife aus einem der Zimmer im Erdgeschoss. Üblicherweise genoss ich diese Tage, im Augenblick fürchtete ich mich davor, wenn das Haus verlassen sein würde.

Ich hatte mir vorgenommen, ganz systematisch nach einer Spur in Archies Unterlagen zu suchen, irgendetwas, das ich in Zusammenhang mit Conradi setzen konnte. Moritz wusste, wo ich war. Ich hatte ihm einen Zettel an die Tür gesteckt. Wenn er wollte, konnte er mir jederzeit Gesellschaft leisten. Allerdings arbeitete Moritz am Wochenende häufig bei der Post, um sein Studium zu finanzieren. Meist stand er an einem Gleis hinter dem Hauptbahnhof und warf Postsäcke von den Waggons, ehe sie in die Post am Münsterplatz geschafft und von dort aus in die verschiedenen Zustellbezirke verteilt wurden.

Jonas dagegen hatte ich noch nicht gesehen. Am Wochenende moderierte er meist bei unserem

Lokalsender. Das mit Ben Springer würde er vielleicht aus seinen eigenen Nachrichten erfahren, auch wenn dort der Name des Toten nicht genannt würde.

Ein kleiner, lilafarbener Zettel rutschte aus der Kladde auf meinem Schoß. Perforiert an einer Seite. Schwarze Schrift: Liverpool – Leeds United. Ich musste lächeln. Archie sammelte alle Tickets der Fußballspiele, bei denen er an der Anfield Road gewesen war. Zumindest der Spiele, die seine Mannschaft gewonnen hatte. Und zu jedem dieser Spiele hatte er mindestens eine Geschichte zu erzählen. Die vergangenen Monate war er vor allem von Ian Rush angetan, dem Stürmer, der mit seiner eher dürren Statur und seinem schmalen Schnurrbärtchen eher Ähnlichkeit mit einem Buchhalter besaß als mit einem Fußballprofi.

Meist nutzte Archie die alten Tickets als Lesezeichen für seine Lektüre. Aber er hatte mir auch schon eine kurze Notiz auf ein Ticket gekritzelt und an die Tür geheftet. Ich versuchte, mich zu konzentrieren. Bei der Vielzahl der Mappen, Kladden und Bücher half wahrscheinlich nur systematisches Arbeiten. Also das, was die Professoren uns jeden Tag einzubläuen versuchten. Ich wagte mich kaum an die Aufgabe. Was, wenn ich einen wichtigen Hinweis nicht erkennen würde? Wenn er vor mir lag und ich ihn einfach überlas, gar nicht registrierte.

Leitfaden der Rassenhygiene lautete die Überschrift auf dem obersten Blatt. Autor: Otmar Freiherr von Verschuer.

Die geschichtlichen Lösungsversuche der Judenfrage lassen sich in 3 Gruppen ordnen:
   1. Aufsaugung der Juden, die z. B. bei den Westgoten in Spanien versucht worden ist,

> 2. *Abschließung der Juden durch das Ghetto, das vom 5.–19. Jahrhundert die hauptsächlichste Lösungsform in Europa war, und*
> 3. *Emanzipation des Judentums, die sich im 19. Jahrhundert durchgesetzt hat.*
>
> *Jeder dieser Versuche muss als gescheitert angesehen werden. Die politische Forderung der Gegenwart ist eine neue Gesamtlösung des Judenproblems. Aus einer klaren Erkenntnis der Rassenfrage heraus hat der nationalsozialistische Staat einen neuen Weg zur Lösung der Judenfrage beschritten.* [1]

Ich griff nach der Kaffeetasse, die ich mir mitgebracht hatte, und trank einen Schluck. Archie hatte mehrere Stellen im Text unterstrichen, den Namen des Autors (Otmar von Verschuer) sogar dick. Dahinter stand in Archies kleiner, gezackter Schrift:

> *Naziwahn. Sadismus und Soziopathie. Deckmantel Pseudowissenschaftlichkeit.*
> *OvVerschuer nach 2. Weltkr. mit 600 RM rehabilitiert!!!*

---

[1] Aus: »Jenseits des Hippokratischen Eids – Josef Mengele und die Goethe-Universität« von Prof. Dr. Benjamin Ortmeyer.

Nächste Kopie:

Ein Assistent meines früheren Frankfurter Instituts, Dr. M. ... wurde gegen seinen Willen als Arzt an das Lazarett des Konzentrationslagers Auschwitz kommandiert; alle, die ihn kannten, bekamen zu erfahren, wie unglücklich er darüber war und wie er unermüdlich Versuche unternahm, ein ablösendes Kommando zur Front zu erreichen, leider vergeblich. Von seiner Arbeit ist nur bekannt geworden, daß er sich bemüht hat, den Kranken ein Arzt und Helfer zu sein. Eidesstattliche Erklärung (1946)

Darunter stand in Archies Schrift:

Verschuer nimmt Mengele in Schutz, Darstellung einfach falsch!!!

Draußen auf dem Flur knallte eine Tür.
Mengele, schon wieder Mengele. Um den KZ-Arzt ging es auch auf dem nächsten Dutzend Blätter, Archie hatte die Kopien fein säuberlich gelocht und eingeheftet.

Aufgaben der KZ-Ärzte: Beaufsichtigung von Ermordung der Gefangenen durch Giftgas und Erschießungen, Beaufsichtigung von körperlichen Züchtigungen, Bekämpfung von Seuchen im Lager, Gesundheitspflege der SS-Leute, Beurteilung des Krankheitszustands der Häftling

Der Name Mengele war immer wieder mit rotem Farbstift unterstrichen oder eingekreist. Auch auf einem der nächsten Blätter:

Wissenschaftliche Gebiete« der KZ-Ärzte: Menschenexperimente an Zwillingskindern, ›Genforschung‹ zur Augenfarbe, Kleinwüchsige, Medikamente testen für die Pharma-Industrie (Fleckfieber), Sterilisationsverfahren mit Säure und Röntgenstrahlen, Infektion mit ›Noma‹, Elektroschocks

Ich wusste, dass Archie ein ruheloser, fast schon fanatischer Student war, aber dass er sich dermaßen tief mit der Nazi-Materie beschäftigt hatte, erstaunte mich doch. Ebenso wie es mich wunderte, dass er nie über diese Dinge gesprochen hatte. Wenn ich an seiner Stelle gewesen wäre, hätte ich diese furchtbaren Verbrechen uns, seinen Freunden gegenüber angesprochen, um sie zu verarbeiten. Aber Archie? Ich zumindest hatte von ihm nie ein Wort über seine Nazi-Forschungen gehört! Zumindest konnte ich mich nicht erinnern.

Auf einem der nächsten Papiere war zu lesen: M. nennt die Kinder ›meine Meerschweinchen‹!!!

Natürlich war auch mir der Name Josef Mengele geläufig, unter anderem aus der Schule. Im Religionsunterricht hatten wir uns »Nacht und Nebel« angeschaut, diesen furchtbar sachlichen Film über das Grauen in Auschwitz.

Die alte Heizung gluckerte wieder, das einzige Geräusch, nachdem der Abschiedstrubel im Haus allmählich abgeebbt war. Ich sortierte Bücherstapel nach Themen. Die Gemeinsamkeit aller bestand in der Analyse der Verbrechen der Nationalsozialisten. Die meisten der Bücher waren Sammlungen diverser Aufsätze zum Thema »Nazi-Diktatur«. Andere Arbeiten behandelten Einzelpersonen wie Mengele oder Goebbels, wieder andere bestanden aus Aufzeichnungen zum Kriegsverlauf ab 1939, zur Nazi-Propaganda oder zur heimischen Rüstungsproduktion.

Sorgfältig blätterte ich drei dunkelgraue Leitz-Ordner durch, alle behandelten die Person Josef Mengele. Archie hatte seine Aufzeichnungen zum Teil nummeriert. Soweit ich es beurteilen konnte, versuchte er, zum Beispiel anhand von kopierten Quellen nachzuvollziehen und aufzuzeigen, wohin Mengeles Weg nach dem Krieg geführt hatte. Wie der Mann nach der Befreiung entkommen war, auf welche Hilfe er hatte bauen können, welche Personen ihm, wo Zuflucht verschafft hatten. Mengeles Flucht und sein Leben nach Kriegsende hatte Archie in einem zwanzigseitigen Aufsatz zusammengefasst, möglicherweise eine Art Exposé für eine größere Arbeit.

Nach Archies Aufzeichnungen war Mengele kurze Zeit sogar Kriegsgefangener der US-Armee gewesen. Archie hatte notiert:

Mengele tauscht SS-Uniform gegen Wehrmachtsuniform. Amerikanern versichert er, Papiere verloren. Da am Handgelenk keine Blutgruppen-Tätowierung, SS üblich, glaubhaft! Als ›Fritz Hollmann‹ wird Mengele entlassen. Taucht unter. Bis 1949, fast vier Jahre!!!, bleibt M. in Deutschland. Gedeckt durch Familie in Günzburg, zeitweise Arbeit als Knecht auf Hof. 1949 Hilfe von ehemaligen ›Kameraden‹, Flucht Argentinien! Vier Jahre!

Ich legte Archies Aufsatz beiseite. Auf der kahlen Buche gegenüber plusterten sich mehrere Amseln auf. Immer wieder flatterten sie auf andere Äste. Ich betrachtete Archies Aufzeichnungen zu Mengele. Mir war bislang nicht klar gewesen, dass der SS-Arzt nach seiner Flucht aus Auschwitz so viel Glück gehabt hatte.

Auch, schrieb Archie, wird Mengele in junger Bundesrepublik nicht gesucht!

In einer vierseitigen Zusammenfassung wurde die Flucht des Auschwitz-Arztes beschrieben. Darunter notierte Archie:

Niemand fahndet nach ihm! Mengele gelingt mit Hilfe ehemaliger Nazi-Kameraden die Flucht über Südtirol und Schweiz nach Argentinien. Unter neuem Namen, den er sich zugelegt hat: Helmut Gregor. In 50er Jahren kehrt M. zeitweise wieder zurück in die BRD. Auch Heimatstadt Günzburg/Wiesbaden. Dort trifft er ehemalige Kommilitonen aus Studienzeiten. (CBG???)

Ich griff nach meinem Kaffee, beließ es aber bei einem Schluck, das Zeug schmeckte mittlerweile wie Eiswasser. *CBG?* Was bedeutete CBG? Ich schaute erneut nach draußen. Die beiden Amseln hatten sich einen anderen Baum gesucht. Im Haus war es still. Kein Lachen, kein Gespräch, keine Schritte und auch kein »Last Christmas« waren mehr zu hören. Unser Wohnheim lag endgültig im Winterschlaf. Plötzlich fühlte ich mich unwohl. Wieder dachte ich an Ben Springer und Dr. Conradi. Wie wahrscheinlich war es, dass auch wir uns in Gefahr befanden? Moritz, Jonas und ich. Und vielleicht auch Klara. Ich griff zur nächsten Akte:

Mengele erhält deutschen Pass! 1956 von Deutscher Botschaft in Argentinien auf Namen Josef Mengele, von Behörden BRD wird Mengele zu diesem Zeitpunkt nicht verfolgt.

Es habe, schrieb Archie außerdem, gegen Mengele nichts vorgelegen. Dahinter hatte Archie *Top, German thoroughness!!!* geschrieben. Deutsche Gründlichkeit!

Ich sah Archie vor mir, wie er hier an seinem Schreibtisch über den Kopien hockte: den Rotschopf in beide Hände gestützt, vor sich mehrere aufgeschlagene Bücher, kopfschüttelnd, ungläubig, genau wie ich jetzt. Mengele hatte 1958 sogar unter seinem richtigen Namen die BRD besucht, ein Jahr vorher die Schweiz. Mittlerweile war er mit seiner Schwägerin verheiratet.

Wieder hatte Archie eine Zeile dick unterstrichen: *Ist im Telefonbuch zu finden*!!! Darunter ein Schwarz-Weiß-Foto. Hagerer Mann mit Stirnglatze. Kluge, dunkle Augen, stark, intelligent, offener Blick. Archie hatte einen Namen notiert: *Hermann Langbein*.

Hermann Langbein? Ich blätterte weiter, dann die Erklärung: Langbein hatte 1958 in der BRD Strafanzeige gegen Mengele gestellt.

13 Jahre nach Ende 2. Weltkrieg, hatte Archie geschrieben.

13 Jahre nach Ende Naziterror, 13 Jahre, in denen Mengele frei war! Ohne Rechenschaft für Verbrechen!!

Ich fand weitere Unterlagen zu Langbein. Archie hatte mehrere Manuskriptseiten kopiert, dicht mit

Schreibmaschine beschrieben. Auf einem gesonderten Blatt waren Notizen mit Bleistift zusammengefasst:

Langbein war ein ehemaliger Auschwitz-Häftling gewesen, er soll Mengele angezeigt haben. Und damit war Mengele wieder in den Blickpunkt der deutschen Strafverfolgung gerückt. Allerdings ohne, dass sich die deutsche Justiz besonders bemüht hätte, Mengeles habhaft zu werden. Anders als zum Beispiel die Israelis, deren Geheimdienst Mossad im Mai 1960 Adolf Eichmann aus seinem Versteck in Argentinien holte. Eichmann: Schreibtischtäter. Machte sich die Hände nie selbst schmutzig, organisierte aus der Ferne den Mord an Millionen Menschen. Koordinierte die Transporte in die Todeslager. Gewinnbringend für Bahn, da Deportierte für Reise auch selbst zahlen mussten. Der Mossad holte Eichmann nach Israel. Wurde in Jerusalem angeklagt und zum Tode verurteilt. Einziges Todesurteil Israel!

Ich schob den Ordner beiseite. Draußen schneite es erneut. Nur ein paar Tage noch bis Weihnachten. Ich konnte unmöglich nach Hause fahren. Unmöglich, wenn Archie verschwunden blieb. Jonas und Moritz dachten sicherlich ähnlich.

In der nächsten Stunde sortierte ich die Biographien einzelner Nazi-Verbrecher auf jeweils einen Stapel, Sammlungen sowie Abhandlungen zur NS-Außenpolitik und zum Zweiten Weltkrieg, die eher allgemeiner Natur waren, auf einen anderen. Archies Ordner mit seinen Kommentaren kamen gesondert auf den Boden. Allerdings gab es außer den drei Mengele-Ordnern noch zwei weitere: einen über Joseph Goebbels, den NS-Propagandaminister, und über Robert Ley, den Leiter der Deutschen Arbeitsfront. Der Ordner, den Archie für Ley angelegt hatte, bestand nur aus wenigen Blättern. Als ich fertig sortiert hatte, kniete ich vor insgesamt sieben Bücherstapeln. Jeder einzelne einen knappen halben Meter hoch. Den Großteil der Werke hatte Archie aus der Uni-Bibliothek entliehen, andere trugen das Signum des Stadtarchivs. Die übrigen schien Archie selbst gekauft zu haben. Vier der sieben Stapel bestanden aus Büchern, in denen Aufsätze, Abhandlungen und Untersuchungen zusammen gestellt waren. Meist waren sie unter einem Herausgeber veröffentlicht, alle Autoren behandelten das Thema Nationalsozialismus.

Die drei übrigen befassten sich mit jeweils nur einer Person: Mit Josef Mengele, Joseph Goebbels und Robert Ley. Also genau den Männern, über die Archie seine Aktenordner angelegt hatte. Ich hoffte, dass Archie alles Wichtige zu den drei Personen komprimiert in den Ordnern zusammengefasst hatte.

Ich war kein Historiker. Wie sollte ich erkennen, ob ich etwas Wichtiges entdeckt hatte? Oder etwas Bedeutsames überlesen.

Als mir die Akte von den Beinen rutschte, wachte ich auf. Mein Hals schmerzte. Im Haus war es jetzt vollkommen ruhig, nur ab und zu gluckerte Luft durch die alten Wasserleitungen. Ich hoffte, dass bald jemand aus einer Bibliothek oder vom Nebenjob zurückkam. Alleinsein lag mir im Augenblick nicht sonderlich.

Moritz hatte sich noch nicht blicken lassen. War er vielleicht wegen meiner Beichte zu Klara doch sauer auf mich? Oder enttäuscht, weil ich solch einen Mist anstellte und Archie hinterging? Ausgerechnet in dem Augenblick, in dem er nichts dagegen machen konnte, in dem Moment, in dem er möglicherweise selbst in Gefahr war? Vergangene Nacht hatte Moritz nur zugehört, wenig gesagt, aber vielleicht sah er meinen Betrug inzwischen kritischer.

Wie spät war es überhaupt? Archie besaß keinen Radiowecker wie ich, zumindest sah ich keinen. Weder auf dem Fenstersims noch irgendwo zwischen den Bücherbergen. Die Kälte des Fußbodens war mir weiter das Rückgrat hochgekrochen. Ich stand auf. Zwar wusste ich jetzt ziemlich genau, womit sich Archie die vergangenen Wochen und Monate beschäftigt hatte, aber half mir das? Sein Forschungsschwerpunkt konzentrierte sich auf die Zeit des Nationalsozialismus. Ja, das war mir auch vorher bereits klar gewesen. Aber was sagte mir das? Die Zeitspanne vor und während des Zweiten Weltkriegs war ja generell ein beliebtes Thema bei angehenden Historikern, auch und vor allem bei ausländischen Studenten. Sadismus und Grauen machten auf makabre Weise auch neugierig und übten eine Faszination aus, das wusste jeder.

Wichtig war für Moritz, Jonas und mich doch, ob Archies Arbeit in irgendeiner Weise mit seinem Verschwinden zusammenhing. Und dem Tod von Dr. Conradi. Und dem von Ben Springer.

Ich erinnerte mich an das Buch, dass mir Archie am Abend der Weihnachtsfeier betrunken in die Hand gedrückt hatte: Rudolf Vrba: »I Cannot Forgive«. Wie hatte sich Archie ausgedrückt? »Das geht bis hier«, hatte er gesagt. »Das geht noch bis hier.«

Ich ließ mich auf Archies Bett sinken. Was genau *ging bis hier*? Was hatte Archie gemeint? Den Antisemitismus? Ich wusste nicht viel darüber, hatte nur ab und zu erlebt, dass er urplötzlich überall zutage treten konnte. Was möglicherweise bedeutete, dass er immer unter der Oberfläche des guten Tons und der gesellschaftlichen Konventionen und Werte lauerte. Die Geschmacklosigkeit eines Klassenkameraden auf der Schule fiel mir ein. Er hatte uns in der Pause gefragt, ob wir wüssten, was die Juden seines Dorfes zum neuen Sportplatz beigesteuert hätten. Wir hatten keine Ahnung. Er warf den Kopf in den Nacken, lachte laut und sagte: »Die Aschenbahn.« Ich kann mich nicht mehr erinnern, ob damals jemand von uns mit gelacht hatte, ich hoffe nicht.

Antisemitismus. Judenhass. Natürlich, den gab es. Mein Onkel zum Beispiel war ein Judenhasser gewesen. Wenn meine Familie sonntags seine Familie besuchte, wurde nach dem Kaffee immer diskutiert. Über Sport und Politik. Das waren die Lieblingsthemen. Und mein Onkel schimpfte gern über die Juden. Sie würden Banken bauen und »unsereins« das Geld aus der Tasche ziehen. Um mit *unserem* Geld noch reicher zu werden.

Dabei blieb den Juden zumindest in den vergangenen Jahrhunderten meist gar nichts anderes übrig, als mit Geld zu handeln, einfach, weil andere Berufe für sie verboten waren! Wie alt diese Diskriminierung war! Im Geschichtsunterricht lasen wir einen Bericht über die große Pest 1349/50 in Köln. Als die Seuche in der Stadt wütete, hatte der Mob das Judenviertel gestürmt. Auf der Suche nach einem Schuldigen für das, was man damals nicht erklären konnte. Nach dem Bericht, den wir gelesen hatten, waren dabei knapp 1 000 Juden niedergemetzelt worden. Judenhass war alt. Und falsch. Er beruhte auf dem gedankenlosen Neid der Besitz- oder Geistlosen.

Bevor ich mein Zimmer erreichte, schellte das Telefon. Ich zog die schwere Kabinentür auf, zwängte mich auf den kleinen Hocker und hob ab. Zuerst verstand ich nicht, wen die Person am anderen Ende der Leitung sprechen wollte, die Verbindung war schlecht, dann wurde mir klar, dass es Archies Mutter war. Archie hätte bereits gestern in Liverpool sein sollen, sagte sie auf Englisch. Aber seit einer Woche habe er sich nicht mehr gemeldet. Ich schloss die Augen. Ohne zu überlegen, erfand ich eine Geschichte mit Klara, dass die beiden zu einem Kurztrip in die Niederlande aufgebrochen seien und sicherlich bald zurückkehren würden. Ich begann zu schwitzen und zu stammeln. Dann, ohne zu überlegen, legte ich einfach auf. Einen Augenblick saß ich noch in der Kabine, erwartete jeden Moment, dass sie erneut anrufen würde, aber das Telefon blieb stumm. Damals kamen Störungen bei Auslandsgesprächen immer wieder vor, und ich hoffte, Archies Mutter würde nun genau daran glauben.

Wieder schellte das Telefon! Ich zuckte zusammen. Sollte ich abheben? Oder es einfach klingeln lassen? Ich hob ab. Wenn es erneut Archies Mutter war, würde ich einfach bei der Geschichte mit Archies und Klaras Kurztrip bleiben.

Aber die Stimme war eine andere: Klara war in der Leitung. Sie erkannte mich sofort. Ohne Begrüßung fragte sie, vor wem wir gestern Abend weggerannt seien. Ihr Tonfall war fordernd, misstrauisch. Ich druckste herum, und sie unterbrach mich und fragte, ob ich vielleicht doch wisse, wo Archie sei. Und was das ganze heimliche Getue solle? Ob ihm etwas passiert sei? Und ob ich oder meine guten Freunde mehr wüssten. Mehr als sie, seine Freundin. Langsam ließ ich den Hörer sinken und legte erneut einfach auf.

Schneeflocken wirbelten gegen mein Zimmerfenster. Im Park zwischen Alten-, Schwestern- und Studentenheim tasteten sich zwei Gestalten mühsam auf dem zugeschneiten Boden vorwärts. Sie stützten einander. Ich schaute in den grauen Himmel: Es sah tatsächlich nach weißen Weihnachten aus. Und ich würde wieder allein—

»Hast du Kaffee?« Moritz lehnte in der Tür und gähnte mich an. Ich hatte ihn nicht gehört. Seine Haare standen nass in alle Richtungen, wahrscheinlich war er eben erst von der Post gekommen und dann sofort unter die Dusche gesprungen.

»Komm rein!« Ich betrachtete meine Kaffeevorräte, die Packung war fast leer, aber für zwei, drei Tassen würde es noch reichen. Ich füllte Wasser in die kleine Kanne, schüttelte das letzte Pulver in den Filter und schaltete die kleine Maschine an. Moritz saß mittlerweile auf meinem Bett. Er blätterte in einer neuhochdeutschen Erläuterung des »Parsifal«, die ich mir übers Wochenende ausgeliehen hatte. Nächste Woche stand im Seminar eine Übersetzung aus dem Mittelhochdeutschen an.

»Ich hab versucht, Archies Unterlagen zu sortieren.«

»Welche Unterlagen?« Moritz legte das Buch zur Seite. Mit der flachen Hand strich er sich über die nassen Haare.

»Seine Bücher. Ordner, Kladden, die ganzen Nazi-Notizen. Ich hab seit heute Früh dran gesessen. Konnte nicht richtig schlafen.«

»Ich auch nicht. Kein Wunder, Himmel noch mal! Erst Conradi, jetzt Springer, es ist nicht zu glauben.« Er fuhr sich wieder über die Haare. »Sag mal David, das stimmt doch, oder? Dass du heute Nacht bei mir warst und erzählt hast, Springer sei tot? Oder hab ich das geträumt?«

»Nein, leider nicht. Das war kein Traum.« Und dass ich ihm von Klara erzählt hatte? Hatte er das vergessen? Die Kaffeemaschine gluckerte. Dazu rüttelte der Wind so stark an meiner Tür, dass die alten Scheiben klapperten.

»Ja und?« Moritz legte das Buch jetzt ganz weg. »Wenn du was gesucht hast, hast du was gefunden? Irgendwas, das uns weiterhilft?«

Ich schüttelte den Kopf. »Archie hat sich da unheimlich reingekniet. Das, was er gesammelt hat, reicht als Gerüst für 'ne Doktorarbeit. Aber, ehrlich gesagt, ich glaube, ich würde das Entscheidende nicht mal sehen, wenn es rot eingekreist wäre.«

»Vor einer Woche oder so hat er mich zugetextet mit seinem Nazi-Kram. Aber ich hab nicht richtig zugehört. Hätt ich mal besser«, Moritz beobachtete den einlaufenden Kaffee.

»Du hast mit Archie über seine Forschungen gesprochen?« Das hatte ich nicht gewusst.

»Ja. Dass er wieder *jenes* entdeckt habe und *dieses*, und *das* habe er noch nicht gewusst und *jenes* noch nicht, und all so was.« Moritz blinzelte weiter sehnsüchtig Richtung Kaffee. »Also wenn ich ehrlich bin, hab ich ihm die meiste Zeit nicht zugehört. Das sind zum Teil Dinge, ehrlich, da krieg ich Albträume. Da will ich gar nichts drüber wissen.« Er schaute mir kurz in die Augen. »Jetzt denk ich, vielleicht hätt ich besser mal zuhören sollen.«

Die Kaffeemaschine schien kurz zu explodieren, dann blubberte sie friedlich vor sich hin. Ich schnappte mir eine der Tassen und gab sie Moritz. Meine eigene stand noch auf Archies Schreibtisch. Ich griff mir eine andere und füllte beide. Moritz wollte Zucker, aber ich hatte keinen mehr. Ich setzte mich in meinen Schreibtischstuhl. Wir nippten schweigend an unserem Kaffee, als es klopfte. Mit dem Klopfen öffnete sich bereits die Türe. Jonas wartete nie, bis man »Herein« rief. Um vor ihm sicher zu sein, musste man auf jeden Fall abschließen. Und wenn man absolute Sicherheit wollte, schob man am besten noch einen Schrank vor die Tür.

»Hallo Mädels!« Ich hasste diesen Spruch, weil er so pseudocool war. Trotzdem brachte er ihn immer wieder. Oder gerade deshalb.

»Idiot!«, meinten Moritz und ich gleichzeitig.

»Hey Kaffee, welch Labsal, Freunde! Hat mich mein Näschen also nicht getrogen.« Jonas ließ sich neben Moritz auf mein Bett fallen. Die Sprungfedern quietschten.

»Pass lieber auf dein Näschen auf«, knurrte ich. »Sonst ist das gleich blutig!«

»Sehr witzig!« Auf Jonas' schwarzem T-Shirt prangte ein »The Cure«-Schriftzug. Mein Huey-Lewis-Poster an der Wand neben dem Waschbecken fand er ziemlich gewöhnlich, wie er sich einmal ausgedrückt hatte. Die Band würde jeder hören, der meinte, etwas von Rock 'n' Roll zu verstehen. Dabei hatte ich nie behauptet, ein Rock 'n' Roller zu sein.

»Wie war's beim Radio?« Ich warf ihm eine Tasse zu. Kaffee nehmen konnte er sich selbst.

»War okay.« Jonas goss sich die Tasse halbvoll. Ich wunderte mich, dass er in seinem dünnen T-Shirt nicht fror. »Habt ihr das vom Alten Zoll gehört? Da ist ein Toter gefunden worden.« Er schaute mich an, als sei ich schuld daran. »Unser Städtchen entwickelt sich allmählich zur Verbrechensmetropole. New York ist ein Dreck dagegen.« Er sagte das so, als ginge ihn das gar nichts an. Oder uns. Und als habe dieser Mord mit absoluter Sicherheit nichts mit Conradis Tod oder Archies Verschwinden zu tun.

»Das ist nicht witzig.« Ich war bedient von seiner Oberflächlichkeit. Für wen hielt er sich? Larry King? Harald Schmidt?

»Der Tote ist Ben Springer!«, meinte Moritz knapp. Ich glaube, Jonas' Plattheit ging ihm genauso auf die Nerven wie mir.

Zum ersten Mal flackerte so etwas wie Unsicherheit in Jonas' Augen auf. »Wirklich? Du verarschst mich, oder?«

»Nein!« Moritz nippte an seinem Kaffee.

»Das gibt's doch nicht! Mann, der Tote vom Stadtgarten kam jede Stunde bei uns in den Nachrichten.« Sein Blick wanderte zwischen Moritz und mir hin und her. »Und ich dachte noch, dass das ja wieder direkt an der Uni ist. Aber Springer? Wirklich *der* Springer?« Jonas machte eine Pause. »War Schilten schon hier?«, fragte er dann.

»Schilten? Wie kommst du jetzt auf Schilten?« An den aalglatten Typen vom Staatsschutz hatte ich noch gar nicht gedacht. Aber tatsächlich: Die Möglichkeit bestand natürlich, dass er hier plötzlich auftauchen würde, um Fragen zu stellen. Ich schüttelte den Kopf. »Nein, und der kann auch gern bleiben, wo der Pfeffer wächst.«

»Pass auf, ich wette, der kommt bald vorbei.« Jonas hatte sich die Kanne geschnappt und den Rest Kaffee eingeschüttet. Moritz schob seine leere Tasse zeitgleich auf mein Tischchen. Er trank am schnellsten von uns, egal was.

»Warum meinst du das?«

»Weil er uns doch gestern schon so komisch beäugt hat. So als hätten wir etwas mit Conradis Tod zu tun.« Irgendwo unten ging eine Tür. Ganz allein waren wir also doch nicht.

»Und jetzt?«, fragte ich schließlich. Was sollten wir jetzt machen? Wie ging es weiter? Ich wusste zwar seit vorhin, mit welchem Material Archie die vergangenen Wochen und Monate gearbeitet hatte, aber was nutzte uns das? Was brachte es uns, zu wissen, dass er vielleicht eine Doktorarbeit über Mengele, Ley oder Goebbels schreiben wollte? Oder über alle drei.

»Vielleicht sollten wir mit Archies Unterlagen zu jemandem aus dem Uni-Archiv gehen«, brummte Moritz. »Vielleicht kann der was damit anfangen.«

»Dann setzt du also voraus, dass seine Arbeit etwas mit seinem Verschwinden zu tun hat«, meinte Jonas. »Aber wir wissen ja überhaupt nicht, ob da ein Zusammenhang besteht.«

»Hast du eine bessere Idee?« Tatsächlich fand ich Moritz' Idee gut. Über Archies Unterlagen musste jemand schauen, der mehr damit anfangen konnte als wir. Ein Profi sozusagen. Wieder entstand eine Pause. Irgendwo im Haus stellte jemand Musik an. Madonna »Like a Virgin«. War Carlos doch noch hier?

»Aber da gibt's ja kaum noch jemanden im Archiv«, meinte Jonas. Ich starrte ihn an: Sollte das ein Witz sein? Aber er lachte nicht. Wahrscheinlich hatte er das ernst gemeint. Einfach gesagt, ohne nachzudenken.

»Quatsch!« Moritz tippte sich ans Kinn. »Aber ob das gut ist, da heute hinzugehen, ich denk mal—«

»Ihr müsst euch klar darüber sein, dass Schilten da auf jeden Fall auftauchen wird«, unterbrach ihn Jonas. »Und wenn der uns sieht, dann wird er uns im besten Fall mit seinen blöden Fragen auf die Nerven gehen. Im schlimmsten Fall fahren wir mit ihm in einen dunklen, feuchten Bunker, wo wir angekettet werden.«

»Sehr witzig!« Wieder überkam mich das Gefühl, Jonas nähme die Suche nach Archie nicht ernst, als sei alles immer noch ein Spiel. Mir gefiel Moritz' Vorschlag: Wir mussten Archies Unterlagen jemandem im Archiv übergeben. Vielleicht kamen wir dann auf die richtige Spur, um Archie zu finden. Lebend zu finden. Ich wollte daran glauben, dass alles doch noch gut werden würde: Dass Archie nur verschwunden war und nicht schon tot.

Nachdem Moritz und Jonas gegangen waren, blieb ich an meinem Schreibtisch sitzen und betrachtete den mittlerweile dunklen Himmel. Ein dichtes Tuch, das nicht den geringsten Schein der Sterne passieren ließ. Mein kleines Fenster war gekippt, weil wir wieder geraucht hatten. Ab und zu hörte ich, wie sich draußen im Hof eine Tür schloss oder ein Fenster geöffnet wurde. Auch Schritte hatte ich vor ein paar Minuten wahrgenommen, andächtig, behutsam, vorsichtig. Möglicherweise eine der Schwestern, die sich vom Altenheim drüben zurück auf den Weg ins Schwesternheim gemacht hatte. Die alte Glocke der Kapelle schepperte blechern. Ich fingerte eine Camel aus der Packung, die Jonas vergessen hatte. Fast schwerelos waberte der Rauch am Schein der beiden Kerzen entlang. Erst jetzt merkte ich, wie geborgen ich mich in diesem Zimmer fühlte. Wie in einem Kokon, eng und geschützt.

Zum wiederholten Mal sah ich Archie vor meinem geistigen Auge, auf einem kalten, grauen Betonboden liegend, geknebelt, geschlagen, verzweifelt. Wenn es dunkel war und ich allein, trübten sich meine Gedanken schnell. Dann hatte ich Bilder im Kopf, die Archie bereits tot und verscharrt zeigten. Wenn es ihm möglich gewesen wäre, hätte er sich gemeldet und wir hätten etwas von ihm gehört, da war ich mir sicher. Irgendwie hätte er sich bemerkbar gemacht. Aber es gab kein Lebenszeichen. Ein absurder Gedanke stieg plötzlich in mir auf: Was, wenn Archie das mit Klara und mir herausgefunden hätte? Irgendwie! Vielleicht hatte jemand Klara und mich gehört, als wir hier miteinander geschlafen hatten? Vielleicht hatte jemand vor der Tür gestanden und es Archie erzählt. Oder er war genau zu diesem Zeitpunkt zurück ins Studentenheim gekommen und hatte meinen Verrat sozusagen miterlebt. Archie wäre nie auf den Gedanken gekommen, die Tür aufzureißen oder einzutreten, mich deswegen zu verprügeln oder etwas in der Art. Zu ihm hätte gepasst, dass er todunglücklich, verletzt und ohne ein einziges Wort zu seiner Mutter gefahren wäre, nach Hause. Aber auch dort war er ja nicht.

Kapitel 33

Achter Tag

Die dunkle Decke am Himmel hatte sich immer noch nicht verzogen. Die Temperatur war etwas gestiegen, der Schnee war am Morgen in Regen übergegangen. Es wehte ein böiger und unangenehmer Wind, der mir während der Fahrt auf dem Motorrad sogar unter Lederjacke und Regenanzug kroch. In zwei Minuten war ich mit Moritz und Jonas vor dem Uni-Archiv verabredet. Regentropfen prasselten gegen mein Visier. Im zweiten Gang tuckerte ich hinter der Einfahrt zur Uni-Tiefgarage auf den Campus.

Jonas und Moritz erwarteten mich im Schutz des Eingangs vor dem Archiv. Die Kleidung der beiden war im Gegensatz zu meiner vollkommen trocken. Sie waren mit der Bahn gekommen. Jonas bot mir eine Zigarette an, während ich mich umständlich aus meinem Regenanzug schälte. Es regnete zusehends stärker, die kleineren Schneehaufen am Rande der Wiese schmolzen mehr und mehr zusammen. Moritz gab mir Feuer. Obwohl es kurz vor Weihnachten war, hatte der morgendliche Trubel an der Uni merkwürdigerweise nicht nachgelassen: Studenten radelten vorbei, verpackt in bunte Regencapes, so unförmig wie Mülltüten oder liefen geduckt unter Regenschirmen in Zweier- oder Dreiergruppen an uns vorbei Richtung Arkadenhof.

Auch wenn viele Studenten in die Winterferien gingen, gab es andere, die die stilleren Tage nutzten, um sich in Ruhe auf ihre Prüfungen vorzubereiten. Ich mochte gar nicht daran denken; bald würden auch wir dazugehören.

Auf der Straße zum Stadtgarten heulte die Sirene einer Notfall-Ambulanz. Natürlich sah ich Ben Springer vor mir, tot in diesem Mülleimer.

Auch heute Morgen war ich mit dem Gedanken aufgewacht, dass ich mich immer noch in einem Traum befände, in einer Welt, in der uns jemand einen höllisch schlechten Scherz spielte. Aber spätestens als ich Moritz und Jonas gesehen hatte, die nur wortlos den Kopf geschüttelt hatten, als ich sie nach Archie gefragt hatte, wusste ich, dass all das wahr war, was wir erlebten. Und dass Archie weiter verschwunden blieb.

»Was wollen wir denn sagen?« Moritz guckte zu einem Mädchen, das ziemlich ungelenk versuchte, ihr Fahrrad mit einem Schloss zu sichern. Sie wollte die Gliederkette um eine der Laternen wickeln, aber dafür schien das Schloss zu kurz.

»Wir improvisieren.« Jonas klang wie fast immer optimistisch. »Alles andere wirkt aufgesetzt.« Er zwinkerte mir zu. »Mach ich auch immer im Radio.«

»Hört man«, brummte Moritz. Ich glaube, er war kurz davor, zu dem Mädchen zu gehen und ihr zu helfen, er schaute immer wieder rüber zu ihr.

Ich lachte. »Stimmt. Wenn ich das Radio anschalte, stotterst du meistens nur rum.«

»Ihr seid doch nur neidisch!« Kritik nahm Jonas einfach nicht ernst. Das ließ sein Ego nicht zu.

»Also irgendetwas sollten wir uns schon einfallen lassen«, sagte ich. »Diese Drachen von Sekretärinnen setzen uns sonst direkt wieder vor die Tür.« Ich warf einen Blick durch die großen Fenster, aber das Licht reflektierte so stark, dass ich außer unserem Spiegelbild nichts erkennen konnte. »Überlegt doch mal: Deren Chef ist gerade ermordet worden. Ich wundere mich ohnehin, dass heute nicht geschlossen ist.«

Daraufhin sagte keiner mehr etwas. Wahrscheinlich dachten wir alle an Conradi. Wir rauchten unsere Zigaretten zu Ende, traten die Stummel auf der Treppe aus und machten uns auf zum Uni-Archiv. Kurz darauf standen wir wieder vor dem mittleren der drei Tische, an denen die Sekretärinnen saßen. Der Blick der Dame auf der anderen Seite signalisierte erneut: Wir waren entschieden das Unnötigste auf dem gesamten Planeten!

»Guten Morgen!« Ich durfte auf keinen Fall anfangen zu stottern. Die Blöße wollte ich mir nicht geben. »Ich bin vergangene Woche schon einmal hier gewesen und—«

»Ich erinnere mich.« Die linke Augenbraue der Dame wanderte einen Zentimeter nach oben. Sonst sagte sie nichts. Sie wartete nur. Leider trug sie kein Namensschild und ich hatte ihren Namen nicht mehr im Kopf.

»Also, wir ... ich hatte mit Herrn Dr. Conradi gesprochen und ... auch mit Herrn Springer.« In der Pause, die folgte, wurde mir bewusst, wie absurd das Gesagte war: Beide Männer, die ich gerade erwähnt hatte, waren tot und ich derjenige, der mit beiden zuletzt gesprochen hatte. Jetzt erst verstand ich, warum Jonas fest davon ausging, dass Schilten bald vor unserer Türe stehen würde.

Ungeduldig ließ die Dame einen Bleistift zwischen ihren Fingern hin und her wirbeln. »Wie gesagt, junger Mann, ich erinnere mich.«

»Ja, und Herr Dr. Conradi hatte mich vergangene Woche gebeten, noch einmal wiederzukommen. Ich wollte ihm … Unterlagen zeigen. Und nun, und nun—« Jetzt stotterte ich doch! Verdammt!

Der Bleistift verharrte reglos zwischen ihren Fingern. »Und nun ist Herr Dr. Conradi tot. Ja, das ist mir bekannt, junger Mann.« Sie beugte sich etwas nach vorne. »Aber ich fürchte, ich kann Ihnen nicht weiterhelfen. An keinem Tag. Und heute sicherlich am wenigsten!« Sie schaute an mir vorbei zu Jonas und Moritz. Beide standen links und rechts einen halben Schritt hinter mir.

Was nun? Ich war ratlos. Wir schafften es ja nicht einmal, dieses blöde Vorzimmer zu überwinden. Wie sollten wir da in die Nähe von jemand gelangen, der die Kompetenz besaß, Archies Forschung einzuordnen?

Plötzlich seufzte die Sekretärin: »Wo sind denn die Unterlagen, von denen Sie sprechen?« Ihre Stimme hatte ein wenig an Schärfe verloren. Allerdings setzte sich der Bleistift in ihrer Hand wieder in Bewegung.

»Also, ich … wir wussten ja nicht, ob es Sinn macht, also, und deswegen wollten wir erst einmal fragen, ob wir mit Herrn Dr. Conradis Stellvertreter sprechen können.« Ich stotterte schon wieder. So als steckte ich mitten in einer Prüfung, auf die ich nicht vorbereitet war. »Er hat doch einen Stellvertreter, oder?«

»Ja, Herr Dr. Conradi hat beziehungsweise *hatte* einen Stellvertreter.« Sie fixierte mich. So als sei ich nicht nur ahnungslos, sondern auch noch zu dumm, Vergangenheit und Gegenwart auseinanderzuhalten. »Aber Sie können sich sicherlich vorstellen, dass der kommissarische Leiter unseres Archivs, Herr Dr. Ford, in diesen furchtbaren Tagen etwas anderes zu tun und im Sinn hat, als«, sie machte eine kurze Pause, »als Fragen von Studenten zu beantworten.«

»Hören Sie, wir wollen nur kurz—«

»Wie gesagt, ich denke nicht, dass Herr Dr. Ford heute oder auch in den kommenden Tagen Zeit für Sie haben wird.«

Ich hörte förmlich, wie das Burgtor nach unten donnerte. Und nun? Was nun? Was konnten wir tun, wenn diese dumme Person uns nicht einmal ausreden ließ.

Plötzlich regte sich Jonas hinter mir: »Wissen Sie was, Frau – wie auch immer! Wir fragen ihn einfach selbst!« Er marschierte auf die Zwischentüre zu. »Bemühen Sie sich nicht weiter.« Damit lief er am Schreibtisch vorbei, ohne die Sekretärin eines weiteren Blickes zu würdigen.

»Also ... also, halt! Wo wollen Sie denn hin?« Ihre spitzen Absätze klickten über die Marmorfliesen, aber Jonas drehte sich nicht einmal um. Moritz und ich dagegen standen weiter wie angenagelt vor ihrem Schreibtisch.

»Ihr ... Sie können doch nicht—« Die Sekretärin hatte Jonas fast erreicht, aber der ignorierte sie weiter. In diesem Moment war er mir wieder außerordentlich sympathisch.

Wenn es eines Tages zum digitalen Kollaps kommen wird, werden all unsere Mails, unsere Dateien und Files verschwunden sein. Wir werden nur auf die Orte zurückgreifen können, an denen Schrift ihre analoge Heimat verteidigen konnte: in Bibliotheken.

Das haben bereits damals unsere Professoren gebetsmühlenartig wiederholt, und daran denke ich auch heute noch, wenn ich im Geiste Jonas und den stellvertretenden Uni-Archivar vor dem deckenhohen Buchregal am Ende des Saals stehen sehe.

Dr. Ford besaß keine beeindruckende Gestalt: Er war klein, sein Gesicht rundlich, seine wenigen Haare hatte er sorgsam in Ernst-Huberty-Manier von einer Kopfseite zur andern drapiert, so wie das in den 1960ern und 1970ern üblich gewesen war. Dr. Fords kurzen Beine steckten in ausgebeulten, dunkelgrünen Cordhosen. Dazu trug der Mann ein viel zu großes beiges Jackett, ebenfalls aus Cord. Aus den abgewetzten Ärmeln ragten erstaunlich schlanke Hände hervor. Die Absätze der wütenden Sekretärin klackerten vor uns her. Moritz und ich hatten uns endlich auch in Bewegung gesetzt und liefen hinter Moritz und der aufgebrachten Sekretärin her.

»Entschuldigen Sie, Herr Dr. Ford, diese ... diese Jungen hier sind einfach einge—«

»Schon gut, Frau Burst, schon gut, ich kümmere mich.« Liebenswürdig lächelte er zu der mindestens einen Kopf größeren Sekretärin hinauf. »Lassen Sie nur.«

»Ja aber, ich—«

»Danke. Und, wie gesagt, ich kümmere mich um die«, sein Blick streifte Jonas, Moritz und mich, »jungen Herren hier.« Bedächtig schob er einen Ärmel seines Jacketts zurück. Eine Armbanduhr mit zerschlissenem Lederband baumelte um sein Handgelenk. »Ich habe noch zehn Minuten, dann muss ich zum Dekan. Frau Burst, bitte seien Sie so liebenswürdig, und geben mir Bescheid, wenn es Zeit für meinen Termin ist.«

Mit einer vorsichtigen Geste strich er über seine wenigen Haare. Während die Sekretärin wütend davon rauschte, wandte er sich an uns. »Und nun, meine Herren, zu Ihnen. Können Sie das bitte wiederholen?« Er wandte sich an Jonas. »Und langsam bitte, wenn Ihnen das möglich ist. Ich habe zwar einen klaren Verstand«, er lächelte, »aber meine Ohren sind noch nie die besten gewesen.« Mit einem kurzen Blick streifte er mich. »Wie gesagt, ich habe noch ein paar Minuten Zeit. Kein Grund zur Hetze. Und bitte keine Aufregung. Erzählen Sie, und erzählen Sie langsam. Und präzise.«

In den folgenden Minuten versuchte Jonas, mit Moritz' und meiner Hilfe, kurz und knapp all das wiederzugeben, was wir in den vergangenen Tagen erlebt hatten. Jonas berichtete von der Festveranstaltung in der Aula, er erzählte von dem tödlichen Schuss auf Dr. Conradi – Dr. Ford war selbst Augenzeuge gewesen, er hatte in der dritten Reihe gesessen, wie er sagte, aber im rechten Teil der Aula.

Ich erklärte, warum wir vermuteten, das Verschwinden unseres Freundes habe etwas mit Conradis und auch Springers Tod zu tun. Zuletzt erzählten wir Dr. Ford von Archies Zimmer, von seinen unzähligen Aktenordnern über die Naziverbrecher, vor allem über Mengele, Goebbels und Ley. Während wir auf ihn einredeten, verfinsterte sich die Miene des kleinen Archivars zunehmend. Ab und zu nickte er oder schüttelte den Kopf.

»Und mit diesen ... Individuen hat sich Ihr Freund die vergangenen Monate beschäftigt?« Dr. Ford runzelte die Stirn. »Wahrlich keine erbauende Lektüre für einen jungen Menschen. Da hat sich Ihr Freund, ich möchte sagen, die Schlimmsten der Schlimmen ausgesucht.« Wieder streichelte er seine Haare, als wollte er sich vergewissern, dass sie in der Zwischenzeit nicht ausgefallen waren. Prüfend betrachtete er jeden von uns. Es schien, als wöge er ab, ob wir uns im Klaren waren, auf was wir uns einzulassen gedachten. Dabei war es ja Archie gewesen, der sich die Nazis als Thema ausgesucht hatte, und nicht wir.

»Es hat Tausende Teufel gegeben in dieser furchtbaren Zeit damals, das wissen Sie, meine Herren, auch wenn Sie nicht Geschichte studieren. Das sogenannte Dritte Reich hat in jenen Jahren sehr viel geistigen Abschaum nach oben gespült, der nach unten gehörte – und die bestehende Intelligenz untergraben, vertrieben oder vernichtet. Und dieser ›Arzt‹ Mengele«, Dr. Ford spuckte das Wort aus, »gehörte zum Schlimmsten, das der Nationalsozialismus hervorgebracht hat. Wobei«, er schaute an uns vorbei, als suche er nach Worten, »es gab so viele Teufel in Menschengestalt damals. Endlich durften sie ihr wahres Gesicht zeigen, endlich waren sie losgelassen von der sittlichen Leine.«

Dr. Ford streckte sich, sein Bauch verschwand unter dem zu weiten Jackett. »Ich bin zwar kein habilitierter Historiker, mein Herren, aber dennoch habe ich eine Vermutung, warum sich – wie war doch gleich der Name?«

»Grant. Archibald Grant«, sagten wir im Chor.

»Warum Archibald Grant diese furchtbaren Männer studiert haben könnte. Allerdings«, vorsichtig legte er einen Zeigefinger vor den Mund, »bin ich mir bei einem der dreien nicht vollständig sicher.« Dr. Ford drehte sich, sein Blick wanderte über die Hofgartenwiese. Es regnete immer noch, aber mittlerweile hatte sich Graupel in die Tropfen gemischt. Er fixierte uns erneut, seine dunklen Augen wurden schmal und er sah mit einem Mal sehr konzentriert aus: »Und Sie vermuten, der Tod von Dr. Conradi habe etwas mit dem Verschwinden Ihres Freundes zu tun?« Wir nickten.

»Dann will ich versuchen, Ihnen zu helfen, soweit mir das möglich erscheint. Wie sieht es denn mit Ihrer Zeit aus, meine Herren?« Dr. Ford lächelte, während er sein Jackett zuknöpfte.

Unserer Zeit? Wie es mit unserer Zeit aussah? Was meinte er damit? Wir waren Studenten und Weihnachten stand kurz bevor. Wie sollte es da mit unserer Zeit aussehen? Mangelnde Zeit war sicher nicht das Problem! »Was schlagen Sie vor, Herr Dr. Ford?«

»Ich schlage vor, Sie—« Wieder schob er umständlich einen Ärmel hoch und betrachtete seine Armbanduhr. »Ich schlage vor, wir treffen uns um siebzehn Uhr.« Er überlegte kurz. »Ich habe um sechzehn Uhr noch einen Termin, aber der wird nicht länger als eine halbe Stunde in Anspruch nehmen. Deswegen denke ich, treffen wir uns um fünf Uhr. Ich schließe Ihnen vorne auf, meine Herren, ja? Frau Burst wird zu dieser Zeit sicherlich bereits im Feierabend sein.« Er betonte den letzten Satz so, als würde er darauf bestehen.

»Sie können uns nicht jetzt vielleicht schon sagen, welche Vermut—«

»Das könnte ich gewiss, ganz gewiss könnte ich das. Aber ich habe noch ein paar Restzweifel, verstehen Sie? Die hoffe ich bis heute Abend ausgeräumt zu haben.« Er nickte, mehr zu sich selbst als zu uns. »Diese Sache könnte wirklich zu schwerwiegend sein, als dass ich jetzt bereits—« Er schwieg ein paar Sekunden und setzte neu an: »Sehen Sie es mir bitte nach, meine Herren, aber wir wollen nicht spekulieren, einverstanden? Nichts ist schlimmer, als ein Gerücht in die Welt zu setzen. Denn das ist noch verwerflicher, als es weiter verbreitet zu haben.« Er lächelte uns an. »Also warten Sie bitte ab, bis ich etwas verifiziert habe. Schließlich sind wir doch«, seine Augen versprühten einen stolzen Glanz, »Wissenschaftler, nicht wahr?«

Kapitel 34

»Also ganz ehrlich? Ich hoffe wirklich, dass der Kerl heute Abend noch lebt!« Das kam natürlich von Jonas. Wir waren etwas zu früh, standen vor dem Uni-Archiv und qualmten. Die Temperatur war wieder gesunken, es schneite erneut. In der Ferne dröhnten ein paar Autos, sonst herrschte eine vorweihnachtlich stille Atmosphäre. Der fallende Schnee bedeckte die Äste der großen Platanen und Kastanienbäume, nur die Hofgartenwiese wirkte weiterhin zerfurcht wie ein Rübenacker, wahrscheinlich, weil bis vor einer halben Stunde zwei Fußballmannschaften drauf herumgebolzt hatten.

»Das ist nicht witzig.« Mir war allerdings tatsächlich ein ähnlicher Gedanken gekommen. Was, wenn wir vergeblich auf Dr. Ford warten würden? Wenn er zu unserer Verabredung nicht erschien? Wenn statt seiner plötzlich Schilten hinter der Tür zum Archiv auftauchen und uns fragen würde, wie es komme, dass wir ständig dort seien, wo gerade jemand gestorben war.

»Das soll auch gar nicht witzig sein, du Nasenbär.« Jonas stieß eine grandiose Rauchwolke in den Himmel. »Aber guck doch mal: Conradi wollte sich mit uns treffen, weil er uns etwas Wichtiges sagen wollte. Und was passiert? Er wird während seiner Rede ermordet. Ben

Springer will sich mit dir treffen, weil er etwas Wichtiges zu erzählen hat. Und? Was passiert?

Kurz vor eurem Treffen wird er ermordet.« Jonas behielt die Zigarette im Mund und rieb sich beide Hände, als würde er jeden Augenblick erfrieren. »Mal ehrlich: Allmählich mache ich mir um jede Person Sorgen, die sich mit uns verabreden will.«

Hinter uns öffnete sich die Tür, die kratzbürstige Sekretärin stolzierte vorbei. Ohne einen Blick in unsere Richtung stelzte sie zur U-Bahn-Haltestelle. Offensichtlich war heute früher Feierabend, es war längst noch nicht fünf.

»Hallo Jungs, wartet mal.« Wir waren gerade im Begriff, zum Kaiserplatz zu gehen, als uns eine Stimme aufhielt. Schilten! Wenn er jetzt sagen würde, dass Ford tot sei, würde ich anfangen zu schreien. Wirklich! Aber Schiltens markantes Kataloggesicht wirkte entspannt. Aber das hieß ja nichts. Der Staatsschutzmann stellte sich neben uns.

»Sauwetter!« Geübt fischte er eine Packung Benson & Hedges aus seiner Manteltasche und bot jedem von uns eine an. Wir lehnten ab.

»Okay Jungs, ich gebe zu, das ist vielleicht nicht gut gelaufen bei unserem – ersten Mal, aber«, er seufzte, »wie wär's, wenn wir noch einmal von vorne anfangen?«

»Womit anfangen?«, fragte Jonas. »Mit 'nem Verhör?«

»Ich weiß, ich bin vielleicht etwas grob gewesen oder herablassend, aber mal ehrlich—«

»Wie, mal ehrlich? Um was geht's Ihnen denn überhaupt?« Ich versuchte, so unaufgeregt wie möglich zu sein, weder feindselig noch zu freundlich. Ich traute Schilten keinen Meter über den Weg. Der Mann wirkte so glatt, als würde er jeden über die Klinge springen lassen, wenn es nur für seine Karriere förderlich erschien.

Was hatte seinen plötzlichen Sinneswandel uns gegenüber ausgelöst? Warum machte er plötzlich auf Kumpel? Diese simple Strategie wählten nur Typen, die etwas von einem wollten. Weil sie mit ihrer Sache nicht weiterkamen und einen gleichzeitig für dämlich hielten.

»Kommt mal mit, ja? Ich will euch was zeigen.« Mit einer filmreifen Bewegung schlug er seinen Mantelkragen hoch. In der Art von James Dean, unverstandener Rebell und so weiter. Ich konnte mir denken, welche Richtung er einschlagen würde.

Die Treppe zum Alten Zoll war unter dem Neuschnee verschwunden, die beiden Salutkanonen sahen aus, wie mit zu viel Zuckerguss bestreut. Auf den Ästen der Platanen lag schwer der Schnee, ab und zu hörten wir kleine Äste nach unten sacken und Schnee rieselte zu Boden. An der hüfthohen Steinmauer zum Fluss stand ein Ehepaar, Arm in Arm, den Rücken uns zugewandt, beide eingemummt in dicke Mäntel. Ein rot-weißes Polizeiabsperrband flatterte im Wind, die Kripo hatte ein ungefähr zehn mal zehn Meter großes Areal abgeriegelt, in der Mitte befand sich der Mülleimer, in dem Ben Springer gelegen hatte.

»Wisst ihr, wo wir hier sind?«, fragte Schilten und ließ uns nicht aus den Augen. Eine Haarsträhne fiel ihm immer wieder ins Gesicht. Er baute sich vor uns auf, wieder mit einem gewinnenden Lächeln auf den Lippen, Zigarette im Mund. »Jungs, ganz ehrlich, helft mir. Wenn ihr was wisst, bitte helft mir! Das ist wirklich eine Nummer zu groß für euch.«

»Was genau meinen Sie?« Jonas schien vollkommen ruhig zu sein. Im Gegensatz zu mir. Am liebsten hätte ich Schilten alles gesagt, auch dass ich es gewesen war, der mit Ben Springer genau hier verabredet gewesen war. Aber etwas hielt mich zurück. Wahrscheinlich hatte ich einfach nur Angst, dass mich Schilten sofort festnehmen würde.

»Hier drüben in dem Mülleimer«, Schilten zeigte schräg hinter sich, »lag bis heute Morgen eine ziemlich übel zugerichtete Leiche. Die Müllmänner hatten das Vergnügen, sie zu entdecken. Jungs, ich kann euch sagen, die war zusammengefaltet wie ein Pizzakarton. Und jetzt ratet mal, um wen es sich bei dem Toten handelt.« Triumphierend lächelte er uns an, so als seien wir hier bei »Dalli-Dalli« und es sei klar, dass wir in der begrenzten Zeit nicht die richtigen Antworten geben könnten. Der Typ nervte. Sein ganzes Auftreten war so blasiert und selbstverliebt, dass es mich wunderte, dass er nicht die ganze Zeit mit einem Spiegel in der Hand herumlief. Natürlich taten wir ihm nicht den Gefallen, auch nur eine Silbe zu sagen.

»Es war genau der Mann, den ich seit dem Mord an Conradi gesucht habe.« Schiltens Gesichtsausdruck wechselte von blasiert zu empört. »Und ich will euch noch mehr sagen: Es war genau der Mann, der oben hinter dem Vorhang der Bühne in der Aula stand, kurz bevor der Schuss auf Dr. Conradi abgegeben wurde.« Schilten machte eine Pause. »Merkwürdig, findet ihr nicht?«

»Warum merkwürdig?«, fragte Jonas. Irgendwo am Himmel dröhnten die Turbinen eines Flugzeugs. Ich konnte es nirgends entdecken. Alles war interessanter als Schilten zuzuhören.

»Ich finde das deswegen merkwürdig, Jungs, weil es die Aussage gibt, ein Student habe mit Ben Springer gesprochen.« Er zeigte mit dem Zeigefinger der Reihe nach auf uns.

Er konnte nur mich meinen. Jemand musste ihm davon berichtet haben, dass ich mit Springer in der Cafeteria der Uni gesessen und Kakao getrunken hatte.

Am Himmel verlor sich allmählich das Motorengeräusch. Schilten betrachtete das Flatterband, das sich jetzt nur noch träge auf und ab bewegte.

»David, ich weiß, dass du mit Springer gesprochen hast.« Umständlich kramte er einen schwarzen Lederblock aus seiner Brusttasche. »Zwei Tage bevor Dr. Conradi ermordet wurde, wurdest du dabei beobachtet, wie du dich mit Springer vor dem Uni-Gebäude unterhalten hast.« Gewissenhaft begann er zu blättern. »Und dann noch einmal in der Uni selbst. Und deshalb würde ich gern von dir wissen, um was es bei diesen Gesprächen ging.«

Schilten war einen Schritt näher gekommen. Von dem freundlichen Kumpel, der vorhin um unsere Hilfe gebeten hatte, war nichts mehr übrig.

Ich zwang mich, ihm in die Augen zu schauen. »So ein Unsinn! Springer war Hausmeister oder so. Ich hab ihn einfach nur gefragt, warum die Uni keine Unterstellplätze für Motorräder hat. Jeden Winter ist alles nass und vereist, und da habe ich ihn drauf angesprochen.«

»Zweimal?«

»Genau. Zwei- oder sogar dreimal. Er hatte mir nämlich versprochen, sich zu erkundigen.« Ich zuckte mit den Schultern. »Hat dann aber doch nichts ausrichten können.«

An der Mauer hatte sich das Ehepaar kurz umgedreht und zu uns geschaut, betrachtete jetzt aber wieder das Siebengebirge. Obwohl ich nicht glaubte, dass sie auch nur einen der Berge sehen konnten. Dafür war es schon viel zu dunkel, außerdem schneite es unaufhörlich.

»Sonst habt ihr über nichts gesprochen?« Es war offensichtlich, dass mir Schilten kein Wort glaubte. »Nur über dein ... Motorrad?«

Eine Windböe ließ das rot-weiße Flatterband wieder erzittern. Ich warf noch einmal einen Blick auf den Mülleimer, in dem Ben Springer gelegen hatte. Klar, Schilten wollte uns Angst machen, deswegen hatte er das mit dem Mülleimer inszeniert. Aber wahrscheinlich hatte die Kripo den echten Eimer längst mitgenommen, weil er in der Rechtsmedizin untersucht wurde. Der Eimer dort war nicht der, in den jemand Ben Springer gestopft hatte.

»Ja, *nur* über mein Motorrad.«

»Na, dann«, Schilten tippte sich an die Stirn, »schade!« Er entfernte sich von uns, nach ein paar Schritte blieb er stehen, ganz Inspektor Columbo. »Aber ihr wisst schon, dass ihr möglicherweise selbst in Gefahr seid, oder? Und vor allem: Dass ihr euch strafbar macht, wenn ihr mir etwas verschweigt!«

Wir nickten brav. Als wenn wir das nicht wüssten. Trotzdem sagten wir nichts. Vielleicht war das die falsche Entscheidung, aber im Nachhinein lässt sich das immer leichter beurteilen.

Kapitel 35

Bereits zehn Minuten vor der vereinbarten Zeit standen Jonas, Moritz und ich erneut unter dem Sims zum Uni-Archiv. Jonas bildete mit der offenen Hand eine Art Sonnenblende, um durch die Fensterscheibe in den Vorraum zu gucken. Mit der Dunkelheit war der Wind verstummt, der Schneefall hatte aufgehört. Eine friedliche Ruhe lag über dem Campus. Die Hofgartenwiese zum Kunsthistorischen Museum war verlassen, die Spuren der Fußballer durch den neu gefallenen Schnee nun gänzlich beseitigt. Auf der B9 am Alten Zoll zischten Autoreifen über den gesalzenen Asphalt. Der Campus wirkte leer, auch wenn ab und zu Grüppchen von Erwachsenen an uns vorübergingen, in den Händen Becher mit Glühwein, Zuckerwatte oder Tütchen mit gebrannten Mandeln. Die meisten verschwanden in den Treppenabstiegen zur Uni-Tiefgarage, wo sie wahrscheinlich ihr Auto abgestellt hatten. Der Weihnachtsmarkt mehrere hundert Meter entfernt auf dem Münsterplatz war an den Dezemberabenden meist so voll, dass wir Studenten zu dieser Tageszeit eher auf einen Besuch verzichteten. Angestrengt lugten wir durch die Fensterscheibe ins Innere.

Jonas klopfte. »Ich sag euch, wenn der jetzt auch den Löffel abgegeben hat—«

»Halt die Klappe!«, brummten Moritz und ich wieder gleichzeitig. Einen Augenblick später trippelte eine kleine, runde Gestalt aus der Dunkelheit in unsere Richtung.

»Na, Gott sei Dank«, flüsterte Jonas. »Er lebt!«

Dr. Ford schloss die Tür auf. Der mächtige Schlüsselbund in seinen kleinen Händen rasselte. »Ich hatte Sie eigentlich erst in fünfundzwanzig Minuten erwartet«, sagte er lächelnd. »Das akademische Viertelstündchen, Sie verstehen?«

Pflichtbewusst lächelten wir zurück und traten ein, nicht ohne unsere Füße abzuklopfen, als würden wir sein Wohnzimmer betreten. Ich klopfte mir noch ein paar Schneeflocken von der Schulter. Die Arbeitsplätze der Sekretärinnen lagen so verlassen da, als seien sie zwanzig Jahre nicht genutzt worden. Nur eine Stehlampe in der Ecke gab dem Raum jetzt ein wenig Licht. Die dunklen Kunststoffhauben verhüllten wie wohl jeden Abend die Schreibmaschinen, alle Karteikisten standen akkurat neben den Telefonen. Über das knarzende Parkett folgten wir Dr. Ford in den großen Saal.

Er schaltete das Licht an. Auf zwei Schreibtischen türmten sich Dutzende Ordner, dazwischen lose Blätter. Alles ohne jede Ordnung, wie mir schien.

»Nun, ich war mir heute Morgen ja bereits fast sicher – und jetzt kann ich Ihnen mitteilen«, Dr. Ford lächelte verschmitzt, »ich habe mich nicht getäuscht!« Die am Vormittag noch sorgfältig quer über den runden Schädel verteilten Haare lagen nun unordentlich durcheinander, eine der dünnen Strähnen hing dem Doktor weit in die Stirn hinein.

»Ihr Freund – wie war noch einmal sein Name?«

»Archibald Grant!«

»Ja, genau. Archibald Grant scheint sich tatsächlich mit einem Kapitel der Stadt und auch der Uni auseinandergesetzt zu haben, das, ich möchte mal sagen, selten bis nie erörtert wurde beziehungsweise wird.«

Er schaute sich um, als fürchte er unliebsame Zuhörer. »Oder an das man nicht allzu gerne erinnert worden ist in den vergangenen Jahrzehnten.« Sein Blick wanderte zur Saaldecke. »Obwohl ich noch nicht wirklich zu beurteilen vermag, ob das Verschwinden ihres Freundes, von dem Sie mir berichtet haben, tatsächlich mit dem Inhalt seiner Forschungen zusammenhängt oder nicht. Denn immerhin ist der Forschungsgegenstand, mit dem sich Ihr Archibald Grant beschäftigt hat, allgemein zugänglich.«

»Hm!« Wir brummten zustimmend, allerdings auch etwas ratlos. Denn was sollte das nun wieder heißen?

»Kommen Sie doch mal bitte hier rüber zu mir!« Der Doktor winkte uns zu einem der Schreibtische. Einen Augenblick fürchtete ich, er würde über eines seiner überlangen Hosenbeine stolpern, aber natürlich geschah das nicht. Wir waren schließlich nicht bei »Väter der Klamotte.« Der kleine Archivar deutete auf einen roten Pappordner. Darin vergilbte Papiere, von verrosteten Heftklammern zusammengehalten, scheinbar ein Sammelsurium aus dem Fundus des Uni-Archivs, bei dem ich aber nicht erkennen konnte, wovon es handelte.

»Schauen Sie!« Dr. Ford griff sich mehrere Blätter, »Ich habe das Wichtigste zusammentragen lassen. Alle drei dieser … Herren«, er strich wieder über seine spärlichen Haare, »waren Studenten unserer Alma Mater.

Alle drei haben diese Universität besucht. Tatsächlich alle drei: Goebbels, Ley und auch Mengele.«

Er betrachtete uns der Reihe nach und machte dabei ein so ernstes Gesicht, als wolle er mindestens zwei Lebensweisheiten loswerden. »Aber keiner von ihnen hat an dieser Hochschule einen Abschluss gemacht. Mengele eine Vorprüfung, das Vorphysikum, soweit die Dokumente vollzählig sind – das versuchen wir später zu verifizieren. Jeder der drei ist weitergezogen an andere Universitäten.« Er hielt die Mappe etwas höher. »Hier finden Sie alles, was Sie an Material brauchen. Das andere ist—« Er machte eine wegwerfende Handbewegung. »Wenn Sie mehr wissen wollen, schlage ich vor—«

Finsternis! Wir standen im Dunkeln. Von einem auf den anderen Augenblick. Alle Lichter in dem großen Raum waren erloschen, auch aus dem Vorraum drang kein Licht mehr zu uns. Keiner von uns rührte sich.

»Ja, sag einmal, was ist denn—?« Verwundert drehte sich Dr. Ford zur Tür, als habe uns jemand einen Streich gespielt, aber natürlich war niemand in der Dunkelheit zu sehen. Das einzige Licht schien noch durch die Laternen draußen am Hofgarten zu uns herein. Obwohl es dunkel war, fühlten wir uns wie auf dem Präsentierteller.

»Da wird es doch nicht schon wieder einen Kurzschluss—« Dr. Ford wühlte in den Taschen seines Jacketts, wahrscheinlich suchte er nach einem Feuerzeug. Oder nach Streichhölzern.

Moritz hatte den Kopf Richtung Tür gedreht, lauschte. Seine Augen waren zusammengekniffen, so als müsse er sich genau konzentrieren. Dann hörte ich es auch: An der Klinke der Eingangstür rüttelte jemand, Sekunden später ein knirschendes Geräusch, Metall auf Metall. Wieder die

Wachleute? Aber Unsinn, die hatten ja Schlüssel. Dr. Ford schien nichts bemerkt zu haben. Er stöberte weiter in seinen Taschen.

»Runter!« Jonas erwachte als Erster aus seiner Bewegungslosigkeit. »Weg hier!«

Ich wusste sofort, was er meinte. Jonas bückte sich und fegte einen der zerschlissenen Läufer beiseite. Mit einem Klacken schob er den Metallriegel zurück und öffnete damit den Zugang zum Kellergewölbe.

»Schnell! Kommen Sie!« Hektisch schob ich Dr. Ford die schmalen Stufen hinab. Sein Rücken fühlte sich sogar durch sein Jackett weich an.

»Woher kennen Sie—« Dr. Ford stolperte vor mir her. Ohne eine Erklärung schob ich ihn weiter die Treppe hinab. Kurz fürchtete ich, er würde fallen, aber Jonas, der vor uns ging, stützte ihn. Beide verschwanden vor mir in die Dunkelheit.

Zum Schluss kam Moritz. Ich hörte, wie er versuchte, den Läufer wieder ordentlich über den Verschlag zu legen, bevor der über uns zuschnappte. Dann verriegelte er den Zugang von unten.

Dr. Fords Augen wanderten verständnislos zwischen uns hin und her. »Was? Warum?« Jonas gab ihm mit dem Zeigefinger vor dem Mund zu verstehen, er möge kein Wort mehr sagen. Wir standen am Fuß der Treppe und schauten nach oben. Zwanzig, dreißig Sekunden später knarrten die alten Parkettdielen über uns.

»Wie … wieso …?«, flüsterte der Archivar. Jonas zog kurz an seinem Jackett. Er legte wieder einen Finger vor den Mund. Ich bemerkte den roten Ordner, den uns der Doktor oben gezeigt hatte und immer noch in der Hand hielt.

Schritte oben, leise und vorsichtig. Sie bemühten sich, lautlos zu sein, von den Zehen her abzurollen, aber der alte Boden knarrte trotzdem. Ich fragte mich, was das für einen Sinn ergab: Erst brach man gewaltsam und ziemlich geräuschvoll die Tür mit einem Brecheisen auf und dann versuchte man plötzlich, unbemerkt zu bleiben? Durch die Ritzen blieb es dunkel. Hier unten brannte nur Moritz' Feuerzeug.

Eine Minute verging. Erneute Schritte, dann wieder Stille. Wahrscheinlich wusste, wer auch immer sich dort oben befand, dass wir in das Kellergewölbe geflohen waren. Wer auf den Boden leuchtete, konnte die Umrisse des Verschlags erkennen. Wir hatten den Läufer ja nicht vollends wieder über die Klappe legen können. Zumindest aber hatte Moritz den Zugang von innen verriegelt und ich hoffte, er wäre ohne Werkzeug nicht so ohne Weiteres zu öffnen. Höchstens mit einer Eisensäge. Oder einem Brecheisen—

Plötzlich sahen wir ein Flackern über uns, ein orangefarbener Schein leuchtete zwischen den Ritzen. Dazu vernahmen wir ein Knistern, fast so, als fielen Hagelkörner zu Boden. Das Knistern wurde lauter, wurde zu einem Knacken, als bräche Holz. Ich konnte kaum atmen. Was zum Teufel …?

Nur Dr. Ford schien auf die Situation vorbereitet zu sein, fast so, als habe er nichts anderes erwartet.

»Zeit zu gehen, meine Herren.« Die Stimme des Archivars klang ruhig. »Solch ein Frevel. Wenn Sie mir bitte folgen würden. Und«, er betrachtete uns warnend, »Sie haben mir etwas zu erzählen!«

Vielleicht brannten dort oben schon alte Bücher, die Vitrinen, die Regale. Wenn sich das Feuer entwickeln konnte, ohne bemerkt zu werden, was das ganze Schloss in Gefahr. Aber Dr. Ford schien die Ruhe selbst zu sein. Ein Feuerzeug flackerte plötzlich in seiner Hand. Tiefe Schatten lagen über seinem Gesicht, seine Augen blickten entschlossen. Er nickte uns zu und verschwand im südlichen Teil des Gewölbes.

Während das Knacken über unseren Köpfen lauter wurde, folgten wir ihm. Zwischen zwei alten Kinoplakaten, »Tootsie« und »Ghostbusters«, wartete der Doktor vor einem verstaubten, alten Buchenschrank, vollgepackt mit alten Kladden und Mappen. »Wenn ich allein wäre, müsste ich nun alles ausräumen, aber ich glaube, Sie sind stark genug, meine Herren.«

Verständnislos schauten wir ihn an.

»Wir müssen ihn von der Wand wegschieben«, erklärte er ungeduldig, so als sei offensichtlich, dass dies der nächste logische Schritt auf der Flucht vor Brandstiftern und Mördern sei.

Ich stieß mir das Knie an einem Holzregal. Mein Blick fiel auf die Treppe und ich bemerkte auch in der Dunkelheit, wie sich Rauch durch die Ritzen nach unten schob. Das Knacken über uns war mittlerweile zu einem Prasseln geworden.

»Los, los!« Jonas stupste mich an. Wir machten uns daran, den Schrank von der Wand zu schieben. Es ächzte und quietschte, das alte Teil wog mindestens fünfzig Tonnen. Ich prustete, Spinnweben hatten sich ekelhaft über mein Gesicht gelegt.

»Das reicht, kommen Sie.« Dr. Ford zwängte sich als Erster hinter den Schrank – und war verschwunden.

Ich beugte mich vor und entdeckte einen etwa ein Meter hohen Durchgang. Ohne zu überlegen, hastete ich dem Doktor hinterher. Über uns fiel etwas krachend auf den Boden des Uni-Archivs.

Kapitel 36

Ein älterer Feuerwehrmann mit buschigem Schnurrbart wie Magnum alias Tom Selleck hatte uns Filzdecken um die Schultern gelegt. Wir standen im Flur zwischen Säulenhalle und Vorraum zum Archiv. Durch die geöffnete Flügeltür sahen wir mehrere Männer einen Schlauch zusammenrollen. In ihren klobigen Schutzanzügen wirkten die Feuerwehrleute wie von einem anderen Stern. Die Luft roch unangenehm nach verbranntem Holz. Es war kaum möglich, zu atmen. Auch meine Augen tränten. Der Qualm zog sich durch den ganzen Flügeltrakt. Außer nach Holz stank es – je näher wir dem Archiv kamen – auch nach verbranntem Gummi und versengtem Papier.

Niemand beachtete uns, niemand hinderte uns, weiterzugehen. Ein älterer Mann in dunkler Feuerwehruniform stolzierte mit Kugelschreiber und Block an uns vorbei und machte sich Notizen. Wir wagten uns hinter die Tische der Sekretärinnen. Feuerwehrleuten standen in kleinen Gruppen im Raum, tranken Tee aus Plastikbechern, einige lachten sogar. Der zum Schneiden dicke Rauch schien den Männern nichts auszumachen. Von draußen beleuchteten die wirbelnden blauen Lichter der Feuerwehrwagen die unwirkliche Szenerie.

Der große Saal sah aus, als sei eine Bombe explodiert. Einige der Fenster waren durch die Hitze des Feuers zerborsten, vor allem von den alten, nun zum Teil versengten Teppichen, verbreitete sich muffiger Qualm. Mit der grauen Decke um seine Schultern wirkte Dr. Ford klein und bucklig wie ein Waldschrat. Einer, der der Zivilisation den Rücken gekehrt hatte und nun als Eremit allein in einer Holzhütte lebte. Unsere Gesichter glänzten rot, vor Aufregung und Hitze. Wahrscheinlich leuchteten wir alle wie Glühwürmchen.

Unten im Keller waren wir gemeinsam mit Dr. Ford den versteckten Gang hinter dem Schrank entlang gehastet. Es hatte nach Moder gestunken, nach Staub und Fäulnis. Vor uns in der Dunkelheit gab es nur die Stimme des Doktors, an der wir uns orientierten. Wir sollten dicht hinter ihm bleiben, rief er uns mehrmals zu. Die Gänge hier seien Hunderte Meter lang. Moritz hatte sich zweimal den Kopf an Rohren gestoßen, die nicht zu sehen waren. Irgendwann verfing sich mein Fuß in einem alten Kabel, und ich verlor das Gleichgewicht. Aber Jonas lief so nah vor mir, dass ich mich bei ihm abstützen konnte.

Nach ungefähr zwei Minuten Hasten durch die Dunkelheit hatte Dr. Ford eine kleine Metalltür geöffnet. Wir standen in einem Raum, in dessen Mitte sich mehrere Holzregale erhoben. Darauf lagen Dutzende Büsten, Köpfe von Frauen und Männern, die meisten aus Gips, manche aus einem glatteren Material, vielleicht Marmor oder Speckstein. Auch die Regale an der Wand waren gefüllt mit alten Büchern. Auf dem nackten Steinboden lagerten drei Holztruhen. An der gegenüberliegenden Wand gab es wieder einen Durchgang – diesmal ohne Tür.

»Hier noch entlang, und dann sind wir fast da.« Dr. Ford deutete nach oben. »Aber passen Sie auf Ihren Kopf auf, es wird eng.«

Ein schwarzes Rohr, vielleicht eine alte Abwasserleitung, drängte sich rechts aus der Ziegelwand und verlief in die Richtung, in die Dr. Ford uns führte. Es wurde zunehmend enger und dunkler, Trennwände, durch die wir schätzungsweise alle zehn Meter kletterten, erinnerten an die Schotten in U-Booten. Dr. Ford schien genau zu wissen, wo wir uns befanden.

Als ich befürchtete, wir müssten gleich auf allen Vieren weiter durch Staub und Moder kriechen, erkannte ich über die Schulter des Archivars hinweg Licht über einer unlackierten Holztür.

Wenig später standen wir in einem Flur. Wir mussten uns immer noch unterirdisch befinden. Nackte Betonwände, bloße Glühbirnen, diffuses, schwaches Licht, das kaum imstande war, unsere Gesichter zu erhellen.

»Jetzt wollen wir einmal hoffen, dass uns das Glück hold ist«, sagte der Doktor und kicherte, was mich einigermaßen erstaunte. Die Tür öffnete sich mit einem Knarzen. Gott sei Dank! Wir standen vor einer unverputzten Betontreppe. Mit schweren Beinen stiegen wir die steilen Stufen hinauf, dann kam eine weitere Metalltür. Durch die Ritze am Boden war Licht zu erkennen. Dr. Ford betätigte die Klinke und wir standen am Rande der Säulenhalle. Gegenüber erkannte ich die Holztüren zu Hörsaal 1.

»Willkommen zurück!«, sagte der Doktor mit einem Lächeln.

Im Uni-Archiv bot sich ein unglaubliches Bild: Die Schreibtische waren angesengt, die Tischplatten teilweise verkohlt. Von den Teppichen und Stühlen stiegen Rauchwolken empor. Das Glas der Vitrinen war größtenteils zersplittert, die wertvollen Bücher darin schienen aber weitestgehend verschont geblieben zu sein. Glücklicherweise hatte das Feuer auch die große Bücherwand am Ende des Saals nicht erreicht. Vor der Bücherwand unterhielt sich ein Feuerwehrmann mit zwei Männern in dunkler Uniform. Ich bekam einen Riesenschreck, entspannte mich dann aber: *Wir* kannten die Männer zwar, sie aber uns nicht.

Es waren die Wachleute, vor denen wir vor Ewigkeiten, so schien es zumindest, hinter die Schreibtische geflüchtet waren. Sie sprachen mit dem Einsatzleiter, wie auf dem Rücken seiner Uniform zu lesen war. Möglicherweise hatten die Wachleute das Feuer auf ihrer Runde entdeckt, und vielleicht hatte es deswegen nicht mehr Schaden anrichten können. Obwohl es trotzdem sicherlich Tage dauern würde, bis die Spuren der Flammen beseitigt waren: Denn ein Teil der Bücher lag schwarz und verkohlt auf dem ebenfalls zum Teil zerstörten Parkettboden. Und überall funkelten Glassplitter.

Mein Hals kratzte, ich brauchte unbedingt etwas zu trinken. Wir standen vor dem Schreibtisch, auf dem Dr. Ford uns vor nicht einmal einer Stunde seine Nazi-Recherchen hatte präsentieren wollen. Vorsichtig langte er nun in das, was davon übrig geblieben war: Ein Berg voll versengter und verkohlter Papierreste. Merkwürdigerweise schien er guter Dinge zu sein.

»Warum lächeln Sie?«, fragte ich verwundert. Meine Stimme hörte sich an, als hätte ich die vergangenen vier

Stunden bei einem Bruce-Springsteen-Konzert mitgesungen.

»Mir kam gerade in den Sinn, dass es keines besseren Beweises bedurft hätte als diese Verwüstung, um mir deutlich zu machen, dass Sie etwas Bedeutsamen auf der Spur sind!« Er hustete trocken. »Ich war mir ehrlich gesagt nicht ganz sicher, was Sie mir eigentlich erzählen wollten, aber das hier«, er deutete auf das Chaos um uns herum, »nenne ich ein eindrucksvolles Argument, Ihnen auch weiterhin zuzuhören.«

»Aber Ihre Arbeit war vollkommen umsonst«, sagte ich.

»Wer immer sich diese Mühe hier gemacht hat, diese«, Dr. Ford deutete auf die Reste des Schreibtisches, »diese Unterlagen zusammenzusuchen. Nun, derjenige muss wohl erneut damit beginnen.«

Etwas ratlos betrachteten wir den Aschehaufen. Wahrscheinlich, weil wir nicht verstanden, was Dr. Ford meinte.

»Was meinen Sie damit?«, fragte Moritz schließlich.

Auf den Wangen des Archivars glänzten schwarze Rußstreifen, so wie bei einem Footballspieler oder einem Indianer auf Kriegspfad.

»Wie gesagt: Wer immer es war – ich war es nicht.« Er lächelte uns verschwörerisch an. »Glauben Sie etwa, meine Herren, das alles hier«, er deutete mit einer ausholenden Geste, bei der ihm beinahe die Filzdecke von den Schultern rutschte, auf den Papierhaufen, »habe ich alles heute Nachmittag für *Sie* zusammentragen lassen? Mitnichten!«

»Haben Sie nicht?«, krächzte ich.

»Nein, selbstverständlich nicht. Wem immer diese ... diese«, er schlenkerte mit dem Arm, »Unterlagen hier gehören, kann ich Ihnen nicht sagen. Aber mit Ihrem Thema haben sie nichts zu tun.«

»Aber—« Ich verstand überhaupt nichts mehr.

»Dies hier«, unter der Filzdecke kramte er die rote Kladde hervor, die er uns schon vor einer halben Stunde gezeigt hatte, »ist das, was ich für Sie kopiert habe. Genauer gesagt meine Assistentin. Das sind Notizen über die Personen, für die Sie sich so interessieren.«

»Also nicht wir, sondern—«, wandte Jonas ein.

»Ja, schon recht, nicht Sie, sondern Ihr Freund, Archibald.« Dr. Ford zog sich die Decke enger um seine Schultern. »Meine Herren, nun muss ich gestehen: Ihre Nachforschungen machen mich neugieriger, als ich zu Beginn unserer Begegnung geahnt habe.« Unter seinen Füßen knirschten Glasscherben. »Ich schlage vor, wir verlieren keine Zeit und erledigen die wichtigsten Arbeiten sofort. Was halten Sie davon? So sollten das Wissenschaftler immer halten. Sonst könnten sich die Koordinaten verändern, mit denen man zu arbeiten begonnen hat, habe ich nicht recht?«

Wir nickten, obwohl wahrscheinlich keiner von uns genau wusste, was Dr. Ford damit sagen wollte.

Kapitel 37

In Dr. Fords Dozentenzimmer herrschte eine Temperatur von mindestens 25 Grad. Moritz, Jonas und ich hockten auf einem zerschlissenen grünen Teppich, der sich alle Mühe gab, einen ebenfalls zerschlissenen PVC-Boden zu verbergen. Wir rochen weiterhin nach Rauch und schmutzigem Hund. Eine dieser tragbaren elektrischen Heizungen summte schaukelnd zwischen uns hin und her. Das Ding besaß Ähnlichkeit mit einer abgefallenen Flugzeugturbine. Hinter dem Drahtgitter wirbelte ein winziger Propeller und pustete heiße Luft in unsere Richtung.

Die Wände im Arbeitszimmer waren mit Bücherregalen bedeckt. Neben der Tür tickte eine knapp zwei Meter hohe Wanduhr. Zwei Schreibtische verbargen sich unter Tausenden Blättern, Mappen und Ordnern. Alles war unglaublich eng, wir hatten kaum Platz gefunden, als wir den Raum betreten hatten. Auf dem Mini-Kühlschrank in der Ecke thronte eine einzelne elektrische Herdplatte.

Dr. Ford kochte eine zweite Kanne Tee. Er hatte uns den Rücken zugekehrt. Die schmutzige, rußige Filzdecke hing immer noch über seinen Schultern. Auch wenn ich schwitzte: Meine Hände fühlten sich eisig an. Ich wärmte meine Finger an einer winzigen Porzellantasse, die so filigran wirkte, dass ich Angst hatte, sie würde sofort zerbrechen, wenn meine Lippen sie berührten.

An den kleinen Kühlschrank gelehnt, schaute der Archivar auf uns herab. »Meine Herren«, er räusperte sich verlegen, »ich muss Ihnen leider mitteilen, dass ich den Inhalt der Mappe«, er deutete auf die drei Kladden, die er die ganze Zeit mit sich herumgetragen hatte, »wahrscheinlich auf unserem ... Rückzug verloren habe. Die Papiere scheinen irgendwie, tja, herausgefallen zu sein.«

Ich hörte Jonas stöhnen, aber keiner von uns traute sich, den Doktor offen zu kritisieren. Wir hätten die Mappe ja auch selbst nehmen können. Auf den Gedanken war keiner von uns gekommen. Trotzdem: Plötzlich schien alles umsonst gewesen zu sein.

»Aber«, seine Stimme klang wieder voller, »das ist für unser Vorhaben nicht weiter von Belang. Ich hatte mir ja ohnehin nur Kopien machen lassen. Die Originale befinden sich selbstverständlich weiter im Besitz der Universität.«

Dr. Ford pustete in seine Teetasse und lächelte uns an. Ich glaube, er hatte uns absichtlich einen Schrecken eingejagt, weil er herausfinden wollte, wie wir reagierten.

»Nun denn, ich schlage vor, wir machen uns auf den Weg zu den Originalen. Jetzt sofort. Ich habe sie selbst nur überflogen am Nachmittag. Was halten Sie davon?«

Wir sprangen auf, wollten so schnell wie möglich los, aber der Archivar schien unsere Eile nicht wahrzunehmen. Versonnen guckte er aus dem kleinen, vergitterten Fenster, das den Blick auf den Arkadenhof freigab.

Schneeflocken tanzten in der Helligkeit mehrerer Lampen, ehe sie auf das vereiste Kopfsteinpflaster sanken.

Irgendetwas schien den Doktor zu fesseln. Ohne sich umzudrehen, schüttelte er den Kopf und meinte: »Ist es nicht traurig, erkennen zu müssen, dass wir manche nicht aufhalten konnten auf ihrem furchtbaren Weg? Dass dazu nicht einmal eine Universität fähig war mit all ihrem Wissen und Geist?«

In Gedanken versunken drehte er sich um und betrachtete jeden von uns, einen nach dem anderen. »Wenn sie eine andere Richtung hätten wählen und einschlagen können, dann doch wohl am ehesten hier, oder?« Ruhig betrachtete er uns, als erwarte er eine Antwort, aber natürlich konnte niemand von uns etwas Sinnvolles dazu sagen.

»Und Sie vermuten, dass wir vielleicht etwas finden können?« Mir war die Stille unangenehm. »Also vielleicht eine Spur, die zu unserem Freund führt?«

Dr. Ford zog die Filzdecke wieder enger um seine Schultern. »Das kann ich Ihnen beim besten Willen nicht versprechen. Aber sollte Ihr Freund, Herr Archibald, tatsächlich verschwunden sein, weil er etwas gefunden hat, dass noch niemand vor ihm aufgespürt hat, ja dann hoffe ich, dass wir dort etwas entdecken, dass Ihnen hilft, Ihren Freund wiederzufinden. Möglich ist das, aber gewiss ist es nicht.«

Im Gänsemarsch trotteten wir hinter dem Doktor quer über den Arkadenhof des Schlosses. Die nächtliche Kälte ließ mich erneut frösteln. Das Kopfsteinpflaster war noch glatter und rutschiger, als ich von Dr. Fords Zimmer aus vermutet hatte. Atemwolken stiegen vor unseren Gesichtern auf, das Eis und der harsche Schnee an einigen

Stellen knirschten trocken unter unseren Füßen. Die Wolkendecke war erneut aufgerissen, der Mond beleuchtete unsere kleine Wanderung in einem silbernen Licht.

Entfernt hörten wir Stimmen. Ein Wagen mit WDR-Logo stand neben zwei grün-weißen Polizeiautos vor einem Rundbogen, direkt neben dem Eingang zur Garderobe. Ich konnte mir nicht vorstellen, dass ein so kleiner Brand Anlass für einen WDR-Bericht sein würde. Aber mit dem gestrigen Mord an Dr. Conradi an fast identischer Stelle (und dem Tod von Ben Springer) würden die Journalisten natürlich bald einen Zusammenhang herstellen. Und Jonas konnte sich seine Radionachrichten selbst schreiben, dachte ich. Er war schon zum zweiten Male mitten im Geschehen gewesen.

Wir schlitterten hinter Dr. Ford her Richtung Eingang/Ausgang Hofgartenwiese. Mit seinem Schlüsselbund öffnete er die Tür zum Treppenhaus.

»Lassen Sie uns hier langgehen!«, sagte er und deutete die geschwungene Treppe hinauf. »Vorne ist mir noch zu viel Trubel.« Unsere Schritte hallten düster von den Marmorstufen wider. Dr. Ford führte uns in eine Art Foyer, das mit seinen bodentiefen Fenstern den Blick auf die Hofgartenwiese freigab. Aber jetzt war außer dem Licht der Feuerwehrfahrzeuge kaum etwas auszumachen.

Dunkel lag die Wiese vor uns, an ihrem Ende erahnte man den tempelartigen Bau des Kunsthistorischen Museums. Die Notbeleuchtung warf dunkles, milchiges Licht in die langen Flure rechts und links. Der Doktor leuchtete uns mit seiner großen Taschenlampe den Weg. Schweigend passierten wir die geschlossenen Türen der Hörsäle. Die Flure wirkten anders als am Tag. Erhabener, düsterer, geheimnisvoller. Wir erkannten die Umrisse des heiligen Michaels mit dem Drachen. Dr. Ford schaute sich zu uns um, immer wieder zupfte er sich seine Filzdecke über die rundlichen Schultern.

Wir stiegen eine Treppe hinab und standen erneut vor den Stufen zur Säulenhalle, dem Verbindungsstück zwischen Archiv, Cafeteria und verschiedenen Ausgängen. Hier waren wir vorhin auf der Flucht vor dem Feuer wieder aus dem unterirdischen Schlosslabyrinth aufgetaucht. Dr. Ford deutete auf eine weitere, winzige Tür, die fast unsichtbar in den mit Holz verkleideten Treppenaufgang eingefasst war. Obwohl ich mindestens fünfmal jede Woche auf dem Weg zu einem Seminar oder einer Vorlesung hier vorbeilief, hatte ich die abgeschrägte Tür bislang nicht bemerkt.

Der Archivar bat Jonas, seine Taschenlampe zu halten. Im hellen Schein suchte er unter Dutzenden Schlüsseln denjenigen, mit dem er uns die Türe öffnen wollte. Kein Schild oder ein anderer Hinweis verriet, wohin es von hier aus ging.

Kurz trafen sich Moritz' und mein Blick. Vielleicht dachten wir dasselbe: Bis vor Kurzem waren wir unbeschwert durch die Tage gedriftet, hatten gerade genügend Geld verdient, um uns mit Essen und Trinken zu versorgen und unsere Bücher zu kaufen, nun war alles anders.

Dr. Ford öffnete die Tür. Sein kurzer Arm tastete nach dem Lichtschalter. Im kalten Schein einer herabbaumelnden nackten Glühbirne erkannten wir eine weitere Betontreppe, die steil nach unten führte.

Überall Treppen, dachte ich müde. Jemand hatte ein graugepinseltes Eisengeländer in die weiß getünchte

Mauer getrieben. An mehreren Stellen blätterte der Lack ab. Vorsichtig tasteten wir uns nach unten, ich zählte die Treppenstufen.

Nach der zweiundzwanzigsten standen wir in einem Raum von der Größe eines kleineren Hörsaals, die Wände ebenfalls weiß getüncht, die Decke auch hier wie in Kirchen und Kathedralen gewölbt. Von den Längsseiten des Raums gingen jeweils sechs schwere, graue Eisentüren ab. Nach vorn verengte sich das Gewölbe zu einem dunklen Tunnel, der möglicherweise zu weiteren Räumen führte. Auf einem verstaubten Metallwägelchen mitten im Raum stapelten sich alte und wellige Aktenordner und Kladden. Das Licht aus Dr. Fords Taschenlampe wurde schwächer. Ich machte einen Schritt zu auf die nächstgelegene Tür zur Linken, betrachtete das Schildchen in Augenhöhe. »A–C« stand dort.

»Bleiben Sie bitte dicht bei mir, ja?« Dr. Fords Stimme hallte dunkel von den Wänden wider. »Das Labyrinth hier unten umfasst, wie ich bereits sagte, viele Hundert Meter. Ich möchte nicht, dass Sie mir verlorengehen.« Mit der Hand rieb er sich über die Stirn und hinterließ dort mehrere schwarze Striemen. »Ich gehe einmal davon aus, dass Ihr Interesse vor allem dem Buchstaben M gilt. Sehe ich das richtig?«

Er drehte sich nach rechts und blieb vor der ersten der sechs Eisentüren stehen. »Kommen Sie bitte näher, meine Herren, jemand muss das Licht halten.« Er öffnete die Türe und schob einen spitz zulaufenden Holzkeil darunter. Der Raum war deutlich kleiner, die Luft brackig feucht.

Nicht gerade gesund für Papier, dachte ich. Links lehnten Eisenregale an den kahlen, schmucklosen Backsteinwänden, darauf Dutzende graue Pappkartons, die durch Feuchtigkeit weich und fleckig geworden waren. Mehrere Stromkabel führten auf Augenhöhe entlang der Wand. Der Lichtstrahl von Fords Taschenlampe huschte über mannshohe Metallschränke.

»Unsere Ms!« Er drehte am Stahlgriff einer der Schränke. »Dann wollen wir doch einmal schauen, ob wir fündig werden.«

Mit einem Knirschen gab der verbogene Metallrahmen nach. Der Doktor zog einen grünen Pappordner vom mittleren Innenregal. »Leuchten Sie bitte hier hin!«, schnarrte er ungewöhnlich bestimmt.

Jonas hatte den Lichtstrahl gegen die unverputzte Decke gerichtet. In einer Ecke tropfte Wasser von der Decke, stetig wie ein Metronom.

»Da ist es!« Ford schwenkte eine brüchige alte Pappmappe. Sein Lächeln wirkte im schummrigen Licht ziemlich gruselig.

Sie ist leer, dachte ich atemlos. Die Kladde ist leer, es war alles umsonst! Aber über Dr. Fords Schulter hinweg erkannte ich mehrere lose Blätter. Zum Teil eingeknickt, wellig von der Feuchtigkeit, zum Teil mit rostigen Büroklammern zusammengeheftet. Ich drückte mich näher an den Doktor, Jonas und Moritz standen neben mir. »*Josef Mengele*«, las ich. Schwarze Tinte, vielleicht auch dunkelblaue, das konnte täuschen in der Dunkelheit, spitze Sütterlinschrift.

*16. März 1911, Günzburg
Immatrikulation: 13. April 1931
Exmatrikulation: 15. August 1932.
Drei Semester (2 SS, 1 WS)

Mengele war *tatsächlich* hier gewesen, er hatte *wirklich* vor Jahren an unserer Uni studiert! Dieser Mann, der so viel Grauen, Furcht und Schmerzen verursacht hatte. Erstarrt betrachteten wir die handschriftlichen Notizen, die spitz zulaufenden Buchstaben auf dem vergilbten Papier. Irgendjemand hatte Mengeles Namen dort festgehalten, jemand, der nicht ahnen konnte, welch Monster er dort verewigte.

Es war verstörend, den Namen des KZ-Arztes handgeschrieben zu sehen. Und sich vorzustellen, dass Mengele als junger Student, wie wir, durch Bonn spaziert war. Vielleicht auf dem Marktplatz Obst und Gemüse eingekauft, im Münster gebetet, sich einen Anzug oder Schuhe besorgt oder in unserer Stadt vielleicht sogar ein Mädchen kennengelernt hatte.

Studienfach: Medizin, Anatomisches Institut, Weststadt,
Fächerkanon: Anatomie, Physiologie, Biochemie,
Chemie, Physik, Biologie
Gastanschrift: Corps Barbarossa-Germania,
Theaterstraße 5

Handschriftlich, festgehalten mit einer rostigen Heftklammer, war auf einem weiteren, vergilbten Papier hinzugefügt:

Zweiter Aufenthalt 1939: Ausbildungsgast der
Universität, Dr. med. Josef Mengele
Aufenthaltsort ebs. wie 1931/1932: Corps Barbarossa-
Germania, Theaterstraße 5

Dr. Ford blätterte durch weitere Papiere in der Mappe. »Ich fürchte, mehr kann ich Ihnen kaum bieten.« Es hörte sich fast entschuldigend an. Im starken Licht-Schatten-Kontrast der Taschenlampe wirkte sein Gesicht noch runder, als es ohnehin schon war.

»Die Stadt hat im Oktober 1944 einen schweren Bombenangriff erlebt. Es ist viel zerstört worden damals.« Der Doktor ließ die Kladde unter seiner Filzdecke verschwinden. »Wir müssen uns wohl mit dem zufriedengeben, was noch vorhanden ist, nicht wahr?« Er seufzte. »Andererseits: Es hat ja auch etwas Beruhigendes, dass diese Bestie so wenig Spuren bei uns hinterlassen hat, oder? Ich werte das als gutes Zeichen für unsere Universität.« Aufmunternd lächelte er uns zu. »Lassen Sie uns einmal zu den Buchstaben G und L gehen. Was halten Sie davon? Wer weiß, was uns dort erwartet.«

Nur zehn Minuten später klemmten drei graue Mappen unter Dr. Fords Arm. Der Archivar hatte kurz einen Blick in die Akten über Joseph Goebbels und Robert Ley geworfen und dann vorgeschlagen, die Blätter in seinem Büro zu lesen.

Im Gänsemarsch stiegen wir die Stufen aus dem Archivgewölbe wieder empor, erneut wanderten wir vorbei an leeren Hörsälen und dunklen Fluren. Vor der Hofgartenwiese standen immer noch zwei schwere Feuerwehrwagen. Unsere Schritte hallten auf dem Marmorboden wider. Manche Türen gaben den Blick auf einen Hörsaal frei. Das spärliche Licht, das durch die Fenster fiel, tauchte Katheder und Sitzreihen in einen grau-silbernen Schein.

Wenig später saßen wir erneut in Dr. Fords kleinem Zimmer. Das Heizgerät ratterte wieder munter vor sich hin. Jonas ignorierte den warnenden Blick des Archivars und schnappte sich die noch vorhandenen Unterlagen zu Robert Ley. In der Pappmappe lag ein verwaschen wirkendes Büchlein. Viele Informationen barg es nicht: Ley war 1912 von der Universität Jena gekommen und nur zwei Semester an der Bonner Universität geblieben. Der Mann, der ganz in der Nähe geboren war, in Niederbreidenbach, rund fünfzig Kilometer von Bonn entfernt, hatte Mathematik und Naturwissenschaften studiert.

Die zackige, eckige Schrift zu entziffern, war fast unmöglich. Viel Zeit für die Uni schien Ley nicht aufgebracht zu haben: Eingetragen waren ein chemisches Praktikum, eine Vorlesung zur Gasanalyse und zwei weitere Vorlesungen in Physik und Chemie. Die hatte der spätere Reichsleiter der NSDAP aber wieder streichen lassen.

Was immer Robert Ley an unserer Uni getrieben hatte, Studieren schien nicht sein Hauptinteresse gewesen zu sein. Gewohnt hatte Ley ebenfalls in der Theaterstraße 5. Allerdings fehlte hier der Vermerk, dass das Haus dem Corps Barbarossa-Germania gehörte. Vielleicht besaß die Burschenschaft – oder was das Corps darstellte – das Haus damals auch noch nicht. Ley hatte knapp zwanzig Jahre vor Mengele die Universität besucht.

»Merkwürdig!«, brummte Moritz. Mittlerweile hielten wir wieder jeder eine dampfende Tasse Tee in den Händen. Eine Mischung aus Pfefferminze und Ingwer zog durch Dr. Fords kleines Büro. Moritz, Jonas und ich hockten auf dem Boden, obwohl es kalt unter der Tür durchzog.

»Ist doch komisch, oder?« Meine Stimme klang nach dem vielen Rauch, den wir eingeatmet hatten, immer noch rau.

»Was meinst du? Dass sowohl Mengele als auch Ley in der Theaterstraße gewohnt haben? Bei diesen ... diesen Verbindungsleuten. Ist sicher nur Zufall.« Jonas schien das nicht sonderlich zu kümmern.

Ich fand es aber zumindest einen merkwürdigen Zufall. »Kann sein, kann aber auch nicht sein.« Mir waren Burschenschaftler verhältnismäßig egal, genau wie alle anderen Gruppierungen an der Uni: Die Atomkraftgegner, die Tierschützer, die Fußballspieler, die Literaten. Es gab genügend Platz für alle, der Campus war riesig und die Fakultäten waren über die gesamte Stadt verteilt.

Ich griff mir das Anmeldebuch von Joseph Goebbels. Der spätere NSDAP-Propagandaleiter hatte in Bonn in den letzten beiden Jahren des Ersten Weltkriegs studiert, 1917 und 1918. Als frisch gebackener Abiturient war er in die Stadt gekommen, 19 Jahre alt. Im Gegensatz zu Ley hatte Goebbels hier wirklich gelernt: Er war für klassische Philologie eingeschrieben gewesen und seine Interessen schienen breit gefächert gewesen zu sein: Im ersten Semester hörte er zum Beispiel in Germanistik eine Vorlesung über Heinrich Heine (ebenfalls einmal Student an der Bonner Universität) und eine über deutsche Lyrik. Interessanterweise hatte er die »Einführung in das Studium der Geschichte« bei einem Professor Wilhelm Levy belegt. Ein eindeutig jüdischer Name. Das schien Goebbels damals aber nicht gestört zu haben. In Kunstgeschichte war in dem kleinen Büchlein eine Vorlesung über die deutsche Kunst im 19. Jahrhundert vermerkt. Am interessantesten fand ich aber die Notizen der ersten Seite.

Paul Joseph Goebbels, *29.Oktober 1897, Rheydt
Studienfach: Klassische Philologie
Aufenthaltsort: Theaterstraße 5,
Corps Barbarossa-Germania

»Himmel«, sagte ich, »auch die Theaterstraße.« Ich reichte Dr. Ford das Heftchen zurück. Keiner sagte etwas, nur das unregelmäßige Vibrieren des kleinen Propellers im Heizgerät war zu hören.

»Das allerdings ist außergewöhnlich!« Dr. Ford verglich die Einträge der drei ehemaligen Bonner Studenten. »Soweit ich weiß, war das Corps Barbarossa-Germania damals keineswegs die einzige Verbindung in der Stadt. Und auch bei Weitem nicht die größte.« Er tippte sich mit dem Zeigefinger gegen den Mund. »Dafür bereits sehr früh eine nationale.«

Moritz und ich schauten uns an. Wir dachten das Gleiche: War es das, was Archie entdeckt hatte? Diese Gemeinsamkeit der drei Nazis, die zu Beginn des zwanzigsten Jahrhunderts in Bonn studiert hatten? Und die alle während ihrer Zeit in der Stadt im selben Corps untergekommen waren? Aber war das wichtig? Was sagte uns das? Und: Was bedeutete das für die heutige Zeit? Die Informationen waren ja nicht versteckt gewesen, sondern frei zugänglich archiviert.

Trotzdem: Was, wenn es dieses Corps auch heute noch gab? Was, wenn Archie mit ihm Kontakt aufgenommen hatte, um mehr über seine Geschichte zu erfahren? Allerdings? Was gab es noch mehr zu erfahren? Diese

Verbindung war möglicherweise Herberge für drei spätere Nazigrößen gewesen. Na und? Konnte man sie deswegen heute verurteilen? Sicher nicht. Oder war da mehr? Gab es weitere Geheimnisse? Vielleicht auch eines, das wichtiger, größer, schützenswerter war als nur die Gemeinsamkeit dreier Nazis.

Allerdings: Was wussten wir überhaupt? Doch nur, dass sich Archie mit Josef Mengele als Mittelpunkt seiner Studien befasst hatte. Und dass er sich, zumindest nach Ben Springers Beobachtung und seiner Aussage mir gegenüber, mit Dr. Conradi über Mengele unterhalten hatte. Aber warum? Was war wichtig? Gab es noch mehr als diesen Zusammenhang?

»Wissen Sie, ob es dieses Corps noch gibt?« Ich rutschte weiter nach links, weil mir der Rücken weh tat, außerdem zog der Wind weiter wie die Hölle unter der Tür durch.

Dr. Ford ruckelte mittlerweile seinen Hintern auf dem schmalen Stühlchen zurecht, mit dem Rücken zum Fenster. Wieder zog er an seiner Filzdecke. »Das kann ich Ihnen aus dem Stehgreif heraus nicht beantworten.« Geistesabwesend strich er abermals über seine wenigen Haare. »Aber diese Verbindungen ergaben und ergeben ja nur Sinn, wenn sie über eine gewisse Tradition verfügen, nicht wahr?«

»Wie meinen Sie das?« Ich versuchte mich im Schneidersitz, hatte aber Schwierigkeiten, das linke Bein über das rechte zu schieben. Mein Rücken schmerzte immer mehr, vielleicht hatte ich ihn mir verknackst, während wir durch die engen Gänge gelaufen waren.

»Nun, ich denke, der Sinn und Zweck aller Arten von Verbindungen besteht darin, Kontakte zu knüpfen, um langfristige Beziehungen aufzubauen. Ziel ist der gesellschaftliche Einfluss, vor allem der politische. Und auch der wirtschaftliche. Sie heißen ja auch nicht umsonst *Verbindungen*, nicht wahr? Etwas miteinander verbinden, um daraus beidseitigen Nutzen zu schöpfen.« Dr. Ford lächelte. »Die Alten Herren, also diejenigen Verbindungsmitglieder, die ihr Studium abgeschlossen haben und nun im Berufsleben stehen, sorgen für diejenigen, die noch studieren und danach eine Anstellung suchen. Zum Beispiel in einem großen Unternehmen oder einer Partei. Diese Verbindungen stellen häufig nichts anderes dar als ein … als ein Geflecht an Beziehungen. Diese Beziehungen untereinander sind das A und O, das Wesentliche. Die Verbindungsmitglieder helfen einander mit Kontakten, natürlich auch mit Geld. Hilfst du mir, helfe ich dir. Kannst du heute etwas für mich tun, kann ich mich vielleicht morgen revanchieren.« Der Doktor nippte an seinem Tee. »Die Mitgliedschaft in einem Corps, meine Herren, ist eine lebenslange Verpflichtung, das dürfen Sie nie vergessen. Es ist ein Schwur, den Sie dort leisten, verstehen Sie? Sie dürfen eine Verbindung nie als bloßen Verein betrachten, das ist—« Er machte eine Pause. »Für die Mitglieder ist das mehr, viel mehr. Es ist eine Verbundenheit, eine Treue, die verbindet, ein Leben lang.«

Kapitel 38

Auf der Suche nach Archie dachten wir, zwischen Recht und Unrecht unterscheiden zu können. Aber nur Kinder können das. Als Heranwachsende beginnen die Zweifel; die Erfahrungen der Gegenwart widersprechen den Erlebnissen und den Erzählungen der Kindheit, erste Täuschungen machen uns unsicher, Enttäuschungen lassen uns zaudern. Als Erwachsene dann haben sich der Glaube und die untrüglich scheinenden Instinkte der Kindheit – für viele von uns – als Illusion und Wunschbild entpuppt. Und nur die, die sich einen Rest Kindheit bewahren konnten, versuchen weiterhin, vertrauensvoll in neue Begegnungen zu gehen. So sollte es sein. Auch wenn uns die Erfahrung lehrt, von Anfang an auf der Hut zu sein. Auf Recht und Gerechtigkeit zu hoffen, das Unrecht aber zu erwarten.

Auch in jener Nacht lag ich lange wach. Tausend Bilder schossen mir durch den Kopf, das Feuer, Dr. Conradi, Ben Springer. In der Küche ließ jemand etwas fallen, und ich fragte mich, wer von den wenigen, die noch im Studentenheim waren, ebenfalls nicht schlafen konnte. Ich drückte mir mein Kissen fester in den Nacken. Ich vermisste meine Familie, meine Schwestern, unsere

Katze. Meine Mutter hatte, als ich mit ihr telefonierte, verständnisvoll reagiert. Ich hatte ihr die Wahrheit erzählt: Ich würde ein paar Tage später kommen, Archie sei verschwunden. Wahrscheinlich nichts Schlimmes, aber ich wollte warten, bis er wieder da sei. Sie war besorgt und meinte, ich solle auf mich aufpassen. Und auf die anderen.

Vor dem Schlafengehen hatte ich mich durchgefroren unter die Dusche gestellt. Keiner von uns hatte mehr reden mögen, als wir müde am Studentenheim angekommen waren. Am nächsten Morgen wollten wir zusammen Kaffee trinken, vielleicht Brötchen holen, vielleicht gemeinsam in der Küche frühstücken. Wir würden eine Zeitlang so tun, als sei alles normal und nichts Außergewöhnliches geschehen. Bis wir wieder nach Archie suchen würden. Diesmal ganz konkret: in der Theaterstraße 5.

Ich knipste meine Nachttischlampe an, an Schlaf war einfach nicht zu denken. Mein Rücken schmerzte immer noch, aber nicht mehr so stark. Ich fragte mich, was wir noch tun konnten.

Zur Polizei zu gehen und den Beamten dort die gesamte Geschichte von Anfang bis Ende zu erzählen, wäre das Richtige gewesen. Das weiß ich heute. Damals vertrauten wir nur uns.

Ich griff nach dem Buch, das mir Archie in die Hand gedrückt hatte: Rudolf Vrba »I Cannot Forgive«. Nach drei, vier Seiten war an Schlaf erst recht nicht mehr zu denken. Ich hatte wahllos ein paar Seiten gelesen, und die Sachlichkeit, mit der der Autor das Geschehen in Auschwitz beschrieb, bereitete mir nun Angst einzuschlafen, weil ich fürchtete, Albträume zu bekommen. So starrte ich mit offenen Augen an die Zimmerdecke und fühlte mich elend.

In dem verzweifelten Versuch, mich abzulenken, langte ich nach den Notizen für meine Arbeit, die ich bis Ende des Semesters fertigstellen musste: »Adoleszenzprobleme in ausgewählten Romanen von 1902 bis 1937«. Vier Bücher hatte ich mir zu diesem Thema herausgesucht, alle auf ihre Art interessant und lesenswert: »Der Schüler Gerber« von Friedrich Torberg, dem langjährigen Übersetzer des israelischen Satirikers Ephraim Kishon, Hermann Hesses »Unterm Rad«, Ödön von Horváths »Jugend ohne Gott« und Emil Strauß' »Freund Hein«. Kurz blätterte ich in den kargen Notizen, die ich mir dazu bislang gemacht hatte, dann legte ich sie wieder zurück auf meinen Schreibtisch.

Wie lange war Archie nun verschwunden? Eine Woche? Wie viele Tage waren seit unserer Weihnachtsfeier hier im Studentenheim vergangen? Mehr als sieben? Die Polizei machte immer noch keine Anstalten, ernsthaft nach ihm zu suchen. Allerdings hatte sie jetzt auch mit den beiden Todesfällen in den vergangenen achtundvierzig Stunden genug zu tun.

Einzig das Haus in der Theaterstraße Nummer 5 war eine Spur. Unsere Spur. Die Polizei oder Schilten hatten wir auch in dieser Nacht nicht verständigt. Dr. Ford hatte uns zwar geraten, erneut auf der Wache vorbeizugehen und einem Beamten alles zu berichten, aber wir hatten abgewinkt und ihm von unseren bisherigen Erfahrungen mit Schilten und dem allgemeinen Desinteresse der Polizei berichtet. Wir seien alt genug, zu entscheiden, was zu tun sei, hatte Dr. Ford gesagt und über seine Haare gestrichen.

Nachdem wir das kleine Dozentenzimmer verlassen hatten, waren Jonas, Moritz und ich in eine Telefonzelle am Hauptbahnhof gelaufen. Alle drei hatten wir uns in den gelben Kasten gezwängt, weil der Wind uns ordentlich durchschüttelte. Überraschenderweise war das Telefonbuch der Stadt weder zerrissen noch mit Bier beschüttet gewesen, sondern in einem lesbaren Zustand. Sogar der Uringeruch in dem gelben Glaskasten war erträglich. Wir blätterten uns durch hauchdünne Seiten, dünner als die der Bibel. Wir gingen jedes Stichwort durch, das uns in Zusammenhang mit diesem Corps einfiel: Burschenschaften, Barbarossa, Corps, Germania und Verbindung. Aber kein Eintrag, der uns weitergeholfen hätte, war zu finden.

Wir waren nahe daran, aufzugeben. Müde hatten wir an den Scheiben der Telefonzelle gelehnt, die abgestandene Luft geatmet und befürchtet, dass es dieses Corps gar nicht mehr gab. Wir befanden uns in einer Sackgasse. Dann hatte Moritz zum nächstliegenden Oberbegriff geblättert: Vereinigungen. Und tatsächlich: *Vereinigung des Corps Barbarossa-Germania Theaterstraße 5* stand dort.

Dritter Teil

Kapitel 39

Neunter Tag

Immer wieder wurde in den Jahrzehnten nach dem Ende des Zweiten Weltkriegs gesagt: »Das mit den Juden? Das haben wir nicht gewusst, diese Verbrechen geschahen bei Nacht und Nebel. Von Politik wollten wir damals doch auch gar nichts wissen.«

Aber auch am helllichten Tag, nicht nur in der Dunkelheit, wurden Juden aus Dörfern und Städten verschleppt, zu Hunderten und Tausenden. Das zeigten die alten Fotos, die im Augenblick vor mir lagen. Dort waren Deutsche zu sehen, die aus sicherer Entfernung den Weg der Juden in den Tod verfolgten. Auf den Gesichtern der Beobachtenden spiegelten sich manchmal Unglaube und Ratlosigkeit, manchmal aber auch Häme und Schadenfreude. Zudem gab es Fotos, die zeigten, wie Hausstände der deportierten Juden versteigert wurden, Geschirr, Teppiche, Tische, Schränke. Deutsche boten auf das, was bis gestern noch ihren Nachbarn gehört, Eigentum, das in deren Wohnzimmern oder Fluren gestanden hatte. Nichts gewusst? Dachte man tatsächlich, dass die rechtmäßigen Besitzer ihr ganzes Hab und Gut freiwillig zurückgelassen hatten? Auf ihrem von der Gestapo begleiteten Weg. Wohin? In den Urlaub? Auf eins dieser »Kraft durch Freude«-Kreuzfahrtschiffe von Robert Ley? Oder glaubten sie, die Juden hätten endlich das gelobte Land gefunden?

Ich saß im Stadtarchiv auf einem unbequemen, alten Stuhl mit schwach verleimten Stuhlbeinen, der quietschte, sobald ich mich bewegte, und starrte auf Dutzende Fotos. Ein grauhaariger, hagerer Mann mit einer altmodischen beigen Weste hatte mir vor einer halben Stunde drei dicke Kuverts gebracht. Aber bevor ich die alten schwarz-weißen Fotos mit den gezackten Rändern berühren durfte, hatte ich mir weiße Handschuhe anziehen müssen, um die Fotos nicht zu beschmutzen. Ehrlich gesagt wusste ich nicht genau, warum ich hier saß, warum ich hierhergekommen war. Vielleicht hatte mich Archies Suchen angesteckt, vielleicht wollte ich mehr wissen über das, das ihn so angetrieben hatte, vielleicht erhoffte ich mir hier sogar eine Spur auf ihn.

Aber auch im Stadtarchiv hatte ihn die vergangene Woche niemand gesehen. Zumindest konnte sich weder die Frau am Empfang noch der hagere Mann, der mir die Kuverts gebracht hatte, an Archie erinnern. Vorsichtig schob ich die Fotos wieder zusammen und verfrachtete sie behutsam zurück in die Umschläge.

Tief in meinem Inneren wusste ich, warum ich hier saß: Weil ich immer noch nicht die Traute besaß, mich auf den Weg in die Theaterstraße zu machen.

Erwartet hatte ich einen dunklen Altbau, düster und vernachlässigt. Ein Kasten, ähnlich dem von Norman Bates und seiner Mutter. Mit vergilbten Gardinen, morschen Fensterrahmen, von denen der Holzlack abblätterte, Moos zwischen den zersplitterten, dunklen Steinplatten im Vorgarten und bedrohlich lächelnden Gartenzwergen, die genau wussten, was mich Schreckliches hinter diesen Mauern erwartete.

Stattdessen stand ich vor einem weitläufigen Grundstück, auf dem fünf Meter zurückversetzt, eine rauverputzte Gründerzeitvilla thronte. Links des Gebäudes erhob sich eine mächtige Trauerweide. Auf ihren Ästen türmte sich Schnee der vergangenen Tage. Hinter dem Haus erkannte ich einen ebenfalls riesigen Garten. Trotz der kalten Jahreszeit und trotz des sterbenden mattgrünen Rasens wirkte das Anwesen gepflegt und kultiviert.

Angeschraubt zwischen dünnen, eckigen Streben prangte an einem schwarz gestrichenen Eisenzaun eine Messingtafel. In schwungvollen Initialen hatte jemand kunstfertig die Anfangsbuchstaben des Corps: CBG eingraviert. Alles erschien einladend und verhieß ein herzliches Willkommen. Vielleicht wurde das freundliche Bild auch unterstützt durch die vormittäglichen Stille und die Sonne, die sich ab und an zwischen den vorbeiziehenden Wolken blicken ließ. Ein paar Vögel, Amseln oder Meisen, flatterten auf den Ästen der Trauerweide umher. Schnee löste sich und rieselte zu Boden.

Ich atmete tief durch. Vorsichtig schob ich das eiserne Törchen auf. Eine dreistufige Steintreppe, sorgfältig vom Schnee befreit, führte zu einer schweren, hölzernen Eingangstür. In Kopfhöhe prangte auch hier das Emblem des Corps. Eine Türklingel gab es nicht, nur einen Klopfer in Form eines Messinglöwen mit weit aufgerissenem Maul etwas unterhalb des Corps-Emblems.

Am Morgen hatten wir in Jonas' Zimmer folgenden Plan ausgetüftelt: Ich sollte mich gegenüber den Corpsmitgliedern als Student auf Wohnungssuche ausgeben, um dann, so schnell wie möglich und ohne aufzufallen, herauszufinden, ob Archie das Corps aufgesucht hatte. Immerhin hatte er möglicherweise ebenso wie wir herausgefunden, dass sowohl Josef Mengele als auch Joseph Goebbels und Robert Ley während ihrer Bonner Zeit im Haus des Corps gewohnt hatten. Die entscheidende Frage lautete: Hatte das Corps etwas mit Archies Verschwinden zu tun?

Nicht weniger als das sollte ich so schnell wie möglich herausfinden. Zeitgleich wollte Moritz in diversen Zeitungsarchiven recherchieren, ob die Barbarossa-Germania in den vergangenen Jahren öffentlich negativ in Erscheinung getreten war. Zum Beispiel bei Demonstrationen von Rechtsradikalen oder Neonazis.

Meine zittrigen Finger schlugen den Messinglöwen gegen das Metall. Ein dunkles Tocken war zu hören. Eine halbe Minute später öffnete sich schwungvoll die Tür, ein Schwall warmer Luft strömte mir entgegen.

»Guten Morgen!« Der junge Mann, der mir gegenüber stand, war nur wenig älter als ich, vielleicht Ende zwanzig. Er war groß und schlank und betrachtete mich neugierig.

»Hallo, guten Morgen!« Verzweifelt versuchte ich, mich zu erinnern, was ich hatte sagen wollen, wenn sich diese Tür öffnete. Schauspielern war nie meine Stärke gewesen.

»Guten Morgen. Was kann ich für dich tun?« Der Junge schaute über meine Schulter nach draußen und lächelte, vielleicht hielt er mich für einen Boten. Dann schien er erkannt zu haben, dass ich nichts abliefern wollte.

»Magst du reinkommen. Ist wirklich ungemütlich draußen. Wir haben's hier drin wesentlich wärmer.« Er streckte mir seine Hand entgegen. »Ich bin Christian, Christian Beuten. Was führt dich zu uns?« Er sah an mir herunter, als suche er eine Tasche oder einen Koffer. »Bist du der ... Bruder von Jens? Bist du Dennis?«

Dennis? Wieso Dennis? Und wieso Jens?

»Nein, ich, ich—«

»Na, komm erst einmal rein. Wärm dich auf. Möchtest du etwas Warmes trinken?« Er lachte. »Da sieht einer wirklich verfroren aus.« Mit einem Blick zum Himmel meinte er: »Ist ja auch wieder kälter geworden.« Er musterte mich, während ich mich an ihm vorbeischob, und schloss die Tür.

Warm war es hier tatsächlich, augenblicklich begann ich zu schwitzen, was vielleicht aber auch daran lag, dass ich so aufgeregt war. Rechts führte eine geschwungene, dunkle Holztreppe in zwei Obergeschosse. An den getäfelten Holzwänden nach oben hingen Dutzende Gemälde, Portraits meist älterer Männer. Manche Bilder wirkten jahrhundertealt, weil die Männer darauf Bärte und Frisuren trugen, die es schon lange nicht mehr gab. Andere Gemälde dagegen wirkten fast zeitgenössisch – hell, modern, die Männer darauf hätten Kollegen unserer Dozenten sein können.

Die Wärme des Flurs kam aus einem großen, gekachelten Kamin gegenüber der Haustür. Orangefarbene Flammen leckten an drei senkrecht gestellten Scheiten Holz. Den Kaminsims zierten Dutzende gerahmte Fotos. Links und rechts vom Kamin stapelten sich rund einen Meter hoch Holzscheite. Links führte eine offene Tür in einen dunklen Flur. Über dem Türrahmen starrte mir von einem weiteren Gemälde ein streng blickender, grauhaariger Greis mit Backenbart entgegen.

»Unser Gründervater.« Beuten hatte meinen fragenden Blick erkannt. »Gregor Bartholdy, 1855–1927. Keine Sorge, die lebenden Mitglieder hier sehen weitaus sympathischer aus.« Er zwinkerte mir zu. »Zumindest die meisten. Komm mit!« Unter dem Griesgram hindurch betraten wir den dunklen Flur.

Was, um Himmelswillen hatte ich hier verloren? Erst jetzt wurde mir vollends bewusst, worin meine Aufgabe bestand: Das Corps auszuspionieren, weil es möglicherweise etwas mit Archies Verschwinden zu tun hatte. Aber wie sollte ich das bitte schön anstellen? Vielleicht einfach direkt nach Archie fragen?

Christian knipste Licht an. Der Raum erinnerte mich an die Umkleide einer Fußballmannschaft: Holzbänke, darüber meterlange senkrechte und waagerechte Bretter, an die Wand genagelt oder gebohrt. An den waagerechten Brettern Haken, an denen Dutzende Bierkrüge hingen. Der nächste Raum war groß und roch merkwürdig sauer. Am Ende eines großen Holztisches saßen sich auf langen Bänken zwei Jungs in meinem Alter gegenüber. Die beiden hatten mir zugenickt, als wir den Saal betreten hatten. Vor ihnen lagen mehrere aufgeschlagene Bücher. Ich erkannte den roten Schönfelder, eine Gesetzessammlung, die auch bei uns in der Etagenküche immer mal wieder auftauchte – die Bibel jedes Jurastudenten.

»Setz dich. Wie heißt du? Magst du einen Kaffee?«

Ich nannte meinen Namen, mehr brachte ich erst einmal nicht heraus. So schnell wie möglich wollte ich hier wieder weg, aber dann dachte ich an Archie. »Gern«, sagte ich freundlich.

Christian verschwand im nächsten Zimmer. Tassen klirrten, Untertassen klapperten, eine Schublade wurde auf- und wieder zugeschoben. Die beiden Jungs am Ende des Tisches beachteten mich nicht weiter. Ich hörte Christian mit jemandem sprechen, eine weibliche Stimme. Dann sprang ich beinahe vor Schreck in die Luft: Hinter mir knallte die Tür zu. Als ich mich wieder umdrehte, lächelte eine ältere Dame auf mich herab, die fast weißen Haare zu einem Dutt zusammengesteckt. Ich schätzte sie auf ungefähr siebzig. Die Schürze über ihrer hellbraunen Strickjacke war schneeweiß. Dazu trug sie einen dunklen Rock, der weit über ihre Knie reichte. Ich erhob mich, um sie zu begrüßen und ihr das Tablett abzunehmen, das sie balancierte. Kaffeekanne, Tassen, Untertassen, Löffeln, Zuckerdose, Milchkanne.

»Nein, nein, Jungchen, lass man, da komm ich nur aus dem Gleichgewicht.« Verlegen setzte ich mich wieder. Die Frau stellte das Tablett ab und streckte mir ihre runzlige, kleine Hand entgegen. »Nenn mich Erna. Ich halte den Burschen hier die Küche sauber.«

»Na, ein bisschen mehr machst du schon!«, sagte Christian.

Erna winkte ab. »Ach was, das bisschen! Ist schnell erledigt.« Vorsichtig goss sie Kaffee ein. »Machen Sie es sich bequem, junger Mann.«

Aber genau das war mein Problem. Wie sollte ich es mir hier bequem machen? Wie wollte ich glaubwürdig meine Bitte um ein Zimmer begründen? Jonas und Moritz hatten mir so viele Vorschläge zu Lügengeschichten aufgezählt, bis ich abgewunken hatte: »Ich bekomme das schon hin, keine Bange, ich improvisiere!« Und jetzt? Nichts bekam ich hin, nichts konnte ich improvisieren!

»Die gute Seele Erna!« Christian schaute ihr nach, als sei sie ein junges Mädchen in einem Minirock. »Hält hier mehr oder weniger alles zusammen. Auch wenn sie das nie zugeben würde! Die Alten Herren halten sich zwar selbst für das Alpha und das Omega, aber die Wichtigste ist sie.« Soweit ich mich erinnerte, waren die *Alten Herren* die Corpsmitglieder, die ihr Studium bereits beendet hatten, also Ehemalige. Und die sich nach Ende ihres Studiums weiter um die jüngeren Mitglieder der Vereinigung kümmerten. Ihnen mit Rat und Tat zur Seite standen sozusagen, sie protegierten und unterstützten. So wie Dr. Ford uns das erklärt hatte: War das der Sinn und Zweck solch einer Vereinigung.

Ich nippte vorsichtig an meinem Kaffee. Er war viel heißer als der aus meiner kleinen Maschine und ich verbrühte mir erst mal die Unterlippe. Unterdessen erzählte ich Christian die Geschichte meiner bislang erfolglosen Wohnungssuche. Die war mir eingefallen, während ich fast eine Minute wortlos in meinen Kaffee gepustet hatte. Damit ich mich bei meiner Lügengeschichte nicht verplapperte, war mir die Idee gekommen, Christian zu erklären, dass ich, was ja der Wahrheit entsprach, zurzeit noch im Herz-Jesu-Komplex in Ramersdorf wohnte, dort aber ausziehen müsse.

»Was? Die Franziskaner führen da ein Wohnheim? Das habe ich ja noch nie gehört.« Er schlug mit der flachen Hand auf den Tisch »Seit wann das denn? Es gibt wirklich nichts, was es nicht gibt.«

Ich lächelte etwas gequält, weil ich nicht wirklich wusste, was er daran so lustig fand.

»Egal«, wieder schlug er auf den Tisch, »wie dringend ist es, David, sag ehrlich, hab keine Scheu!«

»Was?«, fragte ich blöderweise.

»Na, deine Wohnungssuche. Für Männer in Not haben wir hier immer ein Bett frei!« Wieder zwinkerte er.

»Sehr dringend!« Nicht im Traum hatte ich gedacht, dass tatsächlich die Möglichkeit bestand, sofort ein Zimmer zu bekommen. Einerseits war ich geschockt, andererseits freute ich mich, so schnell die Chance zu bekommen, vielleicht etwas über Archie zu erfahren.

»Gut! Wenn du magst, zeige ich dir kurz—« Er schaute auf seine Uhr. »Ich muss gleich los, aber das schaffe ich noch.« Er stand auf und wartete, bis ich ebenfalls aufgestanden war. »Das Haus, der alte Kasten gehört uns seit über hundert Jahren. Nagle mich nicht fest, ich glaube Ende des 19. Jahrhundert war das. Heute«, er machte eine weit ausholende Geste, »könntest du das nicht mehr bezahlen. Wahnsinn! Würde Millionen kosten.«

»Alle Achtung! Habt ihr ja echt Glück gehabt.«

Die Villa war sicher eine Menge wert und lag auch nicht einmal einen halben Kilometer vom Stadtzentrum entfernt, aber wohnen wollte ich hier trotzdem nicht. Höchstens mit Moritz, Archie, Jonas, Carlos, Rosa, Ute, Gaby und den anderen aus unserem Studentenheim. Wir würden den alten Kasten wahrscheinlich mit etwas Leben füllen können. Im Augenblick erschien mir das Haus unheimlich blutleer.

»Aber du weißt schon, dass wir eine Verbindung sind, oder?«, fragte Christian und zeigte auf die Ölgemälde. »Ich sag's nur. Manche haben ein Problem damit. Halten uns für Bier saufende Vollidioten.« Er grinste schief. »Na ja okay, das kommt auch vor, also dass wir trinken. Aber ehrlich gesagt, ganz unter uns, wohnen die meisten hier, weil es unglaublich günstig ist.«

Christian ging vor mir her und öffnete die Tür zu einem weiteren Raum. Von der stuckverzierten Decke warf ein großer Messingkronleuchter warmes Licht auf deckenhohe, dunkle Bücherregale und -schränke. Das braunrot schimmernde Holz glänzte edel. Hinter den Glasscheiben der Bücherschränke schimmerten undeutlich die Rücken von Dutzenden dicken Leinenbänden. Unter unseren Schritten knarrten Eichendielen. Ein geknüpfter Orientteppich mit blauen und roten Ornamenten bedeckte den hinteren Teil des Raums. Einander zugewandt standen darauf drei Chesterfield-Ledersessel, schwer, zeitlos, unerschütterlich. Allein der Geruch nach altem Leder machte den Raum großartig. Alle drei Sitzmöbel waren auf einen ebenfalls dunkel polierten, hölzernen Beistelltisch ausgerichtet. Darauf wiederum glänzten ein dunkelgrüner, kristallener Aschenbecher und ein prachtvoller Humidor mit verschnörkelten Messingbeschlägen. Der Aschenbecher wirkte so schwer, dass man damit sicher einen Elefanten hätte erschlagen können. In der Ecke links entdeckte ich eine Ledercouch, eingerahmt von zwei Stehlampen. Welch ein Raum!

Ich liebte unsere Bibliothek im Germanistischen Seminar, die Übungsräume mit den durch Bücherregale abgetrennten Lernbereichen, die grün gepolsterten altersschwachen Stühle an den langen Holztischen, die hohen Fenster hinaus auf die Hofgartenwiese, aber dies hier war noch einmal um mindestens zwei Klassen besser. Der Raum verströmte eine vornehme Clubatmosphäre, wie ich sie sonst nur aus Filmen wie »Die Glücksritter« kannte.

Christian schlug mir auf die Schulter. »Nur keine Scheu, nimm einfach Platz, fühl dich wie zu Hause.« Schwungvoll ließ er sich in einen der drei Sessel fallen. »Unsere Hausbibliothek.« Wieder breitete er die Arme aus. »Das meiste Zeug ist, ehrlich gesagt, unlesbar. Juristenkram! Dann die wahnsinnig aufregende Dokumentation unserer Corpsgeschichte, einige Klassiker, und so weiter.«

Ehrfurchtsvoll schritt ich die Bücherwände ab. »Wirklich schön!« Ich meinte es ernst. Die meisten Titel waren tatsächlich Abhandlungen und Interpretationen zu diversen Paragraphen, Jahrbücher und die Gesetzestexte verschiedener Länder aus verschiedenen Jahrhunderten. Zumindest soweit ich das als Nichtjurist beurteilen konnte. Vorsichtig ließ ich mich in einen der Sessel gleiten, das Leder fühlte sich kühl und angenehm unnachgiebig an.

Christian lächelte wieder. »Leider kann ich dir keine Zigarre anbieten, weil ich jetzt«, wieder schaute er auf seine Uhr, »wirklich gehen muss. Aber, David, sei versichert, du bist herzlich willkommen.« Er streckte mir die Hand entgegen. »Ein Bruder in der Not.«

Zögernd ergriff ich sie. Ich wollte wiederkommen. So schnell wie möglich. Denn was hatte mir Christian eben stolz erzählt: Hinter diesen Schränken war die Geschichte des Corps dokumentiert.

Kapitel 40

Der Kugelschreiber stach ein kleines Loch in die Bierdose. Schaum schoss sprudelnd durch die kleine Öffnung. Ich setzte die Dose an die Lippen und zog gleichzeitig an der Lasche im Deckel – und trank sie in einem Zug leer. Das hatte ich in »Der Volltreffer« mit John Cusack gesehen. Mit der zweiten Dose machte ich es ebenso. Moritz betrachtete mich mit einem eher nachdenklichen Gesichtsausdruck von seinem Bett aus. Wie ein Lehrer, der vom schlechten Schüler die erwartet falsche Antwort erhalten hat. Leicht und befreiend stieg mir der Alkohol in den Kopf.

»Was guckst du so?« Irgendwas in mir begann sich zu drehen.

»Sag Bescheid, wenn du genug hast, ja? Dann trag ich dich zurück in dein Zimmer! Und stell dir einen Eimer neben das Bett.« Moritz hatte irgendeinen alten Nibelungenschinken gelesen, als ich ins Zimmer gekommen war. Irgendetwas über die Veränderung des Flusslaufs des Rheins seit der Zeit Karls des Großen. Ich hatte ihn gefragt, wofür er das las, und er hatte gemeint, man könne daran möglicherweise den Standort des Nibelungenschatzes eingrenzen. Weil der Rhein zurzeit von Siegfried und Hagen, also vor 1200, natürlich anders verlaufen sei als heute. Und man brauche sicherlich nicht am jetzigen Rheinufer zu suchen.

Ich bedachte seinen Nibelungenschatzwahn mit der üblichen Missbilligung. »Super, dann hast du das ja alles schön eingegrenzt. Wo sollen wir beginnen zu graben?« Ich ließ mich tiefer in den schäbigen Sessel sinken, mir war schwindelig.

Moritz stopfte sich sein Kissen in den Rücken: »Also sag schon: Wie war's bei den Germanen? Hat's geklappt?«

Zuerst verstand ich nicht, was er meinte. Was geklappt? Vielleicht lag meine Langsamkeit am Alkohol, vielleicht an meiner Müdigkeit. Dann wusste ich, was er meinte. »Die Corpsburschen?« Ich lächelte. »Komischerweise echt nett! Hab zwar nur einen kennengelernt, aber der war wirklich in Ordnung.« Ich überlegte. »Ach nee, ich hab noch zwei andere gesehen, aber nicht mit denen geredet. Und die haben eine Haushälterin. Die macht die Küche oder so. Sollten wir hier auch haben.« In meinem Kopf tanzte das Bier. Ich glaube, ich wäre eingeschlafen, wenn Moritz nicht plötzlich gefragt hätte: »Sag mal, David, glaubst du, wir finden Archie?«

Ich rappelte mich hoch. »Ich weiß nicht. Ehrlich nicht.« Keiner von uns glaubte, dass ihn irgendein wichtiges Telegramm plötzlich zurück nach England geholt hatte oder ein Telefonat mitten in der Nacht ihn sofort hatte aufbrechen lassen. Nein, Archie wäre niemals verschwunden, ohne uns eine Notiz zu hinterlassen. Niemals wäre er eine Woche weggeblieben, ohne einem von uns Bescheid zu geben. Archie hätte auf jeden Fall angerufen oder sich auf einem anderen Weg gemeldet. Ich wischte mir über die Augen und musste an Conradi und

Springer denken. Natürlich dachten wir alle daran, dass auch Archie tot sein konnte, aber niemand von uns hatte sich bislang getraut, das auszusprechen. Es war, als könne es erst dann wahr werden, wenn wir die Möglichkeit nicht mehr ausschlössen. So wie der schwarze Mann im Kinderzimmer ja auch erst dann aus dem Schrank springt, wenn man gerade einschläft.

»Aber irgendein Lebenszeichen hätte er uns doch gegeben,« Moritz klappte das Buch zu, »wenn er gekonnt hätte.« Das alte Bett quietschte. »Und wenn man das bedenkt, dann sehen die übrigen Möglichkeiten, was passiert sein könnte, nicht gut aus.«

Ich brummte irgendetwas. Was sollte ich sagen? Natürlich konnten wir die dubiosesten Vermutungen anstellen, aber das würde uns nicht weiterbringen. Das wäre nicht konstruktiv, wie Jonas sicherlich gesagt hätte.

»Und? Hat Jonas schon was von der Polizei gehört?« Der erste Rausch war vorüber, ich fühlte mich beinahe wieder nüchtern und merkte, wie ich Kopfschmerzen bekam.

»Meinst du Schilten? Oder die richtige Polizei?« Moritz wedelte mit der Hand, dass ich ihm noch eine Bierdose zuwerfen sollte. Ich selbst hatte genug.

»Keine Ahnung. Die richtige Polizei halt.« Das Bier schwappte in meiner Stimme.

»Ich hab nicht gehört, dass sie angerufen haben. Oder vorbeigekommen sind.« Moritz fing die Bierdose locker mit einer Hand. Er verharrte in der Bewegung und betrachtete mich. »Oder glaubst du, er ist tot?«

Ganz nüchtern hatte er das ausgesprochen, sachlich, vielleicht blieb mir deswegen fast das Herz stehen. Ich versuchte, mir jemanden vorzustellen, der Archie entführt hatte. Aber vor meinem Auge erschien nur ein Schatten: Dunkel, schemenhaft, stumm. Vielleicht ein Handlanger für jemanden, der sich nicht die Hände schmutzig machen wollte. Jemand mit Einfluss, jemanden, der so kaltblütig war, einen Uni-Archivar in einer vollbesetzten Aula erschießen zu lassen. Jemand, der einen Hausmeister wie Müll in einem öffentlichen Abfalleimer entsorgte. Jemand, der keine Skrupel und kein Gewissen besaß.

»Ich weiß es nicht!« Jetzt nippte ich doch an meinem dritten Bier. Es schmeckte nicht, aber ich wollte auf keinen Fall wieder nüchtern werden. Nachdenklich betrachtete ich die kalte Dose in meiner Hand: Ein dicker Mann rieb sich mit einem großen Taschentuch über den verschwitzten Nacken, angelehnt an ein Holzgatter, in Festtagskleidung. Das Jackett hatte er über den Arm geworfen, die Krawatte gelockert, er wirkte müde und abgekämpft. Für mich hatte er immer so ausgesehen, als habe er schon viel zu viel Bier getrunken, und nicht, so wie Moritz das Bild interpretierte, als brauche er jetzt unbedingt ein Bier, weil er sich müde und durstig fühlte. Für mich war dieses Motiv eher eine Anti-Werbung als eine Einladung zum Biertrinken.

»Wir finden ihn, David.«

»Wie kommst du darauf?« Ich nahm einen weiteren Schluck. Die Kohlensäure kitzelte unangenehm meinen Gaumen. Je mehr ich trank, desto weniger schmeckte das Zeug.

»Ich weiß nicht. Ein Gefühl.« Er zerdrückte seine leere Dose und warf sie in den Abfalleimer. »Wir werden ihn finden. Ich glaub dran. Ich denke wirklich: Diese Germanen sind der Schlüssel.«

»Zu was? Zu Archies Verschwinden?«

»Ja vielleicht. Auf jeden Fall. Ach, wir werden sehen.« Er schaute mich an. »Aber ich bin sicher, wir finden ihn.« Moritz klopfte auf den Band über die Flussläufe von vor siebentausend Jahren. »Und jetzt verschwinde, du elendiger Schmock! Ich muss den Nibelungenschatz finden. Und du bist mir bislang keine wirklich große Hilfe gewesen.«

Ich stellte die halbvolle Bierdose zurück auf den Tisch. Wie konnte er sich jetzt mit so einer Science-Fiction beschäftigen? Der Nibelungenschatz in Rheinbach! Andererseits: Vielleicht brauchte Moritz ein paar Stunden Ablenkung. Vielleicht wurde er, so wie ich, langsam verrückt bei dem Gedanken, dass Archie irgendwo festgehalten wurde und auf unsere Hilfe wartete. Oder tatsächlich bereits nicht mehr lebte.

»Okay, aber versprich mir, wenn du diesen verdammten Schatz gefunden hast, erinnere dich an deine Freunde, ja!«

»Mach ich, David.« Er grinste mich an. »Aber eins kann ich dir jetzt schon sagen: Du bist keiner davon!«

Ich zeigte ihm den Finger und ging. Meine Kopfschmerzen waren zum Glück ein bisschen schwächer geworden.

Warum es mich wieder zurück in Archies Zimmer zog, kann ich nicht erklären. Auf jeden Fall saß ich drei Minuten später wieder an sein Bett gelehnt auf dem Boden und betrachtete die Bücherberge. Ich hatte noch kurz in der Küche vorbeigeschaut, aber die war leer und aufgeräumt (!) gewesen. Es war merkwürdig, die Küche so verwaist zu sehen: Sonst saß immer jemand auf der Eckbank, trank Kaffee oder Tee, las die Süddeutsche, kochte Spaghetti oder eine Fertigsuppe oder zupfte im Waschbecken einen Salat. Nun waren so gut wie alle in den Weihnachtsferien.

Auch in meinem eigenen Zimmer stand der große Reiserucksack bereit. Allerdings nicht gepackt für zu Hause, sondern für mein Intermezzo in der Theaterstraße.

Die Luft in Archies Zimmer roch abgestanden und schal, wie häufig bei länger unbewohnten Zimmern. Kurz schoss mir der Gedanke durch den Kopf, Archie würde vielleicht nie mehr zurückkommen, aber ich verscheuchte diese Vorstellung. Das war unmöglich, das konnte nicht sein!

In der Stille des leeren Hauses erschien das Gluckern der alten Heizungsrohre besonders laut. Ich überlegte, Klara von meinem bevorstehenden Besuch beim Corps Barbarossa-Germania zu erzählen, mit ihr zu telefonieren, mich vielleicht sogar kurz an der Uni mit ihr zu treffen. Aber dann erkannte ich, dass das nur ein vorgeschobener Grund war, um mich mit ihr abzulenken – und deswegen ließ ich es. Vorsichtig zog ich einen der wackligen Bücherstapel zu mir heran. »Machtergreifung und Machterhaltung«, »Der NS-Staat«, »Das Dritte Reich und seine Folgen bis heute«, »Die Verantwortung der jungen Bundesrepublik.«

Plötzlich ging die Tür auf. Eine Sekunde lang hoffte ich, Archie würde eintreten, mir irgendeinen losen Spruch an den Kopf werfen, sich neben mich fallen lassen, und dann beginnen zu erzählen, wo er gewesen war. Wir würden beide lachen, trinken und Pläne für den Abend schmieden. Aber es war natürlich nicht Archie, der sich in den alten Stuhl vor dem Schreibtisch setzte und sofort seine Zigaretten aus der Jackentasche holte, sondern Moritz.

Ich wunderte mich, weil es vorhin nicht so ausgesehen hatte, als würde er heute noch einmal sein Bett verlassen. Es hatte eher so gewirkt, als wolle er sich weiter auf seine Schatzsuche konzentrieren.

»Verdammt, das ist echt zum Kotzen«, meinte er. »Ich weiß einfach nicht, was wir noch machen sollen.« Er hielt mir eine Zigarette hin. »Meinst du, wir finden hier noch irgendwas?«

»Keine Ahnung!« Müde betrachtete ich die unzähligen Bücher. »Und du? Hast du wenigstens den Nibelungenschatz gefunden?«

Er lächelte. »Ich bin ganz nah dran.«

»Glaub ich gern. Und wie gesagt: Du denkst an mich, ja?«

Wir rauchten, ohne weiter viel zu sagen. Ab und zu knarrte es im Dachstuhl, draußen tastete sich das eine oder andere Auto durch den Schnee. Der Zigarettenqualm stieg bedächtig zur Zimmerdecke, vertrieb die alte, verstaubte Luft. Moritz kramte in seiner Hosentasche. Zuerst dachte ich, seine Zigarette sei ausgegangen und er wollte sie wieder anzünden, dann sah ich, dass er mir etwas hinhielt: einen kleinen Zettel.

Jeder, der an unserer Hochschule studierte, kannte diese Belege. Es waren Reservierungsscheine der Uni-Bibliothek. »Und? Was soll ich damit?« Diese Zettel flogen bei jedem von uns dutzendfach durch das Zimmer. Immer wieder waren wichtige Bücher, die wir für Referate oder Seminararbeiten brauchten, ausgeliehen. Und mit den Reservierungsscheinen besaßen wir sozusagen das nächste Leihrecht.

»Guck mal richtig hin. Lies mal.« Moritz inhalierte. »Wenn du lesen kannst.« Er blies den Rauch zum Fenster.

Ich sah mir den Zettel genauer an. Auf den vorgedruckten gepunkteten Linien für den nächsten Entleiher stand weder Moritz noch Jonas oder ich. Es war Archies Name.

»Woher hast du den?«

»In meiner Tasche gefunden. Als ich mir eben die Hose angezogen hab. Zuerst wollte ich ihn wegwerfen, aber dann« Er ließ den Satz unvollendet.

»Aber dann?«

»Aber dann hab ich mich erinnert, dass ich die Hose auch bei unserer kleinen Feier getragen habe.« Er machte eine bedeutungsvolle Pause. »Der Weihnachtsfeier, weißt du? In der Nacht, als Archie verschwunden ist.«

»Ja, und wie kommt der Zettel zu dir, wenn es Archies ist?« So ganz verstand ich nicht, was er mir sagen wollte.

»Ich denk mal, er hat mir den Zettel zugesteckt, irgendwann, als wir ihn hier rüber getragen haben. Oder er hat ihn verloren und ich hab ihn aufgehoben und für ihn verwahrt. Ehrlich, ich weiß es nicht mehr.«

Das war typisch Moritz. Anstatt in Archies Zimmer gestürmt zu kommen und mir atemlos von dem Zettel zu berichten, wie es meine Art gewesen wäre, hatte er es sich erst einmal bequem gemacht und eine Zigarette geraucht. Ich sah mir das zerknitterte Papierchen genauer an. Der Titel des Buchs, das Archie hatte ausleihen wollen, hieß »Die Linie der Ratten«, Autor war ein gewisser Antonio Crosticcia. Den Namen hatte ich noch nie gehört. Was aber nichts heißen sollte. Ich kannte keinen einzigen Historiker, geschweige denn einen italienischen. Der hier klang zumindest italienisch.

»Die Linie der Ratten?« Ratlos betrachtete ich den zerknüllten Zettel. »Was soll das sein? Ein Roman?«

»Keine Ahnung. Ich dachte nur, das ist vielleicht wichtig. Weil es von Archie ist. Oder weil Archie dieses Buch haben wollte.« Moritz schnaufte. »Ach, was weiß ich. Ich dachte, das könnte vielleicht doch noch eine Spur sein.«

Die Unterschrift der Angestellten der Uni-Bibliothek war unleserlich, nur das Datum war erkennbar, es war mit Schreibmaschine getippt: 07. Dezember. Da hätte Archie das Buch bekommen sollen. Ich überlegte. Nirgends hatte ich hier ein Buch mit diesem Titel bemerkt. Natürlich konnte ich mich nicht an jedes Buch erinnern, das hier auf dem Schreibtisch oder auf einem der Stapel lag, aber mittlerweile war ich Archies Heimbibliothek ja mehrmals durchgegangen. »Die Linie der Ratten« klang eher wie der Titel eines Romans von Hermann Melville oder einer Geschichte von Robert Stevenson, nicht wie eine wissenschaftliche Abhandlung.

»Vielleicht sollten wir einfach rausfinden, was für ein Buch das ist«, schlug ich vor, »vielleicht hilft uns das ja weiter.«

Moritz pustete Zigarettenrauch in meine Richtung und stand auf. »Yes!«, meinte er. »Wie lange ist die Uni-Bibliothek heute noch offen?«

Dem Jungen vor uns auszuweichen, war leider unmöglich. Er roch dermaßen nach Knoblauch, als habe er darin gebadet. Vier Leute warteten in der Schlange vor uns an Schalter drei, und die Studentin ganz vorne hielt den ganzen Verkehr auf. Seit gefühlt zwei Stunden versuchte sie, einen Stapel von mindestens zehn Büchern möglichst platzsparend in ihrer Ledertasche zu verstauen. Vielleicht hätte sie einen Koffer mitbringen sollen. Oder direkt einen Schrank. Jetzt endlich! Nur noch drei. Moritz und ich hatten beschlossen, ganz offen zu sprechen. Wir glaubten, Ehrlichkeit sei in diesem Falle am besten. Wir wollten die Frau am Schalter einfach fragen, ob das Buch wieder abgegeben worden sei, und wer es vor Archie entliehen hatte. Der Junge vorne war jetzt ebenfalls durch. Nur noch zwei.

Für den Abend hatte ich mir vorgenommen, zum Haus des Corps Barbarossa-Germania zurückzugehen. Wenn ich das nicht sofort in Angriff nahm, würde ich es gar nicht mehr tun.

Die pummelige Frau hinter dem Tresen schickte das Mädchen vor uns in einen andern Raum, nun waren wir gleich an der Reihe.

»Hast du den Zettel?« Ich war ziemlich nervös. Ein vorbeihastender Mann rempelte mich an, ohne sich zu entschuldigen.

»Klar« Moritz nickte. Er schien genauso angespannt zu sein wie ich. Jetzt waren wir dran. Der Knoblauchesser vor uns war abgefertigt und machte nun seinen Kommilitonen im Lesesaal das Leben schwer.

»Guten Tag, junge Frau«, flötete Moritz. Mir fielen die Augen aus dem Kopf. Flirtete Moritz etwa? Der jungen, molligen Bibliothekarin gefiel es. Sie warf den Kopf in den Nacken und lachte schallend.

»Lass stecken, Kleiner!« Sie nickte ihm zu. »Na, sag schon: Was willst du? Hast du deine Bücher bei Mutti vergessen und fährst erst Ostern wieder nach Hause, ja? Und jetzt willst du, dass ich dir keine Verzugsgebühr aufbrumme, stimmt's?« Sie sprach mit Babystimme.

»Weil dich die Zugfahrt in dein Kinderzimmer mehr kostet, als du jeden Monat von Papa bekommst, richtig?« Sie lachte so laut, dass ihre Kolleginnen zu uns herüberschauten.

»Nein, meine Liebe.« Moritz stützte sich frech mit den Ellenbogen am Schalter ab. »Wir hätten nur gern eine Auskunft von Ihnen.«

»Na ja, was anderes kriegt ihr hier auch nicht!«, trompetete die Frau. »Wenn überhaupt.« Sie taxierte ihn misstrauisch.

Moritz kramte den Zettel aus seiner Hosentasche und schob ihn über den Tresen. »Also ein Freund von uns ist seit Tagen verschwunden, und kurz davor, hat er uns diesen Zettel hier gegeben. Er hat gemeint, es sei sehr wichtig, er wolle mir später mehr erklären.« Das stimmte zwar nicht, was Moritz da erzählte, hörte sich aber zugegebenermaßen dramatisch an.

»Aber dazu ist es dann nicht mehr gekommen – am nächsten Morgen war er verschwunden.«

»Ja, das ist mir auch schon mal passiert! Sogar bei mehreren!« Die Frau gluckste und blinzelte Moritz an. Wollte sichergehen, dass er ihren Witz verstanden hatte.

»Gib mal her!« Sie bedachte Moritz mit einem etwas zu langen Augenaufschlag, dann rollte sie auf ihrem Bürostuhl zwei Meter nach links, außerhalb unseres Blickfelds.

Ich stupste Moritz in die Seite. »He, was ist denn mit dir los? Hast du zu viele Glückskekse intus?«

»Quatsch, ich stell mir einfach vor, ich wär Jonas. Er sagt doch immer, zuerst muss man nett sein. Und das versuch ich grade, also halt dich geschlossen und lass mich in Ruhe!«

»O ja, da haben wir seit über einem Jahr Ärger mit!«, hörten wir die Stimme der Bibliothekarin. Moritz und ich schauten uns an.

»Was meinen Sie damit?« Moritz lehnte sich über den Tresen. Hinter uns wurde die Schlange immer länger.

»Was ich damit meine, Kleiner?« Die Pummlige rollte wieder zu uns zurück, in der Hand eine grüne Hängekladde. Sie öffnete sie und mehrere weiße Papierbögen mit dem roten Stempel MAHNUNG purzelten heraus.

»Ich kann euch sagen: Wenn ich die in die Finger kriege ... Die rücken das Buch einfach nicht raus!«

»Wer sind *die*?«, fragte ich hastig. Ich weiß nicht, ob mich die Frau bislang überhaupt wahrgenommen hatte, sie besaß nur Augen für Moritz.

»Schätzchen, das darf ich dir nicht sagen, das weißt du doch, oder?«, verkündete sie mir mit einem Schmollmund.

»Und wenn Sie unter dem Siegel der Verschwiegenheit einmal eine Ausnahme machen?« Moritz wurde ernst.

»Wie gesagt. Ein Freund von uns ist verschwunden, und wir hoffen, wenn wir wissen, wer das Buch—«

Die Frau schaute kurz nach links und rechts, dann legte sie eine der Mahnungen vor Moritz auf den Tresen. Ungefähr fünf Sekunden lang, dann zog sie den Zettel zurück. »Ich kann euch das leider wirklich nicht sagen. Darf ich nicht.« Wieder schaute sie, ob ihre Kolleginnen etwas bemerkt hatten. Jede der Damen war aber mit sich selbst oder der Kundschaft beschäftigt.

Mir war plötzlich heiß geworden, als ich den Namen auf dem Papier gelesen hatte. Ein Robert von Armon hatte das Buch zuletzt ausgeliehen. Aber was viel wichtiger war: Ich hatte auch die Adresse des Ausleihers lesen können, eine Adresse, die wir bereits kannten – es war die Theaterstraße 5.

Kapitel 41

Langsam schlurfte ich die letzten hundert Meter Richtung Theaterstraße. Kleine Kieselsteinchen knirschten unter meinen Sohlen. Fast jeder Hausbesitzer hatte seinen Teil des Bürgersteigs bis zur Straße rutschfest gemacht. Mit Salz oder Sand. Mein Magen grummelte, als ich um die Straßenecke bog. Hell erleuchtet lag die Villa des Corps vor mir. Der Reiserucksack, den ich über die rechte Schulter geworfen hatte, drückte in meinen Rücken. Jeans, Pullover, T-Shirts, Unterhosen, Strümpfe, Handtuch, Zahnbürste, Shampoo. Ich hatte nur das Notwendigste eingepackt. Und das Buch, das Archie mir zuletzt gegeben hatte: »I Cannot Forgive«.

Als ich vor gut einer Stunde das Fenster in meinem Zimmer auf Kipp gestellt hatte, war mir merkwürdig mulmig geworden. Ein Gefühl, als würde ich eine sehr lange Reise antreten, Tausende Kilometer von zu Hause entfernt, getrennt von Familie und Freunden. Ich hatte mir einzureden versucht, dass ich meine Reise für Archie machen würde, obwohl ich mir gleichzeitig vorkam wie ein Heuchler. Hier versuchte ich, ihm zu helfen, dort hatte ich ihn betrogen. »Another Day in Paradise« lief im Radio, als ich den Radiowecker in meiner Bude ausgeschaltet hatte. Ich wäre gern dort geblieben, hätte mich an meinen kleinen Schreibtisch gesetzt, eine Zigarette geraucht, vielleicht einen »Zappo« getrunken, und mir gewünscht, die Zeit zurückdrehen zu können.

Nicht weit, nur ein paar Monate vielleicht. Bis zu dem Sommerabend zum Beispiel, als Patricia und ich in der Dunkelheit am Rheinufer gesessen und ein Rost zwischen die Ufersteine gelegt hatten, um Würstchen zu grillen. Kartoffelsalat aßen, eine Wolldecke ausgebreitet hatten und in den Nachthimmel schauten. Diese Zeit war vorbei. So viel hatte sich seitdem ereignet.

Ich weiß noch, wie ich damals dachte, dass mir jener Sommer und jener Winter für immer im Gedächtnis bleiben würden. Und genau so war es gekommen: An die Sommertage erinnere ich mich, weil sie unbeschwert und glücklich waren, den Winter werde ich wegen seiner Einsamkeit und Kälte nicht vergessen.

Ich ließ den Löwenkopf auf das glänzende Messing fallen. Wieder Schritte, wieder Christian.

»Willkommen!«, sagte er. Seine legere Kleidung war verschwunden, nun trug er eine Baumwollhose mit Bügelfalten und ein weißes Hemd, über dem sich ein Band in den Verbindungsfarben grün-weiß-schwarz von der rechten Schulter quer bis zur linken Hüfte zog. »So früh habe ich dich nicht erwartet.« Er streckte mir die Hand entgegen und bemerkte meinen Blick. »Ach, das hier? Wir sind farbtragend, das heißt, immer wenn wir uns im Verbindungshaus aufhalten und auch bei offiziellen Anlässen tragen wir unser Band.«

Warum hatte er dann nicht auch bei meinem ersten Besuch Hemd, Hose und Band getragen, fragte ich mich, sagte aber nichts. Durch den dunklen Verbindungsflur hörte ich Gelächter. Christian schloss die Haustür hinter mir, in dem großen Kamin brannte wieder ein Feuer. Die großen Holzscheite knisterten.

»Wir kneipen gerade, aber das muss dich nicht stören. Wenn du magst, setz dich dazu. Oder auch nicht. Es gibt keinen Corpszwang, ganz wie du möchtest.«

Ich ließ meinen Rucksack auf den Boden plumpsen. Im Nebenraum rief jemand: »Bierjunge!«, und ein zweiter polterte zurück: »Hängt!«

Ich versuchte, mir Archie in diesem Hause vorzustellen: den schlaksigen, rothaarigen, schlecht angezogenen Archie. War er tatsächlich hier gewesen? Und wenn ja, mit welchem Anliegen war er gekommen? Welche Erklärung hatte er geliefert, um bleiben zu dürfen? Denn er hatte sicherlich nicht einfach nach dem verschwundenen Buch gefragt. Oder doch? Und warum fragte *ich* nicht jetzt einfach ganz direkt danach? Denn das war bis vor eine Minute mein Plan gewesen: Die Verbindung ganz konkret mit Archie, mit Robert von Armon, mit der »Linie der Ratten« und Antonio Crosticcia zu konfrontieren. Aber nun hatte mich der Mut verlassen.

Die alten Holzstufen knarrten, als mich Christian die Treppe hinaufführte. Mir schien, als ahnten die alten Männer auf den dunklen Ölgemälden, dass ich kein ehrliches Spiel spielte. Böse starrten sie auf mich hinab. In *meinem* Zimmer warteten ein Bett links, eins rechts, zwei kleine Schränke, ein Schreibtisch.

Christian nestelte an seinem Band. »Oliver feiert unten mit uns, er wird später zu dir stoßen. Allerdings, wie gesagt«, er lächelte, »kannst du auch gern selbst runter kommen. Du setzt dich einfach auf einen der Stühle an der Wand. Das Bier kommt dann von selbst.« Seine Zähne blitzten. »Nun sei noch einmal herzlich willkommen!« Er streckte mir erneut die Hand entgegen.

Ich ergriff sie. »Wer ist Oliver?«

»Unser Fuchsmajor. Und dein Zimmergenosse. Er hat sich bereiterklärt, dich ein wenig unter seine Fittiche zu nehmen. Natürlich nur, wenn du dich für das Corps interessierst.«

»Fuchsmajor?« Ich versuchte, nicht allzu verblüfft zu klingen.

»Erklär ich dir gerne später.« Christian öffnete den alten Kleiderschrank. »Leg deine Sachen erst mal hier rein!«

Es war reichlich Platz für meine T-Shirts, die Hose und die Unterwäsche. Der Schrank roch nach Seife und altem Holz. Wenn es nicht um Archie gegangen wäre, wäre ich wahrscheinlich augenblicklich die Treppe heruntergestürzt, vorbei an den grimmig dreinschauenden Corpsmitgliedern in Öl, und wäre so schnell wie möglich zurück ins Studentenwohnheim gerannt. Ich fühlte einen Kloß im Hals, so groß wie ein Kopf Salat.

»Wie lange willst du bleiben?« Christian drückte mit der Hand auf meine Matratze. »Hast du schon eine Vorstellung?«

Ich brauchte ein paar Sekunden, um mir eine Antwort zurechtzulegen. »Kommt drauf an, wie lange ihr mich hier haben wollt.« Herrje, was für ein Unsinn!

»Wenn du länger bleiben willst, würden wir uns natürlich freuen, wenn du dich an das Corps bindest. Aber das ist deine Entscheidung. Die kann man nicht in ein, zwei Tagen fällen. Das ist nicht so wie«, er suchte nach Worten, »wie bei einer Firma oder einem Mädchen. Weißt du, das Corps«, er machte wieder eine Pause, »ist dann fester Bestandteil deines Lebens. Von dem du dich niemals trennst.«

Ich nickte. Dr. Ford hatte so etwas gesagt. Gleichzeitig fragte ich mich, wie weit ich gehen würde, um Archie zu finden. Mich lebenslang an eine Burschenschaft oder ein Corps binden, würde ich sicherlich nicht.

»Schau, David. Wenn du in das Corps eintreten willst, darfst du das aber bitte nicht als Reaktion auf die Enttäuschung tun, die du gerade erlebt hast, okay?« Er schwieg, weil von unten erneut Rufe und Lachen zu hören waren. »Es ist nicht so wie: Du fährst einfach drei Monate zur See, um alles um dich herum zu vergessen. In das Corps trittst du ein, weil du ein neues Leben beginnen willst. Ein Leben, das für den Rest deiner Tage Bestand haben wird. Ich weiß, das hört sich jetzt ziemlich fremd und vielleicht auch etwas theatralisch an, aber es ist so. Wir sind eine ... eine Wertegemeinschaft. Du bist für immer Teil des Corps, und das Corps ist für immer ein Teil von dir.«

Mein Kloß im Hals hatte die Größe einer Melone erreicht. War es nicht besser, dieses Theater gleich zu beenden? Und direkt nach Archie zu fragen? Was konnte mir schon passieren?

»Und um auf deine erste Frage zurückzukommen: Der Fuchsmajor kümmert sich um die Füchse.« Christian lächelte erneut, bevor er weiterredete. »Und ehe du fragst: Die Füchse sind die Frischlinge hier. Kürzer bei uns als ein Jahr, sozusagen unsere Mitglieder auf Probe. Und Oliver, dein Zimmergenosse«, Christian deutete auf das Bett gegenüber, »hat vom Corps die Aufgabe erhalten, sich um die Füchse zu kümmern. Sie auszubilden, mit unserem Kodex vertraut zu machen, sie zu unterrichten—«

»Unterrichten?«, fragte ich.

»Ja, unterrichten! Allerdings nur zwei Stunden die Woche. Fuchsenstunde nennen wir das.«

»Und was lerne ich in der – Fuchsenstunde?«

»Ach, alles Mögliche. Unsere Corpssprache, Historie, Traditionen, Regeln, Persönlichkeiten. Aber alles halb so wild.« Er zwinkerte mir zu. »Hört sich nach vorgestern an, ist aber trotzdem ganz lustig.«

Ich versuchte, den Inhalt meines Rucksacks im Kleiderschrank zu verstauen. »Das habe ich heute Morgen, vergessen zu fragen: Wenn ich hier bleibe, was zahle ich an Miete?«

»200 D-Mark. Ist nicht viel, wenn man bedenkt, wo und wie du hier wohnst. Aber durch die – nun, die Zuwendungen der Alten Herren – kann das Corps jedem Gast und erst recht natürlich jedem Mitglied des Corps diesen Betrag ermöglichen.« Er breitete die Arme aus. »Dafür darfst du so gut wie alles in Anspruch nehmen: Die Bibliothek, den Fitnessraum unten im Keller und die Küche.« Er zwinkerte mir erneut zu und ergänzte: »Nur bei unseren Kneipen wirst du als Gast an einem anderen Tisch sitzen. Das gehört leider noch zu den Ritualen unseres Corps. Wenn du kein Mitglied bist, darfst du nicht teilnehmen. Die Alten Herren bestehen darauf. Wir Jungen wollen das eigentlich ändern, aber im Augenblick besteht noch keine Chance, das durchzusetzen.« Er klopfte gegen den Türrahmen und machte Anstalten, wieder nach unten zu gehen. »Aber was nicht ist, kann ja noch werden, oder?« Er winkte mir, ihm zu folgen.

Vor dem Kamin blieben wir stehen, die Holzscheite glühten orangefarben. Aus dem Saal war wieder Lachen zu hören. Christian zuckte mit den Schultern. »Burschen eben!« Er deutete auf die gerahmten Fotos, die auf dem Kaminsims standen. »Ach, schau mal: Unsere *großen* Alten Herren. Na ja, also die wichtigsten, die, die es bis hierher geschafft haben. Auf unseren *Altar*.«

Vorsichtig reichte er mir eins der Fotos. Es zeigte Konrad Adenauer mit einem mir unbekannten Mann. Beide standen hinter einem mit Rosen geschmückten Tisch und prosteten sich zu. »Unser damaliger Präsident. Mit dem ersten Kanzler.« Christian reichte mir das nächste Foto. Durch das Dämmerlicht konnte ich zuerst keine Details erkennen. Das Foto zeigte drei Männer in Anzug, weißem Hemd und Krawatte. Alle standen vor einem dunkelblauen Vorhang. Rechts war die Hälfte eines Rednerpults zu erkennen. Rechts und links des Vorhangs steckten zwei Flaggen; eine US-amerikanische und eine bundesdeutsche in riesigen Tonbottichen. Zwei der drei Männer erkannte ich sofort: Bundeskanzler Helmut Kohl und US-Präsident George Bush.

Links neben Kohl stand ein weiterer Mann. Schlank, groß, mit vollem weißen Haar. Fast hätte ich das Bild fallen gelassen, meine Finger verkrampften sich. Das konnte nicht sein, oder? Das musste ein Irrtum sein, eine merkwürdige Ähnlichkeit! Ich schaute zu Christian, aber der hatte mein Entsetzen glücklicherweise nicht bemerkt. Wieder betrachtete ich das Foto, und noch immer kannte ich den dritten Mann: Derjenige, der dort mit Helmut Kohl und George Bush um die Wette grinste, war niemand anderer als Jonas' Großvater!

Christian nannte weitere Namen, zeigte mir weitere Fotos, aber ich nahm seine Worte gar nicht mehr wahr. Meine Stirn prickelte, als hätte ich mir heftig dagegen geschlagen.

»Wer ist der Mann da bei Kohl und Bush?«, fragte ich. Vielleicht war es ja doch nicht Jonas' Opa. Bestimmt war es jemand anderes, jemand, der nur genauso aussah. Ich musste mich irren, schließlich hatte ich Jonas' Großvater nur ein paar Mal gesehen. Und nur ein, zwei Sätze mit ihm gewechselt.

»Dr. Hambach-Aller«, sagte Christian und stellte das Foto zurück auf den Kaminsims.

Meine Hände zitterten, ich versteckte sie in meinen Jeanstaschen.

»Er war Minister unter Kohl, ist dann noch kurz in die Industrie gegangen.« Christian streckte sich, als sei er müde. »Irgendeine beratende Tätigkeit.« Er lachte. »Also auf gut Deutsch: Er hat sich noch mal die Pension aufgebessert. Aber zuallererst war er Jurist. Kohl hat ihn vor allem als Mentor geholt. Ehrlich gesagt weiß ich nicht viel mehr über ihn. Nicht meine Zeit. Und er kommt auch nur einmal im Jahr hierher, um sich feiern zu lassen.«

Wieder zählten die Jungs nebenan: »Fünf, vier, drei, zwei, eins—!« Ein Glas oder Krug zerschellte am Boden, Splittern, Kraftausdrücke. Dann Rufe nach Erna. Erst vereinzelt, dann im Chor: »Er-na, Er-na, Er-na!«

Hambach-Aller! Ich konnte mich immer noch kaum rühren. Hambach-Aller, ja, den Namen kannte ich: Jonas' Großvater!

»Der große Imperator kommt übrigens ebenfalls morgen Abend.«

Ich griff Christian in den Arm.

Er runzelte die Stirn. »Alles okay mit dir?«

»Wer kommt morgen Abend?«

»Hambach-Aller. Zu unserer Weihnachtsfeier. Hab ich dir das nicht erzählt? Alle kommen: Die Füchse, wir

Regulären, die Alten Herren, sogar ein paar Damen sind geladen. Und dann wird gefeiert!« Er schlug mir auf die Schulter. »Keine Angst, anfangs ist das immer etwas steif, aber wenn die Alten Herren gegen Mitternacht verschwunden sind, wird's richtig lustig.«

»Hambach-Aller … kommt morgen auch?«

»Klar. Der ist, wie gesagt, unser Ehrengast. Alter Hund, aber trotzdem immer noch ein cooler Typ.«

Kapitel 42

Nicht die Zeit vergeht, sondern wir. Vielleicht gelangt man erst zu dieser Erkenntnis, wenn man ein gewisses Alter erreicht hat, aber dann wird es deutlich: Nur wir verändern uns, wir altern und verblühen. Die Zeit bewegt sich nicht. Sie steht still, ist konstant. Wir sind es, die sich bewegen. Oder mitgerissen werden.

»Auf unsere Freundschaft!«
»Auf unsere Ehre!«
»Auf unser Corps!«

Alles um mich herum waberte, verschwamm in Zerrbildern. Geräusche dehnten sich, Silben hallten als unsinnige Echos nach, und das, obwohl ich bereits zwei Trinkrunden ausgesetzt hatte. Mittlerweile kam mir bereits Galle hoch, wenn ich die dunkelrote Flüssigkeit in den kleinen Schnapsgläsern nur sah. Was um Himmelswillen war das für ein Gebräu? Die Standuhr im Trinksaal zeigte zwanzig Minuten vor zwölf. Außer Christian und meinem Zimmergenossen Oliver kauerte nur noch ein kleiner Mann am Holztisch. An mehreren Stellen tropfte verschüttetes Bier auf den Boden. Damit werde *runtergespült*, wie mir Christian erklärt hatte.

Mit Moritz, Archie und Tom trank ich an manchen Abenden auch zu viel, aber dieses Trinken hier besaß

Wettkampfcharakter, das hatte absolut nichts mit Genuss zu tun. Im Waschraum spritzte ich mir am Becken kaltes Wasser ins Gesicht. Ich musste unbedingt heute Abend noch in die Bibliothek, ich musste eine Spur von Archie finden. Das Buch, eine Notiz, irgendetwas, das ihn mit dem Corps in Verbindung brachte. Aber immer noch machten die drei keine Anstalten, mit dem Trinken aufzuhören. Es dauerte eine weitere Stunde, ehe wir gemeinsam die Treppe hochwankten.

Gegen drei Uhr erwachte ich, das Haus war still. Oliver schnarchte leise vor sich hin, er trug immer noch seine Klamotten. Mein Kopf dröhnte, der Geschmack im Mund war widerlich, aber glücklicherweise hatte der Schwindel etwas nachgelassen. Ich horchte, ob es im Haus ruhig blieb, leise stand ich auf. Jonas' Großvater fiel mir wieder ein. Den ganzen Abend hatte ich in eine Telefonzelle laufen wollen, um im Studentenheim anzurufen, hatte es mir dann aber doch anders überlegt. Ich musste Jonas persönlich sehen. Allerdings wusste ich nicht, was ich genau mit ihm reden sollte. Was war, wenn er über Archies Verschwinden mehr wusste, als Moritz und ich ahnten. Was zum Teufel machte sein Großvater in diesem Corps?

Die Treppenstufen knarrten laut wie in einem Miss-Marple-Krimi. Im Kamin hatte jemand vor nicht allzu langer Zeit Holz nachgelegt, die Flammen leckten gierig an den Scheiten. Aus der Entfernung betrachte ich noch einmal das Foto mit Hambach-Aller. Ich wollte nicht glauben, dass Jonas uns so hintergehen würde, dass er tatsächlich etwas mit Archies Verschwinden zu tun haben könnte. Vorsichtig tastete ich mich durch den angrenzenden Flur.

Die Tür zum Trinksaal war angelehnt. Jemand musste gelüftet haben, der Geruch nach Bier war nicht mehr ganz so stark und fast erträglich. Auch hatte jemand den Boden gewischt und alle Gläser weggeräumt. Ein Kaffee, ich brauchte jetzt einen Kaffee. Damit würde ich hinüber in die Bibliothek gehen. Sollte mich jemand überraschen, würde ich einfach sagen, ich hätte nicht schlafen können und mir etwas Warmes zu trinken gemacht. Dann sei mir eingefallen, wie schön die Bibliothek sei, und ich hätte meinen Kaffee dort weiter trinken wollen. Dabei sei mir das ein oder andere Buch aufgefallen und so weiter.

Bis ich Streichhölzer für den Gasherd gefunden hatte, vergingen Minuten. Erna oder jemand anderes hatte die Hölzer auf die Dunstabzugshaube gelegt. Kaum zu sehen, wenn man nicht wusste, wo man suchen sollte. Dutzende große Tassen standen umgedreht in einem der Hängeschränke. Wenig später lugte ich mit meinem dampfenden Kaffee in die Bibliothek. In der nächtlichen Stille wirkte der Raum noch würde- und geheimnisvoller als bei meinem ersten Besuch.

Ich tastete mich zu einer der Stehlampen und zog an der Kordel. Warme Helligkeit ließ die Glasscheiben der Bücherschränke funkeln und die darin aufgereihten Bücher erahnen. Wieder stieg mir der Duft nach Staub und altem Leder in die Nase. Vorsichtig ließ ich mich in einen der drei Chesterfield-Sessel sinken. Neben dem Humidor entdeckte ich eine angebrochene Schachtel Lux. Ich zupfte eine Zigarette aus der Packung und suchte nach Streichhölzern. Auch im Humidor entdeckte ich keine. Ich schlich zurück zur Küche. Mit den Streichhölzern von der Abzugshaube zündete ich mir die Zigarette an.

Auf der Straße fuhr ein Autor vorbei, im Haus blieb es still. Sorgfältig betrachtete ich die Bücherschränke. Wo war es, das Buch, nach dem Archie gesucht hatte: Crosticcias »Die Linie der Ratten«? War es überhaupt hier? Wenn das Corps das Buch tatsächlich nicht versteckte oder verbrannt hatte, bestanden gute Chancen, dass ich es finden würde.

Im Zimmer von diesem Robert von Armon, dem Studenten, der das Buch in der Uni-Bibliothek ausgeliehen hatte, war es nicht. Dort hatte ich bereits vergeblich gesucht. Die Lux schmeckte stark und würzig. Im ersten oder zweiten Stock blubberte eine Toilettenspülung. Wasser rauschte Richtung Keller, dann war es wieder still.

Was genau suchte ich? Ein großes Buch? Ein kleines Buch? Ein dickes Buch? Ein dünnes Buch? Wir hätten die Bibliothekarin fragen sollen! Das Einzige, was ich wusste: Es war ein neueres Buch. Eines, das erst vor drei Jahren erschienen war. Plötzlich fiel mir etwas ein, das bei der Suche helfen konnte: Das Buch musste eine Nummer tragen! Eine Bibliotheksnummer! Als Bestandteil der Uni-Bibliothek wurde es immer wieder neu einsortiert, alle Ausleihen wurden ja dokumentiert. Allerdings erkannte ich auf den ersten Blick kein einziges Buch, auf dessen Rücken ein zusätzlicher Vermerk prangte. Wohl oder übel würde ich Bücherreihe für Bücherreihe durchgehen müssen. Gleichzeitig musste ich hoffen, dass der Vermerk auf dem Buchrücken, sollte sich »Die Linie der Ratten« überhaupt in diesem Raum befinden, nicht entfernt worden war.

Je länger ich darüber nachdachte, desto unwahrscheinlicher erschien es mir, das gesuchte Buch überhaupt zu finden. Warum sollte es nicht in einem der Zimmer der anderen Corpsmitglieder liegen? Vergraben auf einem Schreibtisch unter anderer Literatur, möglicherweise auch nachlässig auf den Boden geworfen, unter einem Bett vergessen oder längst im Abfall entsorgt.

Meine Augen huschten über Melvilles »Moby Dick«, Stevensons »Die Schatzinsel« und Dutzende Sammelbände berühmter deutscher Klassiker wie Goethe, Schiller, Heine und Fontane. Eine alte, zerlesene Ausgabe von Tolstois »Krieg und Frieden« fiel mir auf, Hermann Hesses schmale Ausgabe von »Unterm Rad« stand eingequetscht als Taschenbuch zwischen Kafkas »Verwandlung« und Heinrich Manns »Der Untertan«.

Ich schüttete den Kopf. Ausgerechnet »Der Untertan«! Den älteren der Mann-Brüder hatte ich immer lieber gelesen als seinen Bruder. Heinrich Mann erschien mir ehrlicher und weniger versnobt als sein gefeierter Bruder. Langsam arbeitete ich mich von einem Bücherbord zum nächsten. Nach einer guten halben Stunde begannen die Buchstaben vor meinen Augen zu verschwimmen. Ich trank meinen Rest Kaffee und gönnte mir eine weitere Lux. Konzentriert versuchte ich, schnell und gleichzeitig gründlich jeden Buchrücken zu entziffern. Aber je länger ich suchte, desto müder wurden meine Augen. Dann erkannte ich eine weiße Standnummer: Zo 287/120. Darüber in schwarzer Schrift auf lilafarbenem Untergrund: Antonio Crosticcia: »Die Linie der Ratten«.

Meine Augen waren zuerst über den kleinen Band hinweg gehuscht. Das Buch stand nicht im Schrank der Weltliteratur, sondern versteckt am linken Rand von ungefähr zwanzig ledergebundenen Bänden, die sich als die Geschichte der Vereinigung entpuppten:. »Historia corporis Barbarossae Germaniae.«

Ich nahm das Buch aus dem Regal – und verharrte. Ich hatte etwas gehört. Ein Knarren, ein Knacken. Oder war es das Holz im Kamin? Ich lauschte, bewegte mich nicht. Ungefähr eine Minute lang. Es blieb still. Vielleicht wieder nur jemand mit einer schwachen Blase auf dem Weg zur Toilette. Aber ich hörte keine Spülung, kein Wasserrauschen. Vorsichtig öffnete ich den Buchdeckel. Was war das? Jemand hatte mit Filzstift mehrere Zeilen überschrieben.

Das Wort *Ratten* war durch *Könige* ersetzt worden. Könige? »Die Linie der Könige«? Ich blätterte die ersten Seiten durch. Das Inhaltsverzeichnis zeigte mir den Weg, den das Büchlein nehmen wollte. Einem kurzen Vorwort folgte eine Auflistung verschiedener Nazigrößen, verbunden mit ihrem Schicksal im letzten Kriegsjahr 1945. Zuerst wurden die Selbstmörder erwähnt. Hitler, Goebbels, Göring, Ley. Die letzteren beiden hatten sich in ihrer Zelle in Nürnberg umgebracht, das wusste ich. Hinter Goebbels und Ley hatte jemand ein Kreuz gezeichnet. Ich erinnerte mich, wie Dr. Ford uns im Uni-Archiv die Unterlagen zu Goebbels und Ley gezeigt hatten. Ley, der faule Student, Goebbels, der Wissbegierige. Im Buch folgten die NS-Täter, die in Nürnberg zum Tode verurteilt und hingerichtet worden waren: Ribbentrop, Rosenberg, Kaltenbrunner. Und diejenigen, die zu Haftstrafen verurteilt worden waren: darunter Speer, Dönitz und von Schirach. Und schließlich die später Begnadigten wie Funk, Raeder und von Neurath.

Das darauffolgende Kapitel war mit Bleistift durchgestrichen. Trotzdem konnte ich die Überschrift entziffern: »Nazis auf der Flucht«. Dieser Abschnitt im Buch beschäftigte sich ausschließlich mit zwei Männern: Adolf Eichmann und Josef Mengele. Ich blätterte zuerst zu Eichmanns Abschnitt: Der Autor Crosticcia schilderte den Weg von Eichmanns Flucht unter den Decknamen Adolf Barth, Otto Eckmann und Otto Heninger. Eichmann war es wie so vielen gelungen, nach der Flucht aus Kriegsgefangenschaft mithilfe ehemaliger »Kameraden« unterzutauchen. Bis 1948 befand er sich in Deutschland, arbeitete als Landarbeiter und Hühnerzüchter. Mithilfe auch der katholischen Kirche (mindestens zwei Priester bzw. Pfarrer halfen ihm: Pfarrer Johann Corradini und Bischof Alois Hudal) gelangte Eichmann bis 1950 nach Italien, von wo er nach Argentinien übersetzte, jetzt unter dem Namen Riccardo Klement. Dort lebte er mit seiner Familie, arbeitete zeitweise als Elektriker. Erst Jahre später wurde ein KZ-Überlebender auf Eichmann aufmerksam – aufgrund eines aberwitzigen Zufalls: Eichmanns Sohn war in Argentinien durch antisemitische Äußerungen aufgefallen, und das in Gegenwart der Tochter eines KZ-Überlebenden! Dieser KZ-Überlebende, Lothar Hermann hieß er, informierte unter anderem die israelische Regierung, die aber anfänglich wenig Interesse zu haben schien, Eichmann zu fassen. Weil sie, so schrieb Crosticcia, möglicherweise die guten Beziehungen zur Regierung Adenauer nicht belasten wollte. Im Mai 1960 wurde Eichmann dann doch vom israelischen Geheimdienst Mossad entführt und nach einer abenteuerlichen Reise nach Israel gebracht und zum Tode verurteilt.

Den Eichmann-Prozess in Jerusalem überblätterte ich und las das Kapitel zu Josef Mengele. Auch Mengele war mithilfe falscher Namen und »alter Kameraden« bis Oktober '45 nach Bayern gelangt; auf den Bauernhof einer Familie Fischer nahe Rosenheim. Mengele gab sich gegenüber den Leuten als einfacher Soldat aus und bat um eine Anstellung. Von morgens bis abends habe er gearbeitet, las ich, auf den Kartoffel- und Weizenfeldern ausgeholfen, außerdem Hühner, Kühe und Schweine gefüttert. Ich ließ das Büchlein sinken. Mengele, einer der größten Sadisten der Menschheitsgeschichte, arbeitete als Knecht auf einem Bauernhof!? Von dort aus soll er auch eifrig das Geschehen im nicht weit entfernten Nürnberg beobachtet haben, die Prozesse gegen seine ehemaligen »Arbeitskollegen«. Dabei sei ihm klar geworden, so Crosticcia, dass er in Deutschland niemals wieder sicher, dass er in diesem Land immer auf der Flucht sein würde. Crosticcia schrieb weiter:

Mithilfe einem guten Dutzend Mittelsmänner organisierte Mengele seine Flucht. Ehemalige SS-Leute, zu denen er über Umwege wie seiner Familie in Günzburg, immer noch Kontakt hielt, ermöglichten ihm die Flucht aus Europa. Zuerst floh er nach Österreich, dann nach Italien, weiter nach Südtirol. Dort nannte er sich Helmut Gregor, die falschen Papiere hatten ihm SS-Kumpane besorgt. Er reiste weiter nach Genua und setzte von dort nach Argentinien über, das Nachkriegsparadies für flüchtige NS-Verbrecher.

Genau wie Eichmann, dachte ich. Eine Flucht, die allein nicht möglich war, die nur unentdeckt blieb, wenn ein

Netzwerk dafür sorgte, dass man geschützt war. Plötzlich war mir klar, was das hieß: »Kameraden helfen Kameraden. Ein Leben lang.«

Das nächste Kapitel in Crosticcias Buch lautete *Odessa – Organisation der ehemaligen SS-Angehörigen.* Ich hatte von dieser Vereinigung gehört. Der Zusammenschluss ehemaliger Nazigrößen, die miteinander paktierten, um alte Kameraden vor ihrer gerechten Strafe zu schützen. Hier las ich von dem österreichischen Obersturmbannführer Otto Skorzeny, der 1948 möglicherweise selbst von ehemaligen Kameraden vor einem Prozess in Dachau gerettet wor—

Wieder ein Knarren! Eine Bodendiele? Eine vorsichtig aufgeschobene Tür? Ich zählte bis zehn und versuchte, ruhig zu bleiben, normal zu atmen. Ich erinnerte mich an den Text, der als Ausrede für meine Gegenwart in der Bibliothek herhalten sollte: Ich hatte nicht schlafen können, hatte die Tür zur Bibliothek offen stehen sehen und—

Ein weiteres Knarren! Deutlicher als das erste. Sechs, sieben, acht, neun – ich versuchte, ruhig zu bleiben. Als Nächstes ein Quietschen, jemand schob die Tür zum Trinksaal auf. Meine Nackenhärchen stellten sich auf. Plötzlich ergriff mich Panik. Welche Ausrede hatte ich für das Buch? Gerade für *dieses* Buch? Keine! Ich sprang auf – ein Papierchen flatterte aus dem Büchlein auf den Boden. Ich hastete zum Bücherschrank, klemmte das Büchlein wieder zwischen die Corpsbände, schloss den Schrank und versuchte, durchzuatmen. Mein Herz klopfte so stark, dass ich Angst bekam, jeden Augenblick umzufallen. Ich zwang meine Arme auf den Rücken und schlenderte gemächlich, wie ein hingerissener Literaturprofessor – an den Bücherschränken entlang.

»So spät noch auf, mein Lieber?«

Ich wirbelte herum. Christian sollte denken, dass ich mich vor *ihm* erschreckt hatte. Hätte er das nicht aus meiner Bewegung und meinem Gesichtsausdruck interpretiert, wäre er möglicherweise misstrauisch geworden. Nun stand er in der Tür, scheinbar verschlafen und überrascht. Das T-Shirt mit Ernie und Bert passte absolut nicht zu ihm. »Himmel, Christian, hast du mich erschreckt!«

»Mann, o Mann, David, dass du so eine Leseratte bist, hab ich nicht gedacht. Alle Achtung!« Er lachte und lehnte sich an den Türrahmen.

»Konnte nicht schlafen«, murmelte ich, »zu viel Bier.« Ich drehte mich weg, damit er nicht sah, wie ich schlucken musste. »Dieser Raum ist so toll! Ich könnte Stunden hier stehen und mir all die alten Bücher angucken.«

»Das kann ich mir vorstellen. Das geht vielen so. Wie lange bist du schon hier?«

»Keine Ahnung, vielleicht eine Viertelstunde, halbe Stunde. Ihr habt so viele phantastische Bücher. Ist der helle Wahnsinn!« Ich zeigte auf meine Tasse. »Hab mir einen Kaffee gemacht, hoffe, das ist in Ordnung.«

»Kein Problem. Nach dem, was wir getrunken haben, tut ein Kaffee sicher gut.« Er lächelte. »Und ja, die Bücher sind der Wahnsinn. Zum Teil Geschenke der Alten Herren, zum Teil tatsächlich als Geldanlage erworben.« Christian kam näher. Trotz seines Lächelns hatte die Situation etwas Bedrohliches, zumindest empfand ich es so. »Ich zeig dir morgen die wirklich Wertvollen. Die stehen nämlich woanders.«

»Ach?« Tatsächlich besaßen diese Bände hier mindestens den Wert von mehreren Zehntausend D-Mark, da fragte ich mich, was er unter einem wirklich wertvollen Buch verstand. »Wo denn?«

»Im—« Er stutzte, kam einen weiteren Schritt näher. Zuerst dachte ich unsinnigerweise, er wolle an mir riechen, dann bückte er sich, klaubte etwas vom Teppich auf und reichte mir den Zettel, der vorhin aus dem Crosticcia-Bändchen gefallen war.

»Hast du das«, er hielt mir das Papier entgegen, »verloren?«

Ich nahm das Zettelchen. »Keine Ahnung, kann sein. Danke!« Dann warf ich einen genaueren Blick darauf und mit einem Mal war mir kalt.

In unserem Wohnheim tauchten diese Zettel immer wieder auf: Auf dem Flur, manchmal in der Küche, aber meistens in Archies Zimmer. *Upper Bullens* stand in schwarzer Druckschrift auf dem Ticket, das Christian mir gegeben hatte. *Block AB, Row 0, Seat 98, 23. September 1989, Goodison Park Everton F.C. – Liverpool F.C.*

Der Eintritt zum Spiel hatte Archie 7 Pfund und 20 Pence gekostet.

Kapitel 43

Zehnter Tag

Wie begegnet man einer drohenden Gefahr? Wie bereitet man sich auf eine Situation vor, die unausweichlich und gefährlich werden wird? Aggressiv? Zurückhaltend? Abwartend? Erzeugt man Getöse, richtet man sich auf und macht sich groß wie vor der Begegnung mit einem Bären? Oder verhält man sich besser abwartend, zurückweichend, suchend nach einer Fluchtmöglichkeit, einem Baum vielleicht, wie wenn einem ein Rudel Wölfe auf den Fersen ist. Worauf es also wahrscheinlich ankommt, ist die Art des Gegners, mit dem man es zu tun hat. Welche List man anwenden muss, um zu überleben, entscheidet derjenige, der einem gegenübersteht. Was aber, wenn man den Gegner nicht kennt? Wenn man nicht weiß, ob man laut oder leise, aggressiv oder abwartend sein muss? Was dann?

Aus dem Erdgeschoß drangen Geräusche. Tellerklappern, Tassenklirren und Wortfetzen. Ähnlich wie bei uns im Studentenheim. Ich stand auf und zog mich an. Olivers Bett war leer, die Bettdecke zurückgeworfen. Im Treppenhaus schlug mir Wärme entgegen, unten im

Kamin knackten bereits erneut die Holzscheite. Hinter dem Fensterchen neben der Haustür wirbelten Schneeflocken durch die Luft. Ich musste einen Vorwand finden, um in Ruhe zu telefonieren, das war nun das Wichtigste. Ich musste Moritz von Jonas' Großvater erzählen, so schnell wie möglich.

»Hey, Langschläfer«, begrüßte mich Christian. »Du führst dich ja gut ein!« Der Schlag auf meine Schulter schien obligatorisch bei ihm. Drei andere Jungs saßen an dem langen Tisch und nickten mir zu. Alle wirkten verschlafen, kauten lustlos an ihren Broten. Christian kam dagegen so frisch und aufgedreht daher, als habe er gleich ein Vorstellungsgespräch: weißes Hemd, Anzughose, glänzende Schuhe. »Ich nehme mal an, du hast gut geschlafen?« Er reichte mir einen leeren Kaffeebecher.

Ich goss mir ein. »Danke, ja!«

»Magst du was essen?« Die Frage kam von einem der drei Jungs, einem Schlaks mit braunem Lockenkopf. »Erna kann noch ein Gedeck auflegen.« Er hielt mir seine Hand entgegen: »Jan Timmeling, Medizin.«

Bevor ich antworten konnte, kam Erna aus der Küche. Nachdem sie festgestellt hatte, dass der Neue, also ich, ja wohl ein weiterer Langschläfer im Hause sei, legte sie Teller, Messer und Löffel vor mich hin. Dazu eine rot-weiß karierte Papierserviette.

Christian griff sich eines der Käsemesser und schnitt ein großes Stück Gouda ab. »Weißt du eigentlich, was für ein Glück du hast?«, fragte er kauend.

Ich hatte keine Lust auf ein Gespräch! Ich wollte nur Kaffee trinken, wach werden und dann so schnell wie möglich, mit Moritz und – nein, nicht mit Jonas reden.

Vielleicht würde ich auch versuchen, Dr. Ford zu erreichen.

»Warum Glück?« Wie kam er jetzt da darauf? Wenn ich meine vergangenen Monate betrachtete, hatte ich eher das Gefühl, als würde das Glück alle möglichen Wege nehmen, nur nicht die, die in meine Richtung führten.

»Heute Abend ist doch Weihnachtsfeier, David. Hatte ich dir doch erzählt.« Christian riss die Arme hoch, als habe er irgendeinen Preis gewonnen. Normalerweise hätte mich die Weihnachtsfeier hier im Hause nicht im Geringsten interessiert, aber der erste Mann im Corps war Jonas' Großvater, das veränderte alles. Ich löffelte Marmelade auf mein Brot.

»Ja, kann ich denn einfach so dabei sein, auch als Gast?« Die anderen Jungs schlürften weiter ihren Kaffee und kauten an ihren Broten. Ab und zu schaute einer zu uns rüber, aber ansonsten schienen sie sich nicht für unser Gespräch zu interessieren.

»Klar, kannst du. Gerade dieses Jahr!« Christian biss ein großes Stück Gouda ab. »Vergangenes Jahr war Hambach-Aller nicht dabei, war krank oder so. Aber heute wird er wieder kommen. So heißt es zumindest. Munkelt die Corps-Gerüchteküche. Super, oder?« Er wartete einen Augenblick, ob ich in Beifallsstürme ausbrechen würde, aber den Gefallen konnte ich ihm beim besten Willen nicht tun.

»Und Hambach-Aller ist nicht der einzige hohe Besuch, der kommt.« Das klang wie ein Versprechen, so dass wohl erwartet wurde, dass ich nachfragte.

»Wer kommt denn noch?«, fragte ich also, obwohl mir ziemlich egal war, wer heute Abend noch bei dieser Weihnachtsfeier antanzen würde.

»Na, halt die Mädels! Ist der einzige Abend im Jahr, den wir gemeinsam feiern. Und es gibt einige Jungs hier, die davon bis zur nächsten Weihnachtsfeier zehren.« Er lachte laut und ich hoffte, er würde sich an seinem Käse verschlucken.

Wenig später saß ich allein am Tisch. Ab und zu klapperte Erna nebenan mit Geschirr und Besteck, sonst war es ruhig. Merkwürdig, wo doch am Ende des Tages genau hier die Feier des Jahres stattfinden sollte. Ich trank meinen Kaffee aus, stand auf und brachte meine Sachen in die Küche. Erna stand über dem Spülbecken und wusch Geschirr ab. Leise summte sie eine Melodie. Ich erkannte »Wenn ich ein Vöglein wär«, ein Volkslied, das mein Vater früher bei unseren Sonntagsspaziergängen angestimmt hatte. Erna drehte sich zu mir und fragte, ob ich noch Kaffee haben wolle.

»Nein danke. Der war echt lecker, aber mehr geht nicht.« Ich machte eine Pause. »Sagen Sie, Erna, sind häufiger Gäste hier im Haus?«

Sie hielt mit dem Spülen inne. »Gäste? Nein, eher selten. Ab und zu, aber … nein, eher selten.«

»Aber wenn ja, dann wird jeder genauso aufgenommen wie ich?« Ich wusste, wie gestelzt ich mich anhörte. »Ich meine, Christian und die anderen sind so gastfreundlich. Ich hätte ehrlich nicht gewusst, wo ich sonst hätte hingehen können.«

Langsam drehte sie den Spüllappen in einem der Kaffeebecher. »Aber ja doch. Das ist doch auch der Sinn und Zweck dieses Hauses: Alle sind willkommen.« Sie hielt kurz inne. »Natürlich nicht wirklich alle, aber alle, die sich benehmen können.«

»Hm!«, machte ich, weil ich nicht wusste, was ich als Nächstes fragen sollte. »Und? Bin ich im Augenblick der einzige Gast hier?« Ich versuchte, zu lachen. »Also der einzige, der vollkommen ahnungslos ist, wie er sich hier zu verhalten hat?«

»Ja, ich denke schon.« Sie schien zu überlegen. »Ja, der einzige.« Sie drehte sich zu mir. »Und du brauchst dich nicht besonders zu verhalten. Wir sind nichts Besonderes hier. Also sei unbesorgt.«

»Und – wann war denn zuletzt jemand da?« Okay, diese Frage war so subtil wie eine Narkose mit einem Holzhammer, aber mir fiel einfach nichts anderes ein, ich war viel zu aufgeregt. »Also vor mir.«

»Vor dir?« Mir schien, als betrachtete Erna mich jetzt aufmerksamer. »Vor dir? Na, warum willst du das wissen?«

Ich zuckte die Schultern. »Nur so. Weil, dann könnte ich mich vielleicht mal mit demjenigen unterhalten. Also wenn der hier geblieben ist. Um vielleicht seine Gründe zu hören, warum er in die Verbindung eingetreten ist.« Das hörte sich halbwegs logisch an.

Erna begann die gespülten Tassen abzutrocknen. »Na, das ist noch gar nicht so lange her.«

»Gar nicht so lange? Ehrlich? Wann? Wann denn?« Spätestens jetzt hätte sie misstrauisch werden müssen, aber ihr schien meine Fragerei nicht komisch vorzukommen.

»Na, vor ein paar Tagen, so ein Rothaariger. Schmächtiger Kerl, aber sehr freundlich. Ich glaube, er war Engländer. Oder Amerikaner. Ich kann das nicht auseinanderhalten.«

Weil ich nicht wusste, was ich anderes tun konnte, nahm ich mir ein zweites Tuch und begann ebenfalls Tassen abzutrocknen.

»Und? Ist er schon wieder weg? Vielleicht könnte ich ja mal mit ihm reden. Möglicherweise kann er mir sagen, worauf es hier so am meisten ankommt.«

Erna lachte. »Ich denke, da kann dir der Christian wohl am besten weiterhelfen. Der kennt hier alles und jeden.«

»Und? Ist der Rothaarige schon wieder weg?«, fragte ich erneut, weil sie mir darauf keine Antwort gegeben hatte.

»Ja, wenn ich es mir recht überlege – muss wohl. Ich hab ihn jetzt schon ein paar Tage nicht mehr gesehen.« Sie stellte einen der trockenen Becher in den Hängeschrank. »Hat ihm vielleicht nicht gefallen hier. Manche gehen direkt wieder.«

Ich war nicht sicher, ob ich Erna glauben konnte oder nicht. Auf meine nächsten Fragen antwortete sie so unbestimmt, dass ich nichts Konkreteres zu Archies Verbleib erfuhr. Trotzdem bedankte ich mich und schlenderte hinüber in die Bibliothek.

Die Tür war angelehnt, der schwere Teppich schluckte meine Schritte. Die Ledersessel glänzten teuer im Licht der beiden Stehlampen. Langsam schritt ich einen Bücherschrank nach dem anderen ab. Zuletzt blieb ich vor demjenigen stehen, in dem ich in der vergangenen Nacht »Die Linie der Ratten« entdeckt hatte. Meine Augen wanderten über die verschiedenen Bücherrücken. Die Corpsgeschichte war vollzählig. Nur das kleine Büchlein war verschwunden.

Kapitel 44

Zigarettenrauch waberte zur Zimmerdecke, Moritz und ich saßen am Tisch in unserer Etagenküche. Bis vor einer Minute hatte Ute am Waschbecken Möhren geschrubbt und danach die Abfälle in den Komposteimer geschüttet. Mit einem »Fröhliche Weihnachten, ihr Chaoten!« war sie gegangen. Warum sie uns als Chaoten bezeichnete, wusste ich nicht. Wahrscheinlich sollte es nett klingen.

»Und du bist dir sicher?« Moritz drückte seine Selbstgedrehte aus. Die Küche war ungewöhnlich aufgeräumt, möglicherweise eine Reverenz an das bevorstehende Weihnachtsfest: Keine Tageszeitungen stapelten sich auf der Eckbank, keine Kaffeetassen türmten sich auf der Anrichte. Sogar der Mülleimer quoll nicht über. Wahrscheinlich hatte ein guter Geist wie Gaby oder Rosa aufgeräumt, bevor er in die Ferien gefahren war.

»Klar, bin ich mir sicher. Es war definitiv eins von Archies Liverpool-Tickets, ich bin doch nicht blind.« In meiner Hektik hatte ich das Papierchen im Haus der Verbindung vergessen, aber Moritz musste mir auch so glauben.

»Und das Ticket war in dem Buch, das wir gesucht haben?«

»Genau, und das ich dann dort gefunden habe. Oder besser gesagt: das ich gefunden *hatte*. Jetzt ist es ja wieder weg.«

»Hm.« Moritz schaute mich an, als würde er mir nicht trauen. Ja, ich wusste, ich hätte das besser machen können, wahrscheinlich hätte ich das Büchlein sofort einstecken müssen, aber das hatte ich versäumt. Ich war in Panik gewesen, weil ich gemerkt hatte, dass mich jemand beobachtete. Und Christian hatte mich in der Nacht bis zu meiner Zimmertür begleitet. Mir war klar gewesen, dass er mich nicht mehr aus den Augen lassen wollte. Die Chance, noch einmal allein in die Bibliothek zu schleichen, war – zumindest für jene Nacht – vorüber.

»Hast du Jonas gesehen?«, fragte ich. »Ich muss mit ihm sprechen.«

»Warum?«

»Weil—« Es war kein schönes Gefühl, aber dass ich nicht immer solidarisch mit Freunden war, hatte ich ja schon eindrucksvoll unter Beweis gestellt. »Hab ich dir noch nicht erzählt.« Ich atmete tief durch. »Weißt du, wer der erste Mann dieses Corps ist? Ehrenmitglied sogar?«

»Nee, woher soll ich das wissen?« Moritz zupfte einen Tabakkrümel von seiner Lippe, er baute schon die nächste Zigarette. »Himmel, mach's nicht so spannend!«

»Jonas' Großvater!«

Zum ersten Mal, seit ich Moritz kannte, missriet seine Selbstgedrehte völlig. Der Tabak rieselte an einer Seite heraus, die Zigarette sah aus wie ein Joint. »Nicht dein Ernst! Jonas' Großvater? Und wieso sagt uns der Depp nicht, dass …«

»Genau das ist es: Wieso sagt er uns das nicht?« Ich nickte wütend. Das fragte ich mich schon die ganze Zeit, seit ich die Burschenschaft verlassen hatte. Warum hatte Jonas uns das bislang verschwiegen!?

»Kann nicht sein, dass er das nicht weiß.« Ich schüttelte den Kopf. »Bei all seiner – seiner Neugierde.«

Je mehr ich darüber nachdachte, desto wütender wurde ich. Konnte es sein, dass uns Jonas die ganze Zeit belogen hatte? Dass er vielleicht sogar wusste, wo Archie war? Weil er Kontakt zu dieser Barbarossa-Burschenschaft besaß?

»Du meinst?« Moritz schüttelte den Kopf. »Quatsch! Das glaub ich nicht, David. Ja, okay: Jonas ist manchmal echt ein Angeber, ein Aufschneider. Aber ein Verräter? Niemals! Das glaub ich nicht, nie im Leben!«

»Und wenn doch?« Ich war mir, was Jonas anging, leider nicht so sicher wie Moritz. Gleichzeitig schämte ich mich, so zu denken. »Wo ist er überhaupt?« Ich stand auf und suchte in meinem Fach nach irgendetwas Essbarem. Müsli war noch da, Cornflakes, ich nahm beides. Im linken Kühlschrank stand Milch im Seitenfach. »Hast du ihn heute schon gesehen?«

Moritz schüttelte den Kopf. »Ne, aber das heißt ja nichts. Und wenn er kommt, dann frag ich ihn direkt.«

»Was willst du ihn fragen?«

»Na, was mit seinem Großvater ist. Und diesem Corps. Und warum er die Klappe gehalten hat, seitdem wir wissen, dass die Verbindung seines Großvaters da möglicherweise mit drin steckt.«

»Und du meinst, wenn er uns bislang nichts erzählt hat, macht er das jetzt einfach so?«

»Ach, hör schon auf. Wir reden hier über Jonas. Und es gefällt mir absolut nicht, wie wir das tun.«

»Wahrscheinlich hast du recht«, sagte ich ohne Überzeugung. »Lassen wir Jonas einfach mal außen vor. Ich habe mir nämlich schon überlegt, wie wir Archie finden können.«

Und damit begann ich, Moritz von meinem Plan zu erzählen, wie die Weihnachtsfeier im Corpshaus meiner Vorstellung nach verlaufen sollte.

Kapitel 45

Im Schein der lodernden Pechfackeln tanzten Schneeflocken zu Boden. Die Schatten der Burschenschaftler vollführten einen merkwürdig, zackigen Tanz. Im Vorgarten und auf den Stufen der Treppe standen sie Spalier und je acht Aktive auf jeder Seite des schmalen Wegs stemmten einen Arm in die Hüfte und schrien etwas auf Latein, das ich nicht verstand. Danach wurde jeder Alte Herr noch mit einem »Corps Barbarossa-Germania, Hurra!« begrüßt.

Es war eisig, was am kalten Wind lag, der mir unter die Kleidung kroch. Manche der *Alten* Herren waren noch relativ jung, kaum vierzig Jahre alt, andere wiederum schafften es kaum allein die Stufen hoch.

Im Vorraum legten die meisten der Alten Herren ihre Mäntel ab. Das bedeutete, dass die Füchse die Garderobe der Gäste übernahmen und damit im Verbindungsraum zum Trinksaal verschwanden. Das Klappern der Kleiderbügel übertönte einen Teil der Begrüßungssprüche. Im Trinksaal folgte ein Toast auf den anderen.

Christian hob seinen Krug in meine Richtung, als ich hereinkam: »Wirkt ein bisschen altertümlich, aber lass dich nicht beeindrucken. Den Jungen hier geht's hauptsächlich darum, Kontakte für die Zukunft zu knüpfen. Und die Alten lieben es, einmal im Jahr an ihre glorreichen Vergangenheit erinnert zu werden.« Er grinste: »Ist halt für jeden was dabei.«

Mittlerweile platzte das Erdgeschoß fast aus allen Nähten. Vor den jungen und alten Germanen standen Dutzende Bierkrüge auf dem antiken Holztisch. Die Luft war zum Schneiden, meine Augen brannten vom Zigarren- und Zigarettenqualm. Ein Fenster zu öffnen, schien genauso verboten zu sein, wie die Toiletten zu benutzen. Auch aus diesem Grund nippte ich seit einer halben Stunde nur zaghaft an meinem Krug.

Das mit den Toiletten hatte mir Christian erklärt: Es gab so eine Art Ehrenkodex, nicht häufig aufs Klo zu gehen. Ich hatte nicht richtig zugehört und deswegen nicht alles verstanden, zudem erschien es mir auch ziemlich unsinnig.

Einer der Alten Herren stand auf, wankte kurz, hielt sich am Tisch fest und stimmte »Gaudeamus igitur« an. Prompt fielen alle anderen mit ein. Es war sicher schon das fünfte Mal, dass sie heute Abend dieses Lied sangen. Ich betrachtete die Männer, die sich geschworen hatten, ihr Leben lang miteinander verbunden zu sein und sich gegenseitig zu helfen, wenn es darauf ankam. Was ja grundsätzlich nicht das Schlechteste war. Ich fragte mich, warum mir ein Leben in dieser Gemeinschaft trotzdem so vollkommen fremd erschien.

Die Ziele und Ideale, für die die Germanen standen, waren genau diejenigen, die wir als Rittertugenden schon im ersten Semester im Kurs »Einführung ins Mittelhochdeutsche« kennengelernt hatten: Zuverlässigkeit, Wahrheit, Treue, Nächstenliebe.

Christians und mein Blick trafen sich. Er hob zögernd den Krug und prostete mir zu. Dabei nickte er bedächtig, seine Augen blieben ernst. Im selben Moment drosch mir jemand auf den Rücken, der Schlag hätte mich beinahe zwischen die Krüge auf dem Tisch katapultiert. Ich fing mich gerade noch, stützte mich an einem der Alten Herren ab. Der winkte bei meiner sofortigen Entschuldigung lachend ab, obwohl ein Teil des Bieres auf seine Hose geschwappt war.

Ich drehte mich um: Ein riesiger Kerl stand grinsend hinter mir, ein Burschenschaftler, den ich noch nie gesehen hatte.

»Du bist der Neue?«, schrie er über den Lärm hinweg. »Gaudeamus igitur« war immer noch nicht beendet.

»Wieso meinst du?« Der Schlag brannte mir auf der Haut, aber ich tat, als habe ich kaum etwas gespürt. Und erwähnen wollte ich seine Provokation schon erst recht nicht, dabei hätte ich dem Burschen am liebsten mein Bier ins Gesicht geschüttet.

»Christian meint, ich soll dich unter meine Fittiche nehmen.« Er lachte mir ins Gesicht. »Du seist ein ganz Schlauer, hat er gesagt.« Der Kerl besaß die Ausmaße von Bud Spencer. Er hielt mir die Hand hin. Sie war ungefähr so groß wie ein Autoreifen.

Ich schlug ein. »Ein ganz Schlauer? Was soll denn das bitte schön heißen?«

Mein Gegenüber überragte mich um einen ganzen Kopf. Ich schätzte ihn auf Anfang zwanzig, nicht viel älter. Der Riese überging meine Frage. »Ich bin Henry. Medizin.« Er grinste breit. »Dein persönlicher Betreuer für heute Abend!«

»Das ist ja super!«, rief ich ihm zu » Du kannst mir immer gern Bier holen!« Die letzten Worte konnte jeder hören, weil genau in dem Augenblick das »Gaudeamus igitur« endete. Eine peinlich Stille machte sich breit.

Gott sei Dank erhob sich etwa einen Meter links von mir ein dicker, älterer Herr, dessen Mütze so schief auf seinem kahlen Schädel saß, dass sie wahrscheinlich jeden Augenblick runterpurzelte. Mit der einen Hand stützte er sich auf den biernassen Tisch, mit der anderen reckte er seinen Krug in die Höhe. »Und erneut, Männer!«, schrie er. »Von vorne!« Das nächste »Gaudeamus igitur« wurde angestimmt.

»Was studierst du?« Henry blinzelte auf mich herab, seine Augen waren schmale Schlitze. »Du siehst nicht aus wie ein Mediziner.«

»Wie sieht denn ein Mediziner für dich aus?« Ich hatte die ewige Fragerei nach meinem Studienfach satt. Vor allem deswegen, weil ich bisher jedes Mal nach der Antwort Germanistik zu hören bekommen hatte: »Was willst du denn damit anfangen?« Das konnten sie hier sogar noch besser als meine Onkel und Tanten zu Hause. Die fragten mich das auch jedes Mal, wenn sie mich sahen.

»Na, ein Mediziner, der sieht auf jeden Fall … anders aus.« Henry lachte, setzte seinen Krug an und trank. Sein Hals war ebenso massig wie der Rest des Körpers, eine große, teigige Fleischmasse. Nur schwer konnte ich ihn mir als praktizierenden Arzt vorstellen. In meiner Vorstellung kämpfte er eher an vorderster Front in einem Krieg; ein Befehlsempfänger, der widerspruchslos jedes noch so unsinnige Kommando ausführt, ohne es zu hinterfragen. Ich trank noch einen kleinen Schluck Bier, allerdings war mir das Zeug mittlerweile zuwider.

»Stimmt, ich studiere Germanistik«, sagte ich nur. Meinen Krug stellte ich einfach auf dem Boden ab. Einer der Füchse würde früher oder später darüber stolpern und ihn zum Spülen mit in die Küche nehmen.

»Germanistik?« Sein Lachen wurde breiter. »Um Himmels willen, was hast du denn damit vor?« Er schüttelte sich vor Lachen. »Willste ein Buch schreiben, oder was?«

Ich überlegte gerade, welche passende Antwort ich ihm geben konnte, ohne ihn zu sehr zu beleidigen, als es plötzlich wieder still wurde. Das Grölen verklang, das Lachen verebbte, nach und nach erhoben sich sämtliche Männer im Raum. Aber statt nun erneut das »Gaudeamus igitur« anzustimmen, wie ich befürchtet hatte, wurde es noch stiller.

Die Tür zum Flur öffnete sich und zwei Männer traten rechts und links neben den Rahmen, die Hände vor dem Schoß verschränkt. Erst jetzt bemerkte ich, wie jeder im Raum um zehn Zentimeter gewachsen zu sein schien. Vom Fuchs bis zum Alten Herren drückten alle ihren Rücken durch, als ginge es darum, mit dem Kopf etwas zu erreichen, was mit den Händen zu berühren verboten war. Der Raum verharrte in einer so nachdrücklichen Stille, dass sogar die näher kommenden Schritte aus dem angrenzenden Flur zu hören waren.

Zuerst nahm ich einen schwarzen Mantel wahr, dann weißes, volles Haar, auf dem die Mütze in den Farben des Corps thronte. Eine schmale Nase prägte das lange Gesicht eines hochgewachsenen Manns, den ich auf Mitte siebzig schätzte. Auch im Dämmerlicht des Saals erkannte ich jene beinahe hellblauen Augen, die mir bereits auf dem Foto aufgefallen waren, und die ich auch von den wenigen Begegnungen in Jonas' Großelternhaus kannte: Hambach-Aller gab sich die Ehre. Dahinter drängte sich ein noch größerer Mann in den Raum.

Tiefe Falten durchzogen Hambach-Allers Gesicht, der Mann besaß Ähnlichkeit mit Bundespräsident Weizsäcker, schoss mir durch den Kopf. Mit einem Mal verschwanden die Falten. Der Ehrengast lächelte. Alle Augen ruhten auf ihm, aber das schien Hambach-Aller nicht zu stören.

»Guten Abend, Männer!« Seine dunkle Stimme erfüllte den Saal.

»Guten Abend, Herr Minister!«, brüllte alles um mich herum, so laut, dass ich zusammenzuckte.

»Guten Abend, Germanen!«, kam es wieder von Hambach-Aller. Er streckte beide Arme nach vorne, als wolle er jeden der Begrüßten persönlich umarmen.

»Guten Abend, Germane!«, tönte es freudig zurück.

Hambach-Aller klatschte in die Hände. Damit schien der offizielle Teil des Abends abgeschlossen. Der Gefeierte trat einen Schritt nach vorne und verschwand nur eine Sekunde später in den Armen mehrerer Alter Herren. Jeder wollte den Ehrengast persönlich willkommen heißen. Hambach-Aller, Kanzlerfreund, Präsidentenfreund und – Großvater von Jonas!

Kapitel 46

Die große Standuhr schlug halb zwei, der Großteil der Gäste war bereits von Taxis abgeholt, in nahe gelegenen Hotels verfrachtet oder zu Fuß auf den Heimweg gebracht worden. Knapp zwanzig Germanen saßen noch in kleinen Gruppen im Trinksaal. Erschöpfte und schwitzende junge Füchse sammelten Bierkrüge ein und wischten das Übelste vom Boden. Eine Handvoll Alte Herren erzählte immer noch Anekdoten aus ihrer Studienzeit, junge Germanen beklagten im Gegenzug das Pensum des heutigen Studiums, und gemeinsam versuchten sie sich alle Augenblicke schräg und unmelodisch an einem Liedchen.

In den vergangenen Minuten war ich von einem Grüppchen zum anderen geschlendert. Ein alter Herr mit Haarkranz und einem buschigen Schnurrbart beschrieb gerade die Operationsmethoden in den sechziger Jahren und beteuerte, dass die Prüfungen damals weitaus schwerer gewesen wären, dafür hätte es aber auch viel weniger von ihnen gegeben.

Der riesige Henry, der mir beinahe das Rückgrat gebrochen hatte, schien jedes Wort des Alten aufzusaugen. Ich wartete auf den richtigen Augenblick, um unauffällig zu verschwinden. Im Foyer war das

Kaminfeuer fast heruntergebrannt. Aus den oberen Etagen drang vereinzelt Lachen. Der eine oder andere Hausbewohner zeigte dem einen oder anderen Mädchen sein Zimmer, wie es hieß.

Vorsichtig öffnete ich die Haustür. Obwohl ich seit Stunden auf diesen Augenblick gewartet hatte, wusste ich plötzlich nicht mehr, ob es richtig war, was wir planten. Aber andererseits: Gab es eine Alternative? Ich schaute in die Nacht. Das Laternenlicht schimmerte im Schneefall orangenfarben. Wo war er, wo war—? Hinter einem VW Passat erhob sich eine breite Gestalt und rannte auf die Villa zu. Mit großen Schritten hastete sie die Stufen hinauf, leise schloss ich hinter ihr die Tür.

»Mann, wie lange wolltest du mich da draußen noch stehen lassen, du Scherzkeks? Wir haben unter Null, falls du das vergessen hast!« Moritz warf seine Jacke auf andere Anoraks und Mäntel neben dem Kamin. Sein Gesicht leuchtete rot.

»Sei kein Mädchen!«, zog ich ihn auf, und genau in dem Moment stand plötzlich tatsächlich ein Mädchen vor uns. Langes, grünes Kleid, zerzauste Föhnfrisur, betrunkener Blick.

»Wo, sagt mal, ihr komischen Kerle, sagt mal, wo sind denn hier die Damenklos, verdammt noch mal?« Sie hielt sich kurz an meiner Schulter fest. »Ehrlich Leute, ich pinkle mir gleich in die Hose!« Ihr Lippenstift war verschmiert, sie sah beinahe so aus, als hätte sie einen Autounfall gehabt. Wortlos zeigte ich Richtung Trinksaal, gleichzeitig zog ich Moritz zur Kellertür. »Wo, verdammt noch mal, hast du Jonas gelassen?«, zischte ich.

»Keine Ahnung, David, der ist nicht aufgetaucht, und irgendwann musste ich ja weg. Wenn ich allerdings gewusst hätte, dass du mich da draußen so lange warten lässt, wär ich später gekommen und hätte ihn vielleicht noch getroffen.« Moritz betrachtete die vielen Ölgemälde. »Himmel, was ist denn das für ein Gruselkabinett hier?« Er drehte sich im Kreis. »Hängst du hier auch schon irgendwo?«

»Sehr witzig, du Muschelhirn!« Das konnte nicht sein, dass sich Jonas nicht im Studentenheim hatte blicken lassen. »Und Jonas ist nicht aufgetaucht? Den ganzen Tag nicht?«

Moritz schlenderte zum Kamin und rieb sich die Hände vor dem Feuer. »Was weiß denn ich. Ist jedenfalls nicht in seinem Zimmer gewesen. Ich hab ihm einen Zettel an die Tür gepinnt, dass wir hier sind und auf ihn warten.«

»Ach, von mir aus kann er bleiben, wo der Pfeffer wächst!« Ich öffnete die Kellertür. »Komm!«

Zwei Jungs torkelten die Treppe herunter, aber sie waren so betrunken, dass sie uns nicht einmal registrierten. Ich knipste das Licht am Treppenaufgang an. »Zieh hinter dir zu«, meinte ich. Moritz grunzte irgendetwas.

»Was?«

»Ich hab Hunger. Hier riechts echt gut.« Er schnupperte in die Luft.

»Du spinnst ja.« Ich zog ihn weiter. Auf der Steintreppe rutschten wir beinahe aus, irgendjemand hatte mehrere Wolldecken auf einer Stufe liegen lassen. Im Keller drückte Moritz nacheinander die drei Türklinken runter. »Abgeschlossen. Und jetzt?«

Ich zog einen Schlüsselbund aus der Tasche. Den sauber beschrifteten Schlüsselkasten hatte ich gestern im Durchgangsflur zum Trinksaal entdeckt und mir vor einer Stunde vorsorglich die passenden Schlüssel eingesteckt. Ich konnte nur hoffen, dass keiner des Corps auf die Idee kam, heute Nacht noch in den Keller zu gehen.

Eine halbe Minute später standen wir in einem weiteren dunklen Flur. Links führte eine Tür in einen grau gekachelten Raum mit einem riesigen Öltank, daneben arbeitete in zwei Metern Abstand eine Heizung.

Nach und nach öffneten wir jede Tür. Von oben hörten wir Schritte, Lachen und Gepolter. Wir entdeckten einen Tischtennisraum, den Fitnessraum, den Waschkeller und einen Platz, der vollgestellt war mit Schubkarren und Gartengeräten. Zuletzt standen Moritz und ich vor einer grünen Metalltür. Wir probierten alle Schlüssel, keiner passte.

»Hast du—«

Moritz' Dietrich steckte schon im Schloss. Zwei Minuten später klackte es. Eiskalte Luft schwappte uns entgegen. Der dunkle Raum war im Vergleich zu den bisherigen relativ klein, vielleicht drei mal vier Meter groß. Durch ein Oberlicht fiel etwas Laternenlicht von draußen herein. Ich suchte den Lichtschalter, fand ihn aber nicht. Moritz knipste sein Feuerzeug an. Ich sah zwei alte Regale voller Einmachgläser mit Obst und Dutzenden Konserven. Daneben hatte jemand meterhoch alte Illustrierte gestapelt. Hörzu, Bunte, Stern, Quick und Readers Digest konnte ich erkennen. Die Aggregate dreier Kühltruhen an der Wand summten dunkel. Draußen startete der Motor eines Autos. Der Fahrer trat das

Gaspedal im Leerlauf durch, Johlen war zu hören. Jemand anderes fluchte, der Motor wurde wieder abgestellt.

»Und jetzt?«

»Wie *und jetzt*?«, flüsterte Moritz. »Du kommandierst mich hier hin und weißt nicht, was wir jetzt machen sollen? Himmel, das ist ja wohl klar, oder? Wir suchen nach einer Spur von Archie!«

Ein dunkler Holzschrank lehnte schräg an der Wand, ähnlich den alten Teilen, die wir bei uns im Studentenheim im Keller stehen hatten. Moritz öffnete ihn. Bis auf ein gutes Dutzend alter Tageszeitungen und zwei kleiner Sofakissen schien er leer zu sein. Ich untersuchte die Kühltruhen. Die erste Truhe war zur Hälfte gefüllt mit abgepacktem Brot. Daneben standen Plastikboxen mit Fleisch und Fisch. Alles sauber gestapelt und etikettiert in einer zittrigen Omaschrift. Vielleicht Ernas. Moritz hob den Deckel der nächsten. Sie war vollkommen leer. Wortlos standen wir vor der dritten und letzten Truhe. Vorsichtig zog ich den Griff nach oben, schaute hinein, taumelte zurück, stolperte über meine eigenen Füße und polterte zu Boden.

Bis heute sind mir jene Augenblicke vollkommen präsent, in allen Einzelheiten bleiben sie wohl für immer in meinem Kopf. Mein unterdrückter Schrei, als ich fiel, und die Gestalt, die ich davor im Dunkel der Truhe erkannt hatte: Archie auf der Seite liegend, zusammengekrümmt wie ein Embryo. Die Arme im Schoß verschränkt, den Kopf auf die Brust gepresst. Eiskristalle bedeckten sein Haar, sein rechtes Auge stand offen. Archies Gesichtshaut schimmerte fahl, seine Kleidung war mit einem Eisfilm bedeckt, steif gefroren.

Moritz zog an meinem Arm, wollte mir hoch helfen, aber ich schüttelte nur den Kopf. Ich würgte, hatte das Gefühl, mich übergeben zu müssen.

Dann plötzlich Lärm. Hinter mir mehrere Lichtkegel, Hände, die mich nach hinten rissen. Irgendjemand versetzte mir einen Schlag in den Nacken. Schwärze. Stille.

Kapitel 47

Das Allmachtsparadoxon. Damit hatte mich Moritz im Frühjahr zur Verzweiflung gebracht. Ich musste seitdem immer wieder daran denken. Das Paradoxon fragt sehr vereinfacht ausgedrückt, ob es möglich ist, dass ein allmächtiges Wesen etwas entstehen lassen kann, über das es dann keine vollkommene Macht mehr besitzt. Im konkreten Fall: Kann ein allmächtiger Gott einen Stein erschaffen, den er selbst nicht heben kann. Antwort: Wenn er solch einen Stein erschaffen kann, es ihm aber nicht gelingt, diesen Stein zu heben, ist er nicht allmächtig. Und kann er einen solchen Stein nicht erschaffen, ist er ebenfalls nicht allmächtig.

Moritz hatte mir noch mehr erzählt, hatte das Paradoxon philosophisch abstrahiert, verkürzt wie eine mathematische Gleichung, so dass am Ende nur die Frage blieb, ob ein allmächtiges Wesen etwas tun kann, ohne es zu tun, aber da war ich intelligenztechnisch schon lange aus jeglicher gedanklichen Nachvollziehbarkeit heraus. Ich wusste nicht, ob es allmächtige Wesen gab und wenn ja, wie sich ihre Macht ausdrückte. Auch wenn ich im Augenblick einem Wesen gegenübersaß, das zum jetzigen Zeitpunkt tatsächlich alle Macht über uns besaß.

Blinzelnd hob ich den Kopf. Die Helligkeit schmerzte in meinen Augen. Ich sah Bücher. Viele Bücher, Unmengen an Büchern. Etwas knirschte. Neben mir, unter mir. Ein bekanntes Geräusch. Das weiche Leder der Sessel in der Corpsbibliothek. Männer um mich herum, leises Sprechen, wie rücksichtsvolle Besucher in einem Krankenzimmer. Im zweiten Sessel neben mir Moritz. Zusammengesunken, der Kopf war ihm auf die Brust gefallen. Seine Wange glänzte geschwollen, tiefrot, blutig.

Der alte Mann uns gegenüber betrachtete mich gelassen, fast neugierig. Ein Bein über das andere geschlagen, in seiner rechten Hand eine Zigarre. Die Vornehmheit in Vollendung, ganz englischer Club-Gentleman. Bläulich-grauer Rauch kräuselte zur Zimmerdecke. Vorsichtig hob ich meinen Arm, rieb mit den Fingern über die Augen. Bewegte den Kopf. Links, rechts. Der Schmerz ließ etwas nach.

»Willkommen zurück!« Hambach-Aller lächelte. »So jung und bereits so nervtötend.« Er schüttelte den Kopf. Bedauern sollte das wohl andeuten. Er zog an seiner Zigarre und blies den Rauch sanft in meine Richtung.

»Musste das denn sein?« Er sprach in einem ruhigen, tadelnden Tonfall, als hätten Moritz und ich eine Fensterscheibe eingeworfen, seien weggerannt, aber trotzdem erwischt worden.

Ich überlegte, ob er mich wiedererkannte. Aber da war nichts in seinen Augen, kein Wiedererkennen, kein Mitleid, erst recht keine Scham.

»Aber es freut mich, dass es Ihnen so weit erst einmal gut geht. In Anbetracht der Umstände.« Entschuldigend schlug er die Augen nieder. »Ich hatte schon befürchtet, Werner hätte zu hart zugeschlagen.«

Vorsichtig drehte ich den Hals. Zwei Männer standen neben der Tür. Nicht dick, aber breit. Ohne Hals. Ihre Bizepse spannten sich unter dem Stoff ihrer dunklen Anzüge. Etwas bewegte sich links von uns. Im Halbdunkel erkannte ich eine weitere Person im Raum, eine schmächtige Gestalt auf der Ledercouch. Behutsam betastete ich meinen Kopf. Wenn ich mich zu schnell bewegte, verschwamm mein Gegenüber vor meinen Augen. Ich versuchte, zu ergründen, wie ich mich fühlte. Vielleicht hätte ich beben müssen vor Wut oder zittern vor Angst. Diese Männer hatten Archie getötet! Aber ich spürte nichts, gar nichts. Alles war egal. Archie war tot.

»Wo ist Jonas?«, fragte ich. »Wo ist Ihr lieber Enkelsohn?«

»Jonas? Wieso—« Der alte Mann schüttelte den Kopf, als sei eine Antwort nicht wichtig. Er zog erneut an seiner Zigarre und blies den Rauch in unsere Richtung. Dann langte er zum Cocktailtisch, legte die Zigarre ab und lehnte sich zurück. Alles mit großer Ruhe und Bedächtigkeit. Ihm gehörte die Zeit, ihm gehörte die Welt, ihm gehörten wir.

»Warum?«, wollte ich wissen und sah Archie vor mir: Eiskristalle im roten Haar, die toten Augen ins Leere starrend.

Hambach-Aller runzelte die Augenbrauen, als sei ihm noch nie eine unsinnigere Frage gestellt worden. Seine Finger zupften eine Fluse vom Ärmel seines Jacketts. Eine Geste, die eingeübt wirkte, gestelzt, als habe er sie bereits tausendmal ausgeführt. Er griff erneut zur Zigarre.

»Das zu erklären, bin ich nicht gekommen, aber«, sein Ton blieb charmant, liebenswürdig, entgegenkommend, »sei's drum.« Der Blick des Ex-Ministers wanderte über mich hinweg. »Werner, holst du mir bitte einen Chardonnay? Ich vertrage dieses schreckliche Bier einfach nicht.« Hambach-Aller ließ einige Sekunden verstreichen. Hinter mir ging die Tür auf und wieder zu.

»Ich werde Ihnen eine Geschichte erzählen.« Der Alte lächelte. »Aber ich möchte gleich betonen, dass diese Informationen absolut nutzlos sind für Sie. Und wir werden nicht diskutieren. Einzig werden Sie unser Handeln dadurch besser verstehen, mehr aber auch nicht. Und das, mein Junge, ist eine Gnade. Ein Entgegenkommen. Auch wenn es Ihnen«, er warf einen Blick auf Moritz, »und Ihrem Freund nichts nützen wird.«

»Wer sind Sie?«, fauchte ich. Tatsächlich: Wer war dieser Mann? Aus welchem Jahrhundert stammte dieser Mensch. Woher nahm er diese Arroganz, dieses Herrenmenschengehabe?

Hambach-Aller lachte leise, ein gefälliges Glucksen. »Diese Frage gefällt mir.« Seine Augen glänzten im Schein der Lampen. »Sie zeugt – wider Erwarten – von einem gewissen Geist.«

Erst jetzt fiel mir auf, wie still es im ganzen Haus war. Kein Lachen, kein Singen, keine Schritte. Es schien, als seien wir ganz allein.

»Wer ich bin, mein Junge?« Hambach-Aller beugte sich zu mir und ich roch seinen zigarrengeschwängerten Atem. »Ich bin jemand, der hält, was er geschworen hat. Jemand, der Werte bewahrt. Jemand, der sich nicht von einem dahergelaufenen Niemand Fragen stellen lässt, die an dem, was tatsächlich relevant ist, vorbeigehen. Weil er sie nicht begreift. Weil er zu dumm ist, sie zu verstehen. Und zu ehrenlos.«

Plötzlich sah ich den Alten vor mir, wie er jung gewesen war. Jung, schlank, groß, unerbittlich. In einer braunen Uniform. Hart wie Kruppstahl, zäh wie Leder und schnell wie ein Windhund.

»Wie mir berichtet wurde, haben Sie sich vergangene Nacht mit unserer Bibliothek vertraut gemacht.« Hambach-Aller hielt seinen Kopf schräg, als sei die Richtung meiner Antwort bedeutend für das, was als Nächstes passieren würde.

»Ist das wichtig?« War das noch wichtig? War irgendetwas noch wichtig? Moritz' Kopf sank gegen die Lehne seines Sessels. Ich wollte mich zu ihm beugen, spürte aber sofort ein paar kräftige Arme, die mich zurückzwangen. Ich versuchte, mich loszureißen, aber einer der Männer drückte mich tiefer in den Sessel.

»Sagen Sie mir eins, jetzt, wo niemand außer Ihnen darauf antworten kann: Wohin sollte Sie Ihre Suche führen?« Hambach-Aller betrachtete mich interessiert, so als sei ich ein totes Insekt unter einem Mikroskop. »Ihr junger britischer Freund erwies sich als sehr störrisch. Tun *Sie* mir den Gefallen und tilgen den Rest meiner Unkenntnis.«

»Wohin uns unsere Suche führen sollte? Was soll diese dumme Frage?« Zitternd beugte ich mich nach vorn, jeden Moment darauf gefasst, wieder nach hinten gezogen zu werden. Aber niemand machte Anstalten, mich daran zu hindern, dass ich mir eine Zigarette nahm und sie anzündete. »Das wissen Sie doch längst!«

Hambach-Allers Zigarre war mittlerweile heruntergebrannt und in den Aschenbecher gefallen. Ich schaute zu Moritz. Seine Augen waren weiterhin geschlossen.

»Warum mussten Sie auch so hartnäckig sein?« Hambach-Allers Augenbrauen zuckten kurz in die Höhe, er schien tatsächlich erstaunt. »Sie wissen doch, wie man sagt: Durch Neugierde stirbt die Katze.«

»Warum wir Archie gesucht haben?« Meinte er das ernst? »Weil er unser Freund ist.« Ich versuchte ein abfälliges Lachen: »Noch eine dumme Frage von Ihnen!«

Geduldig schüttelte der Alte den Kopf. »Sie missverstehen mich, Junge. Aber möglicherweise habe ich mich auch missverständlich ausgedrückt. Ich versuche es anders zu formulieren, einfacher.«

Hinter mir war wieder die Tür zu hören, dann stellte Werner ein Glas Weißwein vor Hambach-Aller auf den Tisch.

»Danke, Werner!« Hambach-Aller lächelte dem Mann zu, dann galt seine Aufmerksamkeit erneut mir. »Wissen Sie, an welchem Thema Ihr Freund gearbeitet hat?«

»Ja, natürlich weiß ich das. Wir alle wissen das. Nicht nur meine Freunde. Auch an der Uni. Auch der Archivar, auch Dr. Ford.«

»Jaja, Ford, der arme, alte Ford.« Hambach-Aller lächelte mitleidig. »Immer noch auf der Suche nach einer guten Geschichte, immer noch vom Wunsch beseelt, es doch noch eines Tages auf das Titelbild einer zweitklassigen Fachzeitschrift zu schaffen.«

»So ein Unsinn!«, widersprach ich. So schätzte ich Dr. Ford absolut nicht ein. »Sie haben wirklich keine Ahnung. Und Sie werden uns sicher nicht aufhalten!«, zischte ich. »Egal, was Sie jetzt tun. Glauben Sie, Sie können irgendetwas ungeschehen machen?« Ich lachte böse. »Alles vertuschen? Die Geschichte dieser … dieser Verbindung hier, mit – Mengele?«

»Wie ich feststelle, sind Sie zumindest zum Teil informiert.« Hambach-Aller lächelte weiter freundlich auf mich herab. »Und ich werde Ihnen sogar noch mehr erzählen. Einfach, weil mir noch etwas Zeit bleibt.« Wieder lächelte er, als hätte er Großes zu verkünden, und ich müsste ihm dankbar dafür sein. »Josef war ein Teil von uns, von Beginn an. Und er wird es immer bleiben.« Der Alte lehnte sich zurück. »Als er '39 erneut zu uns kam, lag seine Intention einzig und allein darin, ein vollwertiges Mitglied unserer Korporation zu werden.« Er machte eine kleine Pause. »Was wir ihm selbstverständlich ermöglicht haben. Vielleicht wusste er damals schon, was geschehen würde, er war immer ein vorausschauender Mann, ja vielleicht ahnte er es. Möglicherweise wollte er sich so unserer Freundschaft versichern. Für später.« Hambach-Aller zog kurz am Stoff seines Hosenbeins. »Sehen Sie, junger Mann, auch wenn Sie das nicht verstehen können: Gestern wie heute ist es unsere Berufung, Männer zu binden, fähige Männer zu binden. Das ist der Geist dieses Corps, das war und ist sein innerster Zweck!«

»Fähige Männer?«, höhnte ich. »Wie diesen Massenmörder? Diesen Sadisten?

Die Stimme des Alten wurde leiser, drohender: »Wer sind Sie, dass Sie über uns urteilen wollen?« Seine Augen blitzten. »Wer sind Sie, dass Sie das wagen – Sie und Ihre Brut von sogenannten Freunden? Dieser ... dieser Junge? Irgendein hergelaufener Popanz von der Insel, der meinte, er müsse uns erklären, was richtig ist und was falsch.«

»Das heißt also, Mengele ist bei seinem zweiten Besuch in das Corps eingetreten?«, fragte ich. Obwohl es nun wahrscheinlich egal war: Ich wollte wissen, warum

Menschen hatten sterben müssen: Dr. Conradi, Ben Springer, Archie.

»So ist es!« In Hambach-Allers Tonfall schwang Stolz mit. Stolz, mit diesem Menschen befreundet gewesen zu sein. »Und ich habe ihn geworben. Der Doktor und ich sind ein Jahrgang: 1911. Und wir studierten zur gleichen Zeit an der Hochschule, vielleicht hat uns das zusätzlich verbunden, über unsere geistige Verwandtschaft hinaus. Wie ich wäre er jetzt achtzig Jahre alt. Wenn nicht—« Er ließ den Satz unvollendet, als falle es ihm schwer, Mengeles Tod zu akzeptieren. »Wenn dieser Massenmörder nicht ertrunken wäre.«

Wahrscheinlich war es unklug, den Alten zu reizen, aber ich konnte nicht anders.

»Ehrlich gesagt interessiert mich Ihre rührselige Nazi-Heldenkameraden-Geschichte nicht sonderlich. Ich will nur wissen, warum Sie Archie ermordet haben.« Tränen stiegen mir in die Augen. »Was hat er Ihnen getan?« Meine Wut war verflogen und einer tiefen Traurigkeit gewichen. Archie war tot.

Hambach-Allers höhnischer Blick traf mich. »Gar nichts hat er herausgefunden, gar nichts. Glauben Sie ernsthaft, wir hätten nicht gewusst, was Ihr Engländer bei uns wollte? Was er vorhatte? Unsinn! Ich war von Beginn an informiert, nachdem Ihr werter Freund hier aufgetaucht war und Fragen gestellt hat.«

»Er hat Fragen gestellt?«

»Natürlich hat er Fragen gestellt, was denken Sie denn? Einnisten wollte er sich bei uns, lieb Kind machen. Ist hier aufgetaucht und hat Interesse geheuchelt an unserem Corps, unseren Zielen, unserer Tradition. Dieser Engländer! Meinte tatsächlich, er sei schlauer als wir.«

Hambach-Aller schnaubte verächtlich. »Aber glauben Sie mir: Schon *vor* seinem zweiten Besuch hatten wir einen Teil unserer Corpschronik aus der Bibliothek geschafft.«

»Welchen Teil?«

Hambach-Aller ergriff sein Weinglas vorsichtig am Stiel, nahm mehrere Schlucke, stellte das Glas behutsam zurück auf den Tisch und nickte Werner wohlwollend zu. Dann betrachtete er mich und stieß verdrießlich Luft aus. »Sie! Sie besitzen Ihr Wissen doch ausschließlich aus zweitklassigen Büchern, verfasst von Individuen, die keinen Schimmer von der Vergangenheit haben. Die alles mutmaßen und ihre Wahrheiten aus drittklassigen Quellen jener zusammenklauben, die das Hohelied der Sieger angestimmt haben.« Hambach-Aller schüttelte angeekelt den Kopf. »Sie werden es nie verstehen. Niemals!« Warum er plötzlich so aufgebracht war, erschloss sich mir nicht.

»Warum regen Sie sich so auf?« Ich lächelte. »Wenn *Sie* doch im Recht sind? Wenn *Sie* doch die Wahrheit besitzen.«

»Sie missverstehen, aber das wundert mich nicht. Die Wahrheit, mein Junge, ist immer die Wahrheit der Sieger. Die Wahrheit derjenigen, die sich durchgesetzt haben. Sie diktieren die Geschichtsbücher und damit die Geschichte.«

»Und wenn es nicht die Wahrheit war, die Archie über Sie verbreiten wollte, was war es dann?« Wieder sah ich Archies Körper vor mir, zu Eis gefroren und gekrümmt in der Truhe.

»Was er über uns verbreiten wollte?« Hambach-Aller betrachtete mich ungläubig. »Das habe ich Ihnen doch bereits gesagt: Die Wahrheit der Sieger, die Wirklichkeit der Sieger.«

»Die Wahrheit der Sieger?«, fragte ich. Ich konnte nicht behaupten, viel von dem zu verstehen, was der Alte faselte.

Kurz blickte Hambach-Aller zu der kleinen Gestalt auf der Ledercouch. So als müsse er sich die Erlaubnis holen, weiterzusprechen.

»Die Wahrheit der Sieger, Sie haben es erfasst. Aber ich bin mir nicht sicher, ob Sie mir folgen können, wenn ich Ihnen das zu erklären versuche. Ihre Generation will sich nicht mit der ganzen Vergangenheit auseinandersetzen, Sie käuen nur das wieder, was Ihnen vorgesetzt wird.«

Wieder zwang ich mich zu einem Lächeln. Ich wollte, dass der Mann weiterredete. Denn wenn er aufstand und ging, bedeutete das, dass er mit uns abgeschlossen hatte. Und das wiederum bedeutete, dass wir wie Archie sterben würden. »Versuchen Sie es einfach«, höhnte ich. »Meine Generation ist sicherlich nicht so weise wie Ihre, aber wir hören gern zu. Auch wenn wir niemals verstehen werden, was Menschen wie Sie tun!«

»Sie besitzen nicht den winzigsten Grund, hochnäsig zu sein, mein Junge. Das entspricht Ihrer Position ebenso wenig wie Ihrer Situation.« Wieder schlug er ein Bein über das andere. Eine vornehme Geste, die wohl seine Gelassenheit und Überlegenheit ausdrücken sollte. »Sie werden nicht einmal schlauer sterben. Dennoch werde ich versuchen, mich Ihnen verständlich zu machen.« Wieder nippte er an seinem Wein. »Im Dritten Reich, mein Junge, war das Töten der Juden spätestens seit der Wannseekonferenz kein Unrecht mehr. Mit Beginn der

Beschlüsse anno 1942 besaßen die Juden nicht mehr Rechte als ein Huhn im Stall.«

»Beschlüsse?«, fragte ich.

»Ja, Beschlüsse. Was möchten Sie sonst hören?«

»Was ich hören will? Ich will hören, warum Sie unseren Freund ermordet haben.« Jetzt schrie ich fast.

Warnend hob er einen Zeigefinger. »Vergessen Sie nicht: Ich *dulde* Sie in meiner Gegenwart, mehr nicht. Oder glauben Sie tatsächlich, ich würde mich üblicherweise mit Ihnen und Ihresgleichen abgeben?« Er betrachtete mich, ein Blick voller Arroganz und Dünkel. »Nazibande nennen Sie uns? Welche verqueren Vorstellungen Sie doch besitzen! Genau wie die Jungspunde hier im Haus! Glauben Sie mir: Der Geist, der hier einmal herrschte, ist verschwunden. Denken Sie wirklich, die jungen Kerle hätten eine Ahnung von dem, über das wir uns im Augenblick unterhalten? Glauben Sie, die meisten von ihnen würden sich überhaupt interessieren oder begeistern für das, was wir früher als Heiligtum betrachtet haben.« Hambach-Allers Atem ging schneller. »Wie wir uns geholfen haben? Glauben Sie, einer dieser jungen Burschen hier wüsste etwas von Mengele. Oder Goebbels? Oder Ley?« Er schnaufte verächtlich. »Nein, diese jungen Kerle sind ebenso ahnungslos wie Sie.«

Der Alte beugte sich näher zu mir. »Und ebenso wie Sie sind sie keinen Pfifferling wert! Denken Sie nur nicht, dass dieses Haus von unserem Corpsgeist zusammengehalten wird. Nein, die Zeiten sind vorbei.« Er schüttelte den Kopf. »Unseren Juristen, Medizinern und Volkswirtschaftlern kommt es heute nur darauf an, durch das Corps schnell Karriere zu machen. Die Verbindung als lebenslanger Bund, Treue, Hilfe, Kameradschaft – das war einmal.« Mit der rechten Hand schob er den linken Ärmel seines Jacketts wenige Zentimeter in die Höhe. Eine goldene Uhr kam zum Vorschein. »Sie haben Glück, ich habe noch etwas Zeit, ich gebe Ihnen eine Nachhilfestunde in Sachen Ehre.« Er räusperte sich.

»Im Mai '39 stand der Doktor wieder vor der Tür.« Hambach-Aller lächelte bei dem Gedanken an die damalige Begegnung mit dem späteren KZ-Arzt. »Ohne dass er jemandem von uns vorher informiert hätte. Nur mit einem Rucksack bepackt, seinen Schnürschuhen, einem Lächeln auf den Lippen und seiner Zahnlücke.« Hambach-Aller schlug sich mit der Hand auf das Bein. »Denken Sie nur, da war er bereits fertiger Mediziner! Kam grade aus Berlin, wenn ich mich recht entsinne. Er meinte, er habe bis Ende Juli Zeit, dann müsse er erneut fort.«

Hambach-Aller betrachtete mich fragend. »Sie wissen, dass der Doktor bereits 1931/32 bei uns war, ja? Wir hatten uns im Anatomischen Institut kennengelernt. Eine Vorlesung bei einem kauzigen Professor; ich glaube sogar, er war Jude. An den Namen erinnere ich mich nicht. Auf jeden Fall: Josef war auf Budensuche. Eine Kammer hatte er in der Wolfstraße, wenn ich mich recht entsinne. Solch einen Namen vergisst man nicht. Aber er war unzufrieden. Es sei schmutzig dort und laut, hat er erzählt, und ich habe ihm eine Kammer bei uns angeboten. Und der Doktor hat angenommen. Sofort. Aber er ist nicht lange geblieben. Drei Semester, soweit mich meine Erinnerung nicht trügt.« Hambach-Aller machte eine Pause, nippte an seinem Wein. »Und '39 war er dann wieder da, es müssen nur wenige Monate vor Kriegsbeginn gewesen sein. Da war er schon ein gemachter Mann mit zwei Doktortiteln. Einzig zurückgekommen, wie er sagte, um ein echter Barbarossa-Germane zu werden.« Hambach-Aller machte eine vage Handbewegung. »Wir hatten ihn beeindruckt, anscheinend mehr, als wir dachten. Es war eine Freude, ihn wiederzusehen. Wir haben ihm selbstverständlich die Fuchszeit erlassen. Das konnten wir mit seinem ersten Aufenthalt 31/32 begründen. Einstimmig auf dem Burschentag beschlossen ist der Doktor 1939 einer von uns geworden.«

»Und geblieben!«

»Und geblieben, selbstverständlich!«

»Und deshalb würden Sie ihn niemals im Stich lassen.«

Der Alte reckte sich in seinem Sessel. »Niemals! In keiner Phase seines Lebens würden wir einen wie ihn im Stich lassen.« Die Stimme des Alten vibrierte vor Stolz und Pflichterfüllung. »Niemals!«

Ich schloss die Augen. »Und unser Freund Archie hatte herausgefunden, dass Sie Mengele tatsächlich niemals alleingelassen haben, ja? Auch damals nicht, als er am dringendsten Hilfe brauchte, kurz nach Ende des Kriegs, als er allein war und gesucht wurde. Da haben Sie ihm geholfen. Ihm zur Flucht verholfen!«

»Unsinn! Wir haben Josef nicht zur *Flucht* verholfen! Wir haben ihn vor einem unberechtigten Tod bewahrt. Einem Mord. Einem Verrat durch das eigene Volk!« Hambach-Aller klang stark und unverletzbar. Ein Mann im Scheinwerferlicht, der fast fünfzig Jahre lang unerkannt geblieben war. Ein Mann, der die Gesellschaft, die er repräsentierte, immer verachtet hatte. Und getäuscht.

»Wie … wie konnten Sie diesen—?« Nach welchen Maßstäben konnte man die Taten eines Manns wie Josef Mengele nicht verurteilen? Eines Manns, der versucht hatte, Menschen mit einer bestimmten Augenfarbe zu züchten? Der Frauen und Kindern ohne Betäubung Gift injiziert hatte, nur um zu schauen, welche Reaktionen dieses Gift bei ihnen hervorrief? Ein Mann, der verrückt war auf der Suche nach Zwillingen und fast verzweifelt nach ihnen Ausschau hielt auf der Rampe von Auschwitz?

Hambach-Aller funkelte mich an: »Was habe ich Ihnen gerade gesagt? Wer einmal Teil unserer Korporation ist, kann sich auf uns verlassen. Jederzeit. Für immer. Bis in den Tod. Und darüber hinaus.«

Ungläubig schüttelte ich den Kopf. Ich fühlte mich gleichzeitig leer und wütend, matt und aufgewühlt. Der Alte betrachtete mich interessiert, so wie eine Katze einen Goldfisch in seinem Glas beobachtet. Seine Augen glänzten feucht, als würde er bei der Erinnerung an Mengeles Flucht jeden Augenblick in Tränen der Rührung ausbrechen.

»Sie haben einem Massenmörder geholfen zu fliehen!«, wiederholte ich erneut, obwohl ich wusste, dass es keinen Sinn hatte, mit ihm zu diskutieren, »Sie haben mitgeholfen, zu verhindern, dass dieser … dieser Teufel vor ein ordentliches Gericht gestellt wurde!«

»Ordentliches Gericht, papperlapapp, was reden Sie für einen Unsinn.« Der Alte zeigte mit seinem Weinglas auf mich. »Glauben Sie tatsächlich, Josef hätte einen fairen Prozess bekommen? In Nürnberg ging es doch einzig und allein um die Macht der Sieger. Die Zurschaustellung von Herrschaft und Befehlsgewalt. Und um die Erniedrigung der Besiegten. Ein Schauprozess!« Die letzten Worte spuckte er aus. Dann lächelte er wieder. »Josef besaß das Glück, die richtigen Kameraden zu kennen. Freunde, auf die er sich verlassen konnte. Uns! Anders als Heß, der dumme Heß! Selbst schuld. Weil er keine Freunde besaß. Und elendig verreckte. In Spandau.«

»Unfassbar!« Mit jeder seiner Äußerung zweifelte ich mehr und mehr am Verstand des Alten.

»Unfassbar, sehr richtig! So ist das nun einmal, mein Junge. Wer draußen steht, der friert. Wer drinnen ist, der kann sich wärmen. Und wir haben dafür gesorgt, dass Josef nicht frieren musste.«

Ich ließ seinen unsinnigen Spruch unkommentiert. All das hatte Archie herausgefunden. Die Verbindung Mengeles zum Corps Barbarossa-Germania nach Kriegsende. Und hier? Hatte er hier im Haus nach dem endgültigen Beweis für die Fluchthilfe durch das Corps gesucht? Denn dazu hätte ihm die »Linie der Ratten« von Crosticcia nicht gereicht. Bekanntes Material, öffentliche Literatur. Nein, Archie hatte nach einem anderen Beweis gesucht. Einem direkten Beweis, einem Dokument, das nicht angezweifelt und geleugnet werden konnte. Ein Buch, ein Brief, ein Dokument, das die Unterstützung des Corps bei Mengeles Flucht dokumentierte. Und vielleicht sogar die Fluchthilfe durch Hambach-Aller selbst!

Der Alte riss mich aus meinen Gedanken.

»Ich glaube, es war 1948, als Josef seinen Bauernhof unten in Bayern endlich verlassen konnte.« Er schüttelte den Kopf. »Stellen Sie sich das einmal vor: Solch ein Geist, solch ein Genie! Und jeden Tag hinaus aufs dreckige Feld. Um Kartoffeln zu ernten, Rüben zu ziehen und stinkende Kühe zu melken.«

»In einen Kerker hätte er gehört!«

»Halten Sie den Mund«, flüsterte der Alte gefährlich leise. »Das steht Ihnen bei Gott nicht zu!«

»Ich fände es besser, wenn Sie Gott in diesem Zusammenhang unerwähnt ließen!«

Der Alte ignorierte meine Spitze.

»Wir haben lange Zeit gebraucht, um ihn zu finden.« Er schüttelte den Kopf. »Sie können sich nicht vorstellen, in welchem Zustand das Land damals gewesen ist. Verwüstet und voller Feinde. Ich weiß nicht einmal mehr, wer von uns Josef schließlich entdeckte. Von selbst rührte er sich nicht. Er wollte seine Familie nicht in Gefahr bringen – Ehrenmann, der er war. Wenn ich mich recht entsinne, hatte ihm jemand wenige Monate vorher für teures Geld einen Pass angefertigt. Aber der war so dilettantisch, dass sie ihn damit an der Grenze direkt abgefangen hätten. Wir wussten, dass er uns brauchte, uns, seine Corpsbrüder.«

Ich verkniff mir eine weitere sarkastische Bemerkung, auch wenn es mir schwerfiel.

»Wir haben den Kontakt zu Perón hergestellt.« Hambach-Aller nickte mir zu, als müsste ich gutheißen, was er sagte. »Falls Sie nicht wissen, von wem die Sprache ist: Juan Domingo Perón, Staatschef Argentiniens damals. Die Verbindung zu ihm war allerdings nicht so einfach, wie das heute in der sogenannten *Fachliteratur*«, er überbetonte das Wort, »dargestellt wird. Für uns schien es damals das sicherste Land für Kameraden wie Josef. Auch wenn die Juden dort anno 1960 Eichmann entführt haben.«

»Wen meinen Sie mit *uns*?« Ich vermutete, dass zumindest die schemenhafte Gestalt auf der Ledercouch dazugehörte, jener Schatten, der sich während der ganzen Zeit unseres bisherigen Gesprächs nicht gerührt hatte.

»Unwichtig für Sie«, bügelte Hambach-Aller meine Frage ab. »Für den Doktor wurde es Zeit. Zeit, sich ein neues Zuhause zu suchen. Die Sieger, der neue Staat, jeder, der sich siegergerecht verhalten wollte, Opportunisten jeglicher Couleur, machten nun Jagd auf Menschen wie ihn. Gestern verehrt, heute bespuckt und getreten.«

»Manche bekommen eben doch, was sie verdienen!«

»Was wissen Sie denn schon, Sie und Ihresgleichen?«, lächelte mich Hambach-Aller nieder. »Aber«, er atmete tief aus, »das ist nicht wichtig. Nicht mehr. Und war es auch damals nicht, ehrlich gesagt. Zumindest nicht für den Doktor. Er war zu klug, der Josef. Immer schon gewesen.« Erneut griff Hambach-Aller nach seinem Weinglas. Fast versonnen betrachtete er etwas über mir. »Kurz vor Ostern '49 hatten wir alles vorbereitet: Pässe, Geld, Verbindungen im Ankunftsland, Sicherheiten in der einen oder anderen Form. Der Doktor überquerte den Brenner, wartete dann in Südtirol unter anderem Namen auf seine Weiterfahrt nach Genua. Wir hatten ihm ein italienisches Ausreisevisum verschafft.« Der Alte lachte. »Da haben wir ganz schön gezahlt für. Die Italiener wussten, wie sie sich schadlos halten konnten.« Er feixte. »Denen machte keiner etwas vor, wenn es darum geht, ihren Vorteil geltend zu machen.«

»Nicht mal Sie?« Mir war weiterhin nach Sarkasmus.

Hambach-Aller betrachtete mich ausdruckslos, ohne auf meine Provokation einzugehen. »Und der Doktor war drüben in Sicherheit. Zumindest bis das Verbrechen an Eichmann publik wurde.« Der Alte schwieg einen

Moment. »Solch eine Schweinerei! Oder was sagen Sie? War die Entführung Eichmanns rechtens? Oder ein Verbrechen? Darauf gibt es nach allen Gesetzestexten dieser Welt nur eine Antwort, Junge: Sie war ein Unrecht und sie war ein Verbrechen! Aber wie bereits erwähnt: Die Spielregeln bestimmen die Sieger.«

»Der Zweck heiligte in diesem Fall die Mittel. Eichmann war ebenfalls ein Massenmörder, genau wie Mengele. Zwar vom Schreibtisch aus, aber das macht keinen Unterschied. Er war bei der Wannseekonferenz mit dabei, falls Sie das vergessen haben sollten.«

Hambach-Aller schlug seine offenen Handflächen auf die Sessellehnen. Das Geräusch klang wie eine Ohrfeige. »Sie versuchen mich zu provozieren, Junge, aber es wird Ihnen nicht gelingen, mich über Sie zu empören.« Er streckte sich, seine Glieder schienen während unseres Gespräches steif geworden zu sein. Kein Wunder, er war fast so alt wie Methusalem. »Dazu sind sie zu klein, viel zu klein. Zu klein und zu unbedeutend!« Er fuhr sich mit einer Hand über das Haar. »Wir haben den Doktor beschützt, jederzeit. Wissen Sie, Mitte der Fünfziger hat er sogar einmal Günzburg besucht, seine Geburtsstadt. Er wollte immer zurück in die Heimat, zurück nach Günzburg, zu seiner Familie. Die Mengeles waren ja vermögende Leute, hatten dort einen großen Betrieb. Und Josef war tatsächlich dort.« Der Alte grinste zufrieden. »Der neue Staat kam immer einen Schritt zu spät.« Er beugte sich vor. »Und wissen Sie auch warum, junger Mann?«

»Nein«, antwortete ich, obwohl ich es mir natürlich ausrechnen konnte. »Sagen Sie es mir.«

»Weil *wir* es so wollten.« Zufrieden lehnte sich der Alte zurück. Seine ganze Haltung drückte herrschaftliche Überlegenheit aus. Und kaum zu ertragende Arroganz. »Weil wir es so wollten!«

»Herzlichen Glückwunsch!« Ich hoffte, meine Stimme troff vor Verachtung. »Danke für den Geschichtsunterricht, aber das wusste ich alles schon.«

Langsam drehte Hambach-Aller sein Weinglas in der Hand. »Das glaube ich nicht, mein Junge, denn ehrlich gesagt: Sie wissen gar nichts.«

Anscheinend wartete er darauf, dass ich noch etwas fragte. Ich versuchte, mich zu konzentrieren, mein Kopf schmerzte wieder mehr. »Sie sagten, Sie hätten Archies Plan schnell durchschaut? Und deswegen Teile Ihrer Geschichte – diese Bände – verschwinden lassen? Stimmt das? Oder ist das auch eine Ihrer vielen Lügen?«

»Stimmt das? Stimmt das?« Hambach-Aller äffte mich nach, mit einer hohen, quakenden Stimme. »Wie naiv Sie sind! Und wie kindisch Ihre Fragen!« Er lehnte sich zurück. »Schon im November begann der kleine Brite hier seinen persönlichen Krieg gegen uns. Allerdings vermochte er nicht zu erkennen, dass wir schnell wussten, wer er war.« Er hob sein Weinglas, hielt es gegen das Licht des Kronleuchters und betrachtete es prüfend. »Man muss nur ein paar Telefonanrufe tätigen«, sagte er und lächelte selbstgefällig. »Allerdings die richtigen. Dann liegt die gesamte Vita eines Menschen vor einem. Kein wirkliches Kunststück.«

Er machte Werner ein Zeichen, sein Weinglas aufzufüllen, was der über meine Schulter hinweg tat.

»Wie gesagt: Wenn man weiß, wen man anrufen muss, ist der Rest kein Hexenwerk.«

»Und dann?« Ich spürte, dass sich das Gespräch dem Ende näherte. Meine Angst wuchs, meine Handflächen wurden feucht. Moritz neben mir rührte sich immer noch nicht.

Hambach-Aller nippte an seinem Weinglas und stellte es dann vorsichtig zurück auf den Tisch. Ohne allerdings auf meine Frage einzugehen: »Noch einmal, Junge: Unsere Korporation steht ein. Für jeden von uns. Jederzeit.« Er deutete auf einen der Bücherschränke. »Und was wir tun, das halten wir fest. Wofür hat man sonst eine Geschichte, nicht wahr?«

Ich warf einen Blick in die Richtung, in die Hambach-Aller gedeutet hatte. In dem Bücherschrank standen die Bänder der Corpshistorie, allerdings mit mehreren Lücken.

»Wie mir Christian mitgeteilt hat, waren Sie vergangene Nacht sehr aktiv. Und wie er mir außerdem anvertraute, standen Sie unter anderem vor dem Bücherschrank. Mit unserer ›Historia‹.« Er lächelte wissend. »Die aber nicht für Hinz und Kunz bestimmt ist. Nicht für jemanden wie Sie zum Beispiel. Oder für jemanden wie Ihren kleinen Briten.«

»Das glaube ich gern!« Verzweifelt suchte ich nach irgendeiner Art Ausweg, während ich sprach. »Weil Menschen wie ich oder Archie nicht an Ihre dümmlichen Schwüre glauben und wir nicht an sie gebunden sind, nicht wahr?« Vielleicht sollte ich mich einfach auf ihn stürzen, ihn als Geisel in den Schwitzkasten nehmen. Aber ich bezweifelte nicht, dass mich Werner oder einer der anderen sofort ohnmächtig schlagen würde.

»Sie müssen alles und jeden in den Schmutz ziehen, habe ich recht?« Hambach-Aller runzelte die Stirn. »Lehrt man Sie das auf der Universität? Protest, um des Protests willen? Meuterei? Geringschätzung?« Der Alte betrachtete mich, als sei ich ein faulendes Stück Fleisch. »Ihnen ist nichts heilig, nicht wahr? Sie fühlen sich an nichts gebunden. *Frei* kommen sie sich vor, frei und ungebunden. Aber dadurch, mein Junge, sind sie ohne Halt. Oder gibt es tatsächlich etwas, an das sie glauben? Für das sie so etwas wie Achtung empfinden? Für das sie sich einsetzen würden?«

»Ich glaube an das Gute!«, sagte ich pathetisch, aber nur, um ihn zu ärgern. Wie leicht war es, sich in seiner Gegenwart als guter Mensch zu fühlen, als jemand, der das Richtige dachte und tat.

»Wie originell!« Er lächelte wieder. Mit der rechten Hand zog er die Bügelfalte seiner Hose nach.

»Archie hat das hier gelesen, oder?«, fragte ich, weil ich nicht wusste, wie viel Zeit Moritz und mir noch blieb. »Und er hat«, ich blickte auf den Bücherschrank, »jenen Teil der Geschichte der Korporation gelesen, von dem Sie mir gerade erzählt haben, oder? Und so hat er erfahren, wie Sie Mengele geschützt haben. Er hat erfahren, dass Sie und Ihre Brut verantwortlich dafür sind, dass dieser Sadist nie vor ein Gericht gestellt wurde. Dass er noch länger als dreißig Jahre nach seinen Verbrechen weiterleben konnte. Und zwar mit Ihrer Hilfe.«

Die schemenhafte Gestalt auf der Ledercouch bewegte sich. Einen Augenblick dachte ich, sie würde aufstehen und in unser Blickfeld treten, aber dann verharrte sie wieder.

»Warum haben Sie das überhaupt aufgeschrieben?«, fragte ich ratlos, »Dass Sie – dass das Corps Mengele bei seiner Flucht geholfen hat? Das ist doch viel zu gefährlich. So viel Verstand müssten doch selbst Sie besitzen!«

»Das ist ganz einfach, mein Junge: Weil es unsere Geschichte ist. Oder sagen wir besser ein Teil unserer Geschichte. Und weil wir uns dessen nicht schämen.« Hambach-Aller schaute über mich hinweg. »Werner, reich mir Band 17.«

Ich sah Werners Gestalt neben mir, aber er wandte sich nicht dem Bücherschrank zu, sondern trat neben die Gestalt auf der Couch. Dort kramte er in einer Aktentasche oder etwas Ähnlichem, das ich von meinem Sessel aus nicht erkennen konnte. Werner hielt Hambach-Aller einen der Bände hin, die ich hinlänglich kannte.

Der Alte bedankte sich mit einem Kopfnicken und begann zu blättern. »Wir haben dem Doktor geholfen, ja. Weil er einer von uns ist. Das habe ich Ihnen jetzt nun schon des Öfteren gesagt.« Eine kurze Pause entstand. »Schauen Sie, junger Mann«, Hambach-Aller betrachtete mich prüfend, »durch meine Familie habe ich gegenüber vielen anderen Menschen stets den Vorteil genossen, mich nicht um Geld bemühen zu müssen. Wir besaßen es einfach. Und besitzen es weiterhin. Und wir verwenden es auch dazu, um unsereins zu helfen. Denen, die zu uns gehören, denen, die sich für uns ausgesprochen haben, denen, die an uns und unsere Werte glauben.«

»Wissen Sie eigentlich, was Mengele in Auschwitz getan hat?«, fragte ich fassungslos. »Wie viele Menschen, wie viele Kinder er getötet hat. Einfach so. Ohne Grund. Er selbst oder seine Handlanger?«

Hambach-Aller schüttelte den Kopf, »Ich verstehe, dass Sie nicht unterscheiden können, dass jene Zeit eine andere war. Das wollte ich Ihnen ja erklären mit dem temporären

Unterschied von Recht und Unrecht.« Der Alte nippte wieder an seinem Wein. »Unrecht wird zu Recht und Recht zu Unrecht. Je nach Zeit, und je nachdem, wer es definiert. Je nachdem, wie die Verhältnisse sind. Und damals – waren es andere. Andere als heute.« Hambach-Aller runzelte die Stirn. »Sie gehörten einfach nicht zu uns, sie hatten nie zu uns gehört. Aber ab '33 wurde das auch offiziell. Und damit rechtens. Die Entmachtung der Juden hatte lange auf sich warten lassen, sie war überfällig gewesen. Und ab dem Frühjahr '33 wurde sie dann umgesetzt. Kontinuierlich, beharrlich, bedingungslos. Mit den Nürnberger Gesetzen anno '35 standen sie dann dort, wo sie wirklich hingehörten, außerhalb unseres Volks, außerhalb unserer Gemeinschaft. Und glauben Sie nicht, dass uns die Zustimmung der Menschen gefehlt hätte. Die Juden waren immer Außenseiter, sie gehörten, wie gesagt, nicht zu uns, sie gehörten zu niemandem.«

»Warum haben Sie Archie umgebracht?«, fragte ich resigniert. Denn das war es, was ich letztendlich wissen, was ich letztendlich verstehen wollte. »Warum haben Sie ihm den Zugang hierzu«, ich deutete auf den Band, den der Alte in den Händen hielt, »denn überhaupt möglich gemacht? Hätten Sie ihn nicht ... nicht einfach hinauswerfen können.«

Fast entschuldigend zuckte Hambach-Aller die Schultern. »Ich bin nicht dabei gewesen, mein Junge. Aber ich gehe davon aus, er hatte unser Vertrauen zu sehr missbraucht, Ihr Freund. Genau wie Sie. Genau wie Sie hat er Interesse geheuchelt, Freundschaft vorgetäuscht, nur um uns dann zu hintergehen. Ihr kleiner Engländer.«

»Und Conradi? Warum Dr. Conradi? Warum musste Conradi sterben?«

»Conradi! Conradi!« Der Alte spie den Namen aus. »Conradi war einer von uns. Dachten wir. Ein Barbarossa-Germane. Und er hatte als einer der wenigen unsere Historia gelesen. Er kannte unsere Hilfe für Josef. Anders als die dummen Jungen, die jetzt dieses Haus bevölkern und denen es nicht mehr um das Corps, sondern nur noch um ihre eigene Karriere geht. Geschichte, und sei es die eigene, ist ihnen vollkommen gleichgültig. Natürlich, das schützt unser Geheimnis, aber es ist auch traurig mitanzusehen, wie der Geist unserer Gemeinschaft immer mehr zerfällt. Und Conradi? Er hat sich plötzlich nicht mehr an den Schwur gebunden gefühlt. Was wollte er tun, der Denunziant? Was war er bereits im Begriff zu begehen? Genau: Verrat. Einen großen Verrat.«

Ich erinnerte mich an den Uni-Archivar, wie er kurz vor seinem Festvortrag zu uns an die Bühnentreppe gekommen war, um sich für die Zeit nach der Veranstaltung mit uns zu verabreden. Und hatte er nicht den ursprünglichen Text seiner Rede verworfen? Hatte er nicht über etwas ganz anderes sprechen wollen? Möglicherweise über einen Verrat? Den größten Verrat, den es überhaupt geben konnte? Nämlich den, einen Teufel zu schützen? Conradi hatte dem Corps angehört, ja, und er hatte sich bis zu jenem Tag in der Aula seiner Verbindung immer verpflichtet gefühlt. Auch mit dem Wissen, Unrecht zu verschweigen.

Und Archie? Hatte Archie Conradis Gewissen geweckt? Hatte er ihn überredet, die Wahrheit ans Licht zu bringen? Nach so vielen Jahren? Eine andere Erklärung besaß ich nicht. Hambach-Aller schnipste mit den Fingern.

»He aufwachen, Sie dummer, kleiner Junge! Diese Missgeburt von einem Archivar wollte unsere Ideale verraten, unsere Heimat, nicht zuletzt uns selbst.« Der Alte seufzte. »Dabei hatte er mit seinem Leben auf die Korporation geschworen. Mit seinem Leben! Und etwas anderes gibt es nicht. Hat es nie gegeben. Für jeden von uns.« Erneut warf er einen Blick auf seine Armbanduhr. »Genug der Erklärungen, junger Mann. Die Spuren in der Universität sind beseitigt, die ›Historia‹ wird vorübergehend an einem anderen Ort untergebracht werden, und alles andere interessiert bald niemanden mehr.«

Jetzt lachte er zum ersten Male so, dass sein Lachen auch tatsächlich seine Augen erreichte. Fast wirkte es ansteckend. Ich ahnte, warum dieser Mann in seinem Leben so viel Erfolg gehabt hatte. Und wie er alle hatte täuschen können.

»Wie kommen Sie darauf?«, fragte ich zweifelnd.

»Weil Menschen wie Sie nur begrenzt erinnerungsfähig sind, mein Junge. Die Zeitungen, das Radio, vor allem das Fernsehen würden vielleicht morgen daraus eine große Geschichte machen. Vielleicht werden sich die Leute auch noch übermorgen dafür interessieren. Aber dann? Spätestens in drei, vier Tagen stürzt irgendwo auf der Welt ein Flugzeug ab, eine vollbesetzte Fähre sinkt, eine Eisenbahn rast gegen einen Betonpfeiler oder sei es auch nur, dass eine bekannte Hollywoodschauspielerin ihre Brüste entblößt. Und dann kümmert es niemanden mehr, was hier geschehen ist mit Conradi, dem Hausmeister und Ihrem Engländer. Die Zeiten haben sich geändert. Und sie werden sich weiter ändern, glauben Sie mir. Das ist nun einmal so.«

»Und all das nur, um diese Korporation vor schlechtem Leumund zu schützen?« Hinter mir vernahm ich eine Bewegung, mein Herz begann zu rasen. »*Dafür* musste Dr. Conradi sterben? Genau wie Ben Springer? Und Archie? Sie wollten keine, ja was? Schlechte Presse? Weil die über Ihren Verein hier die Wahrheit geschrieben hätte?«

Der Alte sah mich fragend an. »Ben Springer? Hieß er so, dieser, dieser Hausmeister? Er war einfach zu neugierig. Und wir konnten nicht ausschließen, dass er Werner«, Hambach-Aller schaute wohl zu seinem Lakaien, »in der Aula bemerkt hatte. Hinter der Bühne. Ein unglücklicher Zufall – für ihn.« Er lächelte scheinbar amüsiert. »So ist das eben. Unnötig wohl, aber nicht vermeidbar. Teil des Reinigungsprozesses.« Der Alte schaute mich mitleidig an: »So«, er drückte sich mit den Händen aus dem Sessel, »dann wollen wir mal los.« Mühsam erhob er sich. Nur wenige Zentimeter trennten unsere Gesichter. Er musterte mich, halb stehend, halb gebeugt. Sein Atem roch säuerlich. Zum ersten Mal erkannte ich sein wahres Alter, seine Falten und Runzeln. Er war ein Relikt. Aus einer anderen Zeit in unsere gefallen. Aber immer noch so gefährlich, dass er über unser Leben bestimmte.

Hambach-Aller streckte sich, tätschelte mir den Arm. »Sie sind zu weit gegangen, mein Junge. Einfach einen Schritt zu weit. Wie ich schon sagte: Neugierde tötet die Katze.«

»Was ist mit Goebbels und Ley?«, fragte ich hektisch, »Was haben die beiden mit Ihrem Corps zu tun?«

Der ehemalige Minister betrachtete mich von oben herab. »Was soll mit ihnen sein? Auch sie sind Teil unserer Gemeinschaft, auch sie werden es immer bleiben.« Mit der Hand stützte er sich auf meine Sessellehne. »Was soll, wieder einmal, diese dumme Frage?«

»Drei der größten Nazis alle zufällig in einer einzigen Verbindung? Wer soll das glauben?« Ich versuchte, mich zu fassen, wieder ruhig zu werden.

»Wir besaßen immer schon ein – konservatives Denken. Anfang des Jahrhunderts waren wir die einflussreiche Verbindung im ganzen Kaiserreich.« Er streckte sich. »Als Goebbels und Ley in Bonn studierten, war es nur natürlich, dass sie zu uns kommen würden. Wie gesagt: Unser Name stand für etwas.«

Der Alte blickte auf seine Uhr, dann nickte Hambach-Aller einem seiner beiden Leibwächter zu. Er schritt zur Ledercouch, von der sich die Gestalt, die ich bis jetzt nicht erkannt hatte, ebenfalls erhob.

Ich versuchte, Hambach-Aller am Jackett zu packen, aber wieder spürte ich diese schweren, harten Hände auf meiner Schulter. Ohne Erbarmen drückten sie mich tief und unnachgiebig in den Sessel.

Kapitel 48

Hoffnungslosigkeit kann befreiend wirken. Die Gewissheit, dass alles verloren ist, entbindet von jeglicher, weiterer Anstrengung, kämpfen zu müssen. Weiter kämpfen zu müssen. Weitere Energie zu investieren, das Letzte zu geben.

Loszulassen bedeutet, unser Schicksal in andere Hände legen zu dürfen. Zu diesem Zeitpunkt beginnt für viele von uns wohl der Glaube an einen Gott.

Ich kann mich nicht erinnern, wie lange ich neben Moritz auf dem kalten Betonboden gelegen hatte. Zehn Minuten? Eine halbe Stunde? Ich weiß nur, wie sehr meine Zähne klapperten. Und dass mein Blick immer wieder in eine Richtung wanderte: Dorthin, wo die Tiefkühltruhen standen. Rechtecke in der Dunkelheit.

Irgendwann rührte sich Moritz. Zwei andere Leibwächter von Hambach-Aller hatten ihn nach mir in den Raum geschleift. Ich war wie erstarrt gewesen. Würden sie uns jetzt umbringen? Hier und jetzt? Uns ersticken, erstechen, vielleicht erschießen? Aber nichts dergleichen geschah. Die beiden Männer verließen wortlos den Raum. Hinter ihnen drehte sich der Schlüssel im Schloss.

Moritz rappelte sich hoch. Er schnaufte, stöhnte, rutschte neben mir an der Wand hoch, hielt sich den Hinterkopf, betrachtete seine Hände. Langsam drehte er den Kopf. »Wo sind—« Er hatte die Kühltruhen entdeckt. »O Mist!«, flüsterte er.

Eine Minute saßen wir still nebeneinander, dann erhob sich Moritz. Erst auf die Knie, dann stützte er sich an meiner Schulter ab. Zum ersten Mal sah ich diesen Berg Muskeln geschlagen. Er drückte die Türklinke. Abgeschlossen. Natürlich. Moritz ging in die Hocke, betrachtete das Schloss. Vorsichtig ließ er sich wieder neben mir nieder. Seine Lederjacke schabte an der rauen Wand entlang.

»Was hat er gesagt?«

»W-w-wer?« Ich wusste nicht, wen Moritz meinte.

»Na, Jonas' Großvater natürlich.«

»Du hast nichts mitbekommen davon?«, fragte ich ungläubig.

»Kann mich nicht an viel erinnern, ehrlich gesagt.« Moritz griff sich vorsichtig an den Hinterkopf, kniff vor Schmerz die Augen zusammen. »Wir sind in den Raum rein oben, in die Bibliothek, und du warst schon bewusstlos. Als ich den Alten gesehen habe, wollte ich los auf ihn. Irgendwas hat mich getroffen, zuerst im Gesicht, dann im Nacken. Und dann war's vorbei.«

»Jonas' Großvater hat zugegeben, dass das Corps mitverantwortlich für Mengeles Flucht gewesen ist.« Ich korrigierte mich. »Was heißt zugegeben: Er hat damit geprahlt! Sie haben Mengele geholfen, nach Südamerika zu fliehen. Und sie haben ihn bis zuletzt mit Geld versorgt. Zumindest hab ich das so verstanden.«

»Und das hat Archie herausgefunden?«

Ich nickte. »Und wahrscheinlich wollte er genau darüber seine Arbeit schreiben. Alles veröffentlichen.«

»Und deswegen haben sie ihn—« Moritz' Blick wanderte wieder zu den Eistruhen.

Ich nickte wieder. »Sie hatten wohl Angst.«

»Jonas' Großvater?«

»Ja, vielleicht wäre das das Ende des Corps gewesen. Ich denke schon.« Wieder schwiegen wir, jeder von uns dachte an Archie.

»Und jetzt?«, fragte ich nach einer Minute. »Was jetzt? Wir haben nicht mal etwas, womit wir uns verteidigen können.«

»Warum willst du dich verteidigen, wir müssen uns nicht verteidigen«, Moritz' Stimme klang so ruhig, als hätten wir alle Zeit der Welt. Als hätten wir irgendwo ein Zauberpulver in der Tasche oder die Tarnkappe, die Siegfried Alberich gestohlen hatte.

»Müssen wir nicht?« Ich verstand nicht, wie er so entspannt sein konnte. »Was soll das heißen? Willst du ohne Kampf aufgeben?«

Jeden Augenblick würde sich die Tür öffnen und wir würden sterben. So wie Archie, Ben Springer und Conradi. Aber tatsächlich glaubte ich nicht, dass sich Hambach-Allers Handlanger hier die Finger blutig machen würden. Nicht in diesem Haus.

»Nein, ich will«, er stöhnte leise und drehte den Kopf von links nach rechts, »ich will verdammt noch mal nur nach Hause. Ich brauch 'ne Schmerztablette. Mir reicht's! Komm, wir gehen! Und dann rufen wir die Polizei.«

Zuerst dachte ich, der Schlag auf den Kopf hätte ihn mehr durcheinandergebracht, als es den Anschein hatte, aber dann sah ich, wie Moritz in seine Lederjacke griff – und die Dietriche hervorholte.

Ich sprang auf und packte ihn an der Schulter. Ich hätte jubeln können! Wie hatte ich seine Dietriche vergessen können? Und welches Glück war es gewesen, dass uns niemand durchsucht hatte!

»Mach mal halblang.« Moritz hob abwehrend eine Hand. »Noch sind wir nicht draußen. Und wenn du weiterhin so einen Lärm veranstaltest, sind diese Typen auch ganz schnell wieder hier unten.« Er stellte sich dicht an die Tür und horchte. »Wahrscheinlich steht hier eh einer vor. Dann ist ohnehin alles schnell vorbei.« Seine Augen suchten den Raum ab. »Haben wir irgendwas, womit wir uns—«

Ich schüttelte den Kopf.

»Kein Taschenmesser oder so was? Irgendwas, womit wir uns verteidigen können?« Moritz schob einen Dietrich ins Türschloss. »Na ja, vielleicht haben wir Glück, und wir sind tatsächlich allein hier unten.«

Mir hat sich die Technik, ein Schloss zu knacken, bis zum heutigen Tag nicht erschlossen, deswegen kann ich auch nicht schildern, was genau Moritz nun tat. Allerdings machte er erst einmal gar nichts: Er wartete nur. Sollte jemand vor der Türe stehen, hätte er das Schaben des Metalls im Schloss sofort gehört. Aber es blieb ruhig. Moritz drehte mir den Rücken zu.

Mein Blick fiel wieder auf die Kühltruhen. Was sollte ich Klara sagen? Vorausgesetzt wir kamen hier lebend heraus? Wie würde ich mit Archies Mutter telefonieren können? Und diesmal konnte ich keine Lügen erzählen. Oder sollte ich nach England fliegen und persönlich mit ihr sprechen? Oder würde das die Polizei erledigen? Ich hörte ein Knacken.

Moritz warf mir einen warnenden Blick zu, ruhig zu bleiben. Langsam öffnete sich die Tür. Im Kellerflur brannte kein Licht. Nur dort, wo die Steintreppe nach oben führte, konnte man Helligkeit erahnen. Auf Zehenspitzen verließen wir den Raum, leise wie Diebe.

Moritz schloss die Türe hinter uns. Ich versuchte, mich zu erinnern, ob es hier unten eine Treppe nach draußen gab? Eine, die möglicherweise hinter das Haus führte. Von dort hätten wir in einen angrenzenden Garten klettern können. Aber ich konnte mich nicht entsinnen. So blieb uns nur der Weg nach oben.

Kapitel 49

Vorsichtig drückte ich die Klinke runter. Wärme schlug mir entgegen. Als Erstes hörte ich das vertraute Knacken von Holz im Kamin, ein behagliches Knistern. Die Gesichter auf den alten Ölgemälden glänzten. Aus Flur und Trinksaal war kein Laut zu vernehmen, alle schienen zu schlafen. Auch die beiden Männer, die in den Sesseln links und rechts des Kamins saßen, ihre Glatzköpfe waren auf die Brust gesunken, ihre Münder standen offen. Zwei von Hambach-Allers Handlangern. Wahrscheinlich schliefen sie ihren täglichen Anabolika-Rausch aus. Das gleichmäßige Atmen beruhigte mich nur wenig. Wie sollten wir an den beiden Monstern vorbei zur Haustür kommen?

Moritz schaute an mir vorbei in den Raum. Ich streckte zwei Finger in die Höhe und zeigte auf die Sessel. Er nickte mir zu. Ich schob die Kellertüre vorsichtig weiter auf. Ein leises Schaben ließ mich zusammenzucken, das Holz hatte sich über die Jahre verzogen. Ich hob die Tür etwas an. Keiner der Männer rührte sich. Fieberhaft überlegte ich: Machte der Fußboden Geräusche, wenn man darüber ging? Knackte er? Knarrte er? Ich versuchte, mich zu erinnern.

Schritte in einem der Obergeschosse.

Ich rührte mich nicht, zog die Tür bis auf einen schmalen Spalt wieder zu. Schaute auf den Treppenabsatz nach oben. Müde Schritte waren zu hören. Schlurfend. Eine Tür öffnete sich, wurde wieder geschlossen. Eine Toilettenbrille polterte, jemand pinkelte. Die Klospülung ging. Die Tür wurde erneut geöffnet, die Schritte entfernten sich.

Ich betrachtete die Männer: Die beiden schliefen ungerührt weiter, bewegten sich keinen Millimeter. Ich wartete noch einen Augenblick, dann tastete ich mich vorsichtig weiter. Die Bodendielen waren alt und schwer, verschrammt und matt. Behutsam setzte ich einen Fuß vor den anderen. Kein Knarren, bitte kein Knarren.

Moritz blieb hinter mir. Was sollten wir tun, wenn die Haustür abgeschlossen war? Der Holzboden blieb still. Noch fünf Schritte, noch drei. Dann eine Explosion.

Ich wirbelte herum, sah, wie im Kamin ein Holzscheit umgefallen war, Funken sprühten.

Einer der beiden Glatzköpfe schlug die Augen auf. Zuerst starrte er auf den Kamin, dann sah er uns.

In dem Moment, als er aus dem Sessel sprang, versuchte ich, zur Haustür zu laufen. Meine Hand fand den Griff, drückte die Klinke herunter. Gleichzeitig spürte ich Finger, die meine Haare packten.

Jemand riss meinen Kopf zurück. Es war, als würden mir alle Haare ausgerissen. Die Haustür schwang auf, aber das war egal. Ich würde keine Chance mehr bekommen, hinauszulaufen.

Eine zweite Hand packte meinen Hals. Ich wand mich nach links und rechts, aber der Mann hinter mir war einfach stärker.

Meine Füße traten ins Leere.

Moritz schrie etwas, aber ich verstand ihn nicht. Etwas polterte zu Boden.

Der Mann hinter mir drückte mir die Luft ab. Ich versuchte, meinen rechten Arm freizubekommen, wollte ihm den Ellenbogen in die Leber rammen. Aber da war nichts, was ihm hätte weh tun können, mir fehlte die Kraft. Verzweifelt suchte ich irgendwo Halt. Der Druck auf meinen Hals nahm zu. Unerbittlich, als säße ich in einem Schraubstock, der enger gedreht würde. Irgendjemand schrie etwas, vielleicht Moritz oder vielleicht einer der Männer.

Ich verstand nichts. Schwarze Punkte tanzten vor meinen Augen. Vielleicht noch zehn Sekunden, ehe ich ohnmächtig wurde. Nein, nicht mehr so lange. Ich sackte zusammen. Aber der Mann hinter mir ließ das nicht zu.

Kapitel 50

Die Haustür stand immer noch offen. Im Schein der Laternen sah ich Millionen Schneeflocken fallen. Wie friedlich die Nacht erschien. Bestimmt würden in derselben Straße am nächsten Abend Familien in warmen Wohnzimmern sitzen, Glühwein trinken, Lebkuchen essen und Weihnachtslieder singen. Ein schwarzes Auto bremste vor dem Haus. Der Wagen rutschte ein, zwei Meter, polterte gegen zwei Mülltonnen.

Auf der Beifahrerseite sprang jemand auf den Bürgersteig. Auch die Fahrertür öffnete sich. Die erste Gestalt blickte in unsere Richtung. Wer mochte das sein? Späte Gäste? Ein Fahrdienst? Unwichtig. Alles war nun unwichtig, ich konnte kaum noch denken.

Die Gestalt aus dem Auto stürzte die Treppenstufen hinauf, rannte genau auf mich zu. Wie ein Footballspieler, der für einen Mitspieler den Weg frei rammen will. Was sollte das? Was war das? Eine Fata Morgana? Eine Halluzination? Mein Gehirn spielte mir einen Streich. Das musste ein Trugbild sein: Die Gestalt, die sich nun auf den Mann hinter mir stürzte, war niemand anderes als Jonas.

Luft! Ich röchelte, hustete, fiel kraftlos zur Seite. Ich sah Jonas, der wie ein Wahnsinniger auf den Mann einschlug. Er malträtierte ihn, ohne einen Laut.

Verschwommen erkannte ich Moritz. Er kniete hinter mir auf dem Boden, hatte seine Hand im Nacken des zweiten Manns festgekrallt.

Er lächelte. Unglaublich! Ich lächelte ebenfalls. Und fühlte mich unfassbar erleichtert. Dann sah ich den Mann, der jetzt in der offenen Haustür stand.

Schilten hatte seine Pistole auf meinen Widersacher gerichtet. Jonas stand keuchend daneben, strich sich eine Haarsträhne aus dem Gesicht. Verdammt, Jonas!

Immer mehr Autos hielten vor der Tür. Blau-weiß rotierendes Licht. So schnell, dass mir wieder schwindelig wurde. Ich wollte noch irgendetwas sagen, irgendetwas Cooles, etwas, das dieser wunderbaren Situation angemessen war, aber meine Beine gaben endgültig nach, ich ging in die Knie und übergab mich mal wieder. Anschließend verlor ich ordnungsgemäß das Bewusstsein.

Kapitel 51

Irgendetwas piepste links neben mir, eine Kanüle verschwand in meiner Armbeuge. Mein Hals schmerzte, fühlte sich rau und entzündet an. Aber ich trug keinen Verband. Zumindest soweit ich das ertasten konnte. Mein Hals war nur dick und wahrscheinlich grün und blau.

Vorsichtig drehte ich den Kopf. Das Bett links neben mir war leer, die bodenlangen, ockerfarbenen Vorhänge am Fenster zugezogen. Dahinter Dunkelheit. Immer noch oder schon wieder? Die Notbeleuchtung erhellte das Zimmer ein wenig. Die kleine Besuchersitzgruppe vor dem Fenster war unvollständig. Der Tisch verwaist, die beiden Stühle fehlten. Sie standen direkt neben meinem Bett. Aber sie waren ebenfalls leer.

Ich ließ mich zurück ins Kissen sinken, wollte gähnen. Himmel, das tat weh. Hatte mir jemand ein Medikament gegeben? Ein Schlafmittel vielleicht oder ein Beruhigungsmittel? Auf dem Beistelltisch das obligatorische Glas mit der Flasche Mineralwasser. Aber ich hatte keinen Durst, außerdem tat das Trinken sicherlich auch weh. Das Schlucken machte mir ja schon Schwierigkeiten. Ich würde warten. Mir fielen die Augen zu, ich wollte schlafen. Ich sah Joans wieder vor mir,

Schilten. Ich lächelte. Aber dann fiel mir Archie ein. Archie—

Die Türe flog auf.

»He, unser Schneewittchen ist aufgewacht, wie schön! Wer sagt's denn! Coole Idee von dir, nicht die ganze Nacht zu verpennen, du Schlafmütze!« Jonas tätschelte meinen Fuß unter der Bettdecke. »Schönen Gruß von der Tanke.« Er knipste eine Dose Bier auf. Schaum sprudelte auf mein Bett. »Heilige Scheiße! Da kriegst du sicher Ärger mit der Nachtschwester!« Er kicherte. »Ich hoffe mal für dich, dass die, die eben hier war, schon Feierabend hat. Die sah echt gefährlich aus.« Er schlürfte geräuschvoll aus der Dose.

»Halt endlich mal die Klappe, du Großmaul!«, wollte ich sagen, aber heraus kam nur ein mickriges Krächzen. Moritz stellte sich neben Jonas, knipste auch eine Dose Bier auf. Beide starrten mich an, als sei ich das achte Weltwunder.

»Willste auch was?« Moritz schwenkte eine weitere Dose, er lächelte breit. Mit der dunkelroten Schwellung auf seinem Gesicht sah das merkwürdig schief aus.

»Wo habt ihr die denn her?« Jetzt hörte sich meine Stimme schon fester an. »Irgendjemandem gestohlen, wie ich euch kenne.«

»Schließ nicht immer von dir auf andere, ja? Wie gesagt: von der Tanke.« Jonas nahm einen Schluck. »Oder meinst du, die haben hier nachts um vier noch den Kiosk auf und verkaufen Maoam und Hansa-Pils?«

»Scherzkeks!« Ich winkte Moritz, mir das Bier zuzuwerfen. Die Dose rutschte mir durch die Hände und landete zwischen meinen Beinen.

»Scheißreflexe, ich sag's ja!« Jonas lachte wieder. Und prostete Moritz zu. Beide tranken. Dann setzten sie sich neben mich, einer links, einer rechts.

Es wurde still. Die Ruhe gab uns Zeit, an Archie zu denken. Archie.

Kapitel 52

Erneut stand ich vor dem ehemaligen Kurfürstlichen Schloss. Die hohen Fenster lagen wieder im Dunkeln. Nur im Flur des ersten Obergeschosses brannte ein Licht. Vielleicht dort, wo der heilige Michael weiter unermüdlich gegen den Drachen kämpfte. Dort, wo wir mit Dr. Ford in der Nacht entlanggeschlichen waren. Die Silhouetten der vier Türme, die das Schloss begrenzten, erhoben sich allmählich aus der Nacht. Langsam machte ich mich auf den Weg zum Bahnhof. Der Rucksack auf meinem Rücken drückte. Ich war auf dem Weg nach Hause. Weihnachten. Ich wusste noch nicht, was ich meiner Familie erzählen würde. Und was nicht. Ich wollte keine Aufregung zu Hause. Alles sollte so sein wie früher.

Als ich vom Krankenhaus ins Studentenwohnheim zurückgekehrt war, hatte ich lange vor Archies Zimmertür gestanden. Seine ausgelatschten Laufschuhe standen immer noch dort. Sogar mit diesen alten Tretern war er mir an guten Tagen einfach davongelaufen. Das würde er nie wieder tun. Ebenso wenig wie in mein Zimmer stürzen und mich vom Lernen abhalten. Er würde nie wieder zurückkehren. Nie wieder.

Dann war ich in mein Zimmer gegangen und hatte Kaffee gemacht. Huey Lewis in seinem weißen Hemd hatte mich weiterhin angeschaut. Vielleicht hatte er nun andere Fragen. Ohne Hast hatte ich meine Sachen gepackt, Kaffee aus der Blechtasse meiner kleinen Schwester getrunken, und war dann einen Stock tiefer zu Moritz gegangen.

In dem Augenblick war Patricia aus ihrem Zimmer gekommen. Wir waren beide kurz erschrocken, dann hatten wir uns angelächelt. Ich spürte, dass sie mir fröhliche Weihnachten wünschen wollte, aber ich hatte kein Bedürfnis, irgendetwas zu sagen. Ich war ganz ruhig, es machte mir nichts aus, sie zu sehen. Das war gut.

Moritz würde Weihnachten im Studentenheim bleiben. Ich hatte ihm angeboten, mit zu meiner Familie zu kommen, aber er hatte abgelehnt. Er wollte Jonas und mich endlich ein paar Tage mal nicht sehen, hatte er gesagt. Wir hatten zusammen eine Zigarette geraucht, einen weiteren Kaffee getrunken, an Archie gedacht und Jonas zugehört.

Unser Held moderierte irgendeine Vorweihnachtssendung im Radio. Gerade interviewte er einen Nachwuchsschauspieler, der bald im Contra-Kreis-Theater auftreten würde. Til Schweiger hieß der. Wir hörten einen Augenblick zu, Jonas machte das gut, das musste man ihm lassen. Ich nahm mir vor, in Zukunft etwas weniger streng mit ihm zu sein.

Moritz, Jonas und ich hatten uns für den 31. Dezember hier verabredet.

Auch von Klara hatte ich mich verabschiedet. Ich weiß nicht, wer ihr von Archies Tod berichtet hatte. Sie war vollkommen aufgelöst gewesen, als ich sie heute

Vormittag kurz gesehen hatte. Ich weiß nicht, ob wegen Archie oder wegen unseres Verrats.

Mir ging es ähnlich: Mein Verrat quälte mich. Und der Gedanke, dass wir ihn gegenüber Archie niemals würden wieder gutmachen können. Nicht einmal durch so etwas wie eine Beichte.

Bis mein Zug abfuhr, blieb mir noch etwas Zeit. Langsam wanderte ich über den verschneiten Campus Richtung Kaiserplatz. Vor dem Eingang des Uni-Archivs blieb ich stehen. Hier hatte alles begonnen. Ben Springer hatte mich auf Archies Verschwinden angesprochen. Wie lange war das jetzt her? Wirklich nicht mehr als ein paar Tage? Es schien mir unendlich weit weg. Ich betrachtete die kleine Figur in der Nische über dem Eingang. Regina Pacis – die Friedenskönigin. Lächelnd schaute sie auf mich herab, gütig und nachsichtig.

Ende

Dank

Viele Freunde und Bekannte haben mir bei diesem Roman geholfen. Folgende möchte ich hier explizit nennen:

An der Universität Bonn haben mich vor allem Prof. Dr. Andreas Archut und Dr. Thomas Becker, der langjährige Uni-Archivar, sehr unterstützt. Dr. Becker hat mich u.a. durch einen Teil der Gewölbe unter dem alten Schloss geführt und mir spannende Einblicke gewährt.

Meinem Ex-Chef und sehr guten Freund Thomas Schwarz danke ich für seine unendliche Geduld. Er hat es *ertragen*, über drei Jahre hinweg immer wieder von meinem Plan zu hören, dieses Buch zu schreiben. Und ein großes Danke natürlich auch für seine Hilfe bei Stories und Reels auf Instagram und Co.

Und zuletzt geht mein Dank an Beate Kohmann vom Lektorat Wortgut, die mich auf Ungenauigkeiten und Fehler hingewiesen und das Skript dann zu dem gemacht hat, was es hoffentlich ist: ein spannender Roman.

Bibliographische Hinweise

Folgende Werke finden direkt oder indirekt in »Der größte Verrat« Erwähnung:

Brackert, Helmut (Herausgeber und Übersetzer): »Das Nibelungenlied: Mittelhochdeutscher Text und Übertragung«, Fischer Taschenbuch, 2008.

Eschenbach, Wolfram von: »Parzival«, in Prosa übertragen von Wilhelm Stapel, Langen Müller, 1980.

Keller, Sven: »Günzburg und der Fall Josef Mengele. Die Heimatstadt und die Jagd nach dem NS-Verbrecher«, Oldenbourg Wissenschaftsverlag, 2003.

Ortmeyer, Benjamin: »Jenseits des Hippokratischen Eids – Josef Mengele und die Goethe-Universität«, Vortrag anlässlich des Gedenktags der Befreiung von Auschwitz, Protagoras Academicus, 2014.

Saalfeld, Lerke von / Kreidt, Dietrich / Rothe, Friedrich: »Geschichte der Deutschen Literatur. Von den Anfängen bis zur Gegenwart.«, Droemer Knaur, 1989.

Vrba, Rudolf: »Ich kann nicht vergeben – Meine Flucht aus Auschwitz«, Schöffling, 2015.

Immatrikulations- und Exmatrikulationsunterlagen von Josef Mengele, Joseph Goebbels, Robert Ley, Universitätsarchiv der Rheinischen-Friedrich-Wilhelms-Universität Bonn.